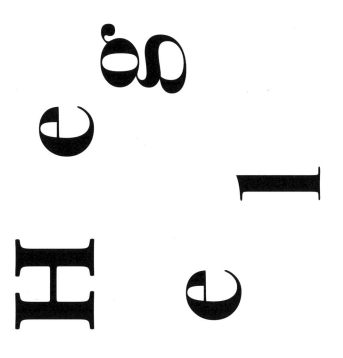

Jacques D'Hondt

［法］雅克·董特 著

李成季

邓刚 译

黑格尔传

上海人民出版社

目　录

序　言

　　这里展现的是一个新的黑格尔，完全不同于人们所熟知的形象。在 20 世纪末，我们看待事物的方式发生了转变，因而，那些以前不为人知或被误解的资料能够给予我们更多的启示。

　　为了讲述黑格尔的生活，我们自然有必要借助于那些早期的黑格尔传记，尤其是罗森克兰茨（Karl Rosenkranz）于 1844 年出版的黑格尔传记。在一些问题上，他是为我们提供相关内容的唯一证人，并且总体上而言，他是严肃且诚实的。但是罗森克兰茨并不知道关于黑格尔的全部，而且很显然，也没有将他所知道的所有事情都说出来。

　　我们现在可以看到，在不同的场合，黑格尔在不同程度上刻意隐藏了其生活、活动和个人思想的某些方面。这种刻意隐瞒涉及众多领域：家庭、宗教、政治、理论……此外，黑格尔的信徒和反对者们，要么过分偏袒，要么不够诚实，因而使得他的缄默策略更加奏效。

　　现在是该重新发现黑格尔的时候了。他的生活经历已经遭到那些研究黑格尔的历史学家的某些歪曲。我们要还其真相，起码应当努力这样做。我们必须要特别注意那些别人因无知或恶意而忽略了的东西，尽管这有矫枉过正之嫌。对于那些广为人知且少有异议的事情，虽不会忽略，但也只会简单带过。

在一个伟大哲学家的生活和思想中，并无单纯可言。读者们要当心！本书并不打算穷尽由此引出的所有问题，只期望为后来的研究者开启一些新的视角。黑格尔历史的研究，不断掀起狂热，永无止境。无疑书中必然会有很多纰漏，甚至是某些细节上的错误，笔者还是希望能同时勾画出一幅令人惊奇的、诱人的和生动的黑格尔画像。

体例说明

书中最常引用的著作采用"缩写（C、B、R、D、B.S.）+ 引用页码"的形式，放在括号中夹注在文中，例如：（D 383）。

其他注释见于文末。

缩写：

（B¹）、（B²）、（B³）、（B⁴）对应四卷本的《黑格尔往来书信集》（ *Briefe von und an Hegel*, éditées par Johannes Hoffmeister et Rolf Flechsig, Hambourg, Meiner, 1952–1960 ）。

文中通常引用这些文本的法文译本《黑格尔书信集》（ *Correspondance de Hegel*, traduite par Jean Carrère, Paris, Gallimard ）。卡莱尔没有翻译《黑格尔往来书信集》的第四卷，但是将其中一些文献添加到《黑格尔书信集》的第三卷中。（C¹）表示第一卷（1962 年第二版），（C²）表示第二卷（1963 年第二版），（C³）表示第三卷（1967 年第二版）。

(R): Karl Rosenkranz, *Georg Wilhelm Friedrich Hegel's Leben* (*Vie de Hegel*), Berlin, Duncker et Humblot, 1844, p.566.

(D): *Dokumente zu Hegels Entwicklung (Documents concernant l'évolution de Hegel)*, publiés par Johannes Hoffmeister, Stuttgart, Frommann, 1936.

(B. S.): *Berliner Schriften (Écrits de Berlin)*, édités par Johannes Hoffmeister, Hambourg, Meiner, 1956.

如果是对所引用的译文进行了某些改动，就用"mod"作为标记标出，例如：（ C^3 47 mod ）。

对于原文的说明性解释使用"[……]"夹注在原文中。

不同寻常的葬礼

风帆已经扬起，而我却依旧在等待……

——波德莱尔:《求知者之梦》

黑格尔总是从反面去理解事物。他说过，结束之所以为结束，恰因其也是开端！

实际上，如果理解了黑格尔的死，就能够更清晰地理解其生的意义。所以最好从他的死开始说起。黑格尔的葬礼有一些让人感到困惑的地方。他同时代的大多数人并没有注意到这些，或者至少是回避了公开的讨论。只有极少数亲近的人将其揭露出来，至少是揭露了一部分。

1831 年的 11 月 16 日举行了庄严的葬礼。黑格尔是此前两天去世的。他的遗孀和两个合法的儿子跟在四匹马拉着的灵车后面，同行的是一群大学教师和学生。

所有这些哀悼者都知道他们埋葬的这个人是多么伟大，知道他的理论是多么丰富和深厚。他们认为他的理论乃是百年不遇的成果。他们估算着柏林大学以及德国哲学和普鲁士突然遭受的这一损失，尽管他们还没有完全意识到古典哲学在黑格尔这里已经达到了顶峰，今后只会走下坡路。用黑格尔喜欢的一个表达方式来说，黑格尔"创造了时代"，而他们将这个时代埋入了坟墓。

他们中的一些人每天与黑格尔交往，对他表面的天真、他的朴实、他对自己判断的确信性以及他谈话的风格，都难以忘怀。但他们不知道在这个纯洁、热诚的形象的背后，还隐藏着别样的性格特征，掩盖着在一些重大事件上和运动上的表现，而这些表现被揭露出来的话，一定会让他们大为震惊。他们都只知道其真实面目的一部分，留下对往事的部分记忆。

他们都被震惊了。即使在当时的情况下，黑格尔的死讯还是以惊人的速度传遍柏林。当时的流行性霍乱虽已不再猖獗，但仍造成大量的死亡。即使鼓足勇气没有逃离首都，人们都还是避免外出，不会见朋友。

在夏天，像其他很多人一样，为了逃避危险，黑格尔一家人躲避到乡下。黑格尔在秋天的时候回到柏林，并重新开始讲课，他当时的身体状况看上去很好。一个星期天的早晨，他感觉身体有些不适，于是谢绝了当日约见的朋友。因病痛加重，于是请了一些医生。医生们起初还很乐观，认为不是霍乱。医生们很快会诊，确诊为可怕的霍乱并开药治疗，这些药放在今天来看当然一文不值了。第三天晚上病人悄然而逝，没有痛苦，似乎是在睡眠中离开的。

最后的战斗

真的是霍乱夺去了黑格尔的生命吗？我们对黑格尔的死亡

和葬礼的了解，仅限于其遗孀在其死后立即写给他妹妹的信件（R422—424）。第一个为黑格尔立传的罗森克兰茨仅仅抄写了其中一部分内容，用他的话来说，是"适合公众"的那部分，而剪掉了一部分内容。这一省略显得很不好，人们非常想知道黑格尔夫人坚持不肯公之于众的内容是什么。

假使这封信遗失了，我们就无从知道下面这些事情，或者是很难知道了。在描述了所发生的事情以后，哲学家的遗孀向他的妹妹问道："告诉我，你能从这些东西里面看到一丝霍乱的症状吗？"她显然怀疑这个诊断的有效性："医生们已经确诊为霍乱，更确切地说是一种破坏体内组织的霍乱，极具破坏力，没有外在征兆。但是黑格尔的体内是什么样子呢？他们从来没有看过。"

没有亲眼所见的人有权作证吗？

在某些特定的情况下，宣布为霍乱致死便于避免怀疑。这样尸体就可以被迅速地秘密处理掉：夜间用大马车运送到专有墓地，连同其他尸体一起埋进同一个大坑，没有随行送葬人；就像那个永远让人感到阴森恐怖的惯用表达所描写的那样：bei Nacht und Nebel（夜黑雾浓）……

"没有外部症状的"霍乱：这样的诊断既可以防止事后纠错，又使人可以立即采取断然措施。无论如何，黑格尔至死都始终保持着他的内在性格特征：矛盾和犹豫。在他所尊敬的普鲁士官员中，包括普鲁士政府的上层官员，他有很多忠实的朋友，特别是参议员尤阿内斯·舒尔策（Johannes Heinrich Schulze），在黑格尔临终之时，孤身一人的黑格尔夫人急中生智，及时派人将他请来帮助料理后事。

传记作者们没有认真思考黑格尔遗孀的信中十分明确且非常

沉重的措辞。她直截了当地说道：这个"正常的"葬礼的许可，乃是那些想为他举办一个真正葬礼的人同那些想偷偷地将他草草埋葬的人进行了"难以言表的斗争"（R 424）之后才得到的。一些人想立即抹去对黑格尔的记忆；相反，另一些人则希望维护并推广黑格尔的哲学。后者占据了上风，但也做了一些让步，从葬礼进行中可以看出端倪：葬礼整体上被批准了，但细节方面却受到了限制，因为当局不希望这个被百般阻挠最终却还是获准的葬礼有太大的影响。然而葬礼出人意料，摆脱了那些平庸的限制，伴随着其难以调和的独特之处，完全实现了它的伟大。黑格尔就是这样生的，他也是这样死的！

据黑格尔夫人所述，葬礼的许可乃是霍乱行政条例的"首次破例且是唯一的破例"。围绕黑格尔遗体的斗争是很激烈的。他的朋友们差点失手，因为他的敌人不停地进行报复。

首先，不太明白内情的人也不难理解，国王立即勒令柏林警察局长辞职。最终放行了许可令的阿尔尼姆（Arnim），没有按照国王的意图来处理流行霍乱，因此以其特有的方式成了霍乱的受害者[1]。

既然葬礼否定了霍乱，在讣告中就应该避免提及霍乱。毫无疑问，在墓地致辞的人们并不完全知情，他们隐约地提到了霍乱：又是一件"不合时宜"之事。

行政命令并没有立即转向，霍乱管理委员会起初还是继续执行后续条例。他们封死了黑格尔的住处，按照当时规定的程序进行熏蒸消毒。黑格尔曾经还在他的一本著作中分析了重大瘟疫的

_14_

1　*Allgemeine Deutsche Biographie* (Sigle: *ADB*)—(*Biographie générale allemande*), nouvelle édition, Berlin, tome I, 1967, p.567. 这本词典并没有像黑格尔夫人那样指出黑格尔的葬礼是"首次破例且是唯一的破例"。

哲学意义[1]。19 世纪初瘟疫的发生概率曾大幅增长。柏林人会认为黑格尔的死同其在柏林大学的杰出前辈费希特的死相似，费希特于 1814 年死于斑疹伤寒病，而黑格尔曾于 1818 年表示希望自己将来能够葬在费希特旁边——两个并排埋葬的鼠疫患者。

通常来讲，历史学家们对于黑格尔的生活和死亡不会感到惊讶。然而，有一点非常值得注意：当黑格尔的朋友们得到通知后，普遍的恐惧和基本的谨慎并没有阻挡他们为他奔丧。他们以此表达对黑格尔的特殊的爱慕，这种情感贯穿了葬礼的整个过程。

在 11 月 16 日这一天，不仅仅是哲学系，而是来自所有专业的教授和学生们都齐聚在学校的礼堂，黑格尔最要好的朋友之一、当时柏林大学的牧师马海奈克（Marheinecke）做了一个简短的演说。

接着，庞大的随行队伍首先来到灵堂，接着跟在黑格尔遗体后，来到著名的"法国墓地"。尽管目的会有不同，但是传记作家们都会指出非常重要的一点：黑格尔夫人没有忘记告诉他的妹妹，有"数不尽的马车"及"一眼望不到头的送葬学生"（R 424）！这个庞大的人群别具意义。在 1831 年以及此前的几年里，柏林的政治形势非常紧张，并且因哲学与宗教之间的冲突而加剧。作为特殊群体的学生，他们激烈地公开反对国王和政府，而后者则残忍地、盲目地、不择手段地镇压了这种反抗。

如此众多的学生，能够不顾霍乱和警察而联合起来追悼黑格尔，这是因为他们的悼念有更深层的原因，并且在普鲁士的司法

15

1　参 见 J. D'Hondt, *Les Voleurs de Marseille*, in *Hegel Secret*, Paris, PUF, 2ᵉ éd., 1986, pp.185–191。让—保罗·拉佩纽（Jean-Paul Rappeneau）的电影《屋顶上的轻骑兵》（*Le Hussard sur le toit*）从局部上描写了当时欧洲霍乱的泛滥。

和审判环境下，葬礼是公开游行的唯一借口。

学生们在灵车所经之路和墓地的入口组织了长长的仪仗队。按照习俗他们可以手持火把，但一切都打了折扣，他们不允许点燃这些火把，而且还必须用黑纱加以包裹。进入墓地时，学生们齐声合唱，可惜我们现在已经不知道他们当时唱的是什么歌了。这一切表明这是一次有计划、有组织的行动。警察局长既没有加以预防也没有加以阻止，他必然会受罚。

不满现状的学生们，他们的骚动扰乱了黑格尔最后几年的生活。他总是轻率地卷入学生的事情中，总是关心他们的困难。所有证据都表明这些学生不计后果，好斗且偏狭。这是青春期的反叛，拒绝一切守旧和妥协。无论是被这些学生有理由地看作敌人或者是误认为敌人，他们都不可能如此热情地尊敬他，他们也不会如此热情地尊敬一个无心于他们事业的教授，无论其学术声望有多高。

没有任何政府官员参与葬礼，即使那些黑格尔的实际保护者也没有到场，当然更不用说任何王室成员了，而抱有敌意的王储或者是对其臣民毫不关心的国王就更不用想了——这种可怕的缺席印证了学生大量出席的意义。"当局"甚至没有发出例行的吊唁，据我们所知，也没有对这位所谓的"普鲁士绝对君主制的哲学家"的逝世表示任何惋惜，哪怕只是虚伪的惋惜。实际上，根据他们当时的精神状态来看，黑格尔的突然逝世很大程度上只会让他们非常高兴。

同黑格尔亲近的人还记录了其他一些缺席，令人悲痛的缺席：黑格尔的私生子没有出席，他此前刚刚死在巴达维亚，消息还没有传到欧洲，所以黑格尔至死都不知道这一消息；黑格尔的妹妹也没有出席，她住得离柏林太远了，并且被认为患有精神病；但是黑格尔夫人给她写的详细而充满信赖的长信，促使我们质疑其精神病的性质和真实程度。

细致的观察才能发现该注意什么。不断的惊奇才能找到出路。为了增加这种惊奇，我们需要听听那些演说，特别是第二个演说。

牧师马海奈克在柏林大学的礼堂第一个发言，他是以基督徒的身份讲话，这在人们的意料之中。

要想真正了解这些事件就必须要知道，在那个时代没有人公开提及这些事件，只有爱德华·甘斯（Édouard Gans）是个例外，他是黑格尔钟爱的信徒，是个异端思想家，他在一篇被审查过的悼文中公开提及过[1]。特别值得注意的是，唯一公开向黑格尔致敬的文章出自一个犹太人之手，此人是一个在柏林为犹太事业奋斗的杰出斗士，一个自由主义者，拥护共和制，圣西门主义者。而其他人全都保持缄默，这无疑更有说服力。只有少数几个人在信中或回忆录中写下了他们的反思，也没有公开，而这些信件和回忆录直到后来才发表。我们现在有义务把这些记录找出来并加以阐释，这项工作十分艰难，也需要一定的运气。

所幸的是这些讲演很快就被编辑出版了[2]，但是很多迹象使人怀疑其准确性。理解的主要困难在于，即使我们假定当天的两个发言者实际上都是既存政体和主流意识形态的反对者，或者至少是激烈的批评者，他们也不可能表达对当时现存政体和主流意识形态的反对意见。此外，出于谨慎或是体面，他们都忽略了黑格

1　由诺贝尔特·瓦斯泽克加以出版：Norbert Waszek, *Eduard Gans, Hegelianer, Jude, Europäer*, Francfort, 1991, p.102–106 (en allemand)。

2　*Zwei Reden bei der feierlichen Bestattung des Königlichen Professors, Dr G. W. F. Hegel gesprochen (Deux discours prononcés aux obsèques solennelles du Professeur royal Dr. Hegel)*（par Marheinecke et Förster), Berlin, 1831, reproduits dans (R 562–566).

尔生活中一些重要的方面，或者说是他们刻意不去提及。

马海奈克的出席是很自然的。埋葬一个不停自称为路德信徒的哲学家，牧师自然是必不可少的。此外，在那个时代，除了基督教葬礼或者是犹太教葬礼外，其他任何葬礼都是不可能的，也是不可想象的。马海奈克既是大学的牧师又是黑格尔的同事。所以一切都很自然。

然而，即使马海奈克一直无所畏惧，但在一些情况下他还是受到非难。诚然他是一个牧师，但却是一个黑格尔主义的牧师，醉心于黑格尔的思辨观念论，而宗教权威已经对黑格尔思辨观念论有所警惕，并且很快会予以激烈反对。他是黑格尔的朋友，将黑格尔的敌人视为自己的敌人［他强烈反对萨维尼（Savigny）的理论和谢林的理论］，他也愿意将黑格尔的朋友视为自己的朋友，例如，他成为了犹太自由主义者爱德华·甘斯的朋友，当然甘斯形式上已经"皈依"基督教，但仍受怀疑、监视和迫害。

大部分听过他演说的人都知道他同黑格尔和甘斯都是朋友。1839 年他在甘斯墓前的演讲最终证实了其典型的理性立场[1]。柏林大学的文献学教授拉赫曼（Karl Lachmann，1793—1851）在提到马海奈克时非常气愤，因为他的葬礼演说变成了反对萨维尼反动政治哲学的长篇阔论[2]。马海奈克曾写小册子激烈抨击年迈的谢林，当时年迈的谢林即将被任命到柏林大学以消除黑格尔死后的影响[3]。

马海奈克通常被归为"老年黑格尔派"或"黑格尔右派"。

1　P. C. Marheinecke, *Rede am Grabe des Herrn Professor Dr. Gans,* Berlin, 1839.

2　Lachmann, cité par Waszek, *op.cit.,* p.184.

3　Marheinecke, *Zur Kritik der schellingschen Offenbarungsphilosophie (Critique de la philosophie de la Révélation de Schelling),* Berlin, Enslin, 1843, p.66.

他们与"黑格尔左派"或"青年黑格尔派"针锋相对，试图在黑格尔死后保留或强调其理论中的宗教方面和保守方面。但是必须要明白，这种"右"和"左"的区分只在黑格尔派内部有效，而整个黑格尔派对于宗教正统和君主专制都是"左的"。对于他们来说，任何形式的黑格尔主义都不可靠，都要弃绝。

在其反对谢林的小册子中，马海奈克试图证明，尽管看起来不尽然，黑格尔的哲学比谢林的哲学更符合基督教。因此某种程度上他是为了"右派"的利益而"利用"了黑格尔。然而我们要提防这种简单化的看法。因为他同时也在反对"右派的"谢林！在这种特殊的境况下，出现了一个奇特的景象：黑格尔"右派"和"左派"联合起来反对当局，反对既存的政治右派。为了反驳谢林的反黑格尔主义，马海奈克毫不犹豫地援引那些最极端的"青年黑格尔派"布鲁诺·鲍威尔（Bruno Bauer），弗里德里希·施特劳斯（David Friedrich Strauss），甚至是恩格斯（Friedrich Engels）最大胆的著作[1]。他竟然调动这些异教徒来保卫黑格尔主义的基督教！

马海奈克本人并不是革命者也不是激进主义者，仅仅是一个 *18* 黑格尔主义者，但是在普鲁士当局看来，马海奈克牧师并不十分完美，而且黑格尔葬礼当天当局可以轻易找个更传统更受宠的神学家来扮演这个角色，但是这样的人会同意赞颂黑格尔吗？

马海奈克的演讲显然很平庸，至少在现在看起来是这样。这个演讲的价值在于其独特性：这位牧师讲述了黑格尔灵魂和肉体的分离，灵魂独自获得至福的提升，肉体却被抛弃在大地上。黑

1　马海奈克特别引用了（p.4, note）恩格斯的小册子：*Schelling und die Offenbarung*, Leipzig, 1840，但是并没有提到作者的名字。

格尔的学生们都知道黑格尔不相信这一套。黑格尔的朋友们都来了，例如海因里希·比尔，黑格尔也曾在这种送葬的场合上安慰过他们，所以他们自然都知道黑格尔在这种场合下绝对不会寄托于个体灵魂的不死、不会寄托于人格上帝的存在、不会寄托于任何形式的祷告……（C³ 299—300）[1]。

但是除了天国的不朽之外，这位演讲者也为其在尘世间的不朽保留了位置，而对于黑格尔尘世间的不朽无疑更珍贵：其著作将会永远铭刻于世人的精神和内心。

马海奈克赞扬"其精神的高尚，就像其一生所展现的那样：温文尔雅、和蔼可亲、宅心仁厚，就像其思维方式所展现出来的那样；卓尔不群，就像其纯洁友善、平和安详、天真如童的性格所展现出来的那样[2]"……他以这样的方式细致地描写了黑格尔的性格。但是有一些没有讲出来。宅心仁厚、和蔼可亲？确实如此，但并非总是这样。"天真如童"，马海奈克这个词用得太出格了。听到这个词的时候，很多人一定暗自发笑。

当马海奈克称赞"有这样的精神，黑格尔很容易向任何偏见（Vorurteil）妥协"时，笑容恐怕就要被愤怒取代了。这是一语双关的称赞。很显然，在黑格尔的作品中，无论是否真有偏见，凡是被其视为偏见的东西，都绝无宽容。在使用"妥协"这个模糊概念的时候，尽管没有明确表示，马海奈克应该是指定了其意义的：临终之前，黑格尔只能"顺从"普鲁士的政治和宗教环境，

19

---

1 正如库诺·费舍尔所指出的，"他的安慰方式是最简单、最自然也最特别的。他并没有用彼岸天国生活的永恒来安慰这位父亲，而是通过现实尘世生活的乏味"。Kuno Fischer, *Hegel's Leben, Werke und Lehre*, vol.2, Heidelberg, Winter, 1901, I, p.197. 关于给比尔的信，参见后文 p.208。

2 Marheinecke, *Discours aux obsèques de Hegel* (R 563).

接受其所有的潜规则，包括各种"偏见"。至少可以这样说，黑格尔确实向各种偏见"妥协"了，但是那些偏见却从未向他妥协过！

第二个发言者有力地证明了这一点，他对书报审查制度、警察和司法部门都无所顾忌，因而他也同他们产生了很多纠纷。

很多在场的人肯定会感到惊讶：弗里德里希·佛斯特尔（Friedrich Förster）出人意料地担任护送黑格尔棺柩的任务。谁选派了他？为什么是他？众人当然都希望能由一位哲学家来在黑格尔这位杰出的哲学家的墓前做葬礼演说。大部分到场的人，特别是广大的学生，肯定希望致辞的人是甘斯。但这样挑衅太过于咄咄逼人了吧？黑格尔培养出来的那些哲学家，虽然不像甘斯一样受到诸多牵连，但也都遭到过压制，而且从未解除过嫌疑。他们被邀请过吗？怎样谈判的？我们对此都无从所知了。

佛斯特尔当然也是黑格尔朋友。作为民族独立战争中的英勇战士、诗人、当然最主要是普鲁士的历史学家，他可以逃脱君主制下镇压机构的迫害。在他懂得克制自己之后，至少在公开言论方面懂得克制之后，他得到了国王的宽恕。他原来是军事学院的教授，此后却被勒令停止教学，但给了他一个"抚恤性的"官职，这样他可以在下面做他的历史学研究。后来，他谨慎地、边缘性地参与了第一版《黑格尔全集》的出版工作（1832—1845）[1]，该套全集的编辑署名为"已故者的朋友们"。因此他不能被看作是普鲁士专制主义的走狗。

但他不是哲学家。罗森克兰茨编写黑格尔门徒的名单时，尤

1　Hegel, *Werke*, édition complète par un groupe d'amis du défunt, 20 volumes (Berlin, Duncker et Humblot, 1832–1887). 在这个版本中，佛斯特尔与布曼（Ludwig Boumann）一起负责《杂文集》（*Vermischte Schriften*, 2 volumes, 1834–1835）。

阿内斯·舒尔策和佛斯特尔不在列。在佛斯特尔的历史学著作中，也鲜见黑格尔哲学的影响。

没有哪个哲学家能够或愿意在黑格尔的墓前讲话，因此佛斯特尔来做告别演说。如果说在这样的场合下他的出现让人惊讶，那么他的讲话就更让人惊讶了！大部分传记作者都避而不谈这一点。那些提及这一点的人指出，他"语无伦次"，很多表达方式的语气都"太过火了"[1]。他们都认为是强烈的情感让这位悲痛的朋友丧失了理智，没有用心去寻找其他外部原因。竟然需要我们在黑格尔逝世 175 年之后的今天来揭示这些外部原因。

我们似乎可以直接排除一点：像佛斯特尔这样一个无数次上过战场的人，因为一个人的逝世而变得心智大乱并且在葬礼上"语无伦次"，这是不可能的，即使这个人是其最亲密的朋友。当然，对于普通的听众或是那些不用心的历史学家来说，佛斯特尔的演说似乎确是"太过火了"。

让我们来看看惊讶的程度：在这片布满橡树和桦树的柏林墓地，佛斯特尔将黑格尔比作"黎巴嫩雪松"！还有"科学桂冠上的月桂"以及"世界精神这座太阳系里的恒星"（R 562—563）。

这些意象同黑格尔哲学毫无关联，但是佛斯特尔却不是随口而出的，也不是出于轻浮或是不合时宜的冲动。

事实上，我们现在需要翻阅《共济会词典》（*Dictionnaire de la franc-maçonnerie*）来破译它们。"黎巴嫩雪松"是"共济会'苏格兰仪式'（Rite Ancien et Accepté）中第 22 等级骑士（皇家斧头骑士，Chevalier Royal Hache）的主要标志"，"黎巴嫩"为该级骑士

1　例如库诺·费舍尔：Kuno Fischer, *op.cit.*, p.200，他们对逝者的各种赞誉有些"太过火了"（überschwenglich）。

的"通行口令"，其共济会服装上的标记为雪松，该级骑士有时也被称为"黎巴嫩王子"[1]……佛斯特尔表达的是一种认可。

在"苏格兰仪式"的第4等级中，"树"是"必须要获取的胜利的象征"，这足以表明佛斯特尔对黑格尔哲学的皈依。"月桂"以及"桂冠"也表示"苏格兰仪式"中的第22级骑士。"恒星"在共济会中的应用很广泛，但当与太阳系连用的时候，则只有"苏格兰仪式"中的第20级骑士[2]。

好多重排比啊！在座的共济会会员可能并不需要这么多。而那些"门外汉"一定会对佛斯特尔富有诗意、但缺乏连贯而又不合时宜的风格感到惊讶。那些共济会会员对此"心照不宣"。而门外汉们对此也并不过分关心。这样，我们就满足于纯粹的文本解读吧！

共济会柏林分会（La Grande Loge de Berlin）实际上隶属于约克皇家共济会（Rite de Royal York）。佛斯特尔也提到了费希特，后者1794年于鲁道尔施塔特（Rudolfstadt）入会，1799年转入柏林分会[3]。一些历史学家将柏林分会定性为"笃信基督教兼保守性"[4]，但是这些词汇在当时有很多不同的理解，有时甚至相反。佛斯特尔在1831年时使用这样的影射，是在试图获取当局某种同情么？事实上，尽管共济会内部有很多不同的倾向、有一些因地制宜的调整，但就整体而言，当时共济会还是非常让人不安的。同支持共济会的哈登伯格（Hardenberg）相反，梅特涅（Metternich）在维也纳议会上宣布全面禁止共济会。在柏林，警察和司法部门

21

1　Daniel Ligou, *Dictionnaire de la franc-maçonnerie,* Paris, PUF, 1991, p.206, 709, 1035–1036.

2　*Ibid.,* p.63, 442, 693.

3　*Ibid.,* p.459, 460.

4　*Ibid.,* p.1066.

第一章　不同寻常的葬礼**13**

严厉查处一切被定性为秘密结社东西，而共济会同很多破坏性组织都有关联。

我们既没有办法准确说明共济会同普鲁士王权之间关系（腓特烈·威廉三世是共济会的正式会员），也没有办法准确说明黑格尔同共济会之间的关系。共济会会员身份是其行为的一个方面，既不应该忽视其重要性，也不能夸大其重要性。相关的背景研究不足。我们希望共济会或者是专门的共济会历史学家可以认真研究黑格尔的情况，提供确实的证据。佛斯特尔的声音表明共济会很自豪地将黑格尔视为其会员。

佛斯特尔这个"怪异的"演说事实上有一个明确的结构。分为三部分：以共济会开篇，以基督教加以展开，从中推导出哲学—政治模式的结论。尽管其中的观点今天看来平淡无奇，当时却产生了爆炸性的效果。演说者尽量使用隐喻，采用委婉的说法，用各种修辞来掩饰过分的大胆。当然，这是要防止报复！

佛斯特尔讲演的第二部分是关于黑格尔的基督教思想，在这一点对马海奈克讲话进行了补充。关于时局形势的讲话吗？在黑格尔的墓前，特别是在复杂的历史环境下，公众期待着哪怕是最微小的暗示，渴望某种启示性的宣言。说者无意，听者有心，他们会联想出很多演说者本人都想不到的观点。演说者很清楚公众的这种期待，所以要十分谨慎来避免一切误解和可能的中伤。

关于宗教问题，从发表的讲演文本来看，佛斯特尔应该是非常谨慎了。他还不及黑格尔大胆，这是不是过于谨慎了？事实上他非常明白，即使他的沉默也会带来很多具有倾向性的解释。黑格尔的那些对头们，当然也是佛斯特尔的对头，他们不会放过任何微小的借口，甚至会编造很多借口。

葬礼的第二天，一个名为门策尔（Menzel）的阴险卑鄙的作家就指责佛斯特尔，指责他在演说中将黑格尔比作圣灵 [1]："门策尔攻击理性主义，特别是鲍鲁斯（Paulus）和沃斯（Voss）；他也攻击黑格尔哲学，他把黑格尔哲学看成谢林哲学的对立面；他还特别攻击歌德，将歌德看作'这个时代道德最败坏的人'[2]。"伯尔讷（Börne）关于他写了一本书，名为《门策尔，法国人的克星！》(Menzel der Frenzosenfresser!)。

很多伟大的德国灵魂都在被敌视之列：歌德、黑格尔、鲍鲁斯、沃斯！

趁此机会，门策尔再次操起那种流行的批评：在其哲学中，黑格尔将人等同于神，此乃渎神之罪。

在发表的文本中，我们读到佛斯特尔这样一句话："不正是他〔黑格尔〕使那些不信宗教的人同上帝和解么？他教导我们要认真重新认识耶稣基督"(R 565)。佛斯特尔的这句话可以看成是对黑格尔虔诚信奉基督教的证明，但是对于某些有准备的人来说也有可以是完全相反的意思。对于不信宗教的人来说，什么才是"恰当地认识耶稣基督"呢？这就是那些人们曾经为之战斗过的蠢话，哲学家为了这些蠢话却要赌上自己的名誉、工作、自由，有时甚至是生命！

当局和公众对此是非常严肃的。门策尔认为佛斯特尔说的正是他可能在说的那种意思。要么纯粹是门策尔的想象，然后进行恶意的中伤；要么就是佛斯特尔真的说了一些被审查之后发表的文本中看不到的一些内容。重音也可以发挥某种调节作用。

1　施特劳斯对门策尔的引用：Menzel, *Streitschriften zur Verteidigung meiner Schrift über das Leben Jesu (Polémiques pour la défense de mon livre sur la Vie de Jésus)*, I, Tübingen, Oslander, 1837, p.213。

2　*ADB*, tome XXI, 1970, article *Menzel*, p.383.

大卫·弗里德里希·施特劳斯关于这场论战的证言很奇特，而这一奇特的证言使人们倾向于认为是讲话和发表出来的文本不同。这段证词是对佛斯特尔发言的宗教正统性以及与此相关的黑格尔思想的宗教正统性的担保！在黑格尔众多信奉异教或是无宗教信仰的学生中，施特劳斯是极端的代表。他后来对福音书进行了无神论评注，轰动一时。他是黑格尔的学生，也是他反对"守旧派"的批评，站出来证明已经逝世的黑格尔的思想在宗教上的纯洁性。为了回应门策尔的不忠实，施特劳斯表明佛斯特尔没有将黑格尔混同为圣灵，而仅仅是将他"比作"圣灵 [1]……

然而奇怪的是，施特劳斯所援引的这个比喻，即门策尔所指责的混淆，在佛斯特尔发表出来的文本中找不到。准确地说，无论是圣灵这个概念还是这个词语，根本就不曾出现。我们可以断定发表出来的演说文本并不是完全重复当日在墓前的讲话。演讲者当然是可以有些出入的。为了证明自己的辩护，施特劳斯强调他参加了黑格尔的葬礼并亲耳聆听了佛斯特尔的讲演。很明显，由这样一位证人来出面担保宗教信仰真实性，这根本不能打动那些严格的教徒，没有人表示认同，也没有人表示反对。但这种缄默就足够了。

仔细阅读就会发现施特劳斯的文本自相矛盾。为了支撑自己的观点，作者分析了归在佛斯特尔名下的那句话。他试图将其分为两部分——黑格尔的听众的惯用手法。他承认，尽管这是本末倒置的观点，但第一部分是有可能会让信奉基督教的人感到不安。在"他使那些不信宗教的人同上帝和解"这个论题中到底有什么"让人不安"呢？是否可以这样理解：黑格尔使不信宗教的

1　D. F. Strauss, *Streitschriften, op.cit.*, p.213.

人同上帝"和解"，并没有使他们停止不信宗教，而是通过思辨的解释为他们继续不信宗教提供了很好的理由呢？这就是对佛斯特尔的表达方式十分微妙的解释！

总之，施特劳斯首先承认了这句话第一部分有让人不安的地方，然后又用第二部分否定了这一点，第二部分应该可以消除读者的疑虑。就像他所说的那样："紧随其后还有补充：教导我们要认真重新认识耶稣基督。"[1]今天读者既不会因为前一部分而感到不安，也不会因为后一部分而感到安心。今天人们看起来平淡无奇的短短一句话，当时却引起了如此严厉的论战，可见当时的宗教怀疑是多么恶毒，当局是多么小气！这就是当时的学术环境、宗教环境和政治环境，黑格尔只能在这样的环境下生活、思考、教学和发表！

理所当然，佛斯特尔把最糟糕的东西留在了结尾处。此前一直是描述性和"热情赞颂"的风格突然转变成强烈的论战风格。他的措辞在1831年柏林的特殊政治环境下特别具有震撼力。这是一位战斗英雄发出的战斗号召！

哲学家有时会被看成是消极沉思而又纯粹思辨的，在哲学家墓前有人曾经听过这样的讲演吗？为了鼓励支持者，佛斯特尔以这样的口吻向敌人发出了挑战："来吧，清规戒律的卫道士们！蔑视他、诋毁他吧！我们会保卫他的荣誉与尊严！肆意谩骂、无理取闹、卑鄙下流、背信弃义、口是心非、狂热盲从，你们都来吧！奴颜婢膝和蒙昧无知的行径，你来吧！我们不惧怕你们，因为他的精神是我们的向导"（R556）！

无信仰主义、泛神论、无神论、立宪主义、自由主义，对所

1　D. F. Strauss, *Streitschriften, op.cit.,* p.203.

有这些柏林当局和正统思想一直不停驱赶的幽灵们，佛斯特尔未作任何批判。

这就是佛斯特尔所说的真正的圣灵：黑格尔的精神！这根本就不是一个墓地告别演说，而是圣战动员。要把黑格尔的福音广泛传播："我们今后的任务就是保护、传播（Verkündigen）和印证他的理论"！按照佛斯特尔具有预言色彩和爱国主义色彩的乐观看来，黑格尔"用夜以继日的勤奋努力而建立起来的德意志科学将会征服整个世界的精神王国"！

这种挑战在一场现实的论战中显示出其意义来。佛斯特尔支持黑格尔派，这是新的思辨哲学、宗教哲学和政治哲学，同那些妄图苟延残喘的过时理论完全不同。

同大学里的共济会一样，他巧妙而又真诚地融合了创新的学术冲动和热忱的爱国主义狂热，但是黑格尔本人却一直怀疑这种"日耳曼主义"。从黑格尔思想随后的遭遇来看，以此为代价，佛斯特尔在其中传递出了主要的信息，而他的大部分听众也愿意接受这些信息。

他所介入的已经不再是一场争论，而是一场战争：他们已经为了导师的遗体斗争过，他们今后还需要用若干年的时光去为他的理论而斗争，为他的各种观点去斗争，无论这些观点是否著名，无论这些观点是否得到了忠实的阐释。黑格尔的"和蔼可亲""天真如童"都无关紧要了。在战场上，在他的保护下，人们很快开始攻击那种即将吞没普鲁士首都的"奴颜婢膝"和"蒙昧主义"。

事实上，尽管处于混乱、分歧和脆弱之中，忠实的黑格尔信徒必须要立即保卫对于导师的记忆，迎接来自各个方面的攻击。尽管有所节制，佛斯特尔还是让人知道，黑格尔在柏林的生活并非田园诗般美好："我们经常在他的双眼中看到悲伤和痛苦的泪水"（R 564）……

其他黑格尔信徒的讲述无疑也没比佛斯特尔好到哪里去。这种表明信仰也是需要勇气的。必须要尽快驱除过分谨慎所造成的迟疑。在柏林，权力当局不但不采用黑格尔的哲学，反而采用其理论对手和实践对手的哲学。黑格尔哲学只在非常有限的学术领域内取得成功，而当局也准备镇压这个领域。当局越来越严厉地谴责黑格尔哲学，要黑格尔哲学对由其衍生和蔓延出来的一切反抗性理论负责。

几年后黑格尔的学生爱德华·甘斯英年早逝之时，对比当局对甘斯之死的态度，我们就可以揭示出当局对黑格尔之死的态度。

甘斯不同于黑格尔，环境也有所改善了，1839 年英年早逝的甘斯下葬时，促成了一次更明显更有力的自由示威游行。霍乱不再大规模地危害百姓了。甘斯一直都以比黑格尔更公开、更显著的方式参与政治。

法恩哈根·范·恩瑟（Varnhagen von Ense）是当时为数不多就黑格尔的逝世写过书面评论的人之一，他也是甘斯的朋友。当甘斯离开人世的时候，他在《日记》中写道："在宫廷中，他们对甘斯之死非常高兴：他们终于摆脱他了[1]。"

由此及彼，宫廷对黑格尔之死应该同样大感欣慰。国王、宫廷及政府一定非常希望就像把肉体埋入土中一样把他的理论埋入遗忘的深坑之中。佛斯特尔的演讲让他们感受到了一些阻力。为了抹去黑格尔哲学的影响，就在黑格尔哲学得以出名的那张教席

26

1　N. Waszek, *op.cit.,* p.184.

上，他们首先请来了最为顽固的一个代表[1]。因为这样还不足以贬低黑格尔哲学，所以他们又请来了黑格尔哲学公开的敌人，也是最负盛名、最具前途的敌人：谢林。

就像马海奈克后来在其抨击谢林哲学的小册子中所说的那样："他们希望这个超级巨星的升起会带来黑格尔哲学的毁灭（Untergrang）[2]。"马海奈克在享受谢林这种企图的失败的同时，他也见证了那些专制主义者的失望和辛酸。1843 年，为了黑格尔思想，他还在要求"思想和教学的自由"，他认为谢林会反对这一点。这个黑格尔派，他被武断地归类到"右派"，但他非常高兴黑格尔哲学的持续和壮大，并且预言"警察和司法机构会对此束手无策[3]"！

没有最终哲学信念的哲学家，有争议的基督徒，公开的共济会会员，晦涩的思想家：在走出墓地时，那些护送他来此的同事、学生应该非常想知道黑格尔的生活到底是怎样的。每当夜幕降临之时，密涅瓦的猫头鹰犹豫着是否要起飞。

1　Prantl, *dans ADB, op.cit.*, tome VIII, article *Göschel*, p.294.

2　Marheinecke, *Zur Kritik der Schellingschen Offenbarungsphilosophie, op.cit.*, p.60.

3　*Ibid.*, p.66.

一位哲学家的诞生

> 我感到自己的命运，既非神的创造，
>
> 亦非人的安排。我相信：
>
> 我们只因自己而存在，
>
> 只因自由欲望而与"大全"紧密相连。

——荷尔德林：《许珀里翁》[1]

在死之前，他必须先出生。黑格尔在其很多著作中都承认这种必要性，有时似乎非常喜欢这种必要性。但是在大部分时间里他还是专注于柏拉图的传统：身体是灵魂的坟墓。被埋葬的灵魂还活着，尝试着向上爬出坟墓，很长时间内都没有什么进展，但最终一定会取得成功。莫大欢喜！

正如人们通常理解的那样，生命，意指尘世的"生"与"死"之间；历史哲学家们，不理解历史的高贵意义和崇高意义，

1　Hölderlin, *Hypérion*, in *Œuvres* (Bibl. de la Pléiade), 1967, p.256.

为了区别于"观念的"、"思辨的"、"真正哲学的",而将一些东西蔑称为"历史的",生命就是其中之一。如果哲学家在现实中容忍自己庸俗地来到这个世界上,这只不过是为了更好地从理论上否定这种到来。哲学家假装自己与众不同。

斯图加特

纯粹当作轶事来回忆一下:乔治·威廉·弗里德里希·黑格尔(Georg Wilhelm Friedrich Hegel)于 1770 年 8 月 27 日出生于斯图加特。他投胎投得不错。家庭和社会环境虽不是充分条件,但是提供了必要条件,这种环境从一开始就注定了他会成为他后来的样子。

出生于他那样的家庭不意味着可以发达,但是所有施瓦本的伟人都出身于这样的家庭:工匠世家,特别是牧师世家、律师世家和公务员世家。此类小资产阶级通常被称作知识分子。他们既没有土地也没有当时还很稀少的工厂,既没有资产也没有劳动力。他们不怎么依靠物质,只依靠自己的脑力。

通常而言,这是一个上升的社会阶层,他们的上升来源于他们所服务的资产阶级的巨大进步,他们构成了最低微的第三阶层,此时仍然默默无闻,但却渴望崭露头角。与黑格尔类似的那些伟大精神就产生于这个阶层,包括:莱因哈特(Reinhard)、荷尔德林(Hölderlin)、谢林(Schelling)、普法夫(Pfaff)等等。精神乃是他们的一切生活来源,他们自然会夸大其重要性,他们爱精神就像农民爱耕牛、财主爱金子、王子爱家徽,同样他们也从精神来获取收成。黑格尔本人就做过这种比喻:"农妇同'丽丝'——她最好的奶牛,以及'黑子'和'花点'等亲密无间;她同年幼的儿子马丁和女儿乌苏拉也同样亲密无间。对于哲学家，亲密的东西就是'运动'、'无限'、'认知'、'感性法则'等等。柏拉图、斯宾诺莎等对于哲学家的意义，就相当于其已故的父兄对于这位农妇的意义。大家都同样具有现实性，不同之处只是前者带给哲学家以永恒。"（R 539 或 D 35）

尽管能够实际掌控的只有自己，小资产阶级还是希望将这个"自己"提升到一个假想的层面上：渴望完全自主权和支配权的精神主体。当时，这些自豪的灵魂主体仍然还是"臣民"["主体"（sujet）一词的另外一种含义，德语中这个词更加卑微：Untertan（奴才）]，完全奴役于最专制和最平庸的统治者手中：对黑格尔来说，这里指的就是符腾堡（Wurtemberg）公爵及其党羽和爪牙。

黑格尔生来就是城里人，很少同依附于土地的农民打交道，也很少同追逐权力的贵族打交道（除了做仆人的时候）。由于他们的社会地位，对于知识、文化、科学和哲学，农民和贵族既没有欲求也没有学习过。

黑格尔在这些领域的开蒙得益于他在杰出的斯图加特中学里那段获益匪浅的经历。从斯图加特中学毕业后，最优秀的学生，如果家庭困难，都可以在公爵奖学金的资助下最终进入图宾根（Tübingen）新教研讨班进行学习，亦即著名的"图宾根神学院"。于是，在获得严格的培训后，他们认为可以在严肃的成人世界自由飞翔了。

对于这个未来的哲学家，偶然性和必然性都起到了作用。1789 年法国爆发大革命的时候，他将会在理性上成熟。他的生命在两个世纪中各占一半（1770—1831），同他相近的，在诗歌上有荷尔德林（1770—1844），在音乐上有贝多芬（1770—1827），在政治上有拿破仑（1769—1827）。

他似乎完全不承认家庭对自己的教育作用，认为自己完全是自学成才的。他十分庆幸因"皈依"哲学而为自己带来了第二次生命，在他看来"皈依"哲学使他同思想的一切外在条件彻底决裂，包括儿时的教育和训练。

但是在"皈依"哲学这个重大事件之前，情形自然不可同日而语，他是个聪明的孩子，也是个好儿子。他对父亲没有什么深刻的记忆，但是父亲却尽职尽责地抚养了他。他对母亲的记忆十分深刻，尽管母亲在他很小的时候就去世了。他的母亲很有教养，很早就开始为他的将来做打算，是母亲对他进行了理性的启蒙教育。在他 50 岁的时候，在其 1825 年 11 月 20 日写给妹妹的信中仍可以看到这种强烈的情感："今天是我们母亲的忌日，她的忌日我永远不会忘记"（C³ 88）。

各个城市中周期性爆发的瘟疫袭击了斯图加特。黑格尔一家都染上了痢疾。母亲就死于这场痢疾。尽管当时幼儿的死亡率非常高，但是黑格尔坚强地活过来了，但是同其父亲、弟弟和妹妹一样，一直受到痢疾后遗症的折磨。

黑格尔的弟弟路德维希同其妹妹一样没有结婚，后来成为军官并参加了拿破仑远征俄国的战争。他于 1812 年战死。黑格尔的书信中几乎没有提到过他，但是这并不表明没有感情：1807年，尽管可能会带来麻烦，黑格尔还是同意到耶拿见证他自己的私生子的洗礼。这个孩子继承了他弟弟的名字：路德维希。

妹妹克里斯蒂娜·露易丝（1773—1832）在黑格尔的生活和心中占据更重要的位置，她甚至可以不拘任何礼节。她比黑格尔稍小一些，具有一种出众的傲人气质。她的命运很悲惨，诗人尤斯提努斯·科尔纳（Justinus Kerner）同她很熟，在其 1849 年的《图鉴》（Bilderbuch）中描述了一些惊人的往事。他经常在路德维希堡（Ludwigsburg）见到她，自 1807 年起她开始在那里的著名

30

贵族贝利辛根家做家庭女教师（歌德：《盖茨·冯·贝利辛根》，
Goetz von Berlichingen，1774）。

此前黑格尔的朋友伊萨克·冯·辛克莱尔（Issac von Sinclair）
曾经追求过她一段时间。辛克莱尔 1805 年受到一起政变阴谋的
严重牵连，被控高度叛国罪，但他后来成为了外交官。后来当荷
尔德林身陷绝境之时，他将是荷尔德林的忠实保护者。有个行为
可以很好地表现出年轻时期的克里斯蒂娜。奥古斯都·弗里德里
希·豪夫（August Friedrich Hauff，1772—1809）是个民主主义者。
他后来似乎为黑格尔在瑞士推荐了一份家庭教师的工作。他也是
诗人威廉·豪夫的父亲。他曾经被关入霍恩纳斯城堡（符腾堡的
"巴士底监狱"）。克里斯蒂娜曾帮助其夫人秘密送信给被关押的
豪夫。她将信藏在篮子底部的夹层之中，然后装上一些能够过关
的食物送给被关押者。她还曾经乔装成女仆潜入城堡内部。

尤斯提努斯·科尔纳描述了这次危险的行动[1]。当然，当
时的监视和镇压条件还达不到今天这样的水平。诗人舒巴特
（Schubart）曾被关押在霍恩纳斯城堡，其间荷尔德林曾来此向他
祈福，见证了这里的阴森和恐怖[2]。可见这位黑格尔小姐既不缺乏
勇气，也不缺乏民主理想。

她的性格慢慢地发生了一些病态的变化，变得古怪，而且作
为被压抑的安提戈涅，她后来对黑格尔夫人产生了一种疯狂的嫉
妒。她陷入了一种奇怪的精神错乱。1815 年之后她彻底陷入了疯
狂，不得不把她关进专门的机构。事实上，这种专门的机构中也

1　Justinus Kerner, *Das Bilderbuch aus meiner Knabenzeit (Le Livre d'images de mon enfance)*,
Braunschweig, 1849, p.280 sq.

2　这是这一地区精神病多发的标志，大多数人都对诗人舒巴特被活埋的消息信
以为真，荷尔德林亦是如此（*op.cit.,* p.86 et 1121）。

关押着政治嫌疑犯 [1]。她直到 1824 年才被放出来，此后委托给谢林的弟弟来照顾，他是一位医生。1832 年，在其哥哥去世后不到三个月，她也投入纳戈尔德河（le Nagold）自溺身亡，结束了自己悲惨的一生。

黑格尔一直都非常关心她，对她表现出一种十分真挚的感情。她是黑格尔悲剧式的家庭结构的一部分：11 岁成为孤儿，弟弟死于战场，私生子不成器也不走运，妹妹暴戾更添疯病——真是不幸的生活！

*

黑格尔一家每年都要纪念将家族带到施瓦本的先祖。这位朴实的铜器匠是一个坚定的路德信徒，16 世纪时，他宁愿离开自己的出生地克恩滕州（Carinthia），走上流亡之路，也不愿意放弃信仰去改信天主教，因为当时统治该地的公爵强迫其臣民皈依天主教。在黑格尔家里，对路德教的虔诚同家族的虔诚交织在一起，并且其宗教保留着新教的最初特征。黑格尔一直坚持这种新教式的论战，即使当"神圣同盟"（Sainte Alliance）试图调和各种教派时亦是如此。

黑格尔自幼就体会到了迁徙之苦，体会到了能有一块安居乐业的居所的幸福。呆在"自己家里"（bei sich），从精神的角度看，这就是自由！他在《日记》中对比了不同的命运：一方是住在凡尔赛宫里的国王，他没有什么值得羡慕的，他只使用巨大的城堡的一小部分，对其他部分一无所知；另一方是操持家务的男主

---

1 "受监护的克里斯蒂娜被安置在位于茨维法尔滕（Zwiefalten）的新精神病院里。在那里也可以不断看到很多政治反抗者，以及其他在这个极端虔敬的国家里被专制政权严厉打击的人。"（Helmut G. Haasis, *Gebt der Freiheit Flügel, die Zeit der deutschen Jakobiner*, Hamburg, Rowohlt, 1988, p.829. ）

人，只拥有一栋简陋房子，却熟悉其每个角落，熟悉"每颗螺丝和每个小柜子的来历"[1]。

黑格尔出生于 8 月 27 日这件事并非无关紧要，因为歌德（1749—1832）也出生在 8 月，黑格尔生日在歌德前一天。生日上的这种邻近将两位天才联系在一起，至少在二人的崇拜者看来如此，他们有时会用一个不眠之夜连续庆祝两个人的生日。在 1826 年，这种结合则会加重普鲁士国王的怨恨和愤怒，这位国王心胸狭窄，抱怨这个庆祝过于盛大，千方百计想要取消它。有一位伟人在其身边，他已经觉得太多，更何况居然同时有两个!

黑格尔于 1788 年中学毕业，作为一个模范生，他对所有形式的知识都表现出浓厚的兴趣。留存在来的档案表明，黑格尔非常关心时事，有条不紊地大量阅读，认真观察自然现象，做各种小实验——巨大的百科全书精神，迫不及待地准备付诸行动。

黑格尔自幼就偏爱古典文化，特别是希腊文化，这种兴趣得到了老师们的鼓励。他习惯整理并保存笔记，几乎是任何所做过的笔记。他坚持认真写日记，出版的《日记》向我们勾勒出了其性格的成长经历。他很早就养成了典型的德国作风：大量的阅读摘要（Exzerpten）配以精确的出处——博学多识是训练出来的。

他阅读了索福克勒斯的《安提戈涅》，后来他经常引用该著作。他翻译了朗基努斯（Longin），爱比克泰德（Epictète）和塔西佗（Tacite）的作品。他非常喜欢历史。早自 1786 年，他就经常在日记中吐露遗憾："还没有深入地、哲学地去研究历史"（D 37）。他很快弥补了这一缺憾。

32

1　Hegel, *in* Robert Legros, *Le Jeune Hegel et la naissance de la pensée romantique*, Bruxelles, Ousia, 1980, p.280.

黑格尔的老师们很早就启发了他的哲学精神。成年之后，他本人还提到过自己最初的开蒙："我一直记得很多学过的沃尔夫的概念，我记得是因为这注定了我后来会进入我们地区的神学研讨班（图宾根神学院），当时我 12 岁，从所谓的'清晰理念'（idea clara）开始学起，到 14 岁时我从整体上掌握了三段论的各种'格'和各种规则，从那时起，我就从没忘记过这些知识"（B. S.550）。

既然如此讲述了自己的学术宿命及系统训练，后来宣称毅然"决心"同所有的过去和一切学过的东西决裂从而进行哲学，这有什么价值吗？广告式的浪漫主义而已！

狄尔泰（Dilthey）[1]认为是孟德斯鸠和伏尔泰的影响——当然是间接的影响——使得年少的黑格尔进行反思，这些反思为其将来的历史哲学做了准备："我很久以来就在思考什么才是真实的历史。我现在有了一些概念。我认为不仅要讲述事实，也要确定名人的性格、某个民族的整体特有精神、其风俗、其宗教，探究那些伟大帝国没落与繁荣的原因，指出类似事件对于政治体制、民族气质的影响，如此等等"（R 433）。

此后，他不断分析和描述各种"民族的精神"，解释其繁荣与没落。从整体上讲，他受到了学术支配，受到德国启蒙运动的影响，德国的启蒙运动是欧洲启蒙运动整体大潮在德国的特有形式。他专注于那些予其影响的伟大作家：沃尔夫、莱辛（《智者纳旦》），但也没有忽视当时那些声望稍小却同样广泛流行的作家，如加尔夫（Garve）、苏尔泽（Sulzer）、尼古拉（Nicolaï）等

33

1　Wilhelm Dilthey, *Die Jugendgeschichte Hegels (Histoire de la jeunesse de Hegel)*, Berlin, Reimer, 1905, p.8.

人。他的兴趣并没有被这些严肃的阅读全部占据，有时也会读一些通俗小说消遣。

老师们鼓励他进行独自创作。他做了很多写作练习，这些文本都得以保存下来。文本的主题同我们今天所关心的主题相去甚远，但就当时状况而言，不得不承认它们有助于很好地、有效地训练思维。在 15 岁的时候，黑格尔杜撰了《安东尼、屋大维和雷必达关于三头政治的谈话》（*Entretien entre Antoine, Octave et Lépidus sur le Triumvirat*），其中已经表达出了非常明确的政治观点。17 岁时，他撰写《论希腊人和罗马人的宗教》（*De la religion des Grecs et des Romains*），从启蒙运动的角度而非基督教的角度考察了古代的多神论。为了更好地定位这个问题，我们可以回忆一下 1833 年出版的本雅明·贡斯当（Benjamin Constant，1767—1830）的遗作《罗马的多神论》（*Polythéisme romain*）。黑格尔正是用启蒙精神（l'esprit de l'Aufklärung）来解释苏格拉底的临终遗言：要向阿斯克勒庇俄斯（Esculape，古希腊神话中的医神）献祭。在这个年轻的中学生看来，哲学家的智慧要迎合尚未得到启蒙的民族的宗教偏见（D 10）。因此他预感到了宗教和哲学的"双重语言"原则，后来他试图从理论上加以证明。

1788 年，黑格尔写了一篇名为《古代诗人与现代诗人间的若干差异》（*Quelques différences caractéristiques entre les poètes anciens et les poètes modernes*）的论文：他赞扬那些以民族和公众为主题的古人，而现代人却只关注少数精英。

1788 年，学年末，人们指派黑格尔来做传统的学生毕业演说——这是一种极高的荣誉，我们不知道题目是否是他自己选定的，题目是《土耳其人的艺术和科学的可悲状况》（*L'état déplorable des arts et des sciences chez les Turcs*）。"在土耳其"，按照当时的词汇用法，就是指在基督教之外。

在这篇演说的文本中（R 19—20, D 52—54），黑格尔使用了一种奉承的手法，这种手法他后来不得不或多或少地使用，在这种动荡的年代，不用这种手法，任何知识分子都无法生存。他做了一种对比，尽管国民没有必然要求这种对比，通过对比，他证明了生活在符腾堡公爵的领地要比"在土耳其"幸福，并且还有这样的老师，有这样的公爵统治，有这样的宗教进行救赎。无论如何要不惜一切代价获得公爵奖学金进入图宾根神学院。

但他同时也在使用抵消的手法，在其论文《论希腊人和罗马人的宗教》中，他预先就提出一种观点：宗教信仰的多样性促使我们要批判自身的观点，因为我们自身的观点"可能完全是错误的，或仅仅有一半正确"（R 18）！因此，他已经远远超越了莱辛；莱辛只是暗示所有一神论宗教可能都是正确的，基督教并不唯一，这引起了基督教公众的公愤。

当然，随着时间的推移，黑格尔也会改变。但是最初的烙印总会留下痕迹。他将会成为极其勤奋的人，尽管没有一些人聪明，但是却比很多人更加坚定和严肃。

很多档案和证据让人们想到，在斯图加特中学，教学是在一种充满信任、友善、亲切的气氛中进行的。老师们积极为学生倾注心血，当然特别是其中那些最优秀的学生。老师和学生建立友谊关系，忠告却不强制，示范却不卖弄。当他其中一位老师罗夫勒（Loffler）牧师去世时，黑格尔对他的老师们表现出极大的尊敬和强烈情感。在斯图加特中学里流行的是十足的真诚，而且这是不言自明的——至少这些中学生们拥有这种感觉，但是这种感觉经不起现实生活长久的考验，无法承受一个令人迷茫、令人心碎、难以忍受的世界。

创造自我

人为什么成为哲学家？如何成为哲学家？黑格尔不愿意承认家庭和学校教育的决定作用，无论如何这二者都没有完全认识到这种命运。对这一问题，不同情况和心情下，他本人有很多不同的回答。

在这些方面，他的第一部重要著作《精神现象学》（1807）对35此有很长的阐述。从哲学写作方面来讲，这是一部奇妙的、惊人的、独一无二的巨著：内容非常广泛，许多迥异的主题怪异地纠结在一起，共同构成了同一个系统发展的连续阶段或步骤。黑格尔这里的计划之一就是描述一个普通的意识，从最初的天真和无知，到一般的哲学知识，再到绝对知识的发展过程——从意识之作为意识的觉醒，在连续的、上升的意识的支配下，最终达到其内在本性从一开始就蕴含的终极目标这样一个过程。

当然，必须要为这一冒险历程确定一个虚构的起点。开端之处，黑格尔未加批判，遵循了观念论的传统：他从意识开始，更确切地说，是从意识的预设原初状态开始。他认为这样做乃是不言自明的——他描述了他心目中典型的人类意识的最初形式，在我们今天通常称为"朴素实在论"（réalisme naïf）的状态下，感性印象被自发等同为实在本身，对世界的实际和独立存在有着不假思索的信念。生命和意识发展的这个预设开端，黑格尔称之为"感性确定性"[1]。

意识从这种最初形式出发，很快反过来反对这种最初形式，

1　Hegel, *Phénoménologie de l'esprit*, trad. Jean Hyppolite, Paris, Aubier-Montaigne, tome I, 1939, ch.i, «La certitude sensible».

同这种最初形式决裂，如此意识达到了其演化的更高一层阶段，这种状况就是"知觉"，之后，意识一步一步上升为最终的哲学意识。在达到这个最后阶段、亦即"绝对知识"阶段之前，要经过意识的各种杰出形式，这些形式创立了艺术和宗教。在通向绝对的过程中，哲学之后在终点的最后一刻才超越了宗教。

很明显，意识发展的这些连续表象的全过程的图式，只是在这位哲学家非凡创造性的想象中构建起来的。在黑格尔试图暗中灌输给其读者的这一思辨路线与黑格尔自身借以达到哲学的文化线路之间，真正存在着怎样的关系呢？

同其他人无异，他也是从"感性确定性"的最初状态开始。感性确定性，从明确确定什么是感性确定性的角度而言，它本身代表着此前开始的某个现实发展今后的发展阶段。在感性确定性中已经有生活、有实践、有经验，它是某种见习，也是某种批判。实在论（réalisme），无论感性与否，都绝不天真（naïf）。有时必须通过艰苦的斗争才能获得。无论是在黑格尔的时代还是在当今时代，这个世界的景象足以表明，很大一部分人从来没有达到现实主义（实在论），只是停留在"前现实的"、巫术的或神话的意识层面。

"感性确定性"的存在只是黑格尔为了阐明精神的开端而做的事后假设。而真正的开端并非如此。很久之后，黑格尔隐晦地承认了这一点，是在关于被他看作为"原始的"、生活在"自然状态"下的民族的问题上，在他看来，这些原始民族既看不到呈现在我们意识之中的事物，也看不到呈现在我们意识之中的感性性质，他们生活在无边的非现实主义之中，生活在想象的世界中。黑格尔也可以将这一评价扩展到古希腊人身上，就像让-保罗·杜蒙（Jean-Paul Dumont）所展现的那样："诸神笼罩下的哲学人类"，这些人渴望的"不是神秘力量，而是揭示的力量"，这种力量"能够解决一切问题"[1]。

在黑格尔所处的时代，在对意识的塑造过程中，宗教并没有像《精神现象学》中试图向我们讲述的那样，直到最后的阶段、最终的哲学启示之前才出现而是恰恰相反，宗教从一开始就卷入了整个运动。

奇怪的是，在其明确自身思想的最初草稿中，更确切地说是其保存下来的最初手稿的开头几行（但是他本人从未将其发表），黑格尔描述了实际的最初宗教的状态，而"朴素实在论"必然是同其对立的、出现在其之后的："宗教是我们生活中最重要的事情之一。从孩提时代人们就教我们向神灵念诵祈祷文，我们的小手交叉起来（祷告的姿势），希望可以达到至上的存在，我们的记忆中填满了我们当时无法理解的字句，目的是在未来的生活中可以获得用处或慰藉。

"当我们成年以后，宗教问题更是在我们生活中占据了重要的位置；更大程度上，对于大部分人来说，这是他们思想和爱好的整体圆圈，这个圆圈与宗教的关系就像车轮与轮毂之间的关系一样。"[2]

意识面向世界的最初态度，亦为人们反复向其灌输的态度，并非"感性的"，而是宗教的，尽管这种态度是对感受性和感觉加以无意识调和的结果。像黑格尔家这样的宗教家庭，最初向孩子们精神中灌输的乃是掌握存在和事物的大众观点，绝非"现实主义的"或是单纯"经验的"。在那些无神论的家庭中也几乎是

1　Jean-Paul Dumont, *Les Présocratiques*, in *Histoire de la Philosophie* (Jacqueline Russ), Paris, A.Colin, tome I, 1993, p.13.

2　Robert Legros, *Le Jeune Hegel et la naissance de la pensée romantique, op.cit.*, p.360.

大致的情形：孩子们相信圣诞老人的存在，即使都没有见过传说中圣诞老人来拜访他们所需要通过的烟囱。

宗教绝不是哲学的倒数第二步。黑格尔从其稚嫩的童年就得到了宗教的烙印，而且他明白这一点。在其一生之中，他同宗教的关系有着很明显的不同变化。尽管他有时候会倾向于无神论，但他一直保持着宗教虔诚的口吻，表现出在宗教方面的博学，黑格尔最初那些自称无神论的学生们也是如此：费尔巴哈（Feuerbach）、施特劳斯、鲍威尔……同他们的无神论一样，黑格尔的"无神论"也称得上是基督教的无神论，只有在其与基督教的关系中才能被表达出来，只有通过基督教特有的术语才能被表达出来。他说："我们这个时代注定要把曾经浪费在天堂上的财富归还给人们，至少在理论上如此 [1]"，此时他已经预见到了费尔巴哈的那些见解。

非宗教的概念及表达方式同基督教的术语和风格的这种融合或者说是混淆，通常让法国读者诧异而又困惑，法国读者已经习惯于法国无神论者独立的思想和那些基督教作家们更为严格的教义。

*

不管怎样，虽然黑格尔喜欢这样在意识形态上具有一定模糊性，但他在纯粹的哲学决定上还是表现得更为坚决，然而缺乏表达，很多读者都忽视了这些哲学决定可以带来的各种大胆后果。

这位观念论哲学家突然肯定了自己的个性。在血气方刚的冲动下，他愤怒了：他不需要任何人，他不想欠任何人东西，他厌

1　*Hegel's Theologische Jugendschriften (Écrits théologiques du jeune Heget)*, publiés par Herman Nohl, Tübingen, Mohr, 1907, p.225. [Sigle: *Nohl*]

倦了一切，"感性"世界、家庭、文化、宗教，什么都不要了！
轮毂不再支撑车轮了！这是彻底的决裂。

这种企图，当然有些过高，但却是哲学的一个传统，黑格尔
用很浪漫的词语表达了这种抱负："原初理念自然是！（natürlich）
将自我表象为一个绝对自由的存在。通过自我意识这个自由的存
在，整个世界一下子从虚无中涌现出来——这是唯一真实、唯一
可以想象的从虚无中的创造。"（D 219）

这位形而上学家没有"重新构造"世界，他是在创造自我的
过程中创造了世界。这种自我对自我的创造（这种活动是否还可
以用"创造"来命名？）也是这位哲学家对"神创"的创造。本
质上而言所有现实都来自于这种创造，不存在独立于意识的事
物。这种断言在少年黑格尔写作的文本中已经出现过，但是很可
能是出于赞同荷尔德林和谢林的观念。文本的标题是《德国观念
论的第一纲领》，无论对这个词做何种意义上的理解，它都确实
担得起这一地位[1]。

这就是所谓的彻底皈依哲学，它必然要求同思想的一切可能
的先决条件彻底决裂："依据自身"（soi par soi）这一原则没有任
何前提，决不能动摇。

这种企图，从本质上威胁到了一切文化和一切宗教。观念论
者不来自任何东西，而一切都来自于观念论者。在书桌前，他支
配着创造。他想要从零开始，因而否定了一切历史经验。无论如
何，任何实际的文化和宗教几乎都无法对此抱怨："哎哟！小事
一桩！"它们知道这不过是虚构的摧毁，可能会在一些头脑中产

1　Premier programme de l'idéalisme allemand, in *Dokumente zu Hegels Entwicklung*, publiés
par Johannes Hoffmeister, Stuttgart, Frommann, 1936, p.219–221. Traduction française：
Hölderlin, *Œuvres, op.cit.*, p.1157–1158.

生风暴，但总会过去的。然而它们可能太过于自信和泰然了。黑格尔哲学最后给它们带来了灾难性的后果。在生命的最后阶段，黑格尔将会亲眼看到，尽管写作上做了很多修辞上的防范，他的思辨观念论还是被猛烈地指责为泛神论、无神论和阴谋破坏。

　　但是，在耶拿、海德堡和柏林的大学里，对于黑格尔教授的年轻学生们来说，这是多么迷人的理论啊！他们被神圣同盟、美因茨委员会和镇压条令剥夺了全部自由，毫无有效行动的任何可能性，所有爱国和政治的努力都成徒劳，他们突然感到自己在理论上被赋予了绝对的创造力量！并且黑格尔善于通过鼓动夸大这种思辨意图。他慷慨地给予别人以英雄主义作为麻醉剂，最终可能自己也会上瘾吧 [1]。1818 年，他在柏林大学的处女课上，他认为需要振奋听众，极力地发挥口才，不乏在手稿中画线突出一些怪异的表达方式，这些画线内容他会加重语调："哲学思考的决心专注于纯粹思想（思想只与自身为伴），仿佛投身于无际的海洋之中；所有杂斑、所有的支点都消失了，所有普通柔弱的光源都熄灭了。仅有一颗恒星照耀，就是精神的内在之星，它是北极之星。但是，精神发觉自己孤单一人，精神自然（natürlich）会有某种恐惧的战栗：精神尚不知自己从何而来，又将去向何方。在那些已经逝去的东西中，精神发现很多是自己无论如何也不愿意放弃的，而在这种孤独之中，这些东西却还尚未得到重建，而且，尽管这些东西终将重归，精神并不确信自己可以寻回它们。"

　　"所有事物，都是如此状况，如此不确定，如此不安全，如

1　马里沃："我以欺骗自己为己任，志在让你们毫无顾忌地上当。"（Marivaux, *Romans*, Bibl. de la Pléiade, p.966.）黑格尔指出了马里沃小说的哲学意义（*Nohl*, p.208 et R 48），继而长篇累牍地论述了"自我欺骗"（Selbstbetrug）。参见 Jacques D'Hondt, *Hegel et Marivaux*, in *De Hegel à Marx*, Paris, PUF, 1972, p.19–35。

此飘摇……"（B.S.19—20）

这些乃是哲学分娩的痛苦！

谢林很轻视这种虚构的操作，他的笛卡尔模式也是一样的，笛卡尔模式尽管没有黑格尔模式那么悲壮，在原创性上却更果敢，或许也更真诚，他说："勒内·笛卡尔带来了一种完全符合其民族的精神的革命方式：他首先打破了同之前哲学的一切联系，抹去了之前人们在这一科学上所做的一切，着手从零重建这一科学，就像在其之前人们从未做过哲学思考……"[1]

黑格尔能超越这位异国的革命者吗？至少他一直在尽力扩大哲学批判精神的大胆，而且敢于摒弃一切习惯的偏见："再者，不仅感性形式垮了，意识所习惯的其他一切支点也都垮了。在我们表象事物的习惯方式下，我们总是保留一些基础，例如'上帝'作为'主体'，就是表象的坚实基础，人们关于上帝所说的一切都是建立在这一基础之上，都是他的某种属性；同样，我的感觉，我对外在身体的表象，我的正义感［……］。哲学抛弃了普通人类知性在生活和思想中所持有的看待世界的习惯方式，真理观念、正义观念、上帝观念……"（B.S.19）

竟然也包括上帝！

黑格尔此处给出的每一个表面上的突然断裂，实际上都暗含着某种潜在的连续性。他对此非常清楚。此时他可能想要给予自己强大的说服力，同时自认为学生们会严肃对待所有这一切，认为他们会对精神的孤独及自我的绝对地位心驰神往。是他引导他们走向危险的吗？他假装害怕表现出如此让人害怕。当他

40

1　Schelling, *Contribution à l'histoire de la philosophie moderne*, trad. par J. F. Marquet, Paris, PUF, 1983, p.15.

假装宽慰那些他认为已经被他吓到的人时，这个场面就变得有点滑稽了。暴风雨过后是暂时的宁静。恐惧的战栗终将过去："精神不会害怕攫取对自身真正有益的东西……哲学将会为精神恢复（weidergeben）所有真的东西，恢复到表象之中"（B.S.20—21）。这个局预先就布好了，而且手段很高明。

在思辨思想的海洋上，船有时也会被颠簸得很危险，因为会有意想不到的潮涌冲击而来，但黑格尔永远不会完全迷失方向。他总能用一种奇特的方式将奔放的观念论同脚踏实地的实证判断结合在一起。无论如何，对他而言，没有出生"在土耳其"仍是一种幸运，他会对此获得一种现实的、平淡的意识。然后他会认识意识（他自身的意识）艰难地逐步觉醒，进入哲学；他将会回想起意识不得不经历过的道路——有时很曲折的道路。

这位精神导师逃避了：斯图加特中学的优秀生，班级的第一名，一面收回一面坚持自己的论述。1804 年，黑格尔为教育部撰写了一份简历，无疑同葬礼讲演和处女课一样缺乏整体的诚意，但其解释性原则更加可信些。我们在其中看到一种平衡，这种平衡后来充斥了他所有的句子，即首先是一种肯定，随后立即通过限制、缓和或二次钳制进行转调："我选择的牧师职业，因为遵照父母的期望；我一直专注于对神学的学习，这是出于个人的爱好，因为它与古典文学和哲学紧密相连。进入神学院以后，在同自己身份相关各个领域中，我选择的领域，严格来说与牧师职业无关也与弥撒布道无关，这使我有闲暇可以投身于古代的文学和哲学，也使得我有机会到他国和陌生的环境中生活。"（C³ 344）

选择和必然性多么完美的结合啊！

如果分别提取这段文本中每个句子的开头部分或者是结尾部分，我们可以对这位哲学家勾勒出完全不同的两种肖像。但至少二者的家庭背景还是一样的：这就是黑格尔，18 世纪后期出生于斯图加特，注定会扭转 19 世纪。若非此时此地，他都不会成为他。

终其一生，黑格尔都在尽力为哲学的观念论辩护。但是人们很自然会认为哲学的观念论不是来自某种理论阐述。它是自发的，某种程度上是天生的。除了短暂的分心之外，他不会用别的方式思考。他也没有尝试过。但这并非某种独特之处：荷尔德林、谢林及其他许多人都同他一样具有这种命运。

施瓦本

施瓦本是一个"独立的"州，是符腾堡公爵的领地，但是作为黑格尔命定的出生省份，我们是否应该关注一下它的独特之处呢？

首先最值得关注的是，它是一个德语州，是众多省和区中的一个。黑格尔对他的这个小"祖国"有一定的偏爱。但是这种偏爱却与一种强大的怨恨、一种占据上风的负面情感交织在一起：只不过是一个"小"祖国。如今我们很难想象当时德国的悲惨政治状况：被分割成三百多个独立的州，有些小得可怜，有些都没有明确的边界。这种散乱同君主专制的法国的相对统一形成了鲜明的对比，当法国大革命强烈地印证了法国的民族团结性时，这种对比就更加明显。

所有这些弱小的德国州，原则上都隶属于日耳曼的神圣罗马帝国，而相比之下，神圣罗马帝国只不过是一个可笑的空名。黑格尔同许多德国的爱国者一样遭受着地方分裂的痛苦，这种分裂状态阻碍了一切经济、社会和政治的发展，并且很大程度上造成 42

个体和整体双方面的虚弱：没有活力、没有力量、因循守旧、精神狭隘。

对于这种让整个国家陷入瘫痪的地方主义，施瓦本是个十足的例子。对于施瓦本来说，所有其他的德国区域都是"外国"。狭隘充斥了施瓦本生活的各个方面。黑格尔游历了施瓦本以外的很多地方，见到了很多其他的模式，因而对此的认识更为强烈。因此他梦想着德国的统一。他留下了一篇早期文章的手稿，在其中，他忍住痛苦的哭喊和愤慨，冷酷地评判道："德国已经不再是一个国家了！"[1] 他最终归附于普鲁士是可以理解的，1815 年之后普鲁士唤起了所有爱国者的希望。当他来到普鲁士生活和教学的时候，普鲁士却展现出各种缺陷，也包括各种令人厌恶的政治缺陷。但是他愿意去极大地宽容这个国家，只有这个德意志国家有希望可以统一和强大，迟早有一天可以；为了这个国家可以生存、强大和文明起来，他愿意容忍一切。永别了，施瓦本！

法国大革命在很多方面吸引了黑格尔及其朋友们：解放个体，肯定个人权利，废除专制等等。而且，无疑最主要的是，法国大革命为民族力量的发挥提供了榜样，因为法国大革命采用了统一国家的模式，排除了一切地方主义，空前地肯定了国家的尊严，团结在同一旗帜下，共唱同一国歌，因为所有这一切，它使自己变得可以说是战无不胜。

可悲的施瓦本！就自身而言，它是一个好客、热情、风光秀丽的地方，但在很多方面它的场景却让人难以接受，当地的居民沉浸在绝望之中。愚蠢的专制主义在这里达到了难以附加

---

1 *La Constitution de l'Allemagne*, in *Écrits politiques*, trad. par Marcel Jacob et Pierre Quillet, Paris, Champ libre, 1977, p.31.

的程度。统治这里的公爵集合了传统专制的所有缺点：在这个形式上为路德教派的国家里，却是毫无限制的独裁、炫耀的奢华和厚颜无耻的放荡。他将批评者和反对者都关进霍恩纳斯伯格（Hohenasperg），强迫其属下官员们带着妻子和女儿去参加奢华的舞会，以便他挑选自己的情妇；为了攫取供其挥霍的钱财，他征召兵役，然后直截了当地卖给好斗的统治者，这些施瓦本的战士，他们都将为了他国的利益而客死他乡，比如客死开普敦（le Cap）（舒巴特的诗歌：《开普敦之歌》）。

43

当人们大胆地从国家利益来反对他的无耻行为时，他用路易十四的话反驳道："国家是什么？朕即国家！"有一次财政危机，他幻想可以通过公开忏悔他的罪恶，从而来哄骗愤慨的臣民们，但是他的忏悔充满了常规无法忍受的虚伪。表面悔改一段时间之后，他又重新开始了更加糜烂的生活。施瓦本的专制政治已经达到了顶点，或者说几乎达到顶点了[1]。

很多施瓦本人，其中包括最优秀的知识分子，他们很快就产生了同样的计划：逃走！黑格尔、荷尔德林、谢林以及他们最亲密和最珍贵的朋友，一旦有机会，他们都这样做了。他们每个人都在辛苦地寻找并且会找到"到别的国家和到陌生环境下生活的机会"。但这并不会为每个人都同样打开天堂的大门。

18 世纪末的施瓦本，几乎一切都受制于死板的传统，几乎没有被启蒙运动触及。风俗、制度、机构、设备和设施都保持着陈旧的特征。如果不把黑格尔的生活和思想还原到那个时代去，人们无法很好地理解他的思想和生活。住宅还停留在"哥特式"。

1　Karl Biedermann, *Deutschland im 18. Jahrhundert (L'Allemagne au XVIIIᵉ siècle)*, Leipzig, Weber, 1854. La situation du Wurtemberg est exposée dans le tome I, p.38–39, 66–67, 74 et *passim*.

黑格尔对这个词的描写则是它们的狭小和阴暗[1]。它们排列在狭窄而污秽的街道两旁。人们用蜡烛照明，用鹅毛笔写字，用木头取暖，出行则是骑马，富有的话可以坐马车，放血疗法广泛应用。黑格尔在成为教授以后，工资长期被拖欠之后，通常只能以实物形式领取：几袋大麦加一堆木柴。在德国的各省和地区，中等阶层人们的日常生活就意味着窘迫、拥挤和精打细算，一方面与农民的悲惨不同，另一方面又与宫廷和财政官们撩人的奢华不同。

符腾堡公爵的一个特性值得关注，因为它在少年黑格尔的教育中扮演了一个角色。这位公爵在法国境内有领地，蒙贝利亚尔（Montbéliard）及科尔玛（Colmar）周边的一些地区。因此施瓦本同法国的联系比德国其他各州更为紧密，在图宾根神学院时，黑格尔同那些获得公爵奖学金的法国学生来往甚密。他很早就同法国和法语有了紧密联系。

即使没有这个独特的优势，对于法国及在法国发生的那些难以置信的事件，施瓦本也是一个绝佳的观察站。除莱茵区以外，德国其他任何地方都不可能像施瓦本这样了解法国大革命，也没有激起如此巨大的情感反响和学术反响。黑格尔熟知的很多符腾堡人立即投身于法国大革命，大革命也就顺理成章地为法国收回了莱茵河西岸的符腾堡"领地"。

一些阐释者很恰当地指出，在黑格尔的著作有施瓦本传统神秘主义的影响。施瓦本传统神秘主义，有，但是并不比其他德国思潮和外国思潮表现出更深的影响。黑格尔有时会提起这个国家的历史，但是并没有像荷尔德林那么多[2]。

---

1 *Nohl, op.cit.*, p.358.

2 Hölderlin, *La Tek* (*Œuvres,* Bibl. de la Pléiade, p.7–9).

在离开很久之后，直到 1818 年才只简短地提到过一次："斯图加特，我的出生地，阔别二十年之后，今年初我又在那里呆了几天"［用法语写给维克多·居赞（Victor Cousin）的信］（C² 173）。

从那以后，他好像再也没有打算回去过，也没打算回去看看老熟人。他很善于了断。

尽管他永远地离开了施瓦本，但施瓦本却从没有离开过他。他把祖国戴在了喉咙的深处。他一生保持着施瓦本口音，非常浓重，而且他还经常使用施瓦本习语。起初，普鲁士学生嘲笑他的口音，但其教学内容的丰富和深刻很快就使人们原谅了其发音上的怪异。他的听众同他一样，将会忘记施瓦本，忘记省份，忘记地域出身，忘记这位主宰自己的哲学家的出生地和出生日，通过聆听他用"绝对"的名义至高无上地讲述，他们相信自己见证了他在他们眼前自我创造的每一时刻。

图宾根神学院

> 新教牧师是德国哲学的先辈，新教思想本身就是德国哲学罪恶的根源。只需要说出"图宾根神学院"这几个字，就可以从根本上理解德国哲学：一种隐蔽的神学……施瓦本人是最会说谎的德国人，他们天真无邪地撒着谎。
>
> ——尼采[1]

面对着未来的不确定性，那些不安分的灵魂，他们的第一避难所就是图宾根神学院，即图宾根的路德神学院：魅力的幻影很快就破灭了。

但是，起初还是何等骄傲！

获得公爵奖学金，人们满怀期待地进入这个名声显赫的"基金会"：这标志着良好的学业，具有为宗教和公爵服务的远大前

1　Friedrich Nietzsche, *Œuvres*, Paris, Gallimard, 1974: *L'Antéchrist*, parag. 10 (trad. mod.). (*Werke*, VIII, Leipzig, 1895, *Der Antichrist*, p.255.)

程！人们或多或少还是愿意成为牧师的，当时牧师在自己的城镇的角色还是非常重要的。

进入图宾根神学院，对这些青年人的生活来讲是一个非常重要的分水岭：会脱离并远离家人；要过着幽居的生活，几乎是隐修生活，至少按照管理规定是这样；要进行紧张而有序的学习，特别是学习神学；学业繁重而且竞争激烈。与此同时，也获得了相对的内心解放——人们可以培养自己的沉稳持重，但是要付出极端行政管制和意识形态管制的沉重代价：要想进入这里，就必须承认基督教、路德教义和君主专制，即使是内心深处或者是先天上与此一切毫无瓜葛也不行。

公爵们都建立他们的图宾根神学院，用来培养牧师为自己的领地服务：本质上是一种宗教、政治和意识形态的目的。就是要使虔诚、思想和行动上的循规蹈矩、封建精神状态以及逆来顺受在符腾堡永久流传下去。

然而，那些为了某种特定目的而建立的机构，依据其自身本性的原则，有时却发展成了相反的东西。很长一段时间内图宾根神学院满足了人们的期待，之后它却逐渐染上了异常和异端的倾向，其完整结构上出现了裂痕。这些身无分文的年轻人，假装相信神圣使命，其实是为了获取教育的途径：一些贫穷的年轻人为了获取知识就假装愿为宗教事业献身：图宾根神学院，有时被简单地称作 Stipendium（奖学金），从而更好地表明其真实的社会功能。

人们容忍越来越多的神学院学生在用完公爵奖学金并完成学业之后，不去履行他们的义务，不去从事牧师或神职事业。各种新思想也多少渗透进入教师的课堂上。各种抗议的声音越来越大，反对神学院的规章制度，反对其教学内容，反对其戒律，反对其风俗和惯例。黑格尔进入神学院时，正是这种危机达到顶峰的时期。

　　数十年来，图宾根神学院的学生们别无选择，无论情愿与否，都只能服从这种条件的限制。但如今，时值 1788 年，刚刚开始觉醒的奴隶精神开始不守纪律了。康德大声地公开呼唤解放：不要再做被监管的孩子了！像大人一样，依靠自身来思考吧！启蒙运动渗透到每一个角落，在图宾根神学院里激起了一阵反抗的微风。一些评论家，后来都是著名的评论家，他们激烈地批评神学院的陈旧过时，批评它那些过时的独断论。有一个神学院学生更为大胆，这注定了他将有不平凡的命运，这就是莱因哈特（Reinhardt，1761—1837），他于 1785 年发表了一个反对整套教学体系小册子[21]。由于这个原因，他不得不首先逃亡到瑞士，后又到波尔多，在那里他接受到让-弗朗索瓦·杜科（Jean-Francois Ducos，1765—1793）家里做家庭教师，后者是"吉伦特派"未来的领袖。再后来，他曾短暂出任过法国外务部长，随后，在复辟期间成为了伯爵和贵族。他的事例表明，只要出了神学院，可以去任何地方。

　　享受奖学金的学生要在神学院学习五年：两年哲学，三年神学，这种哲学课本身就已经弥漫了基督教神学，主要是沃尔夫主义。短暂的基础训练期和适应期之后，那些最为活跃的学生开始无法忍受神学院的制度。即便对于那些最聪明的学生，图宾根神学院的条规也变得令人无法忍受。一切都让人心灰意冷。对待他

47

1　卡尔·弗里德里希·莱因哈特此前已经在阿姆布鲁斯特（Johann Michael Armbruster）的《施瓦本博物馆》（*Schwäbisches Museum*）发表了他的小册子，评论此前维克尔林（Wilhelm Ludwig Wekhrlin）一篇不满现状的文章。关于这位杰出的图宾根校友，参见 Jean Delinière: *K. F. Reinhardt. Un Aufklärer allemand au service de la France* (en allemand), Stuttgart, Kohlhammer, 1989, p.543。

们就像对待孩子一样，比在自己家里监管得还严厉。他们的阅读也受到控制！他们穿着一种剪裁怪异的制服，这使得他们在这个城里显得非常可笑，特别是在年轻女孩们看来非常可笑。人们还给他们取了绰号"黑袍士"。平常的错误也会受到不相称的惩罚，这些惩罚也非常可笑，充满了孩子气和羞辱性：就餐时不给喝酒、关禁闭，等等！各种禁止名目让他们难堪重负，包括日常活动的作息时间，个人的功课，表达的观点，甚至还包括所谓的"作风"。

神学院的编年史所表现出的是一幅凄凉的画面：同那些施瓦本的年轻人所梦想的东西完全相反。除了要受到吹毛求疵的行政专制之外，还要不断地遭受精神压迫。教师并不缺乏优秀的素质，他们也可以教授有用的东西，但是他们不能随意这样做，至少不能公开做，因此，他们都或多或少地参与到了这种系统的精神塑造中，特别是对于那些从一开始就拒绝融入这种整体性的学生们来说，特别是对于被迫加入准牧师行列的学生来说。

可以想象这种困境以及与之而来的痛苦：三年的神学学习，如此浩大的量会让爱好神学的人也会感到气馁，对于被神学激怒的黑格尔来说就更加苦不堪言，就像他所写到的那样，他希望到处用鞭子去驱赶神学家（C¹ 22）[1]；就餐时不得出声，除非是不信教学生们起哄，他们要听取大家轮流的讲道，至少得听着。他们并不是完全反对教会干涉公共事务的人，但是在这样的环境下却希望成为这样的人，他们放弃了这种过度虔诚，至少他们将这种过分虔诚斥责为宗教的"实证性"形式，亦即腐朽形式。黑格尔称，他们所做的那些讲道，往最好里说也只会带来

1　神学家们企图"恢复"康德，黑格尔对此非常愤慨。

厌倦。

就算没有这么糟糕人们也应该反抗了，但是这些施瓦本人很能忍耐。总体而言学生们满足于无关痛痒的反抗形式。他们用嘲笑来消除苦恼。其中一个名叫克吕福尔（Klüpfel）的学生讲述讲道这件苦差所带来的烦恼，要么尽量讲得小声好让别人听不到，要么就是与旁边有默契的同学搞出喧嚣的场面然后很大声的叫喊。而《旧约》中那些难懂的章节则成为了进行"毫无教益的解释论战 [1]"的借口……

学生们的滑稽剧吗？青春期躁动的迟来危机吗？当然，一定程度上是的。但是他们是将来的牧师，他们可能会在其他场合和就其他主题开玩笑。他们后来的生活清楚地表明，他们，至少是他们中的一些人，走上了反对、怀疑和异端的道路，而正是竭力阻止他们这样做的图宾根神学院将他们推向了这条道路。

教师们表面上坚持着独断论的神学，但是在启蒙运动的感染下，他们或许也不是十分相信了。他们的怀疑表现在他们的妥协上 [2]。他们中一些人似乎忠诚于老的信仰及其表达形式，但是这些老的表达形式受到新模式的挑战，而这些人对那些受现实诱惑的精神基本没有什么影响。因此，在哲学上，弗拉特（Flatt）坚持

1　Karl August Klüpfel, *Geschichte und Beschreibung der Universität Tübingen (Histoire et description de l'Université de Tübingen)*, Tübingen, 1849, p.266.
　　这种倦怠并不是图宾根神学院的独有特征。我们同样会吃惊荷尔德林对毛尔布龙（Maulbronn）"修道"氛围的描写，荷尔德林曾是那里的学生（Hölderlin, *Werke* [W. Beissner], VII, 1 [1968], p.366—367）。克吕福尔（1769—1841），图宾根大学的图书管理员，他父亲是黑格尔的校友。

2　Pasteur René J. Lory, *L'Église luthérienne du comté de Montbéliard à la veille de la Révolution française*, Paris, 1954, 关于图宾根神学院："教师们似乎已经忘记了他们是要培养传播福音书的牧师"（p.20）。

沃尔夫主义，然而沃尔夫本人在世时也从未表现出如此的独断，而且他现在已经被批判远远超越了。学生们暗中传阅康德的著作以及其他被禁的书籍，而且他们鄙视弗拉特。

神学教师施道尔（Storr）向他的学生们传授一种"理性化的"新教思想、一种"超自然主义"。与其同事们一样，他原则上坚持基督教基本教义的有效性；从一个图宾根神学院的雇员身上也无法期待更多。但是，同其他的教师一样，他试图亲自筛选那些他认为充满"神圣"的文本，从中选取他认为合理的，摒弃那些在他看来属于过时神话的东西。因此他们保留了对人格上帝存在的信仰，保留了对灵魂不朽的信仰，保留了对意志自由的信仰。但是由于他们同时也承认神的行动服从于自然的永恒法则，他们也动摇了这种信仰。

这些形成对比的肯定，而且严格来说是无法兼容的肯定，要想接受它们需要经验和沉着，对那些在单一的而且理智上也非常苛刻的信仰体系下成长起来的年轻精神来说，它们造成了极大的理论困惑。他们无法通过这些兼收并蓄折衷主义的理论来接受一些章节，特别是那些最考验人们想象力而牧师们却津津乐道那些章节。那些"超自然主义者"试图用一些表面上科学的观念取代一些纯粹宗教的观念，同时自认为这样可以成功地拯救一个审查并修改过的宗教，这完全是徒劳的。

坦白来讲，面对这个信仰危机的时代，这种妥协只能是火上浇油。学生们最初茫然无措，但是很快就冷静下来并且在怀疑和讽刺独断论上超越了他们的老师。他从道德角度憎恶图宾根神学院：不正是图宾根神学院愚蠢地导致了他们缺乏理智上的严格性、愚蠢地向他们灌输他们自幼就开始抵制的口是心非和背信弃义吗？

此外，学校管理者、教师、学监，他们各自的观点之间存在着显著差异。这些分歧本身就值得分析。然而，在神学院的学生们普遍看来，特别是对于在此相遇的三个尚未成熟的天才，即黑格尔、荷尔德林和谢林，这些细微差异几乎可以忽略不计。他们抛弃了全部独断论，整体上加以抛弃。"绝不与独断论妥协"是他们的共识之一（C^1 41）[1]。图宾根神学院让他们厌恶至极。

在图宾根神学院的反面的激发下，他们曾经以完全一致的精神状态生活、感受和思考了几乎 20 年。他们不仅最能感受到各种理论的脆弱，更能感受到周围的虚伪或看起来虚伪的东西。他们对此义愤填膺并激烈地予以抵制。他们认为自己摆脱了这些，他们憧憬着一种纯粹而坚实的真理。他们年轻、率直、聪明而且相对贫穷；他们没有什么可失去的。他们成为了康德主义者，随后又成为了费希特主义者。他们用一种新的形式表达自己的道德格言：不要说谎！直到他们的友谊破裂以前，他们的共同目标就是发现世界的假象下隐藏的真理，并把它讲出来。为此，在这种恐怖环境下，他们发誓，组成了一个"真理同盟"，签订了一份"真理条约"，他们希望加入一个"无形教堂"……

50　　他们在图宾根神学院的经历直接否定了他们之前相信的东西。这份经历让他们褪去了稚嫩。同所有刚成年的年轻人一样，他们将这份经历看作是绝对独特、唯一、前所未闻的。但那确实是一段超越极限的经历：陈腐的制度与最新理念之间的冲突、最平庸的状态与那些新生状态下的伟大人格之间的冲突——德国最

1　黑格尔的诗歌《厄流西斯》里面的诗句。卡莱尔将德文 "Frieden mit der Satzung [...] nie einzugehen" 翻译为 "绝不与法律妥协"（C^1 41）；但是在这种语境下，Satzung 通常应该翻译为 "教条"（Paul Asveld, *La Pensée religieuse du jeune Hegel*, Louvain, Publications universitaires, 1953, p.114 ）。

伟大诗人之一及德国最伟大哲学家中的两位。

图宾根神学院打破了世代的联系并摧毁了固有的观念。它强迫每个人去获得自我意识，强迫每一个人去反对自身，强迫每一个人都将自身作为批判反思的对象。在那里人们意识到所有人，或者说是几乎所有人，都是虚假的，都戴着面具。不能写下任何东西，也决不能相信任何事、任何人。

这是对生活的学习，对本真世界的学习，因为图宾根神学院并非与世隔绝。而且某种程度上它更糟糕：学生们意识到有人试图将他们纳入这种体系中，并且试图培养他们中的一些人充当这种预谋好的妥协的专业工具。他们立即进行反抗，强烈地拒绝加入到这种游戏。他们还不准备在自己的纯洁的酒中掺杂清水。他们还没有意识到这种腐朽文化的历史必然性及其用途，黑格尔后来对此作出了详细和惊人的分析。他们没有逃避。他们将会认识到，虚伪和谎言只不过是表面征兆，恶是更深层次的，是大多数人几乎意识不到的。他们最终将会逐渐适应这种状况。但是，当下他们只有一个想法：逃离！

图宾根神学院辜负了天真和普遍的信任。它嘲弄忠诚。它压制自发性。荷尔德林写道："在德意志民族中，缪斯的年轻学生们充满了爱和希望，富有精神；七年后再看他们，像影子一样沉默和冷漠地四处游荡。他们就像被敌人播撒了盐的土地一样，再生不出任何东西。"[1]

*

面对这种难以忍受的摧残，年轻的黑格尔和他的朋友们梦想着重建信任，他们相互许下永恒的誓言，相互之间确保忠诚、确

1　Hölderlin, *Hypérion, op.cit.,* p.269.

保真诚。他们此时正贪婪地偷偷阅读让-雅克·卢梭的著作，而卢梭的座右铭不正是"为真理献身"（Vitam impendere vero）吗？康德不是至少在理论上将真诚绝对化了吗？费希特不也敢于宣称"必须要伸张正义，哪怕世界会因此而毁灭"[1]吗？他们都在为"理想价值"的口头狂热上竞相出价。这些天真的学生们后来会发现这些自由大师，他们本人也都曾忍受谎言、伤害正义、背叛价值、唾弃绝对。因此他们将会重新回到更加温和、更加明智、更加驯服的意见和行为上来——荷尔德林比其他两位更加不情愿。

他们在图宾根神学院的生涯结束的时候，这三位朋友还没有准备屈服。他们不分时机地谴责这个"无可救药的时代"[2]。对于他们来说，图宾根神学院象征着最根本的恶。在更广泛的意义上，他们认为德意志民族比其他民族更应受到谴责[3]。他们抽象地贬低独断论，但是他们用以反对独断论的却是最独断的评判；他们毫无保留又缺乏慎重地将善与恶、真与假、真诚与缺乏诚信对立起来。

他们对图宾根神学院的敌意，虽不能说完全是，但主要是宗教和政治上的。在他们自发的观念论中，他们将宗教、城邦看作思想事务，主要属于或者说是完全属于思想的操练，因此陷入判断的独断论范畴之中。

他们本身也谴责后来尼采所谓的"隐蔽神学"。但是很快就轮到他们散布这种隐蔽神学了，即德国的观念论哲学。无论如

1　Fiat justiciam, pereat mundus (Fichte, *Das System der Sittenlehre, nach den Principien der Wissenschaftslehre*, Iéna, Gabler, 1798, p.484)

2　Hölderlin, *op.cit.*, p.150.

3　荷尔德林对德意志的惊人控诉，参见 Hölderlin, *op.cit.*, p.267–270.

何，尽管是比尼采更出色的辩证主义者，他们也无法掩饰，一种隐蔽神学的哲学就必然意味着一种隐蔽哲学的神学。从此以后，神学只能在思辨的面具下偷偷地传播，因为无法再在这个世界上大张旗鼓、毫无遮拦地全速前进了。但是这些掩饰使它变质了。

这种思想与思想自身的游戏，其中每个对话者在他人面前都要伪装自己，它在黑格尔的最终体系中将会结出硕果。他的那些最敏锐的对手都会猜到这一点。他们将会逼黑格尔做出选择：到底是神学还是哲学？而他的朋友们，很难分清他的论述中哪些是技巧，哪些是花招，哪些是假象以及哪些是真正深刻的内容。对别人耍花招的人最终也会对自己耍花招。黑格尔揭露了别人的这种命运而不揭露自己的这种命运：他很清楚自己在谈论什么。

在图宾根神学院，对独断论内容的怀疑和辛辣批判并不妨碍富有成效的学习。教师们并不完全一致，他们的思想具有不同的倾向，他们也传授了丰厚的学识。神学院的学生们自身也进行选择，各有所好，坚持适合自己的东西。对于黑格尔，他比荷尔德林更需要全面，不能陷入到过于单一的视野，这种来自片面的单一视野会造成总体上有失偏颇。没有人比这个"体系缔造者"更加杂糅了。他从现实和文学中广泛汲取营养。

无论如何，他在图宾根神学院获得了扎实的神学教育。无论是为了何种目的，他都可以信手拈来地引用《圣经》。在图宾根神学院，他还提高了自己对古代语言运用：希伯来语、希腊语和拉丁语。通过必修的宣讲布道，他锻炼自己的口才，不知道为什么，没有太大成效。

图宾根神学院也教授古典文化，由助教卡尔·菲利普·考恩茨（Carl Philipp Conz, 1762—1827）任专职教授。他是一位诗人、文学史家、文学批评家，在这些领域很有名望；而他是个不满现状的人。他似乎对黑格尔有巨大的影响，在这位哲学家晚期的著作中仍能看到对其观点的一些模糊回忆。他对希腊文化充满激情，而且懂得如何分享他的激情。他燃起了黑格尔和荷尔德林对古希腊文化的激情。

对古希腊的热爱没有让他们忘记眼前吗？结果不是厌恶和逃走吗？实际上，这种热爱源自精神的一种双向运动。诚然，一方面，它远离了现实及其罪恶，提供了一种完美的补偿；它改变了行动。

53 但同时它又用自己的方式传达了对现实的强烈批判、对他们实际生活和思考于其中的德国社会和文化现实的轻蔑和谴责。评注家们经常为黑格尔和荷尔德林懂得将基督教和希腊文化加以漂亮的综合而感到高兴。他们并没有像波利厄克特（Polyeucte）那样摧毁异教的偶像，而是让基督教的纯洁做出一定的让步。这是两种完全不同的文化，历史上一个曾经摧毁了另一个，二者之间诗性的或哲学性的"和谐"让这两位朋友得出了惊人的结论：他们都将耶稣等同于酒神巴克斯，或者是等同于苏格拉底！

事实上，对古希腊文化的迷恋，特别是对异教宗教方面，必然会导致与基督教现实的某种脱离，特别是基督教最独断、最传统的方面。从这种双重运动中产生出一种复杂的思想，而且也十分混乱，或者说是犹豫不决，不像18世纪法国的"哲学家们"反对宗教时那样清晰明确。正如任何动态的混合一样，比重会有不同：图宾根神学院的学生们的灵魂中，通常是被基督教占据着，但异教思想有时也会采取某种报复。在一些特殊的时刻，两种形式的宗教同时越界了。最终这些平衡让黑格尔陷入一片混乱。

同时，他们从图宾根神学院的教学中汲取一切他们认为对自身成长有益的东西，厌烦地抛弃一切他们感觉陈旧的东西。这三位同伴贪婪地收集哲学、科学和文学上的新内容，当然大多数情况下都是秘密进行。

学校的规章是为保护这些寄宿生不受任何外来的破坏性煽动的影响，但规章缺乏严格和有效的执行。我们也不能毫无保留地认为图宾根神学院的管理者们一味地灌输绝对的宗教正统和政治保守主义。他们表现出要坚持这样一种大方向。但有些情况下，当这些年轻的反抗者们进入到公爵当局严重的危险状态时，我们看到，管理者们为了保护他们的学生，在他们给公爵的官方报告中，竭力周旋，尽量淡化学生们受到责难的事件，尽量阻止危险事件。或许他们并不十分恼火，他们在青年一代身上看到了觉醒的自由精神，而这种自由精神是他们自己不敢表露出来的。他们特别满足于维持表面的形象，并且抑或因为无力、抑或因为懒于、抑或因为内心的自由主义，他们松开了缰绳。对于神学院的学生们来说，不要越过默许的界限，这种默许的界限比官方的明文规定要宽松多了。因此，他们偷偷阅读规章上禁止的书籍，但并没有太大的实际危险。

54

谢林称黑格尔"通晓莱辛"（C^1 26）。另一位同学证实"总是看到他在阅读卢梭"[1]。我们知道，他经常苦读孟德斯鸠的著作，但也遍读雅可比（Jacobi）。他密切关注着那位伟大创新者最新著作的出版：《实践理性批判》（1788）、《判断力批判》（1790）以及《单纯理性限度内的宗教》（1793）。

理性为宗教立法！在一所培训牧师的学校里，从前的话一定

1　语出略特文（Christian Philipp Leutwein），转引自：Theodor Haering, *Hegel, sein Wollen und sein Werk*, Leipzig et Berlin, tome I, 1929, p.52。

会被看作亵渎宗教的话。批判？这已经是一种恐吓了。费希特在这种激进主义方面比康德更进一步，图宾根神学院的学生们因此也更喜欢他。

黑格尔专注于个人研究，他的个人研究非常独特。这些研究放在今天也够让人吃惊的。他从未发表过研究的成果，可能是因为他觉得不够确定、不够完整，但他完全可以简单修改就应该能够达到出版标准。然而这些内容的作者就会很容易表露出其异教及对现状不满，而一旦明确表现出这种内容就不可能真正出版。终其一生，他都保留着这些手稿，原因很简单，就是因为在他所生活的高压政治环境下这些手稿是无法发表的。

在这些论文中，黑格尔按其一贯事无巨细的风格，分析了当时的政治和宗教问题，用全新的术语和独特的观点加以阐述。在古希腊文化中，他找到了宗教和政治相互影响的有力证据，而他试图将这种和谐移植到现代性中来。在其带有宗教色彩的思想的基础上，他运用一种接近社会学，或者说是完全历史的观察方法，研究在怎样的客观条件下才能深刻改变基督教，或者是彻底重建基督教，更抑或是某种全新的宗教，从而使其能够支持并肯定"国家"，激发公民及爱国情感，唤起个体的社会道德感。

55对当时现有的宗教而言，特别是在施瓦本，这种思考具有毁灭性影响，至少事后看起来如此。时代精神激励着他。尽管有巨大差异，但是可以很容易看到他同一时间与法国展开的反思之间的亲缘关系。教士福歇（Fauchet）有一部内容非常清晰、名为《论民族宗教》（1789）的著作，与之非常切合。

摆在黑格尔面前的问题正是：如何建立一种民族的、大众化的、可以真正而持久地建立或重新确立人类共同体的宗教？正如狄尔泰在1905年所指出的那样："黑格尔的神学的研究都全面超越了宗教研究的范围，通向了一种新的宗教理想，一种新的、普遍人性的生命共同体。"[1]

狄尔泰在这里用"神学的"这个词，因为罗森克兰茨曾略带草率地如此评价黑格尔年轻时候的一些文章。但他没有注意到这同一个罗森克兰茨还将黑格尔的另一部分论文称为《神学批判选集》(Fragements de critique de la théolgie)(R xxxv et 462)。不久之后，诺尔（Nohl）于1907年出版了黑格尔年轻时期的所有手稿（1793—1800），但只保留了前一个名称，即《青年黑格尔的神学著作》(Écrits théologique du jeune Hegel)[2]。因为其中总是围绕上帝问题及宗教问题，但是伏尔泰的小册子不也是这样么，而且德文版出版的时候标题也是《伏尔泰神学著作》(Écrits théologique de Voltaire)[3]。鉴于这些文本的倾向，而且通常是狂怒的论战，这些文本也完全可以被称作"反神学的"。事实上，除了神学以外，黑格尔在其中还讨论了很多政治和历史问题。

黑格尔用一种新的视角看待普遍人道主义，当时的很多风云事件都揭示出这种普遍人道主义，从广义的"政治"概念来讲，普遍人道主义本质上是"政治的"。他忧虑很多问题：忧虑当时德国松弛和断裂的社会纽带能否恢复；忧虑眼前四分五裂的民族认同感和民族统一性能否重建；忧虑这些堕落、丧失自我、痛苦不堪的个人能否重归正途。必须要超越这种悲剧性的分裂，超越这种痛苦不堪的爆裂，黑格尔在拼命地为此寻找出路。他设想古希腊城邦和个人身上拥有一种和谐、统一和美，如何才能实现这

1　Wilhelm Dilthey, *Die Jugendgeschichte Hegels,* Berlin, Reimer, 1905, p.134.

2　参见第 34 页注 1。

3　《伏尔泰全集》由弥留斯翻译成德文（W. C. S.Mylius, *Sämmtliche Schriften*, Berlin, 1783—1797），其中第 11—16 卷的标题很特别，为 *Theologische Schriften*（神学著作）!

些梦想呢？

在这条道路上，黑格尔反思着"爱"这个概念，一切形式的"爱"（性的、情感的、神秘的），"爱"统一各种矛盾，在这方面"爱"类似于辩证方式的理性。

在这些著作中，黑格尔没有明确指出如何进一步实现他的这些计划，即社会生活和政治生活的某种变革，但是其实是不言自明的，因为他已经指出，如果没有宗教的必然介入，这些计划就无法实现。这些众多的要求迫使他进行细致、广泛和创造性的反思，在我们一些当代人看来，它们远比黑格尔成熟时期的哲学著作更令人感兴趣。

当代读者对黑格尔这些著作的理解方式各不相同。在黑格尔年轻时期的著作中，传统信仰被大胆改编以适应新时代精神，有些人就喜欢去寻找对这些传统信仰的某种肯定。抑或有些人喜欢其中的新东西，喜欢其中与旧观念不一致的东西。在后一种情况下，值得注意的已不再是文本中那些停留在"神学层面"的内容，而是对后继者和门徒影响最为深广的大胆思想。

*

如果没有那两位杰出的同学同时也是朋友的影响，黑格尔的博学、细腻和创造性不可能得到发展。他们一起成长，并相互影响。

图宾根神学院一贯招收的都是施瓦本最优秀的年轻人。但在那几年中，可以称得上是卓越：黑格尔、荷尔德林、谢林！

荷尔德林（1770—1843）与黑格尔同庚，并同年进入图宾根神学院。这位伟大的诗人少年得志，而这位伟大的哲学家则大器晚成，但二人一直惺惺相惜，互相敬佩。出身的贫寒没有压垮他们。

自 1790 年始，他们同住一间宿舍，后来比他们更为年轻的谢林（1775—1854）加入了其中，而且谢林很快就被冠以"少年天才"的称号。三人一拍即合。罗伯特·闵德尔（Robert Minder）后来称之为"图宾根的三伙伴"。

如果从荷尔德林后来样子去推测年轻时候的他，他应该是让人一见难忘的。英俊、有教养、极度敏感，他的思想翱翔于云端，只有不得已时才忧伤地着陆。他的精神飞得太高，以至大多数人都无力追随。谁能在年轻时就结识这样一个非凡之人并得到他的尊敬和爱戴，这种几率我们没法计算。

三位伙伴都很崇拜古希腊，但是对现代哲学的热情却各不相同。他们共同发现了雅各比关于斯宾诺莎的书信，雅可比告诉他们，在可靠的外表下，莱辛，他们最喜欢的作家之一，暗中是斯宾诺莎主义者，因此，按照当时的观点来看，是一个虚伪的泛神论者或是非法的无神论者[1]。因此，如果找个恰当的词来说的话，他们都皈依于"泛神一元论"（monoisme panthéiste），对此人们可以在他们的各种著作中找到很多证据，荷尔德林将"泛神一元论"的简练表达方式写在了黑格尔的留念册中，当然是用希腊文写的："信仰声明：'一'与'大全'（en kai pan）！"（B⁴ 48）

谢林在 17 岁被图宾根神学院录取。擅长论述，擅长所有科目，有创造力、充满自信、桀骜不驯、渴望成功与荣耀，前途一片光明，充满激情，与周围格格不入。在很多年内，他都在思想活动和创造性方面启发着他的朋友黑格尔，相比之下后者迟钝而晚熟，但更加严肃，更有条理，更加系统；黑格尔甚至某种程度

1　"斯宾诺莎，上个世纪的伟人，严格意义上讲是个无神论者，不乏高贵之气"（Hölderlin, op.cit., p.70）。

"泛神论者都是可耻的无神论者"（Heine, Postface au Romanzero）。

上将谢林视为老师。人们常说"黑格尔，谢林的门徒"，长此以往就不那么让人愉快了。这两位年轻的哲学家之间的友谊在一直持续到1807年。当然是因为《精神现象学》，黑格尔在其中证明自己的原创性时有失分寸，其中一些论战意图彻底终结了他们的友谊。

在图宾根神学院的五年学习，总体上看来比较艰苦：难以忍受的纪律、烦人的学习、理论的忧虑，宗教的苦闷。正是这些使得这位哲学家终其一生都喜欢在公众面前表现出这种严肃的形象。他的画像没有微笑的。通常人们都很难想象哲学家们年轻时候的样子，人们总是刻苦研读哲学家们老年时的沧桑著作。

然而，在图宾根神学院，三位伙伴仍然还是年轻人，也会经常放纵一下年轻的欲望，恶作剧，调皮捣蛋，当然通常都是偷偷地进行。他们也不拒绝娱乐，特别是黑格尔。他们聚在小酒馆里喝酒、唱歌、调情，他们上演着高中后进生们的各种闹剧。但是按照我们今天的标准来看，这些都没什么大不了的。

在其生命的这段时间里，黑格尔不断地变换各种行为方式。是性格的突变，抑或是证人的角度各有不同？他的同学们称他为"老头子"，并且给他画了一幅衰老的侧身肖像。但是就是在这个"老头子"的留念册中，他们写道："去年夏天过得很好；今年夏天过得更好。去年夏天的口号是'酒'；今年夏天的口号则是'爱'"（B^{4}65）。他喜欢骑着马长时间闲逛，有时还很晚才回到图宾根神学院：他会因此受到训斥，被关禁闭惩罚错误。在官僚式的小题大做下，他还被指控犯有"流浪罪"。他生命中放荡不羁的这一面，更多地是展现在图宾根神学院之外。他还有他的朋友们，他们有夸大神学院内阴暗、苦恼一面的倾向。只有在走出校门之后他才感觉到什么叫自由。但谁能揭开这沉重的盖子呢？

法国大革命

哲学在实践上的第一次胜利……

——根茨（Gentz, 1790 年）[1]

　　新教神学院（图宾根神学院）里面的生活本身就已经受到各种新思想的冲击，而法国大革命的消息则使其彻底地陷入混乱。所有的不平衡、冲突、不满突然都加重了。这个事件，改变了欧洲的命运，也给黑格尔及其同学的思想和人生以新的方向。从此，所有的心都随着大革命的节奏而跳动，也可以说是随着隆隆炮声而跳动。

　　1789 年 7 月 14 日，奋起反抗的巴黎人攻占了巴士底狱。如今，我们已经很难再现这一事件对当时人们的精神造成了多大的震撼，尤其是对于作为旁观者的德国人：难以设想、难以想象、难以相信、比《圣经》上的奇迹更加难以置信——在神学院里

1　成为反革命之前的根茨，于 1790 年 12 月 5 日致加尔维（Christian Garve）的信（Friedrich von Gentz, *Briefe an Garve*, 1857, p.59）。

《圣经》上的奇迹是当作反讽（ironie）来看待的。这是一个奇迹，而且是实实在在的奇迹！终其一生，黑格尔都会庆祝大革命的纪念日，通常会有学生们陪伴，黑格尔会给他们评说大革命。

在图宾根神学院，这就如同一颗火花落在一堆干柴之上。注意，这堆干柴只是精神上的。大革命这一事件将深深地影响神学院的学生以及其他很多施瓦本人的思想，尽管懂了，身体上并没有什么行动。他们并没有攻占霍恩纳斯伯格（Hohenasperg）。或许他们努力过，可是对此没有什么确实的证据。不过，在他们的国家他们只能秘密行动。但是，谁知道呢？只有些许施瓦本人公开为革命中的法国服务，如：莱茵哈特（Reinhardt）、克尔纳（Kerner）、科塔（Cotta，革命家）……他们是黑格尔的朋友或熟人，但黑格尔本人并未随他们渡过莱茵河来法国。

显然，就目前我们所知，除了少数被反复记载的自发行为之外，大革命只是间接地改变了神学院学生们态度。大革命在这三位朋友心中燃起了巨大的人道希望，这种激情一直激励着他们。

40 年后，处在专制的复辟王权统治之下，处在神圣联盟的统治之下，黑格尔仍然敢于回忆当时图宾根神学院里学生们狂热的灵魂状态，但是有些赞扬过度："思想，权利概念突然获得了价值，不公平的大厦无法再抗拒它。因此在关于权利的思想中，人们建立起一种宪法，从此一切都要建立在此基础之上。自从太阳占据苍穹，众行星们绕之旋转，人们还未曾见过头脑为基础之人，亦即以理念为基础，然后按照理念构建现实。阿那克萨戈拉最早指出，努斯（nous，希腊文，意为理性）统治着这个世界；但是，直到如今人们才真正认识到，应该由思想来统治精神的现实。因此那里升起了一颗伟大的太阳。所有思考着的人都庆祝那个时刻。一种崇高的情感支配了那个时刻，精神的激情让整个世界都为之颤抖，仿佛就在那一瞬间人们已经实现了神圣与这个世界的真正和解"[1]。

即使这里只是一个"仿佛"，这也是非常大胆的，对于一个路德宗的思想家，在基督教诞生了一千七百八十九年之后提出"神圣与这个世界的真正的和解"！

青年黑格尔对于法国大革命景象的激情，回应了他对康德的偏爱，康德也处在有着诸多限制的政治形势之中。1798 年康德宣称："由一个精神上富有的民族发动的革命，我们看到它就发生在我们今天，它既可能成功，也可能失败；当人们反思的时候，这场革命可能充满了痛苦和残暴，当人们准备再重来一次的话，即使人们希望能够成功实现它，但是人们也绝对无法下决心去经历这样的代价；所以我说，这场革命同时在所有观众（那些没有亲身卷入到这场活动中去的人）的灵魂中、在他们的期望层面上，唤起了一种'同情'（Teilnehmung，康德本人强调了这个词），这种'同情'接近于狂热，其表达也包含着某种危险，因此同情在人类身上必定是由道德本能所引起的"[2]。

我们注意到，在康德与黑格尔的这些庄严声明中，有着相同之处：对于法国大革命的完全赞同，对它充满羡慕和喜爱，但是有些令人感兴趣的细微差别。

首先，这两位哲学家，他们坚持对法国大革命的旁观者态度，这一点上可能存在相互抄袭。他们都想避免被指控为本国革命活动的积极参与者抑或是同谋，这种指控有可能使他们陷入极其糟糕的麻烦。但是，这种谨慎也意味着，对政治现象中的暴

1　G. W. F. Hegel, *Leçons sur la philosophie de l'histoire,* trad. par J. Gibelin, Paris, Vrin, 1963, p.340.

2　E. Kant, *Œuvres philosophiques,* Bibl. de la Pléiade, III, 1986, p.895 (trad. mod.).

力，他们在思想上有所畏惧。

其次，无论他们的最终的实际行动是怎样的，面对无法抗拒的德国倾向，他们都只有让步：一方面，康德从法国大革命中看到了让旁观者们展示他们道德本能的机会！他们需要自己亲身体会这种大革命！另一方面，黑格尔则将法国大革命褒奖为"神圣与这个世界的和解"。就这些话而言，法国的革命者们应该会问，神圣在 7 月 14 日、8 月 10 日以及芽月都做了些什么？这种说教的意图只能与法国的罗伯斯庇尔情投意合。

无论是有意还是无意，黑格尔年轻时拥护法国大革命，他总是在文字上强调这种拥护的理论特征和情感特征。但是这一点已太过于熟知了，现在就应该对其加一点怀疑了。

在符腾堡，发展政治革命的实践条件不存在，而且总的来讲，在德国其他地方也不存在。图宾根神学院学生们的反抗只能满足于沉思和劝诫，这也就不足为奇了。但这也并不能排除他们偶尔采取某种积极的方式，甚至是攻击性的方式。我们知道其中几件。我们只能肯定，这种积极参与不是很广泛，因为，在当时的情况下，他们只能秘密地进行。我们也不能完全确定相反的情形。

无论如何，现如今，从发现的大量档案来看，可以确定，历史学家及评注家们，无论有意还是无意，都过多地削减了青年黑格尔精神状态中的革命方面。当某个证据有某些不确定时，他们就武断地将其排除，或者故意使其倾向于保守主义或静寂主义，采取最温和最乏味的解释。为了使自己的观点显得很内行，他们经常对这些证据进行很愚蠢的处理。作为法国大革命的反对者，或者是轻视法国大革命者，他们无法想象或无法接受这位尚未成熟的、当时与他们具有不同感受的哲学家。黑格尔是个革命者？这超出了他们的想象力。黑格尔不是应该是"理性的"、"明智的"、"稳重的"吗？如果这个年轻人已经成为他后来的样子，成为一个睿智、令人尊敬的教授，那他怎么可能会与别人一起围着一棵自由之树来跳舞？事实是否可以被证实并不重要：无论如何，对他们而言，黑格尔是无法理解的。

因此，关于图宾根神学院学生们对法国大革命的态度，最好要保持巨大的谨慎，既需要冷静的客观性又需要热情的理解。不容易啊！

至少某些事实已经得到确认，人们早晚可以据此澄清实际状况。

*

图宾根神学院的大部分学生，特别是来自科尔玛和蒙贝利亚尔的学生，民族压迫加剧了他们对专制的憎恨，他们从一开始就对大革命抱有深情。同在法国一样，大部分新教徒都选择了这种立场。黑格尔和荷尔德林，随后还有谢林，都做出了同样的选择，只是方式多少有些谨慎。

从此，三位朋友建立在感情及审美、宗教和哲学观念之上的联盟，又得到了相似政治热情的巩固。他们从此真正地组成了一个博爱的团体。随着时光的流逝，他们都成了吉伦特派，反对"山岳派"，反对罗伯斯庇尔和马拉。传记作家们不愿意指出，吉伦特派，虽然有自己的方式，但也是革命者，也是判处路易十六死刑者，而且他们以干涉他国和穷兵黩武而著称。无疑正是他们试图将法国大革命推广到整个欧洲的计划和宣言（这种计划和宣言本身是无可争辩的）让那些无法实现自我解放的符腾堡学生们倍感愉快。对于符腾堡公爵及其宫廷和官员们而言，无论吉伦特派究竟如何，看起来都绝不"温和"，他们一并谴责吉伦特派、山岳派以及所有法国爱国者，在他们看来只有一个单一的、涵盖一切的标签：雅各宾派！久而久之这个词在德国具有了一种非常普遍的含义：所有让旧体系害怕的人。

在法国，人们最终明确地讲出了"现存的"东西，并且英勇地斗争，用"应有的"去取代"现存的"。三位伙伴满怀激情地相信着这种充满希望的创新，不仅仅因为它是一种创新，而是一种有意识的创新。

最吸引他们的，乃是爱国行动中，被专制主义破坏的传统道德的觉醒：大公无私，忘我牺牲，勇往直前，直面生死。他们高度地赞扬各种革命理想：自由、平等、博爱，但他们最崇拜的是人们勇于为革命理想去战斗和牺牲：不自由，毋宁死！直到1802年，荷尔德林还赞扬法国人身上具有他所谓的"对死亡的热爱，满足求知欲的最高技艺"[1]。

在他们对法国革命者的崇拜之中，仍带有传统基督教意识形态的某些东西：这些革命者为了理想，蔑视和牺牲了尘世利益；共和军的战士们，将身心都献给了普遍性，他们只想着兄弟和子女们的幸福，为了一个理念，他们在欧洲各个战场上成千上万地英勇捐躯。荷尔德林不停地表达和赞扬这种共同的感受，黑格尔对此也不乏颂扬，不过没有那么诗意。大革命教导人民要自己上进，要变成"自我意识"（selbstbewusst），从双重意义上意识到自我：要意识到自我的现实，意识到自我的本质，意识到自我的价值，学会失去一切都不后悔，对个人而言，甚至是失去生命也不后悔。

64　　　大革命使得人的基本道德本能获得了重生，即荷尔德林所谓的人身上的"神圣"。黑格尔也使用了相同的术语。传记作家很

1　Hölderlin, *op.cit.*, p.1009.

喜欢由此带来的方便，把每个人单独表达出来的东西，归属到这两位朋友的共同思想中，而且通常还把谢林也包括进来。

他们混淆了理论与实践，道德与现实。有时，这种混淆非常明显。在他们眼中，在法国发生了大革命，相应地在德国发生了一种哲学转变，仿佛在莱茵河的两岸上演的是同一首乐曲的不同章节，相互之间表现出某种预定的呼应。

在德国，康德的批判是借助于莱茵霍尔特（Heinhold）这样的推广者们不断的努力才慢慢成就其声望的。起初，它并不是我们如今看到的这副样子：如今它已经慢慢褪去光鲜、沉入暗处，成了书架隔板上的一个名字。相反，在18世纪末，康德哲学则像爆炸一样耀眼夺目。

康德哲学突然斩断了与过去的所有联系——至少它企图如此。从没有任何其他哲学文本像《纯粹理性批判》第二版序言这样反复提到"革命"一词。这已经令许多审查者和许多读者局促不安了。然则自1789年之后，特别是1793年之后，康德的"革命"一词则具有了更加强烈的意味，对一些人来说更加令人振奋，对另一些人来说则更加恐怖和危险。康德本人非常强调其理论发现的颠覆性："从未出现过批判哲学这样的哲学……批判哲学之前，没有哲学"[1]。

法国革命者们也同样体验了"彻底的决裂"这种虚假观念：布里索（Brissot）高傲地卖弄着这种观念。而立宪派的勒巴斯（Lebas）对这种观念的描述则比较直截了当："我们身后，所有的道路都已经被切断"[2]。

1　E. Kant, *op.cit.*, III, p.451–452.

2　1793年1月20日的演讲，转引自：Soboul, *La Révolution française*, coll. Tel, Paris, Gallimard, 1981, p.274。

我们不能从康德那里再向后退了。

康德，反对传统神学，反对此前完全宗教性的哲学，拒绝用理性方式来证明上帝的存在以及基督教通常的基本信仰。他就像无情的毁灭者一样让人恐惧：在形而上学领域，不可能证明任何东西，而从道德视角来看，具有人性的人成了绝对的至上。上帝没有为人类确立道德法则，但正是因为人需要为自己确立各种道德法则，才有可能有对上帝存在的信仰。

康德的这些理念如今已经不会再刺痛宗教信徒了。他们已经听过太多别的东西！但是，无论启蒙时代的宽容的程度究竟如何，康德的各种命题在很多地方都造成了理智的灾难，特别是在路德宗的神学院中。当然，这也只不过是水杯里的风波！但是，对于图宾根神学院的学生来说，这个水杯就是他们的全部世界。

黑格尔比别人更为强烈地感受到了法国政治革命与康德哲学"革命"之间的深刻关联，在他看来，二者都源自于世界精神的同一个更新或同一个重新焕发。他在柏林的讲课中，对这个世纪之交的丰富性大加赞赏："康德哲学、费希特哲学、谢林哲学，这些哲学，总结和表达了精神以思想的形式在德国所实现的最新革命：在这些哲学的连续中，我们看到了思考的历程。这个世界历史的伟大时刻［……］只有两个民族参与其中，即日耳曼民族和法兰西民族，尽管它们截然不同，或许正因为它们既然不同……在德国，这种原则以思想、精神、概念的形式爆发；而在法国，则是在实际的现实中爆发出来。"[1]

1　Hegel, *Leçons sur l'histoire de la philosophie*, trad. par Pierre Garniron, Paris, Vrin, tome VII, 1991, p.1827.

哲学家不再自己进行创造！他只是世界精神的代言人，实践历史和理论历史的主体，划分了两个民族各自的革命任务。观念论摆脱了天生的个体主观主义，形成了普遍的主体性。革命到此方为结束。

黑格尔甚至相信，既然理念引导世界，康德的理论革命必然会在德国引起一场政治革命，而且要优于法国大革命，因为已有一场道德洗礼为其作准备："我期待康德体系及其最高成就会在德国带来一场革命——这场革命的出发点是那些现有的原则，这些原则只需要加以普遍化阐述，只需要应用到所有现有知识中去"（C^1 28）。

因此，在图宾根神学院的很多"房间"中都产生过智识的过热，这很正常。但是，在德国，尽管他们是"理论家"，神学院的学生们也表现在实践上，对这项活动一直有很多证据。

一些人参加了法国军队，没有这样做的人，只能留在图宾根神学院，只好到图宾根的各条街道上去找那些法国移民们（所有人都遭到憎恨）的麻烦，至少是去吵架，甚至同他们打架（R 33）。

黑格尔和谢林，当然也还有荷尔德林，没有理由认为他会在这种场合远离他们，他们在图宾根神学院参加了一个"政治俱乐部"（R 33），模仿巴黎的各大俱乐部，虽没有那么精彩，但是这个意思。据说其中做过很多"出格的事儿"[1]。在阅读各种传记时，我们可以看到，以这种方式加以谴责的违法活动都是指阅读（各种法国革命出版物）和语言（颠覆性的论述）上的"出格"。如果人们戴着这种有色眼镜来观察的话，法国大革命应该被看作是

1　Willy Moog, *Hegel und die hegelsche Schule*, München, 1930, p.12.

何等的出格！无论如何，有人明确指出，黑格尔是这个俱乐部的舞台上最狂热的演说者之一。

据说谢林将《马赛曲》译成了德语，而且人们怀疑他与进入德国的古斯丁将军的共和军取得过联系。很明显，一定是同黑格尔和荷尔德林一起秘密进行的。

有个历史学家说，黑格尔"放任自己被卷入这种对自由的狂热中（Freiheitsschwärmerei）"[1]。康德应该从未论述过 Schwärmerei，也从未过高估价对自由的热爱。但他把自由，包括精神自由和政治自由，作为人类的终极目标，人的目标。

他应该是把斯维登堡的（Swedenborg）神秘主义者们称为 Schwärmer 了。认为法国大革命只能表现出某种狂热，这样的历史学家无法正确记录和评判青年黑格尔的各种革命意向，只会将这些革命意向看作一种疯狂或者是书生意气。在所有的神学院学生中，相对而言，黑格尔应该是最审慎、最稳重的了，而且很显然，他并没有放任自己"被卷入"，而是他来卷别人。

这里我们不可能盘点所有可以归到图宾根这些青年神学家们名下的所有革命性话语、态度和活动[2]。他们各种信念的强度毋庸置疑，但是这些信念所带来的结果却毫无意义。在这个普遍冷漠和消极的人群中，他们完全是孤立的，他们巨大的冲动都浪费在空想中了。

这里存在一个方法论上的问题：对在专制而压迫的宗教、政

1　Willy Moog, *Hegel und die hegelsche Schule,* München, 1930, p.12.

2　关于图宾根神学院学的革命酝酿，可参考 Frank et Kurz, *Materialen zu Schellings philosophischen Anfänge,* Francfort/Suhrkamp, 1975 (sur le régicide, p.175)。

很明显，为荷尔德林和谢林立传的作家比为黑格尔立传的作家更喜欢强调当时图宾根神学院革命风潮的盛大规模。

治、文化环境下成长起来的人或理论进行理解的过程中，需要注重哪些东西？人们不能说他所有想说的，也不能暴露他所有做过的。那么，是应该按照固有程序来重现他本人不断地阐述和重复的东西，抑或应该注重一些尽管罕有且简短，但是非常大胆，否定了惯常论述的那些表达？在一个公认的宗教作家笔下只需要出现一条明确的无神论声明，在保守的论述中只需要出现一条革命宣言，这些不就足以重新确立某一思想体系的形象么？

在黑格尔的生活和著作中有很多这样的调整，而我们要考虑到这些，从而提供更加丰富和多样的视野。有些人竭力想要阻止这种更正，而这就表明了这种更正的重要性。即使只是对此事有争议，那也足以表明其重要性。

因此，从这个角度出发，人们可以，而且也应该，去回想一些事实。这里，为了追求简便，我们只限于展现其中两件，其中黑格尔本人的态度并不重要，更重要的是由其态度所引发的各种激烈争论。

第一件事关涉到黑格尔、荷尔德林和谢林的一次行动，在他们的传记中经常被加以研究；第二件事则是他们对"历史—文学"的一贯执著，此前一直被忽视，或者并没有被发现过。

自由之树

1849 年，克吕福尔（Klüpfel）、图宾根大学的图书馆员，也曾是图宾根神学院的学生，而他的父亲则是黑格尔在图宾根神学院的同学，他在其重要著作《图宾根大学史录》（*Histoire et description de l'Université de Tübingen*）中写道："有一天，人们在市场 68

上栽种了一棵自由之树，在这棵树旁我们看到了哲学家黑格尔和诗人荷尔德林，当时二人还是神学院的学生，是一对热爱自由的朋友"[1]。还有另一个文献，意思差不多，但两个文献都不是要进行细致的研究，所以两位作者都没有过于在意。

黑格尔与荷尔德林出席"种植自由之树"，这个事实本身经常当作传奇或故事来讲述，而且，比较奇怪的是，通常更多的是被黑格尔的传记作家来讲述，而荷尔德林的传记作家。人们忽略了其他迹象，对只有克吕福尔的一条见证而倍感遗憾：唯一的证据，就是没有证据（Testis unus, testis nullus!）。但是对自由之树有这种担心的人，甚至都没有想到，在他们对黑格尔一生的漫长记叙中，几乎所有其他的断言也都是建立在单一证据的基础上。编年史作家和回忆录作者们并没有大量记录图宾根三伙伴的事迹和行为，那么他们就完全不可知了！如果人们不能使用那些单一证据，那么伟人的传记，特别是关于他们的早年，还能剩下什么呢？能够找到一个孤立的文献来弥补空白就已经很幸运了！

这种争论并不是那么单纯的。那些对"自由之树"问题吹毛求疵的评论家们却不加核实地相信青年黑格尔曾加入过Unsinncollegium，即"愚人学院"，一个游戏性的、荒诞的社团，却未曾想过这是不是政治俱乐部的伪装！一方面，对于他的年少轻狂，人们接受任何蛛丝马迹；另一方面，对于他的革命倾向，人们却要求大量证据。

当然，对于精确历史事实的研究永无止境，即使是对那些小事。但是即便如此，执著也是要有选择性的。要书写一部关于图

1　Klüpfel, *op.cit.*, p.268.

宾根神学院的历史，克吕福尔的位置应该是最有利的。黑格尔的同代人及其朋友大都仍然健在，能够提出异议，特别是谢林，他直到 1854 年才去世，还有 1850 年去世的比尔芬格（Bilfinger），1851 年去世的鲍鲁斯。他们都没有表态。1849 年，"青年黑格尔派"与"老年黑格尔派"之间开始了激烈的争论。克吕福尔没有任何理由不合时宜地将黑格尔"革命化"，相反，一切都应该促使他去缓和黑格尔年轻时的各个革命方面。

曾几何时，在施瓦本和德国，人们几乎遍地栽种自由之树，那些参加过这种仪式的人，很少会因为同样参加了这种明显的"革命"活动而像黑格尔及其朋友一样惹人注意。由于缺乏确定的信息，让人吃惊的不是他们栽种了一棵自由之树，要是他们没有做出这种些许象征性的行为那才真让人吃惊呢，与他们别处表现出的信念不符合。

这件事本身没什么大不了的。那些激烈否认这件事的人反而自相矛盾了。

归根结底，真正重要的不在于是否真的做了，这很难证实，更重要的是在于克吕福尔对这件事的叙述到底是真是假。1849 年，在这项罪行的案发地，竟然可以讲述黑格尔曾经参加过种植自由之树，而没有引起这些证人或证人的嫡系后人们（作者本人就是其中一员）的反对，而且通告给现行的图宾根神学院管理层。这就是所有人都知道和承认的东西，不用再有所保留，他完全有可能这样做！

黑格尔本人用来评论耶稣种种神迹的话，这里也完全可以用到他自己的这一行为上，而且更加适用，符合观念论的深刻启示："不是要用奇迹来解释基督教起源，毋宁是要提出这样一个问题：究竟要怎样一个时代才能让这些神迹，确切地说就是历史告诉我们的那些神迹，在这个时代成为可能"[1]。因为，同其他现象一样，奇迹只能是在人们对其的描述中形成的。因此，黑格尔究竟是个什么样的人才会让人们说他围着自由之树跳舞呢？

另一个事实：一天，图宾根神学院里人们听说路易十六被处决了。图宾根神学院的学生们，或者说是他们中的一些人，庆祝此事，为此公爵专程亲临予以训诫。应该把这个事件放在当时的社会文化背景中加以考察。

从一开始，大部分德国知识分子就在感情上赞同法国大革命。在革命之初，大革命激发了一股狂热，康德和黑格尔也对这种狂热产生了共鸣，不乏有人，或者说人人都倾向于在实践上模仿这些勇敢的法国人。但是，随着困难与日俱增，暴力也因此与日俱增，慢慢地这种诱惑就变弱了。大部分起初热爱和支持大革命的德国人放弃了革命，幡然醒悟，并且一些人甚至坚决反对革命。1793 年 1 月 21 日处决路易十六，这一事件的野蛮特征使其具有划时代意义。斩首这一事件，事后回想起来已经没有那种情感上的震撼了，但其象征性意义震撼了当时的每一个人。

所有的德国小暴君都感到了极端的恐惧和极大的愤慨，他们的臣民也是如此，只是程度上弱一些，他们受旧传统的束缚，骨子里普遍尊敬和顺从于当权者。他们习惯于以最不公正、最残酷的方式处决其臣民，黑格尔为了谴责经常对此进行回忆（车轮刑、绞刑、火刑、砍头……），但他们还不习惯处决国王。此后的一个世纪里，为了确保现存政权得到尊敬和服从，对这些处决路易十六的人，这些杀害国王的人，就只有一味地大声和公开谴

1　*Nohl*, p.221, et *Leçons sur l'histoire de la philosophie, Introduction*, trad. par J. Gibelin, Paris, Gallimard, 1954, p.174："耶稣斥责法利赛人用征兆和神迹来证实教义的要求"（Jean, IV, 48）。

责。而这就是进入良好社会的代价。

然而此时只有一个例外：图宾根神学院。这些奖学金获得者们，整体上而言，不但不反对处死路易十六，而且予以庆祝，因此可以设想，与此同时他们一定对符腾堡公爵有一个特别的想法：即使这位好公爵被杀了，无论是以何种方式被杀，他们当然都不会为之哭泣。他们敢于庆祝法国国王被处死。

正如很多传记作家用巧妙的措辞所表达的那样，图宾根神学院学生们表现出的"出格"，"导致这位公爵亲自训话斥责"。

他还是不资助宗教机构，以使其把施瓦本的革命者派往远处。但是，在这段令人恐惧的岁月里，甚至牧师们也都改旗易帜了。在法国，牧师们几乎都加入到大革命之中。

那些感觉自身权力受到威胁的专制者们，他们的诡计之一就是通常自己公开地大声谴责专制，从而使自己一定程度上置身于专制之外并避开被谴责。在黑格尔的时代，问题已经不再是人们是否需要谴责专制：在公众场合所有人都或多或少地反对专制。问题就是要确定谁才是真正的暴君。 ₇₁

虽然黑格尔、荷尔德林和谢林都在概念上混淆了专制（tyrannie）和暴政（despotisme），但是他们对专制这个概念的使用上没有任何问题。他们明确谴责符腾堡公爵及其榜样——法国国王。

图宾根神学院学生们的革命精神状态，其最明显的标志之一就是，当当局或多或少地知道了他们的破坏性活动时高度重视并快速反应。公爵匆忙地半路返回！即使指控是假的（这是不太可能的），无论如何指控表明，所有人，包括公爵在内，都相信图宾根神学院的学生们倾向于这种弑君犯上，没有人会拥有这种无缘无故的憎恨。

公爵曾多次亲临图宾根神学院，鼓舞教职人员，敦促调查。成立神学院，原本是为了消除烦恼，反倒带来更大的烦恼。

路易十六之死给图宾根神学院的学生们带来的快乐并非一时之乐，这是他们的政治信念之一。他们甚至在黑格尔的留念册中呼唤暴君之死："反对专制者"（In tyrannos）。毫无疑问黑格尔同他们的意见是一致的。除了当时的官样文章以外，黑格尔的所有著作中，从来没有任何对路易十六表示同情的字样，甚至很少提到这个名字。但是很显然，这个人物并不能逃脱他的批判，他反对"精神权力干涉尘世法律所带来的极端非正义，国王的合法加冕也不行，即是说，君主的专断就是因为加冕的专断，加冕的专断导致了君主的专断被神圣化"[1]，而且他非常高兴看到法国君主制"不公正的旧秩序"土崩瓦解[2]。

尽管他对德国众小国的政治体制不抱任何幻想，尽管他彻底地剖析了伯尔尼的寡头暴政，但与其同时代人一样，对他们来说，法国的君主制才是这个世界上典型的专制，因为在这个国度其国王用这句著名的话来为自己的决定辩护："因为此乃朕之意愿"。1815年，路易十八又重复这种方式，这当然不会令黑格尔愉快了。黑格尔所憎恨的正是个人的专断，即"当权者的肆意妄为"，而在其生命的最后阶段，他公开提出君主立宪制计划，尽管君主立宪制比较保守，但至少可以避免此类专制主义。

1797年，黑格尔把专制主义定义为"缺乏政治宪法"（D 283），但他忘记许多宪法都不过是一纸空文，而另一些宪法所带来的实际上是一种潜在的压迫。黑格尔一生都生活在专制主义之

1　Hegel, *Leçons sur la philosophie de l'histoire* (Gibelin), *op.cit.*, p.339.

2　*Ibid.*, p.340.

下。普鲁士，他告别人世的地方，直到 1848 年才拥有宪法，已是其身后之事了。黑格尔的政治思想远远超前于政治现实。

无论其年轻时抑或后来，他都没有任何理由为路易十六感到惋惜。在其留下的文字中，他不赞成雅各宾派的专政，但这绝不是拥护君主。与荷尔德林一样，他更喜欢把自己归类到吉伦特派阵营中，但吉伦特派也曾强烈投票处死国王。在生命的最后时期，他与在德国流亡的卡诺将军（Carnot）有过一次难忘的会面，对这个处死路易十六的人，这个最残忍的"恐怖政策者"之一，黑格尔称其为"和蔼可亲的长者"（C² 295）。

走出神学院

走出图宾根神学院时，黑格尔、荷尔德林和谢林开始了他们自身的革命，但却是"内在的"而且是小规模的。

结束了五年的学习，黑格尔完成了牧师学习，有机会成为神学或哲学"助教"，将来有希望在学校里获得一个教授的职位。

其中前两年结束后，他论文答辩成功，获得了"哲学硕士"学位，论文题目是《抛开灵魂不死信仰，能否完成道德义务》（ *Peut-on accomplir des devoirs moraux sans croire à l'immortalité de l'ame* ）。论文研究了各种对立的观点后，用康德的风格指出，道德应该以自身为目的，无需考虑学者的个人意见。

三年的神学学习之后，他获得了神学"资格"，即做牧师的资格。这次结业的时候，他提交了一篇更加历史性的论文：《论符腾堡教会之种种困境》（ *Sur les difficultés de l'Église de Wurtemberg* ）。

他的命运似乎注定了，就如其同学们的命运一样，但他成功地逃脱了这种命运。

大部分传记作家没有探究此间两件相互冲突的事。有一个传记作家写道："在黑格尔勉强通过［牧师］资格考试后，他接受了一个在瑞士做家庭教师的职位。"[1]这种事情放在今天说，就好比"在成功地通过医生资格考试后，这个年轻人接受了一份药剂师的工作"!

黑格尔的选择实际上是意识形态彻底转向的结果，成为命运的真正反抗者，如果人们追踪其理智发展过程的话，可以预料到这种选择。

罗克（Paul Roques）认为"牧师职位不合他的胃口"[2]，因为他在这种苦差事下能做什么呢？这种看法显然不够充分。后来他虚伪地肯定说选择这条道路是"依据他父母的愿望"，并且从不同的方面加以补充，说他"热爱神学"[3]。但是自从他进入图宾根神学院起他就开始讨厌这种神学。

无论黑格尔、荷尔德林、谢林，抑或其他同学，都不想成为施瓦本的牧师或者图宾根神学院的神学家。很快，当二人身处困境之时，荷尔德林对黑格尔吐露："即使我们有一天要锯木头、卖膏药或卖鞋油，我们也可以扪心自问是否比在图宾根当讲师更值得。神学院（这里使用的是 Stipendium 一词，直译为奖学金，用来指图宾根神学院）好像一具爬满蛆虫的棺材，臭气一直飘过符腾堡和巴伐利亚，传到我的鼻子里"（C[1] 44 mod）。

这是在走出神学院三年之后，真是根深蒂固的怨恨！

拒绝成为牧师或神学教师，后果就是三位朋友只能去富贵人家做家庭教师，在他们看来只有图宾根神学院的工作才比家庭教

---

1 Willy Moog, *op.cit.,* p.12.

2 Paul Roques, *Hegel, sa vie, son œuvre,* Paris, Alcan, 1912, p.25.

3 该文本（标记日期为 1804 年）已经被卡莱尔补充进《黑格尔书信集》中（C[3] 344）。

师更痛苦、更卑微。

黑格尔性格并不粗鲁，无论如何并非顽固不化。他准备接受做出很多妥协，甚至是容忍很多妥协。然而大丈夫有所不为：无 论如何，绝不做牧师！带着最大的宗教虔诚，他认为现实的教会背叛了"神圣"。他和他的朋友们，梦想着莱辛和康德所讲的"无形教会"。此后一直远离实际的教会。

因此，研究他为什么拒绝做牧师，必须要抛弃那些常用理由。有些人认为他"缺乏口才"，因为他一直因口才备受诟病。但是，一方面人们注意到，他的朋友们，从未受此诟病，却也同他一样拒绝做牧师。另一方面，那些成为牧师的同学，都属于最差的学生，无疑在布道方面也是最差的。最终，并不是图宾根神学院和教会抛弃了黑格尔，而是黑格尔本人，出于自愿，远离了它们。

路德宗的好信徒并不需要一定成为牧师。但是，黑格尔在图宾根神学院待了五年。一个人，受到了神学生涯所需的长期理论培训，本可以在神学上取得巨大成功，但是在最终时刻，却选择了流亡之路，去承受家庭教师的限制和沮丧，我们应该怎样看待这个人的宗教信仰呢？

离开了图宾根神学院和施瓦本，但他能逃离专制吗？

一个仆人

> 我宁愿死，也不愿意到某人家里去做仆人［……］只要
> 自由，我宁愿做世间最微小、最艰苦的职业，也不愿意成为
> 您所说的样子，即便我会因此发财。
>
> ——马里沃：《玛莉亚娜传》

图宾根神学院的学生们并没有把生活想象得如玫瑰般灿烂。
但是生活远比他们设想的还要悲惨。走出学院后，他们试图避免
平庸和卑微，这与他们的天性不符，然而他们却越加糟糕。最终
他们在身体和精神上都难以支撑了。最好的选择就是听天由命了。

将牧师视为耻辱，顽固地拒绝成为牧师，却又没有任何收
入，黑格尔只好接受家庭教师的职位。实际上，这是他讨来的
职位，而且首先这是一项关于报酬和物质条件的交易，同所有
的交易一样肮脏。他在伯尔尼的一个贵族家庭中找到了合适的位
置。为生活所迫，到瑞士当家仆几乎成了德国青年知识分子的传
统，特别是施瓦本的青年知识分子，就像瑞士人到法国当雇佣兵

一样。

这种从属地位让这些充满优越感、野心和自负的年轻人倍感痛苦。他们的自我荣誉感、他们对无限精神霸权的渴望、他们的自强不息，与他们悲惨的客观命运、他们的从属地位之间，是多么强烈的反差啊！只有深夜的沉思中才能成为自己的主人、宇宙的主人，这位准哲学家每天都遭受这种特殊奴役所带来的侮辱，通常情况下他认为这些侮辱是无法承受的：如果没有厚颜无耻作为救赎手段，肯定会得精神分裂症。

建造了理念大厦，却不得不身处尘世之陋室。陋室是个比喻，况且人们相信黑格尔在瑞士拥有一个单人小房间[1]，通常不会有这样的好运气，而且他的主人时不时让他同家人一起用餐，以显示非常礼贤下士。

必须承认，这些主人们处在一种两难的境地中。他们希望能够为他们心爱的孩子聘请到最优秀的教师，因此人们可以向他们推荐那些最优秀的"精神"。诸如黑格尔、谢林、荷尔德林这样的雇员，他们会给予很好的接待。但是他们本人通常却没受什么教育，不够睿智，也没有高尚的抱负，因而他们在这些理智和道德的优越者面前反而暗暗自卑。特别是当他们的妻子敢于进行比较的时候。

家庭教师完全是家仆的一部分，就像很多历史学家直白地所讲的那样，就是奴仆[2]。这样的分类到 18 世纪末就已经难以成立了。黑格尔应该知道马里沃（Marivaux）笔下玛莉亚娜的反抗，马里沃的小说教会了他很多关于人类灵魂的东西。同她一样，他

1　Karl Biedermann, *Deutschland im 18. Jahrhundert* (*L'Allemagne au XVIIIe siècle*), Leipzig, Weber, 1854, tome I, p.389 (*"Unterschiedlos zum Hausgesinde gerechnet"*).

2　参见前文第 36 页注 1。

还缺乏解放的各种途径。他没有选择，同莫扎特（死于 1791 年）一样没得选择。

18 世纪末，在德国社会中，家庭教师是一个标志性的形象，跟仆从是一样的身份。人们对此感到惊讶。仆人和家庭教师只是人口中的一小部分。在社会的基本生存条件下，他们不及数量众多的农民，也比不上艺术家，甚至比不上士兵。然而，在这一时期的文学中，几乎只谈论家庭教师，而且在戏剧中，几乎所有场次他们都扮演重要角色。这类人中主要都是作家、教授、政论家，他们喜欢描写他们知道的东西，描写他们直接经历的东西。

卑微

家庭教师的命运已经在 J·林茨（Jakob Michael Reinhold Lenz，1751—1792）的著名剧作中得到了漫画式的描述，黑格尔知道这出戏剧：《家庭教师》（ *Le précepeteur* ）。这出戏剧现在还在上演，而且也在法国上演。不幸的年轻人爱上了老板的一个女儿，而不是老板娘本人。在 J·林茨的剧中，冒险的结局是被阉割。在黑格尔的身边，荷尔德林很快在法兰克福上演了一出同类型的悲剧，虽然没有被阉割，但是对他而言结局是更加残酷的。

这一时代的小说家用相对僵化的模式描写这种仆人关系，他们都把情感关系中的双方调换位置：男主人爱上女仆，抑或男仆爱上侯爵夫人，抑或家庭教师爱上银行家的妻子。现实有时也会模仿虚构，却比虚构更难以忍受：荷尔德林对狄奥提玛（Diotima）的激情将会变成悲剧。

看到这些年轻人为了逃避图宾根神学院都承受了什么，人们就可以推测他们对神学院的憎恶程度。后来黑格尔谨慎地将家庭教师说成是自愿选择的结果，在这种自愿选择中其"个人渴望"得到了满足 [1]。实际上，用一句著名的话来说，他是由于无法避免的必然性而自由地出卖了自己。

他知道他在干什么，愿意"到某人家里去做仆人"，愿意"到别人家里去服务"。在总体限制下，他可以进行挑选。宁愿"擦鞋、劈木柴"也不愿意留在图宾根神学院做教师：但是同样，宁愿接受最残酷的奴役，也不愿意接受至少可以提供相对独立的"微小职业"……

仆人（Knecht）的形象与奴隶的形象很容易被混淆起来。奴隶，奴役的象征，在《精神现象学》中占有非常重要位置，以至于有些人甚至想将《精神现象学》从本质上归结为著名的"主奴辩证法"，其中的"奴"从字面上严格来讲应该是"仆人"：Hew und Knecht，出现在非常重要且具有原创性的一章中。

但是，在这个场合，就应该想到黑格尔本人曾做过仆人，而且时间很长。他不仅经历过这一处境，而且这一处境也给了他机会，使他可以近距离并且在一种连带性中去观察他每日接触到的更下层仆人们的行为，当然这种连带性应该让他十分恼火。

担任家庭教师，尽管已经成为很多德国青年知识分子的共同命运，而且他们某种程度上习惯了去完成这种徭役，但这丝毫不能取消其客观的社会性质，亦不能取消其所导致的主观痛苦。

黑格尔的主奴辩证法是原创性的，非常吸引人。主仆辩证法对当时社会经验和文化状况的某一方面进行了记录并草率地加以普遍化，同时加以歪曲和扭曲。仆从、侍女、女佣始终存在，这被看作是某种社会基本功能的象征。事实上他们的存在源自于主

1　1804 年的简历（C³ 344—345）。

要社会角色赋予自身的虚幻表象。

富贵之人只同有钱有势者直接打交道，再有就是仆人，其中包括管家，管家是主人与仆人之间共有的调节者、中间人。农奴、农民、"散工"，这些是他们优越生存条件的真正提供者，除非例外，他们只会对这些人随便瞥一眼而已。农民和短工不会出现在滑稽剧中，而在故事中，也只有在非常罕见的情况下才会被夸张、丑化和边缘化。

对于完全从属自己的仆人，富贵之人表现出一种模糊的情感，或者是对相互之间的依赖关系有一种近乎反常的喜爱。若无斯加纳雷尔（Sganarelle），唐璜会变成什么样子？若无"主人"，"宿命论者雅克"会变成什么样子？仆人有时也会从奴役中获得某种理智上或狡计上的报复。

仆人的地位，无论是何种形式，在那些原本不想做仆人的人、或出于某种生活意外而"跌入"此种境地的人看来，都是极大的侮辱。相反，那些生下来就是仆人的人，天真地不假思索就接受这种处境，作为自然法则的结果，并且他们忠实地承担下来。

因为是惯例，那些剥削他们的人也同样以自然法则为理由，并且反过来让这些谦卑的人承担他们受奴役的最终责任：仆人并不是屈服于社会必然性的强迫，而是屈服于自身的自然倾向。是对死亡的畏惧使得仆人在无所畏惧的主人面前畏缩了。

某些特别情况下这样选择也有例外，黑格尔及荷尔德林就是如此。他们事先就已经知道他们后来所踏上的生活道路。作家们虚幻地将这种例外加以普遍化，并将社会结构的缺陷归咎于大部分个体的道德低下。

因此，总体上来讲，黑格尔与荷尔德林并没有考虑废除或超越奴役状况。他们抱怨的是不公平地沦落到奴役中。他们应该过得更好。他们不应该遭受奴役，而应该享用别人的服务。

接受"寄人篱下"的黑格尔，属于头等仆人，却十分自相矛盾地始终坚持仆人具有奴性的观点。先是在伯尔尼，随后到法兰克福，在其长达六年的服役生涯中，事实上他一直坚持着摆脱奴役的意志和希望，而且他认为这是不可或缺的努力。

观察客观环境时的这种扭曲，造成了分析上有模糊的歪曲。受害者们"痛彻肌肤"＊（可能会因为很小的原因），生活悲惨、愤愤不平，但他们不去谴责他们的客观地位，而是去谴责主人的个人主观态度。

家庭教师依据的是老板的指示，教育的是老板的孩子，但人们却把家庭老师本身当作孩子来对待。主人们通常无知而傲慢，蔑视他们的雇员，并且还会让他们对此有所感受。然而，作为仆人，家庭教师们经常无法认清这一点，甚至不喜欢别人告诉他这一点。

在法兰克福，荷尔德林从老板家中逃走，不是因为他当够了仆人，而是因为他无法再忍受人们明确地把他放在仆人的位置上。衍生出来的主观屈辱，对他来说比客观上的根本依附更为沉重。他把这种感受吐露给他的母亲，而我们可以推测，这种隐情也可以反映出黑格尔的精神状态，只是情感方面会更强烈一些。

"极度的无礼……依据这种反思，家庭教师就成了仆人的一部分……"[1]：这正是荷尔德林所憎恨的；不是家庭教师的社会地位，而是当他装作不是仆人时人们丢给他的轻蔑话语。反过来，

＊ Mal dans leur peau，这是一个双关语，既表示他的生活非常痛苦，又可以结合括号里面的内容，指他们可能应为很小的原因而遭到毒打。——译者注

1 Hölderlin, *op.cit.*, p.673.

当农民们试图减轻一下压在他们身上的枷锁、减轻他们的痛苦时，他又忍不住去攻击这些农民。1798 年，他写信给母亲："况且问题不会变得如此可怕。如果这些农民，像您所担心的那样，变得狂妄自大且不受管束，那就真应该镇压他们一下"[1]。

这些自命不凡的仆人，对"小人物"、对"劳作者"，只有蔑视，比他们的上一社会阶层的人蔑视他们更为严重。

当他们真的听到主人说出"您只是一个仆人"这样的话时，他们表现出了幽默。就好像是在恳请家长："剥削我吧，但请有礼貌地剥削！"

*

黑格尔与自己雇主的关系，与荷尔德林同雇主的关系有些不同，黑格尔没有如此直接的表达。但即使他什么也不说，这种沉默也能说明问题。从没有对他们表示过任何好感，离开后没有任何通信，从没有回忆过他们的生活，也没提到过他的那些学生。他的态度比荷尔德林还要冷酷……

他的主奴辩证法，不仅包含了更广泛的社会关系，更揭示出，在这种运动中同时包含了的仆人的处境以及可以超越各种弊病的过程。因为，对黑格尔而言，并不是要废除雇主与雇员之间的关系，而是要求雇主"承认"雇员也是"一个人"！

对自身处境的这种盲目使他去谴责仆人的灵魂、仆人的奴性，当然他对自己身上的这种灵魂和奴性表示认罪。黑格尔喜欢他自己的一个表述，歌德本人对这个表述非常认可，这个表述是："所有英雄在其贴身仆人眼中都不是英雄，这并不是因为英

1　Friedrich Hölderlin, *Correspondance complète,* trad. par Denise Na-ville, Paris, Gallimard, 1948 (lettre du 7 avril 1798), p.197.

雄不是英雄，而是因为贴身仆人乃是……贴身仆人"[1]。

在黑格尔那里，对事物的这种看法，还存在矛盾和混乱。

不能说荷尔德林或黑格尔本人拥有奴性的灵魂，因此有时必须要从奴性以外的其他东西中去推演出奴役。在这种亲身经历过的或然判断中，他的人格在各种相反的概念中分裂了，一些概念来自经验，另一些概念由其构建的理论推演出来，而这种理论也知道如何巧妙地利用生活经验中的一些实证信息。在他身上，这两种观念很难划分开来。无论如何人们可以承认，与其哲学观念论更融洽的观念取得了胜利。

总体来说，要消灭奴役的话，黑格尔设想的唯一方法就是首先治愈错误的精神状态。在主奴辩证法中，真正重要的就在于，因为生活中的内在的依附和被依附、奴役和自由而相互敌对的双方，可以改变他们相对于对方的精神态度。最终，经过豪华的辩证发展（因为辩证法在幻象或空想中也可以达到完满，同在理性思想或客观现实中一样），他们作为同等的主体"相互承认"——而这就是平等。或许他们会紧紧握手，抑或相拥而泣。于是每个人都找到了自己的位置：仆人的位置是办事处，主人的位置是沙龙。这是令人心碎的场面，就像马里沃的《奴隶岛》的结尾。

这里，黑格尔也拥有其时代的普遍文化幻想。正如让·饶勒斯（Jean Jaurès）恰当地指出和批评的那样，这种幻想与罗伯斯庇尔的幻想是同样性质的[2]。

1　Hegel, *Phénoménologie de l'esprit, op.cit.*, tome II, 1941, p.195, et *Philosophie de l'histoire, op.cit.*, p.36.

2　Jean Jaurès, *Histoire socialiste de la Révolution française*, édition revue par Albert Soboul, Paris, Éd. Sociales, tome II(1970), p.465–471.

在社会生活的具体条件下如此来把握和揭示抽象的人，这并不是毫无效力、毫无危害的。这标志着，惊奇地面对这个世界的客观变化，在主观性和客观性的极度混乱中，对人类世界的理解的发生了转变——此乃18世纪末的标志。当仆人意识到自己是一个"人"，就会导致仆人调整他与主人的实际关系，并且会带来或促进这种最初调整的不断继续和加剧。此外，在黑格尔的一生中，人们可以看到他对于这个问题的各种各样相互矛盾的笔记。

他当仆人的年代正是仆人的社会地位成为反思对象的年代。奴役导致了各种谄媚的行为，而当时社会就处在这样的奴役状态之下。要么向其妥协，要么死亡。事实上，直至1789年，没有人相信可以摆脱这种状态，也没有人有这种想法。甚至1789年之后，最反叛的人有时也要与之妥协。费希特在耶拿陷入了对其致命性的"无神论事件"，人们常常责备他此时缺乏圆滑，缺乏灵活性。如果他当时假装弯腰屈服，他就能避免最糟糕的情况。所有地位卑微的人，甚至是那些伟大的作家，当他们求助上层的时候，书信的结尾总要保证自己的服从："您毕恭毕敬的仆人（Knecht）"。

对于黑格尔来说，家庭教师只是其终生所受的各种奴役中一种：他后来还会陆续体验其他各种形式的奴役，他很难说哪种奴役才是最坏的。就此而言，家庭教师与其他形式奴役的差别就只在于其包含的直接服从比较明显。但是这种直接服从也可能采取更为隐蔽的形式，但是却同样严格。

黑格尔可没有笛卡尔那么富裕，尽管人们认为笛卡尔很简朴，却也拥有好几个仆人："他的仆人数量很少，他毫无排场地走在街上［……］只戴颈羽和佩剑作为其身份的象征，对于这些绅士不可或缺的东西他并没有过于随意"[1]。

此时，哲学家已经改变了其在世界上的位置，哲学有了其他的载体。

除了法国大革命造成的短暂动荡时期内，黑格尔一直生活在一个等级森严的人类世界中，在这样的世界中，所有拥有头衔、权力或者是财富的上层人士，都将自己的下层视为仆人。在其生命即将结束的时候，他在人世的彻底失望还会进一步加剧：他将与已经开始掌权的普鲁士王储发生摩擦。腓特烈·威廉四世，这个自以为是的笨蛋，在这位哲学家死后不久就成为国王，1842年他将会让所有的普鲁士人明白，他们的所有财产事实上都是他的家传遗产，他可以任意处置，而他们每一个人不仅是他的臣民，亦是他的奴仆："我愿意引导那些像小孩子一样需要生存的臣民，惩罚那些误入歧途的臣民，相反让那些值得尊敬的人参与管理我的财产，让他们建立自己的家产，保护他们不受那些自己以为是的奴仆们的无礼"[2]。

他父亲腓特烈·威廉三世的政治根本不接受黑格尔的学说，也不接受康德在《什么是启蒙》这篇著名的文章中所阐述的关于人的观念。黑格尔证明的只是仆人的"推测"！然而，和康德一样，他没有要求消除这种社会状况，也没有想到要消除。因为这意味着要消除薪酬关系，而这是不可能的，任何时代任何情况下都不可能的。

黑格尔仅仅要求他所谓的"承认"，在法律和话语上承认所有人的尊严平等，承认所有人的道德价值平等：虽然并未触及他

1　Adrien Baillet, *La Vie de Monsieur Descartes,* Paris, Horthemels, 1691, I, p.131.

2　转引自 A. Cornu, *K. Marx et F. Engels, leur vie et leur œuvre,* Paris, PUF, tome I, 1955, p.168。

们的社会差异，但已经体现出很大的文化进步。

他提出的仅仅是一些很小的要求——在我们今天看来很小，在他那个时代却相当大胆和危险的。

他公开表达的只是某种最低的自由观念，今天看起来过于胆小，但却是当时的最大限度了，而且震惊了普鲁士国王、王储和整个宫廷："人们还希望［他们仅仅是'希望'！］，当人们为某事而行动的时候，无论是此事让他们高兴，还是他们喜欢此事，都应该考虑此事的价值、合法性、利益或用途。"他甚至大胆地断言："这是我们这个时代的特征，在这个时代，人们几乎不再受信仰和权威的支配，而是依据他们自身的理性、依据他们的信念、依据他们的独立观点来做某事"[1]。但是主人们对他们的统治秩序设想了很多固有的辩护呢！在他们眼中，仆人们总是懒惰、狡诈、放肆——总是不够顺从。如果他们服从了，那他们就是奴性的。如果他们反抗了，那他们就放肆。

瑞士

1793 年秋，黑格尔动身去了瑞士，对于此前从未离开过出生地符腾堡的他来说，这是重要的迁徙，也充满了诱惑，因为在很多方面，海尔维地（Helvétie，即瑞士）被认为是一个自由的国度。直接经验将会很快让他清醒。

而当时他应该是满心欢喜。毫无疑问，对于家庭老师这一行业的普遍困难及其所有弊病，他们应该有所预料，但是他不能避开这一职业，他至少应该高兴能有这样一个职位，这样的职位可

84

1　Hegel, *Philosophie de l'histoire, op.cit.*, p.31.

以让他在闲暇时间去追求他珍爱的各种研究，而且他应该有些感到骄傲，幸得很多有力的推荐，他才得以被伯尔尼的一个大户人家选中。

人们通常将黑格尔生命中的这段时间称为"伯尔尼时期"。我们可以慎重地保留这种惯用称呼，尽管它缺乏准确性与严格性。雇用黑格尔的施泰格家（Steiger）按照其所在地而与其他的施泰格家族（因为有很多个分支）有所区分，称为"茨舒格的施泰格"（Steiger von Tschugg），因为他们在茨舒格［隶属于阿涅（Anet），德文亦称因斯（Ins）］的比尔湖（Lac de Bienne）湖畔拥有一片领地，尽管如今这片土地被划归一个医疗机构使用，但是仍然可供人们参观。黑格尔与施泰格一家，每年的大部分时间都待在茨舒格，特别是在夏天。在黑格尔看来，茨舒格与伯尔尼具有同样重要。在那儿，黑格尔可以透过窗户看见比尔湖，让·雅克之湖（卢梭之湖）；几公里之外，很快就可以到达普鲁士国王的领地纳沙泰尔（Neuchatel），正在实行相对自由的统治，接纳了很多被本国驱逐的自由精神。旁边不远就是沃州（Vaud），隶属于伯尔尼，就好像奴仆州隶属于主人州一样。施泰格家族，由于他们所担任的行政与政治职务，总是被卷入受压迫的沃州与实施压迫的伯尔尼之间的没完没了的冲突之中。

家庭教师的生存方式，很大程度上取决于"校长"的意愿，因"校长"的个性不同而差别很大。家庭教师必须忍耐"校长"的各种缺点和脾气。如果缺点和脾气太多了，就只好逃走了，当然这是一种不法行为。荷尔德林就是这样不停地更换地方。每次单方面中断之后，获得新的职位显然就会变得更加困难，而这位贫困的诗人就会更加痛苦。

黑格尔未曾有过这样的中断，或者是认为这样做不恰当。情况还不算太糟糕，但他在施泰格家从未觉得舒适；情况也不算太好：他远离亲友，远离德国的文化中心，远离家乡的大学，远离图书馆……

黑格尔饱受背井离乡之苦，不得不同各种陌生的社会关系打交道，这些社会关系与故乡的社会关系迥然不同，但是却具有同样的压迫性。统治施泰格家族的是一种保守精神，似乎已经很宽容，但图宾根神学院学生们的革命狂热还是相去甚远。

在瑞士，伯尔尼拥有一定独立性，比较强大，具有主导性地位。一个反动的寡头集团统治着伯尔尼，残酷压迫其他州和少数民族：这个"二百人集团"中，施泰格家族占据了相当的分量。这个寡头集团用暴力和诡计来维护其权力。我们可以衡量一下它的集权和傲慢：由于伏尔泰嘲笑伯尔尼当局，1759 年，洛桑（Lausanne）的行政官代表伯尔尼当局对伏尔泰发出警告："伏尔泰先生，据说您在写作中反对上帝，这是罪恶！但是我希望上帝宽恕您；人们还说您痛骂宗教，这就更加罪恶了；反对我们的主耶稣基督，这也是罪恶；然而我希望主也以其巨大的仁慈宽恕您；但是，伏尔泰先生，请不要写东西来反对我们至尊的各位领主，伯尔尼的各位阁下，因为您很清楚，他们绝不会宽恕您"[1]，这种警告放在 1793 年来看也同样是有效的。

黑格尔后来是敢于"写东西反对伯尔尼的各位阁下"，但在当时，来到这个国家，他首先就会发现他们并不比符腾堡公爵更好。

在伯尔尼的这些寡头中间，施泰格家族在反对对手的斗争

---

[1] 转引自 Lucien Perey et Gaston Maugras, *La Vie intime de Voltaire aux Délices et à Ferney*, Paris, Calmann-Lévy, 1885, p.238, note。

中，往往表现得最为强硬、最冷酷无情。黑格尔的直接雇主，卡尔·弗里德里希·冯·施泰格（Karl Friedrich von Steiger）少校，已经被排斥在权力核心之外，因其观念比较开放而似乎成为家族的例外。他的图书馆有许多高品质的藏书，黑格尔曾充分利用。读过什么书，就会做什么人……

有两种相互矛盾的推测：一些人认为，黑格尔应该完全敌视这个家庭的精神。另一些人认为，在施泰格家中他并非毫无快乐，因为他们也反对家庭中其他成员给伯尔尼及其他附属领地带来的压迫。该如何确定呢？

极度的优柔寡断造成极度的无知，极度的无知不断地影响黑格尔的"校长"的性格，无知越是可笑就越让人恼火。应该有证据和档案留存下来。要想澄清这个问题，只需要某个研究者，最好是瑞士的研究者，多下点工夫和心思在档案上就够了。

我们对黑格尔在瑞士整整三年的生活还知之甚少。没有人会对一个外国家庭教师本身感兴趣，没有人会想到他后来会赫赫有名。

在伯尔尼州，普遍的气氛是不义、压迫和残酷。黑格尔很快就注意到了这一点："在任何其他国家，都没有该州如此频繁地实行绞刑、车轮刑、斩首和火刑"，他还加注说明："在伯尔尼仍然有严刑逼供，而且不需要罪犯招供就可以判处死刑"（D 252）……关于"瑞士自由"的幻想都被驱散了，但是黑格尔似乎仍然自以为这还不错。

因此，在伯尔尼，年轻的哲学家还没有获得激励以使其抛弃已经学会戴着的假面具。他继续随身带着各种论文，可以不断修改，无疑是希望着在适当的时候能够加以出版——但适当的时候一直都没有到来。在世界任何地方他都无法随意发表这些论文——除非是在大革命期间短暂混乱的法国还有可能。

在施泰格家中，黑格尔教两个女孩和一个男孩，三个孩子都还非常年幼。也让他负责一些相关的小事。人们是特别信任他呢，抑或相反只将其看成是随意支配的仆人？

在施泰格家中的服务具有一些好处。受雇于富贵人家当然好过受雇于那些贫贱人家，因为他们的无能会被转嫁到下人身上。这些贵族家庭为年轻的家庭教师观察社会、政治和文化提供了一个绝佳的角度。就此而言，塞翁失马、焉知非福，而且他懂得利用这一点。

87 　他饶有兴趣地观察呈现在他面前的对象：伯尔尼的寡头政治。他的精神并没有迷失在哲学沉思和形而上学之中。他用一种经验论的激情，高度关注政治生活中最具体的方面。批判精神激活了他的各种调研。憎恶和爱好同样让人更有洞察力。研究得越细致，批判得就会更严厉。最高议会选举就发生在他在伯尔尼期间，他看到了种种诡计和肮脏交易，通过这些方式，金钱的抽象权力得以实现。他用寥寥数语向谢林评论道："人类的卑劣暴露无遗，在王族宫廷之中，表亲之间的阴谋勾结已经毫无用处：因此我就不再向你描述了。父亲会提名自己的儿子，或者是女婿，只要女儿可以带来丰厚的亡夫遗产，如此等等。要想认识贵族体制，只需要在此住上一个冬天，一直到复活节，在这段时间内是补充选举的时候"（ C^1 28 ）。

他是不是看到了施泰格家族内部的抑或其周围亲信之间的这些交易和阴谋？无论其老板的行为如何特殊，他们都属于伯尔尼的贵族，属于主人阶层。

除了道德评价之外，黑格尔还对瑞士的财政体系进行了系统的统计研究，包括很多细节。当然，这些研究只是留给自己的。

如果这些研究发表（当然这是不可能的），对于当权者而言，这种揭发是很可怕的。同时，他也进行更大范围的反思，例如政治体制的改变为战争行为带来的各种变化（R 62）。

人们不知道，是否是在瑞士期间他就已经开始抑或是已经完成了对瑞士革命家让-雅克·卡特（Jean-Jacques Cart）的书信的翻译、注释和研究的工作，后来这些书信在极其特殊的情况下得以在法兰克福出版：《让-雅克·卡特书信集》。至少这项工作的灵感应该是在瑞士，否则难以理解。应该只有在瑞士他才能直接看到对沃州的压迫（他用论战的方式论述了这种压迫）并且遇到那些相关的人物，但谁知道呢？也许只有作者本人才知道。但是译文的出版发生在 1798 年，属于"法兰克福时期"。

教学工作对他来说非常沉重而且无疑毫无乐趣可言，他感觉 *88*
自己特别浪费青春——特别是当他那自己的命运同其朋友谢林的命运相比较的时候，他在理智上也感到非常孤独，所以他懂得利用人们提供给他的闲暇。他追寻着自己的理论研究。

在伯尔尼，黑格尔的思想沿着自图宾根开始的道路不断发展和充实：宗教、历史、政治思考的怪异混合。

这段时期的他的部分书信保留了下来，这使得我们可以看到其内心足够真实的想法。例如，尽管跌入了与符腾堡同等桎梏的政治体制，但他认为自己最终完全摆脱了图宾根神学院的宗教监控。

在他写给谢林与荷尔德林的信中，他一直保持对图宾根神学院的仇视，特别是用一种尖酸刻薄的口吻仇视神学院中还在教授的沃尔夫哲学和独断的基督教哲学。他希望康德新哲学的信徒们可以取得胜利："只要莱茵霍尔特或费希特不到神学院担任教席，就不会出现什么严肃的东西。旧体系只有在那里才能如此忠实地不断延续"（C^1 18 mod）。

黑格尔反对神学家结成行会，他从没有把神学家放在心上，但他从不粗略地对待神学家。现在他们岂不是又想垄断康德的批判哲学，从而为他们已经过时的独断论来服务吗？黑格尔向谢林倾诉他的不满："对于那些想用批判材料来加固他们的哥特教堂的神学家们，尽量扰乱他们的艰苦劳作，把各种困难都堆到他们面前，用鞭子把他们从栖身的角落中驱赶出来，直至他们找不到任何庇护之所，直至他们赤裸地完全暴露出来，我认为这将十分有趣"（C^1 22）。

黑格尔这一时期撰写的东西越来越受益于康德的影响，也渐渐地受到费希特的影响。1795 年 1 月，他向谢林宣布："一段时间以来我又重新研究康德哲学，以便学会将其最重要的哲学结论应用到很多平庸和常见的概念中去，或者在其结论的指引下去发展这些概念"（C^1 21）。

这一时期康德发表了《单纯理性限度内的宗教》。暂时栖身于耶拿的荷尔德林正在听费希特的课程，他向黑格尔表露了他对费希特的狂热。谢林则将自己的早期作品邮寄给他。

在黑格尔这边，在他身边存放着自图宾根时期以来的各种理论研究。这些研究并不缺乏趣味，无疑也引起了其朋友们的注意。

他继续探究政治体制和宗教体制的命运，这些体制，在突飞猛进的发展之后，由于他们的成功，注定要衰败，这种衰败使之变成没有灵魂的躯体，但实际上却很"实证"。这些体制不再适应造就这些体制的精神。他在大范围的历史现象中分析这种典型的演变：犹太教、希腊和罗马宗教、基督教。完全可以感觉到，是对当下的关注导致如此回忆过去。

在瑞士写作的作品中，不同寻常的《耶稣传》(*Vie de Jésus*，1795）引人注意，其中基督教的创始人的人格完全类似于某个拥有康德式道德的大师的人格，具有追求新教朴素性的风格。耶稣不再制造奇迹，也不再被神秘笼罩，他传授的是内心自由与人的尊严，就像启蒙哲学家所做的那样，但耶稣做得更完美。

这一时期撰写的另一重要作品，很久之后才为公众所知，标题为《基督教的实证性》(*La Positivité de la religion chrétienne*，1796）。其中黑格尔研究的各种基督教独断论及其用途正是伏尔泰批判过的那些。但是他的批判与伏尔泰不同，某种程度上是从内部来着手的。伏尔泰的精神是从外部来攻击基督教教义，就像一个偶然出现的外来对手，用黑格尔的话来说是"知性"方法，而黑格尔本人有时也用这种方式，但是其中越来越多地带有某种历史性的、隐含辩证法的态度。不是生硬地用外来否定来反对基督教，而是指出基督教自身发展出来的否定，通过其自身的必然运动，直至发展成为自身的反面并生成这些否定，这些否定起初以为自己是从永恒独立的理念天空中掉下来的。在这种特殊宗教中，同在其他宗教中一样，最初理性的东西，随着时间，在其具体的历史背景中，变成了"实证的"：话语、行为和体制，这些已经中途失去了其原初的深刻含义，成为真正的宗教应该加以抛弃的残渣。人们不再批判某种欺诈，而是分析某种意识形态。

黑格尔是后来才发现，非实证的宗教根本就不再是宗教。因此，不是为了彻底的观念论而放弃这种宗教的实证性，而是试图让它们并存：这种共存难以实现也难以解释，因为他从前曾对普遍的实证性加以严厉和恰当的批判。这就是真理的"双重语言"这一奇怪的理论：对于哲学家而言是思辨形式，而其他人则是

"实证的"或者宗教的形式。

从这种角度来看，基督教在其发展之中应服从于某种必然性或某种宿命，这是一种"命运"，这种命运引导基督教成为异于自身的东西，与其最初的意图相悖：这就是"异化"，但伯尔尼时期的黑格尔还没有使用这个术语。这样，在黑格尔对基督教的描述中，基督教就摆脱了创世论和神意论。作为人的产物，不同阶段的基督教来自不同的"民族精神"（Volksgeist），或者说"时代精神"（Zeitgeist），时代精神承载着宗教，并按照自己的形象和需要塑造宗教。

在时代的束缚及因循守旧的背景下，这种思考似乎应该立即受到指责。只要回想一下导致 1799 年费希特在耶拿被从德国最自由的大学中驱逐出去的那些主张，就足以想到这种思考会遭到怎样的指责。一个声明就导致了骇人听闻的"无神论事件"，各种指控，各种诽谤及论战，当然在当时普遍接受的观点看来这个声明确实有些放肆，但是相对于黑格尔在伯尔尼的秘密写作的东西而言简直是微不足道。费希特当时声明：

"上帝本身就是活生生的道德秩序；我们不需要其他神，也无法理解其他神。在理性之中没有任何理由会生出这种宇宙的道德秩序，并且，从因果关系来推导，也无法接受某个个人可以作为这种结果的来源。因此，健全的理智当然无法得出这种结论；只有某种错误的哲学能得出这样的结论。"[1]

词语的使用是自由的，人们当然有权利把将基督教或者宗教称为对事物的某种看法，这种看法拒斥人格神的概念，特别是

1　Fichte, cité par son fils (Immanuel Hermann), *Fichtes Leben und litterarischer Briefwechsel*, Sulzbach, 1830–1831, II, p.108.

"神之子"概念。但是人们也有权利抛弃这种观念，而这正是魏玛当局需要做的。他们处分了这个声明的作者费希特。

在异说方面，黑格尔显然比费希特走得更远。他不像费希特那样需要某种明确的外部限制，他自己实行一种彻底的审查。他年轻时的作品后来被揭露出来，在宗教批判或政治批判方面比成熟时期的作品更为大胆。问题是要知道，后期文本中的各种小心翼翼的影射，是否保留了年轻时期思想的某些东西，以及为了至少将其深刻思想的某些方面传达给公众，黑格尔是否最终并未缓和或乔装其深刻思想。

施泰格在伯尔尼和茨舒格的图书馆，并不能代替德国大学中的重要图书馆。我们拥有施泰格图书馆的目录：看起来还是相当丰富，黑格尔能够从中找到有用的东西。人们注意到，在他的所有著作的参考文献中都有他在这里阅读或查阅的著作。

因此，黑格尔在瑞士可以研究：莫斯海姆（Mosheim）的《教会史》（*Histoire ecclésiastique*，1776），他作过很多摘录；雷纳尔（Raynal）的《两个印度人的故事》（*Histoire des deux Indes*）；席勒的《历史著作集》（*Œuvres historiques*）；孟德斯鸠和吉本著作，这些著作对黑格尔有深刻的启发（R 60）。

黑格尔在瑞士非常孤独，或者说是感到孤独，但也并非完全没有友谊。社交生活非常活跃，特别是在普鲁士国王的私人领地纳沙泰尔，在沃州也是如此。有很多本地或外来的大人物，黑格尔很懂得向在那里碰到的值得关注的人物引荐自己。但是，对于他在瑞士出入这些场所的频率，我们知之甚少。

通过他向谢林的吐露，我们知道1794年他在伯尔尼遇到了奥勒斯纳（K. E. Oelsner）：他说是"完全偶然"（C^1 17）！这只能是一种委婉的说法。一个卑微的德国家庭教师，依附于贵族施泰格家族，不可能完全凭偶然遇到他，并在这样的环境与他交谈，这个西里西亚人因其热爱大革命而名声在外，由于革命事件而被从法国驱逐出来，在伯尔尼也是警察的特别关照的对象，他在伯尔尼经常往来的朋友或同谋当然也备受关照。黑格尔的"偶然"让人明白，或者说让人可以看出，在这件事上根本毫无偶然。此外，黑格尔同时还告诉他的通信人谢林，他已经可以阅读到阿钦霍尔茨（Archenholz）主办的报纸《密涅瓦》，其中发表了著名的《奥勒斯纳书信集》。

他拜访施瓦本画家索内夏茵（Sonnenschein）显然不再有什么偶然了。罗森克兰茨告诉我们，索内夏茵"有妻子和一个女儿，都笑容可掬，在他家中，人们弹钢琴，唱歌，特别是唱席勒的《歌集》（Lieder）"。在一次引用中人们还可以确定其中的一首歌（R 43）。这是著名的《欢乐颂》（Hymne à la joie），在黑格尔离开伯尔尼后，他的朋友们唱这首歌来"回忆"他，荷尔德林、马格瑙（Magenau）、诺伊费尔（Neuffer）及他们的朋友[1]，在内卡河（Neckar）河畔庄严地放声高歌。这首歌的共济会意图及其革命意义，在其同时代人看来是非常明显的。

索内夏茵的人生此前的全部内容就是与符腾堡公爵的一系列冲突：反叛、警察和司法的搜捕、到瑞士避难、符腾堡州要求引渡、瑞士当局的拒绝，等等。

罗森克兰茨认为，还应该有位弗莱希曼（Fleischmann）"分享了这种家庭的纯真快乐"。这种频繁交往真的就无足轻重吗？

---

1 "荷尔德林、马格瑙、诺伊费尔以及他们的朋友，庄严地（feierlich）歌唱"《欢乐颂》（席勒为共济会所创），他们都是这个"乐队"的成员，荷尔德林进入图宾根神学院之前就已经组建了这个"乐队"（Betzendörfer, Hölderlins Studienjahre in Tübingen Stift, Heilbronn, 1922, p.77–78）。

1796 年 7 月，黑格尔与一些同伴在伯尔尼兹山进行了一次旅行，这些同伴是谁我们不得而知，只知道是一些萨克森人。借此机会他撰写了一份游记，很符合当时的文学风格。其中他记录很多直接印象，这些印象往往包含着非常有趣的方法论态度和哲学态度。这些印象完全没有表达对大自然的"浪漫"感受。相反，黑格尔的眼光显得非常"功利"：人们试图通过让消费者惊奇的方式制作和销售奶酪，他对此十分感兴趣。对于同时代人赞赏的东西，例如山峰的挺拔壮丽，他完全不屑一顾。他后来说，"不朽的山峦并不胜于那吐露芬芳却迅速凋落的玫瑰"[1] 当时他目睹的是那些大山的死寂。它们不移动，它们没有生命：Es ist so!（就这样了），对这些大山我们也只能就说这些了（D 224）。

相反，他非常高兴看到莱辛巴赫瀑布的景色，它曾启发歌德写下诗歌《水上精灵之歌》(Le chant des esprists sur les eaux)。在席勒的《论美育书简》(Lettres sur l'éducation esthétique) 带来的各种反思基础上，黑格尔增加了一些隐喻式辩证的思考。这条壮丽的瀑布，就好像是不断变换成他者的"永恒不变者"(R 44)。无疑他是想到了赫拉克利特的某些句子，只是将其转换为当前的术语。在这种水的洪大运动之中，是何种力量，何种活动，何种生命！黑格尔讨厌那些不动的、固定的、僵死的东西。他希望它们能动起来。

山区生活让黑格尔对物理神学各种庸俗论题产生了沉重的反思和怀疑。自然不会对人自发产生仁慈，自然不是刻意为人创造的："我怀疑，即便是最虔诚的神学家，他是否敢说这些大山中的自然乃是以人类的用途为目的，因为人类只能艰苦地从这样的

---

1 Hegel, *Philosophie de l'histoire, op.cit.*, p.167 (trad. mod.).

自然中获取最少量、最贫乏的用途”，如此等等[1]！

黑格尔越来越清醒地认识到，社会本是由人构成并且以人为目的，但是社会最终能够所表现出的却比自然更恶劣！

我们所能够知道的就是，黑格尔在瑞士通过阅读和经验学到了很多东西，但没什么大事，因为环境并没给他带来什么恩惠。在随后的日子里，一直就是这样，直至最终在柏林发迹。凭借努力和耐心，黑格尔每次可以在某个地方和某个职位上安定下来的时候，却又都急匆匆地离开了，但是每一次的理由都各不相同。不难理解，他很快就会希望远离伯尔尼、远离茨舒格、远离瑞士、远离施泰格家族。

他感觉自己成熟了，更有教养，更加稳重。他可能还没有想到这段悲惨经历的全部收获。

他还在被蒙蔽之中，他将不断地从幻灭走向幻灭。

1　Hegel, *Journal d'un voyage dans les Alpes bernoises,* trad. R.Legros, Paris, Millon, 1988, p.76–77.

黑格尔的书信

> 我的信都被拆开过。我希望这一封不会被拆。因此请您一定要仔细检查信封。
>
> ——费希特致谢林 [1]

要认识伟人们的内心思想，他们的私人通信显然是特别好的资源。私人通信填补了他们在公共生活中的缄默的部分。

对于黑格尔在瑞士三年的生活，直接证据几乎无法为我们提供任何信息。幸运的是，他的精神状态，自然与其生命中其他阶段具有连续性，通过他与朋友们的往来书信，我们可以揭示部分内容。他写给朋友们的书信有七封得以保留下来，回信则有十封，五封来自荷尔德林，五封来自谢林。如果在那个时代已经使用电话，如果没有窃听和偷录，我们对在瑞士的黑格尔将一无所知。

---

1 1799 年 7 月 20 日书信的附笔：Fichte, *Correspondance Fichte-Schelling*, trad. par Myriam Bienenstock, Paris, PUF, 1991, p.51。

有些读者已经习惯了误导性的传统所兜售的黑格尔形象，但这些信的内容，其异说、其不合时宜、其好斗的鲁莽，绝对会让他们大吃一惊。这些书信是如何免于销毁，如何回收并保存如此之久的呢？又是谁做的呢？应该是出自同谋者的友谊之手。人们可以假定最初是荷尔德林和谢林细心地整理这些牵连性的书信：荷尔德林的话，完全可以理解；谢林么，可能性就小一些了。

阅读这些书信可以让人感到，在黑格尔的内心思想与他在生活中可以讲的套话之间存在着巨大差异。在生活中，他必须假装出顺从、虔诚、恭敬；在内心思想中，他可以发泄一下，更自由地发泄他的反叛。无论如何人们要承认，即便是在这种真诚之中，他也仍然保留着一定的谨慎；他经常用隐晦的词语来表达。

这不是书信体文学，但黑格尔于其中充分表明，必要的时候，当他愿意且能够的时候，他懂得如何以非常清晰的方式来表达自己。

黑格尔的一部分书信已经确实遗失了。并不是所有通信人像荷尔德林和谢林这么重视。这三年内，除了此二人之外，如果他没有写信给任何人：没有写信给图宾根神学院时关系密切的老同学们，没有写给父亲，没有写给弟弟，特别是没有写给妹妹，这将会是非常让人震惊的。

因此，这些"瑞士书信"是大量被毁信件中的例外。这些书信带来很多特殊的问题。这些书信要求传记作家们，无论他们是否愿意，必须要考虑这些书信的所占的比例。作为特例，它们提供了一个思考黑格尔一生中总体通信的好机会，他的总体通信通常被过高估价了。

在几十年之中，黑格尔写信给为数众多、各种各样的收件人。这些书信在其死后的出版也成为一段佳话。这些书信现在出版为厚厚的三大卷，显然还没有收全。人们还会继续不时地发现尚不为人知的黑格尔。

总体而言，这些书信具有非常丰富的内容；因其私密性，这些书信可以印证或削弱其公开的哲学理论的某些方面。这些书信已经被大量使用，但是使用得还不够充分，它们为严肃地评注黑格尔学说提供了丰富的材料。

其中，人们注意到其中一些书信，其内容让人震惊，故而令人难以解释，因此特别留意这些书信无疑是个好办法。

然而，关注这些特例却也不能忽略或贬低普通信件，作为一位著名哲学家、一位教授、一个家庭中的父亲、一个同事，他的行为通常与其他人并没有什么不同。这些相对平凡的书信存在很多，数量上占大多数，所以必须承认其地位和其角色。即使人们特别关注他与别人不同的地方，黑格尔在很多方面还是与其同时代人相近的。这是我们需要牢记的。

总之，这些瑞士书信与黑格尔后来撰写的大部分信件形成了鲜明的对比。这些信件与同时期的手稿也不完全一致，尽管这些手稿也同样显得非常大胆。

除了它们对现状极其不满的倾向之外，最让人震惊的是写信人表现出的鲁莽，他就如此鲁莽地把会受官方责罚的隐秘思想写在信件中。在当时，这种那个毫无顾忌地在信件中发泄是不同寻常的，因为警察会毫无廉耻地到处拆阅信件。

图宾根的三伙伴并非头脑简单，因此他们也担心信件的安全。通常他们会怀疑，但这里他们却表现出了极大的自信。无疑谢林曾在一封信内向黑格尔表达了这种担心，这封信如今已经遗失了，但是黑格尔让他完全放心："莫格林（Mögling）最近对我说，一切寄往瑞士的信都会被开封；但我向你保证，你对此完全可以泰然处之"（ C¹ 18 ）。他从哪里得到这种保证？肯定是来自某位高层人士。

然而疑虑还是存在，三位伙伴没有完全掉以轻心。他们使用各种秘密用语，只有他们懂得如何解读。他们把一些秘密留给最终的口头倾诉。因此，在讲述了一些他认为犯罪的神学动向之后，谢林认为他必须暂时节制一下："有时间我会向你亲自讲述这个时代的一个特征；我认为我最了解你的精神。但我能够向你保证，你一定会大吃一惊"（ C¹ 31 ）。

在这些信件中，每位作者都不限定各种表达的确切含义，他们图宾根神学院开始就采用这种方法了。人们可以推测，在他们之间以及与其他同学之间，应该定下了某种精神上的秘密协议，当然是观念性和象征性的，但也有可能是实践上和行动上的，对此我们无法完全确定。这种秘密协议创造了他们独特的术语表。

他们以几近疯狂的方式来使用 Bund（联盟、联合、协会、联邦），这个词通常指某种实证的社会现实。他们一致追求在人间建立"神的国"（ Royaume de Dieu ）——但是我们不知道他们是如何来实际描述它的。他们都一直赞成"无形的教会"（ Église invisible ）。黑格尔向谢林提到了这些："如果'神的国'降临，而我们的双手却无所事事［……］。理性和自由是我们的座右铭，'无形的教会'是我们的集结地（ Vereingungspunkt ）"（ C¹ 23 ）。

这些原本充满宗教意义的表述，这里显然转换了意义，而粗心大意的警察无论如何是无法明确察觉的。

关于这一点，一些评注者求助于黑格尔在图宾根所作一篇布道论文，其中依据《圣经》阐述"神的国"概念（ Mt., 5, 1—6 ）（ D 179 sq. ）。这种参照本身十分有益，但是却没有阐明这些术语在新语境下和明显不同用法下的意义。这个概念是要启发一种纯粹宗教的灵感吗？相反它强调的是别的东西。法文译者很明智地删掉了这种不合时宜的援引，也没有说明这一删除（C¹ 386）。神的国，无疑有两种情况：在布道中，只在信仰者的内心；而对于神学院的学生们而言，则实际存在于地上，是"积极的双手"的产物！"无形的教会"这个概念，无疑有很多互不相容的解释。人们猜想，对于这三位神学院学生而言，它包含一种异端的选项。无论如何，它同制度化的、"实证的""有形教会"是对立的，相对于"有形教会"他们更喜欢"无形的教会"。在作为人与人的实际联合的有形教会旁，康德已经树立了一种无形联合的理念，"在神圣的普遍政府下所有心地善良的人们之联合的纯粹理念"[1]。但黑格尔似乎更想在人间实现这种"无形的教会"。

　　一个不可见的实际教会只能是非法的。这就是黑格尔所梦想的吗？Vereinigung 一词通常包含着一种实在的意味：某种联合。

　　如果说康德肇始了"无形的教会"这一概念的模糊的用法，另一位作者则对这个概念进行了更加大胆地扩展。莱辛，备受黑格尔仰慕和引用的莱辛，将他所设想的共济会近似看作"无形的教会"。在《恩斯特与法尔克：共济会员对话录》（*Ernst et Falk, dialogues maçonniques*，1788）中，按照他的需要对这两个人进行典型化处理之后，莱辛补充道："这些人不会生活在枯燥的与世隔绝之中，即使他们某一天不再作为无形的教会"[2]……于是人们看到他们组成了完全公开的共济会！作为莱辛的读者，他应该可以确信：无形的教会，对于莱辛来说，就是共济会。按照他的理

1　*Kant-Lexikon* (R. Eisler), trad. par A. D. Balmès et P. Osmo, Paris, Gallimard, 1994, p.314–315.

2　Lessing, *Ernst et Falk, dialogues maçonniques*, trad. par Pierre Grappin, Paris, Aubier, 1976, p.69 et p.12.

解，共济会员目前就构成了"无形的教会"。

黑格尔、荷尔德林、谢林，他们非常熟悉这些文本。即便他们在远离莱辛的意义上来使用这些术语，他们也不能不想到莱辛。但是他们一直坚持使用这种带有宗教传统的隐秘术语，将其植入某种语境中，使其原有的宗教性发生模糊和偏离，但是却并不完全否定。荷尔德林 1795 年写给他们共同的朋友约翰·戈特弗里特·艾伯尔（Johann Gottfried Ebel，1764—1839）的一封信中就是如此，这位朋友是民主主义者、革命者、光照派 * 成员，荷尔德林向他揭示自己的各种希望："您知道，只要获得了生命的灵感，各个精神就该随时随地互相交流，在不能放弃的东西上联合起来，以使这种联合、这种战斗性的、无形的教会孕育出时代的骄子，直到有一天，我心所属的人（如果追随者们不理解他们自己就无法理解圣徒）成为圣主降临。那我就可以停下了，不然我就永不停息……" [1]

这个段落的开头，重复了莱辛的共济会劝导的概念，几乎字句都相同地。荷尔德林请艾伯尔转达对"尊贵的朋友们"的问候 [2]……

有关这段文字，人们既参照 1794 年 10 月 10 日荷尔德林写给黑格尔的信，二者情感上具有共鸣；也可以参照圣保罗的一段文字（帖撒罗尼迦前书，4：15），二者很多词语相同。很明显，表面上的宗教隐喻被歪曲了。必要的时候，荷尔德林就可以诉诸其最初意义，但是在这种难以接洽的语境中应该会是什么意思呢？

1　Hölderlin, *op.cit.*, p.367(lettre du 9 novembre 1795 à Ebel, franc-maçon et Illuminé).

2　*Ibid.*, p.366.

荷尔德林心之所属的人是谁？在艾伯尔看来应该是谁呢？为什么这些话语故意弄得这么晦涩？荷尔德林所使用的严格来说并不是某种加密的语言，但却是一种约定好的语言。他让那些已经怀疑他的人更加怀疑他。符腾堡伯爵很快就会挫败一个重大的革命阴谋。符腾堡的警察一直搜寻着阴谋的迹象。无论是错是对，他们会如何理解"直到有一天"这种宣告呢？

在政治方面和宗教方面，黑格尔的态度都表现出模糊和审慎。很难分辨清楚是理智上的胆小还是战术上的警惕。在他的写作中，积累了很多确定的命题，他一直坚持他所谓的"神的追溯要求，（哲学上）是合法的"（C¹ 22）⋯⋯

但是在同一封信中，他对神学家们发怒了。他增加很多反教权、革命的、傲慢的宣言。如果这些宣言落到施泰格家族手中、伯尔尼各位阁下手中、伯尔尼警察手中或是瑞士牧师们手中，他们会怎样看这位独特的"教会家庭教师"呢？

谨慎

离开瑞士之后，黑格尔再也不能在那些通过邮局寄送的书信中自由地敞开他的心扉。在这个国度，他获益于一种特殊的政体，至少他是这样认为的。

在某些时期，黑格尔生活在密友们的身边，没有与他们有任何书信交流：没有任何文字留下来，而健谈的话语则消逝了。时间流逝，经常交往的人也有所改变。荷尔德林沉沦在不可救药的疯狂之中。谢林，由于竞争而产生了敌意，渐渐远离了他。黑格尔转向了新同事，或者与旧相识重续新好，例如柯内贝尔（Knebel）。特别是与伊曼努尔·尼特海默（Immanuel Niethammer，

1766—1848），费希特在耶拿的合作者，巴伐利亚颇具影响力的行政官员，他们在图宾根时期就曾见过，黑格尔将与他进行很有趣的相互通信，直至黑格尔在柏林安定下来之后这种关系又重新松懈下来。

在复辟之后，在高压政治体制和警察体制之下，黑格尔及其通信者们都得小心翼翼。他们已经采用各种保护技术，这一事实本身就揭示出他们的观点在政治上敌对、不满现状、甚至是反抗的特征。

警察不仅秘密地拆开各种信件，而且有时公开地这样做。在迫害光照派的年代，主要是在 1784 至 1790 年之间，但并非局限于这段时间，在巴伐利亚专门成立了拆信局。很多人是通过这一途径被发现，然后被司法拘捕的。至少那些谨慎的人知道为什么要遵守这一点，黑格尔就是其中之一。

这种在巴伐利亚人尽皆知的活动，对德国各邦，或者总体来说是对整个欧洲，都具有潜在的影响以及或多或少规则性的影响。因此，莫维庸（Mauvillon），著名的启蒙主义者、米拉波（Mirabeau）的朋友、本雅明·贡斯当在布伦瑞克（Brunswick）的儿时伙伴、著名的光照派成员，他在 1790 年曾非常焦虑，因为他的信件被拆阅，他的很多观点为警察所知。雅克·德罗（Jacques Droz）回忆过这件事："审查同样也针对信件。1790 年，黑森领主（Landgraf de Hesse）打开了两封米拉波的朋友莫维庸所写的书信，一封写给卡塞尔市（Cassel）图书馆馆员库特（Küth），向他表达了希望法国大革命扩展到整个德国的愿望；另一封写给拿骚迪伦堡（Nassau-Dillenburg）的首相克诺布罗赫（Knoblauch），他曾对神学和专制主义协约进行谴责。黑森领主强迫库特［信件的收信人！］辞职，而且要求主管当局起诉莫维庸，并最终起诉

克诺布罗赫……" [1]

从千百件案子中选出这一个为例，是因为它涉及一些不能平常对待的重要人物。这个例子足以表明，黑格尔在瑞士期间，"三伙伴"在信中相互交换与莫维庸恰巧一致的意见，这是多么危险。

1819 年，同样也因为是信件的收信人，黑尼希（Leopold von Henning，1791—1866），黑格尔的"助教"，也是他的学生和朋友，曾被长期监禁 [2]。黑格尔在柏林时极度关注的那些嫌犯和被告，他们所有人都是因为被警察拆封或查抄的信件中的声明而被捕。

最好的谨慎，也是最彻底的谨慎，自然就是不再写信。熟悉黑格尔书信的人绝对会注意到其中有时会有断档，因为有些信件会隐晦地涉及一些此前所有信件中都无法找到的信息，因此这些信息应该是通过其他途径交流的，例如通过好心的游客或信使的口耳相传。

另一个谨慎的方法就在于利用各种出差来传递信件，不经官方邮局之手。黑格尔知道，他的信件及其朋友们的信件很容易被送到"黑屋子"里面去。黑格尔本人说：同事或学生可以做"有形信使"（C² 47），即有血有肉的（leibhaftig）。特别是那些考生，他们为了考试，辗转于各个大学之间，他们就这样确保了黑格尔和尼特海默所谓的"考生邮局"（Kandzdutenpost）的运转，免费而又秘密。

黑格尔始创了这种方法："我认为这种交流不能使用'开放

1　Jacques Droz, *L'Allemagne et la Révolution française*, Paris, PUF, 1949, p.110, et p.31, n.1.
2　卡莱尔没有翻译霍夫梅斯特尔的注解（B² 482），而这个注解明确指出了这一点（lettre n° 389）（C² 342）。

的'（öffnende）*公共邮局，而必须使用封闭的私人邮局。"（C²80）我们注意到，1887年卡尔·黑格尔大量删改后为其父亲编辑了《书信集》，其中就没有转载这句话[1]。在当时让人知道黑格尔曾进行某种地下通信并且提到存在"开放的"邮局，这还是很危险的，无异于到被绞的人家中去谈论绞刑。但很明显，黑格尔的形象因为这样一些省略而被修饰和缓和了。

黑格尔很聪明，既没有通过"开放的邮局"去宣布他对新教思想中政教分离的极大拥护（"我们的大学和学校就是我们的教会"），也没有通过"开放的邮局"去批评普鲁士亲王的专横，即尼特海默新遭受到的（1816年7月12日）"当权者的暴力打击"。（C²82）但是在这些出格的言语之外，他还是让人感觉到，他还有更反抗和更强烈的情感需要表达，因为他总是用这样的话来结束或中断他的陈述："这就够了，而且已经太多了。"（C²84）这就意味着表达上有所保留，就像人们所说的那样，这就需要由善解人意的读者或受到感染的读者自己去补充了。在一封日期为1816年7月5日、激烈反对复辟的信中，黑格尔就是以这种方式结尾的。

通过"考生邮局"秘密传递的信件中，作者也不能无话不谈。反对复辟的信有很多模糊的地方。收信人也不愿意完整保留，因此保留下来的只是残缺不全的。我们可以进一步假设，被销毁的部分应该比保存下来的部分更容易使人受到牵连。

有些情况下黑格尔会采取更为谨慎、更为迂回的方式。他与卡尔·乌尔里希（Karl Ulrich）的通信就是如此。卡尔·乌尔

102

---

* 双关语，既指邮局是面向所有人开放的，亦指邮局拆阅各种信件。——译者注

1 *Briefe von und an Hegel,* éditées par Karl Hegel, 1887, 2 volumes (tome I, p.400).

里希，狂热的"学生共济会"成员（Burschenschaftler）*，在1825年，他被迫流亡。但是黑格尔与他有通信往来，这种通信本身就十分危险，其内容应该也是非常危险的。乌尔里希非常有经验，他先把信寄给第三方，然后第三方再把信寄给真正的收信人。

乌尔里希在一封信中指出了转寄的线路，而且很幸运黑格尔为我们保留了这封信，当然这对他来说无疑是很危险的。乌尔里希指出："请把信寄给艾克哈特先生（仔细阅读之后我将按照惯例将信撕毁）"（C²287）；如此等等。

因此，处理黑格尔的各种信件，需要最高的警惕性和最大的怀疑，至少对于那些与某些特别棘手的思想问题相关的信件必须如此。有时言辞故意弄得很晦涩，有时加以乔装改办。我们不能总是按"表面意思"去理解。通常必须要将其转换成另外一种语言，放到另一种语境下。这些作者们，不仅仅不把他们的全部所想都说出来，不仅仅只用隐蔽性的词语来表达自己，不仅仅把他们的大胆想法加以乔装改办，而且他们甚至使用策略，去肯定与他们真实思想完全相反的东西，从而来抵消一下他们某些直白断言的放肆性。

利希滕贝格（Lichtenberg）是黑格尔所欣赏的一位作家，并且在《精神现象学》中引用了他。他曾在一封信中，过度和虚伪地颂扬政府，声称生活在该政府下乃是"最罕见的幸福"，从而来巧妙地平衡一些颠覆性的言论，即对乔治·福斯特（Georg Forster）的某些政治理论的赞同。该信件的收信人为索默林（Samuel Thomas von Soemmering，1755—1830），光照派成员，荷尔

---

* Burschenschaf现在通常译为"学生社团"，但是这种译法容易掩盖这个词最初的含义及其渊源，故而译者还是主张将其译为"学生共济会"。——译者注

德林的朋友，他当然不会对此会错意：他很早就知道利希滕贝格对这个政府的不可遏制的憎恶[1]。而警察有时会不会张冠李戴呢？

那些了解黑格尔的人无疑会识破那些似乎与其真实思想相悖的表达。当代读者经常感到困惑：真诚的吐露、圆滑的面具、略带苦涩的反讽，究竟是哪一种呢？

在1831年5月29日写给出版商科塔（Cotta）的一封信中，他偷偷加入一条关于时事的评论。科塔住在慕尼黑，他在那里关心很多十分危险的政治问题（出版自由、异族通婚等等），在展现了这些问题之后，黑格尔指出，德国的君主们，曾一度想效仿法国式的自主权，现在开始对法国式的自主权感到不舒服了，而这给他们带来很多困难。继而他补充道："前几天，国王观看某个高校表演后准备返回时，那里的人们，用官方语言来说就是'人民'，卸下了其马车的马匹，以便亲手把他一直拉回到王宫。在说服人们不要把自己降低到拉车牲口的水平上去，并断言这样的话他就不得不步行回宫之后，他才得以在欢呼声中坐着马车继续赶路。"（C³ 293）

不能完全排除黑格尔会一时被这种民众和国王的双重愚蠢所感动。然而他刚刚得知，他关于《选举法修正案》（Reform bill）的文章的最后一部分，突然被这位国王下特别谕旨，禁止发表……

在这同一封信的结尾，黑格尔通知科塔，有位皇家检查员死了，看起来似乎没有什么遗憾："我们举世闻名的检查员格拉诺（Granow），几天前死去了——但检查并没有随之而死——讣告发出之后，一些活着的人为之哭泣（可能是因为很多写作将不会再

1　Wolfgang Rodel, *Forster und Lichtenberg*, Berlin, 1960, p.124, et Lichtenberg, *Briefe*, Leipzig, 1901–1904, III, p.117.

被他检查了）。（C³ 294 mod）

对于陌生人的主动接近，黑格尔的回复总是保留很大的分寸。这不足为奇。人们不能向他人贸然吐露心声。但也可能是他从布鲁茂（Blumauer）事件中吸取教训了。为了渗透到各种秘密社团中，警察用布鲁茂这个重点嫌疑分子的名义寄出了一封他们伪造的信件，以便诱使收信人，著名的革命家兼光照派成员科尼格男爵（Knigge），做出泄漏马脚的回复。但是这招儿诱敌之计在一定程度上失败了。科尼格寄出的回信，立刻为警察所获，尽管伪造信中提出的问题具有危险特征，但是回信中却没有任何明确迹象可供警察使用：没有任何可供立即抓捕的人员名单。后来这一行为被揭发出来[1]。

与黑格尔通信的人懂得阅读潜台词，而评注者们有时则显得过于天真了。

必须要承认，那个时代的作家们故弄玄虚的技巧并非总是那么高明。他们聪明反被聪明误。在他们交付邮局的可疑信件中……他们小心谨慎地防止信件被拆封。费希特就是这样提醒谢林；但是在警察看来，如果没有什么事要隐藏的话，谁会滥用这种叮嘱呢？那么他肯定就是嫌疑分子了。

我们很惊奇地发现黑格尔也犯了一个类似的错误，是在写给妻子的一封信中，他的妻子是一个非常单纯的女人！他当时正在奥地利旅行，正值"居赞事件"（affaire Cousin），而他突然担心黑格尔夫人会给他寄一些会连累人的信件。但是他却给她写了一封信——而正是这封信最终导致她与案子有牵连，其中他对她说："此外，你要注意，在奥地利信件是会被拆阅的，因此注意信中

104

1　August Fournier, *Historische Studien und Skizzen*, Wien, 1912, p.17–29.

不能包含任何的政治⋯⋯"为什么要这样通知警察黑格尔夫人可能会持有应受谴责的言论？黑格尔想到了这一点并且改变了主意。他又加以补充，却更加重了其愚蠢："⋯⋯要不是因为这样，这件事也就不会发生了！"（C³ 47 mod）在一封信中最后要说的事情，居然就是知道警察会拆阅回信！

与黑格尔通信的人们也曾犯过类似的不谨慎：在那些"可能被开封"信件中，提到了这位哲学家可能"心照不宣"的东西，提到了秘传口授的理论。而这正发生在这位哲学家被其恶毒的对手指控为秘密传播某种异端哲学和暴动政治！

歌舍尔（Göschel）的一封信可以为此作证，当然是善意的，但是却很危险。1829 年，一部半匿名的著作在柏林出版：《与基督信仰相关的关于"非知识"与"绝对知识"的格言——对理解我们时代的哲学的促进》，作者卡尔·弗雷德里希·G ... l。作者就是这位歌舍尔，瑙姆堡（Naumbourg）法院的参议员。黑格尔非常满意地接受这部著作，因为作者在其中尽力去表明黑格尔哲学与基督教信仰的一致性。这部著作来的很是时候，当时其他出版物都在恶意地试图揭示黑格尔学说的反基督教特征。黑格尔或许可以用这部著作来在公共观点面前和当权者面前为自己辩护。歌舍尔很早就对黑格尔哲学感兴趣，应该可以看作是他的信徒。歌舍尔区分了对有关信仰的知识的各种不同态度：一种是用庸俗的方式推崇信仰贬低知识；一种是推崇与信仰彻底对立的绝对知识；而歌舍尔认为黑格尔的功绩在于重新建立了知识与信仰之间的和谐，认为他可以免于任何的泛神论指控。这位证人可真是有力啊！

黑格尔在《科学批判年鉴》（*Annales de critique scientifique*）的一篇文章中坚持向歌舍尔的著作表示致敬，并坚持衷心地亲自向其作者表示祝贺："尽管有可能会因为自身利益而存在明显偏袒，这并没有让报告人用某种特别的感激去谈论［这部著作的］内容及其为真理已做出或将做出的证明，也没有因为这部作品与自身为思辨哲学所做工作之间的紧密联系而使他在结尾的时候满怀感激地去与并不相识的作者紧紧握手。"（B. S.329）

黑格尔是否在其学说安静平和的层面上找到了一个真正理解他的人？我们能从信中得到歌舍尔对黑格尔的赞赏吗？事情却非如此简单。

歌舍尔似乎对他的行为也不是十分确定。他把他认为是黑格尔秘传哲学的内容加以阐述和辩护，而且，在一封信中，他非常高兴黑格尔对他的赞赏。但是他提出了黑格尔哲学整体意义的问题。这位黑格尔公开哲学的"正统"阐释者无法相信不存在另一种隐藏在公开哲学背后的哲学，而他把这种疑问吐露给了他的导师，当然也是作为一种希望——而这竟然是在一封信中！

他长篇累牍地强调，如果可以提供给他一次与黑格尔口头对话的机会，对他将会有特别好处，可以使他理解那些黑格尔不愿意在其写作中吐露的思想："此外，教授先生，如果明年我能够与您有一次口头交流，或者我可以提几个问题给您听，这对我将是莫大快乐和学习的机会；您信中的内容非常有教益，而您的《哲学全书》的第三版绪言，结合我高度景仰的马海奈克博士的见解［……］为我在这方面提供了丰富的材料。写下来的僵硬的话语永远逊于流动的、活生生的交流，这样的交流有利于立即剔除那些让人遗憾的误解，并且可以补充一些话语之外的内容。"

"这样的话，例如关于您和西塞罗一样为哲学规定了孤立位置，我非常希望能与您讨论一下，因为在这一点上您很难摆脱被误解，就好比您将哲学看作是不考虑任何东西的伊壁鸠鲁式的神性；或者是将其看作是'心灵在宁静而神圣的退省中'的孤立自省是'在心灵的静寂而神圣的隐退'的孤僻的封闭——尽管您已经明确拒绝这两种倾向了。从外部而言，哲学确实经常被谴责为这样一种处境；但是哲学不能以此为借口就放弃对这种谴责的不断反击"。（C³ 278—279）

歌舍尔在这里揭示出，在黑格尔的"公开"思想与其信件中的思想之间存在着明显的矛盾。

可能是不愿意提及黑格尔可能存在某种秘传学说，这促使他进一步明确他所引用的那些古代哲学实践："但是，关于这一点，亲爱的教授，尊敬的导师，我更希望亲口说。您应该看出，我坚持书写的教学与非书写的教学之间存在差异，这就是哲学教授的 agrapha, autoprosopa, acroamatica[1]。而我们的所有大学机构不都是建立在这种书写无法取代的价值的基础上吗？"（C³ 280）

毫无疑问，黑格尔的各种出版物此时还没有收为全集。但1829 年歌舍尔已经拥有其大量已出版的书籍，这使得他可以对其学说的整体进行反思。他认为黑格尔一定没有完全表达自己。相反，他很可能认为黑格尔没有明确说明他所思考的东西，在各种令人惊异的不兼容中他看到了很多关于一点的迹象。而他想要澄清这一点。

歌舍尔还坚持说："我是多么希望能够就所有这些事情与您交谈！或许来年我可以获得这样的机会……"（C³ 280）。

让歌舍尔非常不解的是，黑格尔寄给他的回信（1830 年 12 月 13 日）只是对其为自己著作所做的颂扬表示适当的感谢。事

1　歌舍尔堆砌了这些词藻，意为：未被书写的，未经遮蔽以本来面目出现的，纯粹口头秘传的！

实上，黑格尔不害怕在信中承认歌舍尔的《格言》一书非常有助
于降低对哲学的恐惧——而且无疑也有助于降低对哲学家的恐
惧："同时对这种将哲学安静地置于一边的态度也很满意……"。

此外黑格尔还指出"目前对政治的兴趣淹没了其他所有兴
趣——这是一种危机，在这种危机中，所有之前一直具有价值的
东西如今都成为问题……"（C³ 276—277）。

最终他还肯定"哲学应该有意识只成为一小部分人的职
业——这只是为了哲学的平静……"。

根据其对所能获得的黑格尔作品的阅读，歌舍尔得出的是一
种印象。而黑格尔信中则对哲学本身及其角色和读者提出了完全
不同的另外一种观念。黑格尔的信让他变得茫然不知所措。

他由此得出结论，黑格尔内心深处应该有不同的观点。但
是，如果他知道此时黑格尔正在就英国的《选举法修正案》撰写
文章，他就不会有什么困惑了，因此哲学并不接受被"安静地置
于一边"，通过黑格尔的笔，哲学直接而公开地介入到政治风云
之中！

所有的出版物、讲课、书信，都不能揭示这位柏林哲学家最
隐秘的思想，而人们甚至会怀疑他是否有这样的思想……

但是，另一些人希望抹去他本人所写的东西。黑格尔有时会
暗示出，当他出去旅行或夫人和孩子们出去旅行的时候，他会收
到夫人或者孩子们写给他的一些信件。但是这些信件都没有被保
存下来。似乎其遗孀及其儿子们有计划地销毁了这些信件。这是
出于谦虚吗？

关于这个主题已经够多了，而且已经太多了！

第七章

《厄琉息斯》

共济会员们仍然保留着这种古老的仪式。

——伏尔泰 [1]

  黑格尔几次尝试创作诗歌但都没展现出什么才华，而且他对自己在这方面的天份也不再抱有什么幻想，但是在瑞士的最后一段时间，他却突然撰写了一首赞美诗：《厄琉息斯》(*Éleusis*)。这些诗句是献给荷尔德林的，我们只有其最初样稿，日期为"1876年8月，茨舒格"。作者并不希望取得艺术上的成功，但是他选择了一种能够带来幻想和想象的表达形式。

  传记作家们漫不经心地假定受献者同时也应该是收信人，由此他们很自然地认为黑格尔有可能选择这样一种独特而迂回的方

---

1 Voltaire, *Essai sur les mœurs et l'esprit des nations* (éd. René Pomeau, Paris, Garnier, t. I, 1963), p.135.

  拉朗德有类似评价：Lalande, *Supplément au Dictionnaire des sciences, des arts et des métiers,* III, Paris, et Amsterdam, 1777, p.132。

式来向朋友来倾吐衷肠，然而与此同时黑格尔却写给他一些长信，其中黑格尔向他确认了双方长期以来的共同思想，而其方式则是异常的简练和直白。

他们中的一些人没有去猜想任何特殊意图，认为这只是一时兴起。这位哲学家创作这首诗歌应该没有别的意图，只是"受到八月的美丽夜晚的激发"[1]。比尔湖沿岸应该很容易让人思考古希腊的神庙，就好像柏林墓地的桦树很容易让人想起黎巴嫩雪松。如果没有什么问题，就不要做这种令人疲惫的研究……

但是关于黑格尔，没有简单、清晰和贫乏的东西。虽然我们不能抓住每一次机会不放，但是《厄琉息斯》一诗绝对是一个很好的机会，可以澄清作者人格方面一些鲜为人知、却举足轻重的方面，以及其人格成长所处的文化环境。

该文本探索了希腊神话传统并赋予某种当下意义。该文本带有某种意识形态，并且通过一些抒情的冲动，表达了某种理论宣言的声音。如果荷尔德林曾读过这首诗，那他应该非常满意：诗中充满了两个年轻人共有的各种形式的泛神论。

诗歌完全是对古希腊大地女神德墨忒尔（Déméter）的赞颂，但诗中用的是其罗马名字：刻瑞斯（Cérès）。荷尔德林本人曾写过一首诗《献给大地母亲》（À la terre-mère）[2]，他经常重复这一诗歌和宗教主题，并总是将其与补充性的术语"大地的儿子们"联系起来，他将人类等同于"大地的儿子们"，这无疑是想到了黑格尔特别喜爱的柏拉图，我们可以说，正是柏拉图最早如此称呼他所讨

1　Paul Roques, *op.cit.,* p.40.

2　Hölderlin, *op.cit.,* p.838–841. 亦见于 p.846, 850, 853, 等等。
　"大地的儿子们"见于 p.858, 873, 等等。
　黑格尔对"大地母亲"的描述：*Nohl*, p.28。

厌的庸俗唯物主义者。黑格尔想到了德墨忒尔（刻瑞斯）受到特别崇拜的地方：厄琉息斯。撇开激发这首诗的环境，诗歌的作者并不缺乏对该诗本身的关注。我们这里只能简单地回顾一下。

该文本（C¹ 40—43）首先"诗意地"呈现了作者所处的环境，追忆了从前与朋友荷尔德林在一起时的幸福时光，黑格尔希望很快会与他重逢。诗人（黑格尔）望着远处湖面上泛着的银光，就是比尔湖，因为从施泰格家的住处就可以看到，卢梭让人们永远记住了这个湖泊。这无疑让他想起了这位日内瓦公民（卢梭）的格言，而这条格言让他在心中重新振奋了图宾根时结下的"同盟"，诗歌中重复到："只为真理而活，绝不与束缚观念和情感的独断论妥协"（C¹ 41 mod），由于这样的表达，很明显诗歌也将无法发表了。

黑格尔灵魂似乎被带向无限，带向夜空中的繁星；忘却了个人有限的欲望和希望，迷失在无边永恒的沉思之中："我与之一体，我是大全，只此别无他物！"

后来黑格尔哲学受到泛神论指控，他要很艰难地不断为自己的哲学辩护。但是在这首诗中却没有任何谨慎，他大胆地宣扬这种泛神论。然而，对整体进行了某种近乎概念性的把握之后，依据他最终试图加以主题化的进程，他引入了一种"潜台词"：他的想象力"很快将永恒与形象结合在一起"，并且，通过这种换项，"崇高的精神"在其面前显现出来，读者可以将这些"崇高的精神"看作是希腊诸神：这是一种有关希腊罗马神话的表象。

于是，黑格尔大胆地向刻瑞斯本人呼唤：请为我打开你神圣殿堂的大门！沉醉在狂热之中，我将会理解你的启示（Offenbarungen）！但是厄琉息斯的庙宇已然静默无声，诸神逃离了被亵渎的世界。因为"奥义之子"（der Sohn der Weihe）*过于神圣化厄琉息斯的教导，认为自己有权去传播其丰富的内容，却对其一无所知。此外，词语太过贫乏，无法表达这些教导，每个"入会者"又都缄默不言。那些试图打破缄默的人，都会意识到某种庄严的法律禁止这种行为。人们不该到大街上去滥用神性的荣耀。如今研究者们在其发掘中找到的不过是遗骸或痕迹，其明确的意义已经遗失了。

　　然而，此时黑格尔却仍能得到刻瑞斯的启示。纵观古今，从古老的崇拜到如今的顺从，他不禁惊呼：

> "你仅存活在他们的行动中［你的后人的行动中］，
> 但今夜我仍能感觉到你，神圣的神性，
> 正是你为我揭示了你的后人的生活，
> 我感到你就是他们行动的灵魂，
> 你是崇高的精神，忠诚的信仰，
> 作为神性，即使一切都消失，也不会减少半分。"（C¹43mod）

　　这首诗，如果翻译不准确的话，就像罗克原来翻译的那样，就会完全呈现出另外一种意义："他们曾是你的后人"……"你曾是灵魂"……"你曾赋予他们"……如此等等[1]。很明显，黑格尔这里呼唤的"厄琉息斯的后人"，应该是当下的、活着的、或

---

* 这里我们将德文 Weihe 和法文 mystère 翻译成"奥义"，实属无奈之举，这个词本身即表示古希腊宗教的"秘密祭礼"，同时也表示其"秘传教义"，所以在原文中这两重意思是用同一个词表达出来，当然有些地方偏重于强调其仪式性，有些地方偏重于强调其思想性。所以"奥义"出现的地方要么表示"秘密祭礼"要么表示"秘传教义"，更或是表示二者的统一"秘传宗教"。——译者注

1　Paul Roques, *op.cit.,* p.40—41.

是假定如此的：即当下的"奥义之子"，而不是几个世纪前就消失的那些人。

事实上，这首诗开启的是共济会神话的宝库，但他无意详细整理这个宝库。他几乎是逐字逐句地重复了莱辛在《共济会员对话录》中的某些表达[1]。如果同各种错误解释加以对照，就能更好地把握诗的整体意义。

评注家们通常承认其公开"学说"的"泛神论"特征，但是他们通常将这种泛神论特征与基督教特征加以并列，从而减轻泛神论的意义。但是基督教能接受与崇拜"大地母亲"和解吗！

罗森克兰茨虽然熟识黑格尔，在他的笔下，黑格尔模仿席勒所提供的模式，在《厄琉息斯》中将"基督教最深刻的内在性与古代精神"结合起来[2]。

狄尔泰竟然对这种混淆加以鼓励，认为黑格尔"在《厄琉息斯》一诗中赞赏厄琉息斯奥义是因为这些奥义是暗中颂扬神的存在，对于这些奥义来说，神性不存在于独断论之中，而是存在于生活与行动之中"[3]。这是将共济会的秘密等同于基督神话，将莱辛看作教父的一员！教父们可不怎么喜欢大地母亲！

海姆（Haym）则在黑格尔的诗中看到了"对厄琉息斯女神的颂歌，对美好信仰毁灭的哀歌，对启蒙散文的抗议"[4]。这样的话，黑格尔这回就真的是敬仰希腊人的刻瑞斯了！黑格尔对古老的"厄琉息斯信仰"丝毫不觉懊恼，而是宣布，在某种特定的意义上，厄琉息斯信仰永垂不朽。他用启蒙的全部论据去反对"所

---

1 参见 Jacques D'Hondt, *Hegel secret, op.cit.*, p.227–281, 特别是 p.276–279。

2 Karl Rosenkranz, *Aus Hegels Leben*, in Prutz, *Literar-historisches Taschenbuch*, 1843, I, p.98.

3 Dilthey, *op.cit.*

4 *Rudolf Haym, Hegel und seine Zeit*, Berlin, 1857, p.38.

有独断论"，反对填鸭式灌输的信仰，如此等等。他从杰出的启蒙者莱辛那里借用很多。

皮埃尔·贝尔多（Pierre Bertaux）这样富有经验、观察入微的日耳曼语言学家，在其坚决指出《厄琉息斯》中的泛神论观点之后，他如何能够认为荷尔德林和黑格尔应该是被"早期基督教神秘主义与厄琉息斯崇拜之间的相似性"[1]所打动？怎样的相似性？我们还可以在黑格尔或荷尔德林的许多其他作品中发现对基督教的抗议，甚至是很多神秘主义狂热的痕迹。但是在《厄琉息斯》中，只不过对基督教进行一些阴险的影射。但在那个时代，没有比这更反对基督的文本了。

他是从席勒那里获得灵感的吗？无论如何，"将基督教最深刻的内在性与古代精神结合起来"肯定不是。席勒的诗《希腊的诸神》（Les Dieux de la Grèce）曾于1788年激起公愤。为了平息各种粗暴而危险的批评，诗人同意修改文本。难道罗森克兰茨不知道修改后的版本？最初的版本中并没有阐述"基督教的内在性"！

如今想要抹去黑格尔这首诗的非宗教性特征，这似乎比较可笑。如果某个基督教作家会通过诗的破格，草率地为泛神论辩护，同时也为异教辩护，却没有想到不该如此，这也还勉强说得过去。但他是一个神学家、一个失意的牧师、一个哲学家！黑格尔绝不可能忽视基督教教父们对"厄琉息斯奥义"的激烈谴责。其诗歌及瑞士时期的信件都同样表现出非宗教性。

然而，这种黑格尔和荷尔德林式的泛神论，非常接近无神论，但是人们不能完全否认其中始终具有宗教特征，始终存在一种难以明确说明的宗教情感：一种羞怯的泛神论，或者说是胆小

1　Pierre Bertaux, *Hölderlin. Essai de biographie intérieure*, Paris, Hachette, 1936, II, p.73.

者的泛神论，好像斯宾诺莎的泛神论，抑或是莱辛的泛神论，只有到临死之前才敢于承认。

人们看到，这个时代的那些伟大精神，对于逐渐揭示内心思想都抱有某种迟疑，而那些不太伟大的人物则要坦率得多。正式场合上，人们都自称是基督徒。当环境允许时，尤其是在私人场合，人们就会亮出保留的东西，亮出各种怀疑，亮出各种局部拒斥。在某些特殊情况下，在最终利益或特定的实际利益的促使下，人们鼓起勇气，昂首挺胸，一直走到极端，但仍然采取掩盖的形式，这里采用的就是神话的形式。这个时代的共济会，在顺从方面似乎有很大差异，在"启蒙"上自相矛盾，充满各种象征性的表现，精心安排出一个特殊的场所，一方面告解，另一方面又散布这种出尔反尔。这种一种模糊而诱人的复杂性，对于这种复杂性法国人没有德国人掌握得那么好。如果我们理解黑格尔，同样也包括理解荷尔德林，就必须要习惯这种复杂性。

*

为了把握《厄琉息斯》意义和意图，既不能忘记其中的各种明确主张——当然也不应该忘记，对其背景及创作的研究也是不可或缺的。结合外在条件，对诗歌内容的解释就会呈现出另外一种结果。

113　实际上，这首诗并不是写给荷尔德林的，虽然是献给他，但却是写给另外一人的，这个人应该认识荷尔德林，而这首诗可能就是为了让这个人去阅读荷尔德林。提到荷尔德林，强烈希望与他更加接近，这是鼓励某个有能力的人，希望他能让两个朋友相聚。黑格尔不能没想到高戈尔（Gogel），是黑格尔在法兰克福的准"校长"，这种重逢就要依赖于他。

他应该是处于怎样的困境啊！

在瑞士做家庭教师，起初看起来无疑应该还是令人满意的，但也只不过是一种权宜之计，麻烦要大于好处。在瑞士流亡变得越来越难以忍受。他思念德国，思念朋友们。他的合同就快到期了。他做梦都想回家。

同样，即使家乡不需要他，朋友们也还思念他。他们对他有真挚的情感，对他评价甚高。对于分离之苦，荷尔德林要更甚于谢林。各种痛苦遭遇使他变得很脆弱，敏感而又软弱的他，认为在黑格尔身边会好一些，他亲密地称黑格尔为"非常理智的人"。黑格尔向两位伙伴吐露了思乡之情，而他们则为他在德国寻找落脚点。

荷尔德林的行动获得了成效，当然还要加上他们共同的朋友伊萨克·冯·辛克莱尔更为有效的努力。在法兰克福的贡达尔（Gontard）家里任家庭教师的荷尔德林为黑格尔在高戈尔家里找到了空缺：两个家族都做批发和金融生意，非常富有。

听到这个消息，黑格尔仿佛看到了解放的希望。荷尔德林向高戈尔家大力推荐黑格尔：这是为了让他们满意，以便获得这一职位。这位求职者在外地与未来的雇主让-诺亚·高戈尔（Jean-Noé Gogel，1758—1825）进行磋商，当然一直是通过荷尔德林的中介来进行。磋商的最后，他于 1796 年 11 月寄给高戈尔一封"公开信"，即最好让人读给高戈尔听。（C¹ 45—46）

我们如今对这种方式很惊奇，但在那个时代却是司空见惯的。这种方式可以保证收信人不会在其认识并尊敬的中间人面前失去道德信誉。在磋商失败的情况下，两方都不会直接说出自己的决定，这是令人尴尬或有损颜面的。这种方式可以避免双方在中间人面前丢面子。

收到黑格尔的"公开信"后，荷尔德林向他的朋友许诺： *114*

"我会给他读的。"通过这封公开信,高戈尔将会了解黑格尔是如何看待与其受雇相关的教育和实践问题。

评注者们没有注意到这封"公开信"与《厄琉息斯》之间的直接关联!事实上没有确实材料能证实这一点。人们不知道这首诗寄给了荷尔德林:荷尔德林表示没有收到这首诗,也没有对献词表示认可。哪怕荷尔德林只是收到一份副本,如果他没有将其与同公开信一起寄来的私人信件同样细心地收藏起来的话,那是很让人惊讶的。有可能黑格尔直接用它来向高戈尔显示自己意识形态上的信仰。

这封信的时间为 1796 年 11 月,人们可以认为这首写于 8 月的诗,从时间上来看并不介于与高戈尔的磋商的阶段。但是黑格尔应该在这个最终日期很久之前就听到他未来老板的名字,并且多少知道一些他的个性。在 10 月 24 日的一封信中,荷尔德林对他说:"你是否记得初夏时我给你写信谈到一个非常好的职位,如果你能来到这里,来到这些勇敢的人们中间,我认为这对你我来说都是弥足珍贵的"(C[1] 43)。

毫无疑问,最好不要用"勇敢的人们"(braves gens)来翻译,这个表达在法语中具有俯就的色彩 *,而荷尔德林是用 brave Leute 来指代高戈尔家族,他应该是在"初夏"的信中已经向黑格尔提到过这个家庭的名字,但奇怪的是唯有这封信遗失了。10 月 24 日的信中,从荷尔德林的笔触来看,黑格尔应该非常熟悉高戈尔这个名字了:"前天,高戈尔先生突然来到我这里并且对我说,如果你仍旧待业并且满意这份协议的话,他将很高兴"。(C[1] 43)

---

* 法语中 brave 这个词通常用于上级对下级的表扬,所以作者在这里是提醒法语读者,德语中这个词语的色彩不同于法语。——译者注

因此这个日期之前协商就应该已经开始了。

这就是重点所在：1796 年 8 月撰写《厄琉息斯》的同时，黑格尔应该知道很可能会到高戈尔家中供职，而他应该有时间去了解这一家的信息。这并不困难，因为高戈尔家族非常有名，至少在某些领域如此。

高戈尔家族从事批发和金融，非常富有，影响很大，受人尊敬，同荷尔德林受雇的贡达尔家族一样：典型的大资产阶级。

但是高戈尔家族具有与众不同的特征。为了更确切地把握115《厄琉息斯》与他们之间的联系，必须知道他们历来都是共济会成员，在著名的巴伐利亚光照派骑士团中扮演极其重要的角色，这个骑士团由魏斯豪普特（Adam Weishaupt，抑或译为"维索兹"*）于 1776 年创立，必须注意的是，不要把它与各种神秘主义的"光明派"（illuministes）社团相混淆。

黑格尔的准"校长"，其家族在德国共济会和光照派中地位显赫。1784 年巴伐利亚司法机关掌握并公布了骑士团的档案，高戈尔家族的一位成员就曾被公开揭露出来。他的名字出现在了档案中[1]。

他曾经与科尼格、茨瓦克（Zwack）有紧密的联系，二者是

---

* 看到有人也将其译作"维索兹"，虽然不明白何以如此翻译，但是既然有前人如此翻译，也还是在此注明。可能就像当初身为福建人的严复将 John Stuart Mill 翻译成"约翰·穆勒"一样，最初翻译者本人可能是受到某种方言发音的影响，后来久而久之约定俗成。究竟是谁始创"维索兹"这种译法，我们在这里就不去深究了。相比从前，如今外文人名的音译体系已经相对规范许多（虽然不如人意的地方还有很多），就像很多人主张将"穆勒"重新翻译成"密尔"一样，我们这里采用的也是"魏斯豪普特"这种比较新的译法。此举绝非不尊重前人成果，只是希望"与时俱进"罢了。——译者注

1　*Die Illuminaten, Quellen und Texte (Les Illuminés, sources et textes)*, publiés par Jan Rachold, Berlin, Akademie-Verlag, 1984, p.177.

光照派的门面。在法兰克福，对这些杰出人物有无法磨灭的记忆，特别是在高戈尔家族。

在德国，像高戈尔家族这样的家庭并不多见：生活在共济会的氛围中，保留着巴伐利亚光照派的大量账册、档案和证据。

各种巧合

然而，光照派成员在其秘密暗号中，神秘地将因格尔施塔特（Ingolstadt）称为"厄琉息斯"，这是魏斯豪普特的出生地，他也是在这里建立了光照派骑士团。"厄琉息斯——因格尔施塔特"，某种程度上可以说是光照派的首都[1]。显然光照派成员都知道这一点，而且自1784年起很多有经验的公众也知道了这一点，特别是那些"进步的"知识分子。

在写下"厄琉息斯"这个标题的时候，黑格尔不可能会忽视其当下的含义。魏斯豪普特和光照派成员并非随意选中这个名字，这些人既是各种非常现代、非常超前的观念的宣传者，同时又幼稚地迷恋着某些神话幻想，迷恋着某些神秘习俗。共济会惯用古代奥义，特别是"厄琉息斯"奥义。使用这个名字的住所可以说是数不胜数。

巴伐利亚、瑞士或德国其他地方的警察，如果黑格尔的《厄琉息斯》落入他们眼中，立即就会将其与魏斯豪普特的"厄琉息斯"等同起来。颂歌的作者就更能证明这种等同。

116   这应该算是奇闻轶事，但也许很说明问题：人们注意到，荷尔德林的朋友海因泽（Heinse），在共济会的影响下将自己的

1　*Die Illuminaten, Quellen und Texte (Les Illuminés, sources et textes)*, publiés par Jan Rachold, Berlin, Akademie-Verlag, 1984, p.30.

书取名为《莱迪翁或厄琉息斯奥义》(*Laidon oder die Eleusinischen Geheimnissen*, 1774)。这种厄琉息斯狂热会延续下去：《致贡斯当书信集》(*Lettres à Konstant*)就是费希特公开的共济会哲学，其中收录了他于1800年在约克皇家大讲堂的各篇讲座，于1802—1803年发表在《19世纪的厄琉息斯人》(*Eleusinien des 19. Jahrhundert*)[1]。共济会对厄琉息斯的使用无处不在。

对于进入高戈尔家族工作，黑格尔某种程度上采取了分开处理：他在"公开信"讨论了一些实际问题，而在《厄琉息斯》中则表明意识形态。从整体到细节，这首诗都很能打动高戈尔家族，实在是难以想象这首诗会是为了其他目的而作。而这就涉及真正的秘密了。

即使这首诗没有故意营造这种共济会光照派精神，高戈尔也不会作出别样的理解，哪怕这首诗只是"偶然地"落在他们手中。所有共济会成员或光照派成员，都不会误读这些熟悉的术语和主题，尤其是在莱辛的有力传播之后。

如果不是为了高戈尔家族，黑格尔为什么会在一首诗中如此宣扬泛神论，如此暗藏玄机？而且当时没有任何其他明显的动机、没有任何明显的理由。无论如何，黑格尔绝非天真幼稚之人，他知道自己为什么要选择这个标题。

光照派

通常共济会成员之间互不相识，只是沉迷于上演古老而奇特

---

1 In *Eleusinien des XIX. Jahrhunderts*, 1802, p.1–43, et 1803, p.1–60.

收录于：August Wolfstieg, *Bibliographie der freimaurerischen Literatur*, Hildesheim, *Olms*, 1964, II, p.194 (n° 24127)。

的场面，也许只有巴伐利亚光照派秘密骑士团才最大地实现了共济会的深层社会功能。在这里现实已经超出了小说式虚构并形成了某种漫画式的夸张。必须要注意到，在黑格尔的整个青年时期，这件事如此轰动，成为到处都在谈论的话题，占据了所有人的精神，无疑达到了泛滥的地步。

在法国大革命爆发前不久，德国的政界和知识界发生了动荡，因为发生了一件事，但法国对此所知甚少：1784 年起，巴伐利亚光照派在巴伐利亚被揭发出来并遭到迫害。

巴伐利亚光照派骑士团，共济会性质的秘密团体，由亚当·魏斯豪普特于 1778 年在因格尔施塔特（厄琉息斯）所创立，他当时在那里任教。如同当时的很多类似团体一样，这个团体充满了神秘，就相当于最终在本身已经非常神秘的共济会内部建立了一个更为神秘的小共济会：所有秘密称号都来自古代伟大人物的名字（例如魏斯豪普特的秘密称号为斯巴达克斯），使用暗语，进行各种眼花缭乱的秘密仪式，在内部实行严格且层级分明的等级制度：神秘团体应有的东西它样样俱全，而且更是有增无减。

值得特别注意的是，这不仅仅是为了更好地保存其秘密，更是为了更好地传播各种大胆的、普世主义的社会和政治观念，为了唤起人们为之行动。一个秘密组织的创立者和领袖，选择用斯巴达克斯作为代号，这绝对是包藏祸心！魏斯豪普特通过各种奇怪的方式来传播意识形态，但这些秘密方式与这些普遍的解放观念不太适应；这种意识形态就当时而言是最为激进的，魏斯豪普特身边的人都很赞成这种意识形态，其中大部分都是很杰出的人。

骑士团的创立者并不显得很冒失。他首先确立组织的原则和章程，他最初将组织命名为"蜜蜂骑士团"，后又命名为"改良者骑士团"，最终定名为"光照派骑士团"；入会者如何致力于内心道德完善，如何以慈善态度为荣，如此等等，他花费了很多心思。这些都不过是启蒙主义的陈词滥调。

但他其中增加了一些煽动性的观念：反对专制主义，追求社会平等，赞同普世主义；而且他耐心地秘密致力于让那些他们认为最有威望、最有效率的人来接受这些观念，从而某一天可以掀起一场"自上而下"的革命，特别是在巴伐利亚：部长、高级官员、各大政治机构、学术机构和宗教机构的负责人。

骑士团的目标和手段明确了其道路，而且当魏斯豪普特与科尼格男爵这样的人取得多方面合作的时候，他已经获得了很多重要的人物的拥护。科尼格是非常活跃的共济会成员，抱有各种新理念，用自己的方式进行着革命，他某种程度上已经将新成立的骑士团嫁接到老的共济会中，这样的话，一方面老的共济会成了人才库，骑士团可以很容易招募新成员，另一方面骑士团的领袖们在一定程度上可以操控老的共济会。

科尼格是一个杰出的宣传家，一个能干的招募者。很多人因为对宗教失望而转向共济会，而共济会又让他们再度失望，他就将这些人招入骑士团。骑士团能够实现宗教和共济会未能实现的愿望吗？特别是德国资产阶级身上产生的，资产阶级知识分子们在其著作中不断加以热情歌颂的，隐约具有民主性、些许带有平等性、完全充满个人主义的那些愿望，骑士团能实现吗？

魏斯豪普特和科尼格投入征服各个共济会的活动中，寻求显贵者的支持——例如高戈尔家族，拉拢那些有名望的人，通过这些人的支持，从而将广大的共济会员变成一支可供差遣且服从命令的队伍。这一举动取得了一定的成功。据估计，骑士团在兴盛期时有两千左右成员，而且这些成员都不是普通人！

在那些最知名的成员中，完全可以确认的就包括黑格尔及其周围或远或近的人物：歌德、哈登伯格、米格（Mieg）、莱茵霍尔特、柯内尔（Körner）、伯提格（Böttiger）、雅可比（Jacobi）、魏兰特（Wieland）、坎普（Campe）、裴斯泰洛齐（Pestalozzi）、尼古拉……而那些不为人知的成员，其社会地位和学术地位应该也不逊于以上这些人物。

当然，时代的精神已经开始在德国蔓延开来，并不一定非要加入骑士团才能在政治和社会领域传播新观念。泛神论、神秘主义、世界主义、无政府主义，很多骑士团控制范围之外的人也获得了这些观念。

因此，可能完全是出于偶然，所谓的"德意志观念论第一纲领"与魏斯豪普特某些计划相遇了，而且正是在那个饱受最激烈批判和最仇恨攻击的点上，即消灭国家，而这一点通过各种不同的方式与世界主义结合在一起。

完全可以看出，这样一个完全脱离现实的计划，远远超过了康德、莱辛和费希特的空想。其表达方式如此尖锐，让读者们倍感惊讶，甚至在后世的政治文学中也很少见。即使是马克思，虽然本质上持有相同观念，即消灭国家，也只是以更为隐蔽的方式来表达的，但是马克思的方式更加吸引人，有时会引起人们的狂热，更多的时候是引起人们的义愤。

1784 年（黑格尔当时 14 岁），巴伐利亚当局的上层，即该国司法和警察机构，发现光照派骑士团已经成功说服并招募了很多部长、高级官员和贵族，他们认为这对巴伐利亚政权已经构成实质威胁。这无疑是一种过度恐惧，但带来了很多过度的谨慎和镇压。骑士团被禁，成员被免除了官职，其档案被查抄并被公之于众。魏斯豪普特遭到揭发，遭到诋毁和中伤，不得不流亡他乡四处躲藏，并且当其朋友不断被逮捕和流放时最终宣布放弃，至少表面上如此。

这一事件震动了整个德国，导致人们迷上狂热和恶暴力党派，尽管到处都在用巴伐利亚式的夸张手段在镇压骑士团。在很多国家，确切说就是在光照派掌握了领导权的地方，则相对平静。例如萨克森—魏玛（Saxe-Weimar）和萨克森—哥达（Saxe-Gotha）就是如此。虽然骑士团在原则上被解散了，但各地的光照派成员都存活下来，他们没有理由会不在内心中多少保留一些他们已经获得甚至加以发展了的主要观点。当法国大革命爆发并不断发展的时候，这些观点获得了另外一种意义。无论是骑士团的朋友们或是敌人，都立即看到了骑士团的观点与法国大革命行动之间的相似性。人们或许更愿意相信法国大革命是在对光照派的理念毫不知情的情况下实现的。尽管这种状况很少，但是大革命的某些创建者应该确实曾经是骑士团成员，例如米拉波。但也仅限于此，不能因此混淆视听，增加隐秘和神秘的气氛，带着各种对抗的激情，夸张地认为法国大革命最终是巴伐利亚光照会和共济会的功劳[1]。

但是这种荒唐的理论在德国却经常得到支持，后来教士巴鲁尔（Augustin Barruel）也是这种理论的典型支持者，曾一度在反对大革命的群众中广受支持。在如今，仍有人支持这种理论，他们再版了巴鲁尔的著作，其中包括他为魏斯豪普特所立的传记——当然是对魏斯豪普特的控诉[2]。

120

1　Augustin Barruel, *Mémoire pour servir à l'histoire du jacobinisme (1798–1799)*, texte revu en 1818. Réédition de 1973, à Vouillé.（D'abord 1798–1799, 5 vol., Hambourg, Fauche.）

2　Augustin Barruel, *Spartacus-Weishaupt, fondateur des Illuminés de Bavière*, réédition moderne, Les Royat, Ventabren, 1979.

所有这些都足以表明，1784 年至 1805 年前后，知识界、上层社会、新闻界及大学里，其总体氛围都被光照会事件所笼罩，或者可以说被其占据，其实光照会无疑既不值得人们如此崇尚也不值得人们如此憎恶。在当时，一个作家，一个小心谨慎的人，当他使用某些词语的时候，不可能不知道这些词语会让人立即联想到光照会，厄琉息斯、世界主义、消灭国家，这些词语在读者们看来绝不单纯，即使这些词语是很单纯地被使用，当然这几乎是不可能的。

各种关联

很显然，如同所有人一样，黑格尔对此完全知情，甚至比别人知道得更多。终其一生，他都与这种状况的人保持着关系。鉴于他的性格，他所受的教育，他从图宾根神学院一直到柏林大学的各种地位，他不可能没有引起他们的注意。但是人们通常不承认黑格尔的某些朋友具有这种特征。但是我们应该注意一下尼特海默，费希特的合作者，曾一度看似他最亲密的朋友。这位神学家、哲学家、教育学家，比黑格尔稍稍年长，曾在耶拿教书。结束图宾根神学院的学业之后，与歌德和席勒往来甚密，并于 1795 年创立了著名的《德国学者协会哲学学报》(*Journal philosophique d'une société de savants allemands*)，费希特自 1796 年与其共同主编该杂志，非常出色，比他还有名。人们都很清楚无神论事件，即费希特在这份《学报》上发表了异端言论，附带弗尔贝格（Forberg）一篇非常大胆的文章。尼特海默不可避免地被一定程度上卷入这出英雄闹剧的悲剧之中。作为荷尔德林和谢林的朋友，特别是黑格尔的朋友，他的职业生涯都在巴伐利亚度过，从事学术和大学事务的管理工作。

在其青年时代，亦即法国大革命之初，尼特海默与黑格尔及其他图宾根神学院学生一样消极。在莱茵霍尔特（康德主义者、共济会员、光照派成员）的推荐下，他在克拉根福（Klagenfurt）谋得一个家庭教师的职位，但他只坚持了很短一段时间：曾经"反抗守卫"因此他应该是为了逃避司法追捕，当时是 1792 年[1]。

各种迹象表明，他曾是共济会员，而且曾经一度是巴伐利亚光照派骑士团的成员。无论如何他曾被公开指控隶属于光照派，同时受指控的还有黑格尔的其他朋友：蒂尔施（Thiersch）、雅可比以及哈登伯格。关于雅可比和哈登伯格，这是毋庸置疑的。关于蒂尔施和尼特海默，这种指控至少表明人们认为他们都参与其中了[2]。

尼特海默曾为席勒的历史丛书翻译了教士维尔多（Vertot，1655—1735）的《耶路撒冷圣约翰骑士团的历史》（*Histoire des Chevaliers de Saint-Jean de Jérusalem*，耶拿 1792—1793），以及居约·德·庇塔瓦尔（Guyot de Pitaval）的《著名案件及其判决》（*Les Causes célèbres et intéressantes avec les jugements qui les ont décidées*，耶拿 1792—1795），两本著作都有幸得席勒作序。

在发表《圣殿骑士团的历史》（*Histoire des Templiers*）的时候，尼特海默遵循了莱辛在《恩斯特与法尔克：共济会员对话录》中的建议。尼特海默书中概述了有关共济会起源的各种假说，反复重申圣殿骑士团的地位和作用，并且明确宣称："仔细阅读这些历史。你就会明白这一点"（圣殿骑士团就是当时的共济会），即

1　*ADB*, tome XXIII, 1970, article *Niethammer*, pp.689–691.

2　René Le Forestier, *Les Illuminés de Bavière et la franc-maçonnerie allemande*, Dijon, 1914, p.711–712.

莱辛在《智者纳旦》中赋予圣殿骑士团的角色。莱辛甚至想要重建圣殿骑士团[1]。

维尔多在撰写其著作时有意无意地表明，以前的骑士团就预示着今日理想的共济会。至于庇塔瓦尔的作品，完全就是共济会的作品，勿需多言：freimaurerische Pitaval（共济会的庇塔瓦尔！[2]这些翻译可以看出，尼特海默精通法语以及共济会用语。

他与一个法国人非常熟悉，这个人曾直接卷入光照派论战，他就是让-约瑟夫·穆尼耶（Jean-Joseph Mounier，1758—1806），著名的政治家，1788 年发起"多菲内联盟"，1789 年煽动网球场宣誓，作为"王政派"、君主立宪制的拥护者，他曾推动大革命的掀起，但是却对大革命的进程非常失望，他首先是流亡到瑞士的伯尔尼，随后到魏玛，在萨克森—魏玛公爵（共济会员、光照派成员）的帮助下，在美景宫（Chateau Belvédère）成立了一个教育学院。他直至 1801 年才离开魏玛回到法国并最终死在法国。

在萨克森—魏玛，穆尼耶与所有的魏玛大人物都有联系，特别是，与尼特海默、伯提格、博德、出版商科塔，这些人都因其自由主义和光照派言论而出名[3]。

在法国，他所代表的政治倾向很快就被更极端的倾向所超越了。但是在德国，他还被认为是大革命的发起人之一、专制主义

1　Lessing, *Ernst und Falk, Gespräche für Freymaurer-Fortsetzung, 1780,* in *Sämtliche Schriften,* tome X, Berlin, Voss, 1839, p.292–293.

所引著作中皮埃尔·格拉品（Pierre Grappin）没有翻译这篇《对话续》（*Fortsetzung*）（参见第 107 页注解 2）。

2　Leenhoff et Pozsner, *Internationales Freimaurerlexiton,* Zurich, s.d., colonne 1212.

3　"穆尼耶与几个最活跃、最杰出的光照派都有紧密联系：博德、伯提格、科塔"（Fernand Baldensperger, *Le Mouvement des idées dans l'émigration française (1789—1815),* Paris, Plon-Nourrit, 1925, tome II, p.26, note）。

的反对者，立宪主义的拥护者。

穆尼耶直接参与了关于共济会和巴伐利亚光照派的政治作用的讨论，他的这部著作十分有名，即《论哲学家、共济会和光照派的影响》（*De l'influence attribuée aux philosphes, aux francsmaçons et aux Illuminés*），该书于 1805 年由科塔在图宾根出版，作为对卢切特侯爵（Jean-Pierre Luchet）的小册子《论邪教组织光照派》（*Essai sur la secte des Illuminés*）的回应[1]。

在这部著作中，穆尼耶反对将光照派看作法国大革命源头的观点，试图客观地描述这个由魏斯豪普特所创立的运动的本质、意义和局限。

黑格尔 1801 年才抵达耶拿，不太可能认识他本人。但是如果说他在 1794 至 1795 年之间曾在伯尔尼见过他，却并非不可能，无论如何，尼特海默无疑使他成为了这种特殊关系的一部分。

穆尼耶，作为温和革命者、立宪派、"王政派"，并不完全否定大革命，而他的意图正是要反对那些对大革命的恶意诽谤："当人们说某人是雅各宾派的时候，他们很大程度上是要让这个信仰自由和正义的人变得面目可憎，而那些专制主义和迷信的拥护者善用此道。如今他们有了更有效的办法，他们只需要说：'这个人是光照派'，那些轻信的人就会被吓得颤抖"[2]。

穆尼耶是于 1801 年在萨克森—魏玛写下的这些话，后来黑格尔来到萨克森—魏玛教书，在这种德国学术气氛中，"雅各宾"

123

1　Jean-Pierre-Louis de la Roche du Maine, marquis de Luchet, *Essai sur la secte des Illuminés*, Paris, 1789, p.127, Nombreuses rééditions.

2　Jean-Joseph Mounier, *De l'influence attribuée aux Philosophes, aux Francs-maçons et aux Illuminés sur la Révolution française*, Tübingen, Cotta, 1801. Éd. de 1822, Paris, Ponthieu, p.169–170.

之名用来指反动派，具有极大的贬义色彩，而光照派教义及其回忆仍然萦绕在每个人的心头。

顺便说一下，人们应该注意到，在黑格尔的君主立宪终极方案中，他将王权的参与归结为"i上的一点"，用来形象化地表达否决权，而作为"王政派"，穆尼耶正是希望将王权限定为否决权。

穆尼耶恰当地定位了光照派的力量和影响，他实质上是反对巴鲁尔，为光照派及其政治上的温和性进行辩护。那他本人会光照派骑士团吗？至少他是骑士团的同路人。

骑士团在1784年被正式解散，但仍继续存在，特别是在那些不像巴伐利亚那样如此敌视骑士团的国家，同样存在于那些忠贞不屈的人们心中。虽然我们对此不能确定，但是可以推测，高戈尔家族很可能就具有这种忠诚。进入他们家，就仿佛进入了现代的厄琉息斯圣殿，里面坐满了"入会者"。一些德国人对骑士团表现出无可置疑的忠诚。诗人巴格森（Jens Immanuel Baggesen，1764—1826）就是如此，他曾鼓励石勒苏益格—荷尔斯泰因公爵，共济会员、光照派成员，去帮助极度困苦中的席勒。

1794年7月10日，因此是《厄琉息斯》一诗成文之前，荷尔德林告知黑格尔，巴格森将抵达瑞士，同行的还有德·贝勒普什夫人（Mme de Berlepsch）："方便的时候，详细跟我讲讲他们！"（C¹ 16）荷尔德林似乎毫不怀疑黑格尔一定会在伯尔尼见到他们二人。当然黑格尔从来没有费尽心机地去"拉关系"，也从不以某种名义向名人推荐自己。但是，荷尔德林确信从何而来呢？为什么又对巴格森的事情如此好奇呢？

原因就在于巴格森来瑞士做什么？此事非常难以置信，石勒苏益格—荷尔斯泰因的腓特烈·克里斯蒂安二世公爵（Frédéric-

Christian II），巴格森的支持者，同这位诗人一样，也是法国大革命的狂热拥护者，他之前派遣巴格森遍游欧洲，到处寻找光照派骑士团的幸存者，同时也是为了与光照派成员取得联系，当然，这种状况下并不是寻找光照派的"老成员"而是那些"仍然抱有"光照派教义、"信仰没有动摇"的人。巴格森会拿这一有偿的使命仅仅当作一次"公爵夫人资助"的旅行吗？无论如何，他用难以计数的大量信件，将调查的结果详细地汇报给腓特烈·克里斯蒂安二世[1]。

巴格森曾经路过图宾根进行有关光照派的调查，无疑同时也是为了与学生们进行诗歌交流，但这是在荷尔德林与黑格尔离开那里之后。他在伯尔尼停留了很长时间。如果像荷尔德林所希望的那样，他在那里见到了黑格尔，那么谈话中就一定会涉及他此行的主题——光照派骑士团，而谈论大家都认识的高戈尔家族无疑是谈及这一主题的绝佳契机。

至于德·贝勒普什夫人，"德国之米拉波"[2]的前妻，她应该也会时不时提供一些罕见而有用的信息。直到1810年，在警察局的一份秘密报告中她仍然被称为"女密谋家、光照派学说的宣

1　在光照派问题上，腓特烈—克里斯蒂安二世化名"梯莫雷隆"（Timoléon），巴格森化名"伊曼努尔"（Immanuel）。二人关于巴伐利亚光照派的惊人通信已经出版：Frédéric-Christian de Schleswig-Holstein, *Timoléon et Immanuel. Correspondance avec Jens Baggesen* (en allemand), Leipzig, 1910。

巴格森成了复兴光照派的代表，同样还有诗人马蒂松，马蒂松在访问图宾根神学院的时候，与荷尔德林热情拥抱，并在黑格尔的《纪念册》里留言（B⁴ 52）。马蒂松是德国共济会接纳的最年轻的会员。

还可以参考 Hans Schulz, *Friedrich-Christian, Herzog von Schleswig-Holstein*, Stuttgart, 1910 及 Leopold Engel, *Geschichte des Illuminaten-Or-dens, ein Beitrag zur Geschichte Bayerns*, Berlin, 1906。

2　Helmut G. Haasis, *op.cit.*, p.197.

传者"。[1]

谢林本人是"光照派成员"吗？他在1796年1月的一封信中告诉黑格尔："到处都有人问我是不是民主主义者、启蒙主义者、光照派等等"（C¹ 38）。在当时，他无疑是个民主主义者和启蒙主义者。那么他也是光照派成员吗？

1796年5月27日，他在去往海德堡的路上写信给父母："我们很晚才回到旅馆。我本想去找红衣主教会议的顾问米格，我要带给他一则来自海尔布隆（Heilbronn）口信；但是人们告诉我他不在家，而我需要到魏德金德教授（Wedekind）家里去找他。我当时想，太好了！我一直很希望认识这个人，因为他在自然法领域十分杰出，而他也因此曾受追捕"[2]。

然而，教会顾问米格（1744—1819）是继魏斯豪普特和科尼格之后德国最重要的光照派成员之一，是骑士团在普法尔茨（Palatinat）的"教区主教"；他是个十分有效的宣传者，他所招募的成员中包括裴斯泰洛齐。

至于魏德金德（1761—1831），他是杰出的医生，他和福斯特是美茵兹雅各宾革命的代表人物。

米格曾与很多德国革命者都有联系，如荣格-斯蒂林（Jung-Stilling）、科尼格、巴尔特（Bahrdt）、福斯特、尼古拉、等等。我们可以看出，对于公众关于他提出的问题，谢林敢于用行为给出实际的答复。

---

1 Leopold Engel, *op.cit.,* p.459.

2 *Aus Schellings Leben in Briefen,* publié par G. L. Plitt, 1869–1870, I, p.100，谢林写给父母的信残损不全。

关于约翰·弗里德里希·米格（1744—1819），参见 *Neue Deutsche Biographie (Nouvelle Biographie allemande)*[NDB], Berlin, Duncker et Humblot, tome XVII, p.470。

而我们知道谢林的父亲随后建议他要在信件中更谨慎一些，谢林在反思之后非常感谢父亲的建议。

这些"被照亮的"*共济会员，这些光照派成员，这些自由主义者和民主主义者，黑格尔与所有这些人直接或间接的密切关系，难道仅仅是纯粹的偶然吗？而且种种偶然明显也没有阻止他同那些并非如此显著的人们往来。

但是至少就我们所知，黑格尔在瑞士的那些意味深长的会面，都是与共济会员、光照派成员或革命者：索内夏茵、巴格森、德·贝勒普什夫人、奥勒斯纳……

《厄琉息斯》一诗是否因为这些背景而显得越加丰富了呢？

秘密

这首诗中包含了很多主题，是对黑格尔及荷尔德林一直以来所专注的各种主题的补充。有时这些新主题会与那些相互和谐的旧主题发生冲突。这位诗人既没有背叛也没有遗忘两位朋友的共同观点，他要做的是在当下给出更精准的诠释：每一个新的表达形式，都既可以从共济会秘传意义上加以理解，亦可以从"世俗的"惯常神话意义上加以理解，黑格尔巧妙地地将两重含义结合在一起。

"亵渎"、"入会者"等词的出现很有意思。这些术语并非这两位希腊爱好者（黑格尔与荷尔德林）惯用词汇。在他们的共有文学宝囊中，他们加入另外一种意义。"奥义之子"，亦即"大地

---

* éclairé，文字游戏，同时具有多重含义：被照亮的、知识渊博的、得到启示的。——译者注

母亲之子",并不认为厄琉息斯的特殊教导已经干涸——但诗中并未揭示这些教导的内容——"他还活着,但缄默不言。入会者就是这样禁止自身的,一种明智的法律禁止他将自己在神圣的夜晚看到的、听到的、感受到的东西揭示给那些更为贫乏的精神。"（C¹42）

因此,在这一点上黑格尔追随并模仿莱辛。莱辛在发表了他的《共济会员对话录》之后,在德国共济会的主事人,费尔迪南·德·布伦施威克公爵（不要同《1792年宣言》那个布伦史维克相混淆）面前为自己辩护,称自己并没有泄漏任何有关共济会的秘密[1]。

这种关于保密的主题具有特别的好处。

当然,在古代厄琉息斯的入会者必须沉默,实际上是一条宗教法律,而且在某些时期,似乎违者会被处以死刑。但是这种静默的方式让我们很难理解,因为所有的雅典人都是奥义的"入会者",因此他们没有什么东西需要在私下相互祖露!

黑格尔大加赞扬的秘密更像是共济会的秘密,特别是光照派的秘密;光照派成员尽一切手段来保护光照会的秘密,但他们实际上太幼稚了。在那些领导者们身上,对奥义的这种热爱应该是一种混合:谨慎和遵守"秘密"团体传统的混合,诡诈和反讽的混合。在这种虚荣之下,所有人,所有的成员,都无法理解和实现骑士团的各种高尚目标。

正如各种共济会辞典所表明的那样,"集会结束之后,共济会员继续他们的誓言,遵守静默的法则","对外什么也不说"。[2]

1　1778年11月26日书信,载于 Lessing, *Sämtliche Schriften, op.cit.,* tome X, p.458–459。

2　Ligou, *op.cit.,* p.1125.

《厄琉息斯》也遵循了这样的规定，但这种规定并不能反映图宾根三伙伴近期所采用的行动暗号。相反他们只想着公开、宣告、宣言，杂志和报纸。他们打算到处传播真理，让他们所理解的科学得到普遍的接受。尽管"沉默乃是共济会的基础"[1]，但在《厄琉息斯》一诗中具有的则是一种神话价值。

如果不或多或少地将其与共济会直接联系起来，《厄琉息斯》中的许多诗句就是完全不可理解的，毫无道理地夹杂在整体之中。

这是一次与背景相关的诗歌创作，其内容故意迎合某位特定读者应有的观点。诗中对古代厄琉息斯的构想，与黑格尔在几乎同一时期的其他作品中完全不同。

在这里他假装对刻瑞斯的祭司们非常崇敬，而在其他地方，他则轻蔑地将他们的同僚库柏勒（Cybèle）的祭司们称为"太监"。他们在身体和心灵上都被阉割了，他们展现的乃是生命的缺乏、精神的空虚、无能无用[2]。

至于厄琉息斯本身，几年之后黑格尔在《精神现象学》中的评价与此处虚伪的暗示完全相反，这几行文字特别漂亮："对于那些肯定可感对象现实性的真理性和确定性的人，我们可以说，他们应该回到智慧的初级学校，他们完全应该回到（关于刻瑞斯和巴克斯）厄琉息斯奥义中去，他们首先应该学习吃面包与喝酒的秘密。因为加入这些奥义的人不仅怀疑可感事物的存在，而且对其存在不抱希望；一方面他们实现了去毁灭事物，另一方面他们见证了这种毁灭的完成。甚至动物也具有这种智慧，当然动物

1　Ligou, *op.cit.*, p.1125.

2　*Nohl*, p.250, n.a.

身上表现出的只是这种智慧最初状态，因为动物面对可感事物时并不会将其视为自在的，而是会超越这种实在性，完全确定可感事物的虚无，仅仅是如此来理解可感事物并将其消灭。同动物一样，整个自然都在颂扬这些人尽皆知（révélés à tous）的奥义，这些神秘告诉我们可感事物的真相是什么。"[1]

把 offenbare Mysterien 译作"最显而易见的奥义"[mystères on ne plus transparents：勒弗斐尔（J.-P. Lefebvre）译法]或者译作"被揭示的奥义"[mystères révélés：伊波利特（Jean Hyppolite）的译法]，意识形态倾向上会有些许不同，但无论如何，其中"启示"（Révélation, Offenbarung）的意味是很明显的。在厄琉息斯奥义中，什么都没有被揭示出来，因此这位茨舒格的诗人对于无法更多地"理解刻瑞斯的启示"感到很遗憾。

黑格尔一直坚持这种看法，很久以后又在《哲学史讲演录》中加以重申："在厄琉息斯奥义中，没有什么不可知的"[2]。同时在《美学讲演录》中，他对厄琉息斯奥义的描写与茨舒格的诗歌中的描写完全不同：各种"崇高的教导"，"神圣的而隐秘的事物"，沦落为"众人皆知的奥义"，成为奶牛都拥有的"平凡的智慧"。

这些思考似乎对厄琉息斯有另外一种解读。有些评注家倾向于认为，对于黑格尔及荷尔德林，放纵的希腊文化让他们神魂颠倒，他们是古代刻瑞斯迟来的仰慕者，在追忆中他们成为了厄琉息斯奥义的支持者，虽然有些虚幻，但是却十分真诚！这可能是因为注意到了黑格尔诗歌中用隐喻的方式表达的关于厄琉息斯的那些东西。但是黑格尔及荷尔德林，都不会狂热到失去理智，去

1　Hegel, *Phénoménologie, op.cit.,* I, pp.90–91; voir, même ouvrage, trad. J-P. Lefebvre, Paris, Aubier, 1991, p.99.

2　Hegel, *Histoire de la philosophie, Introduction* (Gibelin), *op.cit.,* p.186.

崇拜德墨忒尔，作为正式的基督徒，他们也不会改宗皈依古代的宗教，而且他们当时的全部努力都在试图创造一种新的宗教，本质上具有民族性和爱国性的宗教！

如果所厄琉息斯与他们的"新教会"表现出某种关联的话，那么这应该是光照派的厄琉息斯，而他们实际上应该是光照派成员，或者是他们暂时拿它来作为幌子，用来讨好高戈尔。

如果真是这样的话，对于这个不同寻常的家族，这首诗应该能够很好地起到推荐的作用。这首诗首先可以证明其作者卓越才智及对古典文化和现代文化的深厚学养，在所有的家庭教师候选人中，达到这个水平的人应该没有第二人选。其次表现出作者对德国共济会、莱辛关于德国共济会的各种观点、巴伐利亚光照派，从里到外都有着精湛的认识：雇主可以信任其理解力及其审慎。同时黑格尔也是要让他们明白，他知道他们是什么人，受雇后他会理解并尊重他们的领域：这是对雇主和雇员之间关系的承诺，而且更加透明、更值得信赖。正如荷尔德林写给他的那样："你将会发现，在你的性格与他（高戈尔）的性格和表达方式中，有很多相似之处"（C^1 47）。

预先无法知道会与一位出自图宾根神学院的"教会家庭教师"之间存在这种预定的和谐，出自图宾根神学院的教会家庭教师不是应该更喜欢"哥特式"教堂而非厄琉息斯神庙吗！

黑格尔是共济会员吗？这个问题一直被传记作家们抛诸脑后，如今人们要求在对这个问题做出明确回答之前，首先要提供大量证据。但是对黑格尔思想和生平的许多其他方面，人们从未如此要求！但是我们必须知道，这里涉及的是一个特别棘手的问题：涉及一个秘密组织，这个组织充满了神秘，其进展和历史都笼罩在各种传奇故事之中，要么受到狂热的颂扬，要么受到疯狂的指控。关于那些18世纪末、19世纪初的人物，如何才能重现他们？

虽然我们知道很多公开的秘密，而且著名的"沉默法则"也经常被打破，共济会一定程度上仍然不为人知，而且充满变化，不仅在公众眼中如此，而且当局也对其十分好奇。人们知道共济会会员众多，但只有少数一些名字为人所闻，他们由于各种不同的原因而负有盛名。黑格尔也许就隐藏在大量默默无闻的会员之中。

并非一定要在"组织上"隶属共济会才可以了解支配其中多会员的意识形态，会员们分散于各个会所，既没有显示出权势的痕迹，也没有显示出组织的作用。在黑格尔时代，共济会向公众开放了它的一些愿望，例如著名的《柏林月刊》，就是众所周知的共济会和光照派杂志，而康德的主要文章都发表在其中。

无论如何，在德国，只有一小部分人才真正对共济会感兴趣，主要是知识分子、神学家和政界人物。

黑格尔的诗表明，对于莱辛所试图传达的共济会的各种幻想和变化，对于巴伐利亚光照派赋予共济会的特殊色彩，他都有很好的认识。黑格尔应该查阅了大量文献。必须要注意，作为黑格尔在高戈尔面前的中间人，荷尔德林本人还要依靠另外一个中间人，而且在这件事上，他的作用可能比荷尔德林的作用更关键，无疑他的个性也是很重要的，这个人就是伊萨克·冯·辛克莱尔，荷尔德林和黑格尔的共同朋友，他本人是杰出的共济会员，曾直接卷入施瓦本阴谋的革命者，也曾一度是克里斯蒂娜·黑格尔的追求者。这不是一个普通的共济会员：可以追溯一下罗斯林的威廉·辛克莱尔（William Sinclair of Roslin），他应该是伊萨克·冯·辛克莱尔的祖先，他的传奇被广为传颂，被许多共济会员视为可靠的历史，这就是他于1763年创立了共济会！英国的共济会一直保留着《圣克莱尔宪章》（St Clair Charters）[1]。

伊萨克·冯·辛克莱尔像兄弟一样热忱地关注荷尔德林的不幸命运。

没有办法轻易而简单地澄清黑格尔在《厄琉息斯》中的最终意图。我们可以假定，如通常那样，他同时具有多重目的。

非常明显，这首先是一个功利性的计划。黑格尔并非"有感于某个美丽的夏夜"，而是出于生存需求，让自己能受雇于高戈尔。需要生存，寻找尽可优厚的生存条件。无论是出于真诚抑或虚伪，对共济会表现出好感，有利于他打开这座富裕而舒服的殿堂的大门。荷尔德林已经向他描述了："你将有一间属于你自己的房间"，"吃饭时你将喝到很好的莱茵葡萄酒，或者法国葡萄酒"……"高戈尔一家很可爱，很富有"……

黑格尔一生中在很多情况下都会施展这种略显笨拙的诱惑性交际手段。但对方却并不会觉得他的交际手段太过分……

与此同时，黑格尔对当时的共济会确实表现出好感，但主要针对共济会的理想形式，莱辛的、歌德的及费希特的共济会理想。总体而言，共济会与进步知识分子运动是同步的，尽管其中也有一些反动派、怀疑派或是蒙昧派。因此各种新观念懂得如何半遮半掩，伪装成神话的形象，表达为各种夸张的术语，钻进老对手的内部。

关于黑格尔加入共济会，只有1954年《布洛克豪斯大百科》（le Grand Brockhaus）的共济会的条目中明确提到[2]。奇怪的是，在

1　Ligou, op.cit., p.398.

2　Der Grosse Brockhaus, 16e édition, Wiesbaden, 1954, tome IV, art. Freimaurerei, p.279. 其中提到了黑格尔，同时还有费希特、克劳泽、洪堡、哈登伯格、魏兰特、沃斯、海顿，等等。但是在其他版本中这一记录就不见了。

随后的版本中这一点不见了。然而黑格尔加入共济会还是可以得到证实，佛斯特尔的葬礼演说可以证明，各种参考资料也可以证明。

如果真是这样的话，应该赋予它以什么样的意义或重要性？难道这只能说明对这个秘密组织有某种好感？

有些人倾向于认为即无意义也无重要性！对此，他们的理由是德国会所众多，意识形态倾向上各有不同、差异巨大。但是严格来说，对于这种多样性，《厄琉息斯》的倾向已经表现得很清晰了：黑格尔坚定地选择了其中一个特别的阵营。

还有一些人指出，如果我们从共济会意义上来理解佛斯特尔演说，黑格尔离开人世之前应该一直隶属于柏林共济会，而柏林共济会应该被描述为"基督教性质和保守主义性质"。那么黑格尔是共济会员这一事实并不能增加他们对黑格尔的了解，他们眼中黑格尔就是一个基督徒和一个保守主义者。腓特烈·威廉三世也曾是共济会员，同样拿破仑也曾是……

然而事情并非如此简单。无论如何，作为一个普鲁士的共济会，形式上和公开上只能是"基督教性质和保守主义性质"。这并不意味着这个共济会必然遵守正统。

在（19世纪）20年代的柏林，当时的环境之下，共济会只会排除未归化的犹太人和公开的无神论者。但是加入共济会的人完全可以与犹太人和无神论者相互交往、相互尊重，例如黑格尔就特别喜欢这样做。

如果黑格尔加入共济会这一事实根本完全无足轻重，那为什么传记作家们直到如今都避而不谈这一点，却又长篇大论地去记录这位哲学家年轻时的某次调情或者是毫无意义的琐事呢？需要注意，这一问题也适用于这一时代的所有伟大精神，他们都具有这种倾向：歌德、魏兰特、赫尔德、福斯特、费希特、莱茵霍尔特，等等。一个忠诚于现实教的基督徒[1]，一个政治上的保守主义者，世袭君主制下的臣民，在公民社会中有很好的位置，也是很多协会的成员，才智出众且受到认可，这样一个人他为什么要去加入共济会这样一个隐秘的社团？这一举动没有任何意义和用途吗？

他应该还是有些区别，因为并非所有的基督徒和保守主义者都是共济会员，远非如此！无论共济会曾经多么繁荣，它所聚焦的也只是一小部分人，实际上是由一些经过精心挑选的人构成的，包括开明的贵族、名人，富裕的资产阶级、知识分子和艺术家。

从其基本功能层面来讲，共济会为其成员提供一个相遇的场 132
所和环境，各种阶层的人可以躲开各种监视，在这里相互结交关系。从这个方面来讲，共济会所发挥的是混合俱乐部的作用。但是共济会的活动通常种类繁多且范围广泛。共济会保证兄弟之间相互扶持，救济贫困，实施资助。例如席勒就曾得到过共济会救助者们的帮助。在耶拿处于极度贫困中的黑格尔似乎也曾得到过类似的救助，但这并不必然表明他本人一定是共济会员。这就是18世纪的共济会形象，其面目最为公开，路易–塞巴斯蒂安·梅西耶（Louis-Sébastien Mercier）在谈论共济会员时说：“他们自娱自乐而且乐善好施”。

然而不能将共济会局限于这些特征，共济会也受到许多方面的批评和攻击。没有共济会，人们同样可以丰衣足食、纵情歌

1 “只有共济会的各种仪式才展现出共济会的宗教特征，这些仪式变成了亵渎圣物的模仿或是异端邪教”（Lanzac de Laborie, *Jean-Joseph Mounier*, 1887, p.319）。

唱、乐善好施、团结一致，特别当人们是基督徒的时候。我们相信，歌德、莱茵霍尔特、克劳泽（Krause）及其他一些杰出的精神，事实上，几乎这一时期所有德国的伟大精神，在共济会中所追寻的不过是一个机会或一个途径，来放松自己和展现自己的善良。在其他的地方他们没有太多机会来做这样的事。莱辛和费希特所赞美和批评的并不是那种浅薄的共济会，他们想要打开共济会充分成长的新局面。梅特涅在维也纳议会上针对哈登伯格，他所如此敌视的也不是那种毫无攻击性的共济会。

　　事实上，共济会所聚集的主要是启蒙的拥护者，热爱理智和社会改革的人，至少其中一些会所是如此。并非所有成员都是反对因循守旧者、改革派或革命派，但几乎所有反对因循守旧者、改革派和边缘化的知识分子都在共济会中了。他们把共济会当作一个宣传、鼓动和组织的场所，这种场所是别处找不到的，虽然受到一些限制，但也受到保护。一些共济会员可能会喜欢搞一些奇怪的仪式或庆典，还会定期在成员中演奏一种"魔笛"，但比莫扎特的魔笛更严肃。而另一些人则在黑夜女神的保护下，宣传那些闪光的思想和杰出的人物。必须得有一条阿丽亚娜之线 *（Ariane），才能从这种混乱中找到出路。

---

* 另译作"阿里阿德涅""阿丽雅杜妮"或"阿里阿斯"，希腊神话中克里特王米诺斯之女，将丝线作为礼物，帮助雅典英雄忒修斯逃出迷宫，因而有此典故。——译者注

法兰克福

生意高于一切。

　　　　　　　　　　　　　　　　　——贡达尔

　　黑格尔于 1796 年 7 月离开瑞士，在奔赴法兰克福新的家庭教师岗位之前，他在斯图加特的家中逗留了很长时间。某种意义算是休假。某种意义也可以算是恢复期。用他妹妹的话来说，这个年轻人性格内向、沉默寡言、神情沮丧。他必须重新获得力量，重新振作。

　　一段持续了几个月的感情小插曲对他有所帮助。他后来从法兰克福寄出的书信，都是写给他妹妹的一位闺中密友，名叫娜奈特·恩德尔（Nanette Endel，1775—1840），这些信件使他们相互之间的爱慕之情延续了一段时间。

　　这位年轻姑娘是个天主教徒，所以她出现在黑格尔家中是让人很惊讶的，而且她当时寄宿在黑格尔家。她后来当过博本豪森男爵夫人（baronne de Bobenhausen）的女官（dame de compagnie*），后来成为一位简单的女帽商人。她的宗教信仰成为了很多人推测黑格尔当时精神状态的借口。他应该也是"倾向于"天主教，他应该感受到这一宗教的某些诱惑。实际上没有任何东西能削弱其严格的新教精神。他写给娜奈特的信件很清楚地表明了这一点：他更感兴趣的是这女天主教徒，而不是天主教。

我们只有通过黑格尔的信件才了解到这段恋爱，无论罗森克兰茨还是库诺·费舍尔（Kuno Fischer），在他们所写的传记中都没有提及，而黑格尔的儿子卡尔·黑格尔则将这些信件从他父亲的书信集中剔除了。毫无疑问，卡尔无法容忍他的父亲除了一个不光彩的私生子之外再多出一段年少轻浮的爱情。他进行了很严厉的审查。这样，黑格尔的遗孀、儿子以及这些传记作家，他们留给后世的黑格尔形象就是纯粹理智、一本正经、没有任何欲念、没有任何弱点的。但这是一个伪造的黑格尔。

134

写给娜奈特的书信向我们展示了一个风流倜傥、诙谐幽默、爱开玩笑而又温柔体贴的年轻人。他并没有突然抛弃他的恋人。他逐步将激情的冲动转变为诚挚的友谊。最后一封信的日期为1798 年 5 月 25 日。

娜奈特很快被遗忘了，她一直独身未婚，但她细心地珍藏了这些证据，这些证据证明她曾得到过一个出色的男人、一位"哲学大师"的关爱，而她则一直在远方默默地注视着他在这个世界上的进步。

我们可以想象，玫瑰色绸带绑着的发黄的信纸，藏在最隐秘的抽屉的深处，直到很久之后才被发现。相反，黑格尔却没有保留娜奈特写给他的任何信件，或者可能是在他死后，这些信件被

---

* 按照如今流行的术语应该翻译成"私人助理"。——译者注

他那个冷漠的儿子疯狂地毁掉了，他后来被皇家授予爵位（卡尔·冯·黑格尔教授！），可惜道德上却并没有这么高尚[1]。

*

1797 年初黑格尔移居法兰克福，这个城市或许与理想中的厄琉息斯相差最远了。这里已经是大商业和高级金融业的中心。商业精神统治着这里的一切，希腊诸神已经不见踪影。金钱让这些衰弱的偶像彻底消失了。金钱统治着新时代的圣殿：证券交易所。在伯尔尼，黑格尔接触的是仍然带有高贵气息的金融寡头。而在这里，金钱解除了各种无用的装饰，进行着无声的统治。

黑格尔的老板高戈尔家族，他们也完全加入了这种资本的战斗中，希望获得全面胜利。然而我们能够想象得到，在他们家，对金钱的崇拜还是受到人道主义情感和启蒙主义情感的节制，因为他们自 18 世纪以来就一直在共济会的氛围中生活和思考，而且也是巴伐利亚光照派的精神领地，他们都是光照派的重要人物[2]。

黑格尔的“校长”，让—诺亚·高戈尔，将会于 1801 年 12 月 5 日被选入省共济会[3]。关于高戈尔家中的日常生活，关于他家中的知识气氛，我们找不到任何描述。但是我们可以做一下类比描述，只需要浏览一下《夏洛特·冯·卡尔普回忆录》（*Les souvenirs de Charlotte von Kalb*）中的相应片段，自 1793 年圣诞，荷尔德林就在席勒的推荐下，在他家里当家庭教师，直至 1795 年 1

135

1　黑格尔的儿子卡尔·黑格尔主编第一版的《黑格尔书信集》，其中并没有收录娜奈特的书信（*Briefe von und an Hegel*, 2 volumes, Berlin, Dunker et Humblot, 1887）。

2　关于高戈尔一家与共济会和光照派的密切关系，参见 Le Forestier, *op.cit.*, p.230, note 1; *Illuminaten, Quellen und Texte, op.cit.*, p.177, 400; Wolfstieg, *op.cit.*, III, n° 3641, 15900-1-2-3。

3　*Annalen der Loge «Zur Einigkeit» (Annales de la loge «L'Union»)*, Francfort, Horstmann, 1842, p.376.

月去法兰克福任教。

虽然席勒本人也许并未正式加入骑士团，但他生活在共济会的高层环境中。当他陷入极度贫困的时候，只能依赖一笔津贴才得以继续生活下去，这笔津贴（每年 1 000 塔勒）是由石勒苏益格—荷尔斯泰因的腓特烈—克里斯蒂安二世公爵应诗人巴格森的请求而赠予的，两人都是坚定而杰出的共济会员和光照派成员。

正是在他的朋友柯内尔的鼓动下，席勒完成了著名的《欢乐颂》，《欢乐颂》就是为共济会而作，随后先是由黑格尔的朋友、共济会员策尔特（Zelter）谱曲，后又由共济会员贝多芬谱曲。荷尔德林和他的年轻朋友们特别喜欢一起唱这首歌。

《夏洛特·冯·卡尔普回忆录》由她的朋友爱弥尔·帕莱斯克（Emil Palleske）于 1879 年出版，令没有思想准备的读者非常惊愕[1]。这位男爵夫人的住所，表面上笃信宗教，实质上挤满了共济会的兄弟，其中大部分同时也是光照派，都是这些秘密社团中的要员。可以相信，某个会所就设在此处。如果长时间住在这里的话，每天都会遇到这个领域各种著名人物：冯·昆得（von Hund）[严守派圣殿骑士（Stricte observance templière）]，胡弗兰德（Hufeland）、法恩哈根·冯·恩瑟、柯内贝尔、柯内尔、贝尔图赫（Bertuch）、邦斯特坦（Bonstetten）、马蒂松（Matthisson）、米格、特别是巴伐利亚光照派的主事人科尼格。

但是在家门之外，夏洛特也经常和共济会及光照派的领袖们接触："在法兰克福，我在一个会所碰到了很多熟人，还有几年前在迈宁根（Meiningen）经常与之交谈的良师益友"[2]。还有一条注释加以明确：这就是科尼格。1784 年对于光照派是关键的一年；

1　*Gedenkblätter von Charlotte von Kalb,* publiées par Emile Palleske, Stuttgart, 1879, p.259.

2　*Ibid.,* p.113.

当时在法兰克福这个城市，高戈尔家族成员主要会所中是非常受人尊敬的。

当黑格尔抵达法兰克福时，作为夏洛特·冯·卡尔普的仆人，荷尔德林应该会提供给他很多秘密信息，同时辛克莱尔也会向他提供一些。在高戈尔家奢华的走廊里，应该会不时地有些厄琉息斯式的窃窃私语。无论如何，黑格尔得到了荷尔德林用来吸引他来此的优越物质条件。因此，在其学生们的房间旁边，他有了一间属于自己的房间。黑格尔此时已经 27 岁，对于这样的优惠条件他应该感觉很受用。对于一个超验上自由的主体 * 来说，睡在一间属于自己的房间里，这简直就是至福了。同在伯尔尼时一样，黑格尔有时也会有幸与主人们同桌就餐，当然也可以品尝他们的美酒。可以坐上富人的餐桌，这是多么幸运啊，但是与此同时，如果这些富人们与拉姆的侄子所嘲笑的贝尔丁（Bertin）相似的话，这又是多么让人难堪啊！

老实说，关于黑格尔在法兰克福的旅居生活，荷尔德林所提供的很多细节远胜于这位哲学家本人的真情吐露。幸好还有其他证人……因为就黑格尔本人而言，仿佛处于通信的荒漠期。毫无疑问，他没有太多机会写信给通信者。但是，难道父亲、妹妹、斯图加特和图宾根的老同学和老朋友们也不通信吗？黑格尔这一时期的很多文件已经遗失或者被销毁了。因此，对于他在法兰克福三年间的私人生活，我们几乎一无所知。

然而有三件不同的突出事件引人注意：荷尔德林所经历的感情悲剧；黑格尔翻译的《让-雅克·卡特书信集》出版；他对于符腾堡政治形式的研究。

---

* 意指精神上自由，这里作者故意用康德式的术语。——译者注

狄奥提玛

黑格尔来法兰克福，这是荷尔德林强烈期盼的事，此时荷尔德林已经旅居法兰克福一年了；黑格尔的到来更巩固了两位朋友间无以复加的强烈眷恋。尽管辛克莱尔在高戈尔面前的努力可能更为关键，但是荷尔德林的斡旋也确实有助于黑格尔最终得以受聘，而且荷尔德林的斡旋是更明显更令人感动的。他们之间的相互信任，他们之间的互相爱护和仰慕，似乎非常强烈而出众，但是他们此后的漠不关心也同样决绝。在荷尔德林离开之后，或者说是逃走之后，他们再也没有通过信，也没有见过面。

黑格尔此后对于荷尔德林的这种沉默，有某种特别揭示意义。后来在其著名的宏大课程《美学讲演录》中，他甚至一次都没有提到过作为德国最伟大诗人之一的荷尔德林的名字，而他对荷尔德林的各方面都有很好的了解，而且他与荷尔德林曾凭借着深厚的兄弟情谊一起经历了很多悲剧性的事件，特别是在法兰克福。然而他却提到了海因泽、伊夫兰德（Iffland）、伊贝尔（Hippel）及其他一些相对逊色的诗人。

黑格尔就这样埋葬了这段回忆。毋宁说他将这段回忆埋在了无声的痛苦之中。在黑格尔的一生中，我们多次看到这种英勇的姿态：将烙印最深的东西当作从来没有发生过一样；但是这种表面的压制反而增加内在的痛苦。

黑格尔不去提起的那些作家，甚至连其名字都不愿说出口的那些作家，并不一定对他毫无影响，无论是正面影响还是负面影响。

黑格尔的缄默很显然并不是因为遗忘——这是不可能的，也不是因为蔑视——这是无法理解的，而毋宁是因为难以忍受的痛苦。想说的话卡在喉咙里难以出口。他虽然没有荷尔德林那么张扬，但与其同样多情。他直接参与了荷尔德林的冒险，他清楚所有的情节和细节，可惜历史没有能够将这些都记录下来，他对此闭口不言是因为他深爱这位不堪重负的诗人。也许在法兰克福的三年期间他也遭遇了同样惊心动魄的事件。怎么才能知道这一点呢？难道只能用别人去代表他的感情生活吗？

1796年初，荷尔德林进贡达尔家做家庭教师。他负责两个孩子。

贡达尔家族，祖籍法国，在法兰克福一流银行家和批发商中稳稳地占据了一个位置，而且只对大宗买卖和金融感兴趣，特别关注证券交易所里的买卖，而他们的消遣仅限于那些庸俗的娱乐。他们的信条是："生意高于一切！"

他们家庭生活似乎不太协调。苏赛特·贡达尔（Suzette Gontard，1769—1802），多愁善感，是个爱幻想的女人，对艺术、诗歌和崇高的东西很敏感，娇美的脸庞下藏着一个美丽的灵魂，在很多方面都与其丈夫的一贯作风、生活习惯和个人品位形成了鲜明的对比。

荷尔德林与她年纪相仿，欣赏她并被她感动。这自然就难以避免了：两个美丽的灵魂，因为在很多方面有共同的好恶而相互吸引并走到一起，彼此相互倾心。一个女友很嫉妒，通知了这个经常不在家的丈夫，并激起了他的嫉妒之心。他经常找各种借口来发脾气，即使我们不赞成这种做法但是完全可以理解。

1798年的一个夜晚，他肆无忌惮地发泄着怒火，在这一过程中对待荷尔德林比平时更为苛刻。

荷尔德林从未对这段感情冒险做过任何暗示，但是在这件事情上却非常坚决，并将其揭露出来，在给母亲的信中他叙述了为贡达尔服务这种让其难以忍受的羞辱性依附关系，而这无疑更加坚定了他离开的决心。从近似程度上来讲，这种描述也同样适用黑格尔在高戈尔家的处境，从更普遍的意义上来讲，适用于那个时代德国所有家庭教师的处境。而且还需要明确指出，无论荷尔德林还是黑格尔，都应该觉得受到了优待：就他们的状况而言，不可能奢望找到比贡达尔家或者高戈尔家更好的工作了，之前在施泰格家的工作也一样。

在离开法兰克福之后，荷尔德林被辛克莱尔收留在洪堡（Hombourg），他向母亲吐露道："［我的学生们］爱戴我而且我的劳动有很好的结果，这常常令我感到欣慰而且让我的生活变得更轻松。但是，所有的学问、所有文化、所有反思，对于家庭教师都抱以傲慢的无礼、长期故意的歧视，在这些学问、文化和反思看来，家庭教师是仆人的一部分，既然他的服务得到了报酬，就不应该再苛求什么了，我还经历过许多其他别的特征，都是法兰克福一贯做法——所有这些都严重地伤害了我，虽然我尽力对此不屑一顾，并且去忍受无声的仇恨，但是这对于身体和心灵都绝没有任何好处……法兰克福的大富商们对时事是尤为愤慨［荷尔德林加了下划线］，而他们又将自己的怨恨都转嫁到那些依附于他们的人身上，如果您能亲眼见到这些，您就会理解我了"[1]。

我们应该记得在此一年多以前，在弟弟前来探望他之后，荷尔德林向母亲保证："我生活在一个如此高贵的家庭，而且我享受着同样有教养的社交生活，当我亲爱的弟弟回去时，他就会告诉您是否能够轻易离开这些人和这样的社交生活。贡达尔夫妇同我一样能够体会到您是多么希望看到我在您身边。我们深情地谈

1　*Hölderlin, op.cit.*, p.673.

论了您的来信……"[1]

在此期间，贡达尔家的气氛变得越来越沉重。当仆人，还过得去！但是，当成为女主人的情人后，在她面前就会感觉羞辱难当！

这位诗人离开这份工作时的状况与他向母亲报告的状况并不相同，原因也不同。他继续与她进行了一些秘密通信，他用狄奥提玛这个名字让她永远活在自己的作品中。很难说这位诗人的精神崩溃是否是因为这种断裂，或者他的精神状态在此之前就已经开始崩溃了。无论如何，对于这两个脆弱的人来说，正常的生活都已经变得不可能了，如今他们已经深深受到伤害了。不久之后，苏赛特—狄奥提玛就于1802年死于肺结核，死时年仅30岁，而荷尔德林当时在波尔多。消息传到波尔多时，精神失常状态下的他在经历了又一次崩溃之后，已经离开了这个城市。很快荷尔德林就完全陷入了精神错乱。荷尔德林在一个手艺人家中过完了孤独的余生，于1843年逝世；如今在图宾根的内卡河畔，人们还能看到当年荷尔德林住过的那座简陋的楼房。

很显然黑格尔应该被这个一场强烈的浪漫悲剧所震动，他不仅是见证人，更是兄弟、是顾问，因为荷尔德林总是愿意求助于他，荷尔德林认为黑格尔与自己截然相反，是个"非常理智的人"——但这种说法应该是有点夸张成分[2]。

黑格尔后来提到过"令人悲痛的法兰克福"（Das unglückselige Frankfurt）。他对法兰克福没有什么好的回忆。他曾应荷尔德林的热情邀请而来到这个城市，但是荷尔德林的不幸让这座城市在

1　*Hölderlin, op.cit.,* p.408.

2　参见 Hölderlin, *op.cit.,* p.411。

他心目中的形象黯然失色了。对他来说，这也是第一次经验到残酷的情感断裂。还有其他的断裂接踵而至：他与谢林也分开了，"图宾根伙伴"的三人组瓦解了。后来还有与耶拿情人的断裂，与私生子的断裂。辛克莱尔很快也去世了。

但正是在法兰克福，黑格尔与另一位朋友重逢，这位朋友是真正安排黑格尔进入高戈尔家的人。伊萨克·冯·辛克莱尔（1775—1815），一位杰出的人物，青年时期积极参加革命，后成为驻法兰克福的"公使团参赞"。黑格尔与辛克莱尔的友谊比黑格尔与荷尔德林的友谊更具揭示性，更能揭示出这位年轻哲学家的思想和恶政治倾向。辛克莱尔是共济会员，一定程度上是出于世袭，他父亲也是如此。1805年他坚决地参与了密谋，反对符腾堡的"民选君主"，因此曾入狱五年，他后来成为费希特主义者，作为一个诗人，他从席勒及荷尔德林那里汲取了很多灵感。了不起的人物啊！

毫无疑问，对于辛克莱尔以及其共同朋友们的革命活动，黑格尔不可能毫无瓜葛。而且黑格尔的名字也曾出现在调查卑鄙阴谋家的名单中。但再多的内容我们就不知道了[1]。

《让-雅克·卡特书信集》

关于黑格尔在法兰克福的"对外"活动，我们如今实际上只知道一个情节，而黑格尔的同时代人几乎都不知道这件事，甚至他的一些朋友也不知道。不仅黑格尔在世的时候人们不知道，甚

---

1 "1800年调查斯图加特雅各宾运动的总结报告中提到了黑格尔的名字，他当时在法兰克福做家庭教师。"（Helmut G.Haasis, *Gebt der Freiheit Flügel [Donnez des ailes à la liberté]*, op.cit., tome II, p.825. ）

至在他死后很久人们都还不知道。至少人们可以看出，他应该不想向高戈尔、荷尔德林及辛克莱尔隐瞒，也不可能向他们隐瞒。

1798 年，黑格尔以匿名的方式在法兰克福由耶格尔（Jaeger）出版了《让-雅克·卡特书信集》的德译本，并由他本人作序和注解。书信集全名为《让-雅克·卡特就公共权利及当前时事而致沃州财政官贝尔纳·德·穆拉特的书信》，黑格尔对其标题做了一点修改：《让-雅克·卡特关于沃州从前政治司法状况的秘密书信》。因为在此期间状况已经发生了改变，由于布律纳将军（Guillaume Marie-Anne Brune）的暴力干涉，伯尔尼对沃州的压迫于 1793 年就已经减轻了，因此这部著作已经不再是反对伯尔尼的小册子，而是专制在瑞士失败的例证，被用来作为其他国家的历史教训和警示。历史总能带给人们教训。

因此黑格尔在离开瑞士两年之后出版了这部译著。他的翻译和注释工作，是在何时何地、何种状况下完成，又是为了何种目的？对此我们无法确切而知了。而出版时间又是多么让人震惊！就我们所知，他此后再也没有吹嘘过这件事，再也没有谈起过这件事，终其一生，他将他是这本书的译者这件事完全隐瞒了。但在当时这部匿名译著确实并未引起多大的反响。可能一开始的定位就少量精挑细选的读者。那么，对于这个如此有限、没有什么利润前景的出版活动，出版商没有要求某位关心时事的赞助人资助吗？有可能是高戈尔吗？

一直要等到 1834 年卡伊泽尔（Kayser）在莱比锡出版了《图书百科辞典》(*Bücher-Lexicon*)，在仔细阅读这部辞典之后，人们才知道谁是《让-雅克·卡特书信集》的德文版译者竟然是黑格尔，而当时这本书恐怕已经被人们遗忘了！如果没有这一迟来的评注（出版后 36 年），没有人会想到译者的身份，而且当时也没有人

141

会去注意。

书信的作者是让-雅克·卡特（1748—1813），沃州的一位律师，他是一个爱国者和革命者，仇视伯尔尼对其家乡的操纵，因此希望解放他的家乡，他也是法国吉伦特派的崇拜者和拥护者。这些信件被看作是法国大革命"鼓动宣传"的典型产物。

黑格尔译文的编辑和发表都应该是地下活动，首先因为是匿名出版的；其发行状况也比较奇怪，其销售也十分秘密，同期标题所表明的一样。我们知道目前世界上仅有三本保存下来。最近有了再版。

其次是因为其源头是法国，其德文版就应该会具有这种特征了。

特别明显的是，让-雅克·卡特的书是由"社会俱乐部出版社"（librairie du Cercle social*）于 1793 年出版的，而这个俱乐部乃是最革命的俱乐部之一，他们确定的目标都是最激进的，即使不然，他们提出实现目标的手段也是最激进的。人们应该还记得马克思对它的评价。尽管马克思对罗伯斯庇尔、马拉以及大部分雅各宾派都没有任何同情，但对"社会俱乐部"和巴贝夫（Babeuf）却是例外，虽然他们之间实际上相去甚远，但马克思却将他们视作自己的思想先驱："革命运动最早开始于 1789 年的社会俱乐部，在整个革命过程中，勒克莱克（Leclerc）和鲁伊（Rouy）是主要代表，但最终在巴贝夫的阴谋下屈服了，革命运动中已经产生了共产主义思想的萌芽，在 1830 年革命之后，巴贝夫的朋友博那罗蒂（Philippe Buonarotti）又重新将共产主义思想引入法国。共产主义思想的发展必然会带来结果，这就是关于世界新形势的

---

* 另翻译为"社会圈"。——译者注

思想"[1]。

社会俱乐部是由教士福歇和尼古拉·德·波纳维尔（Nicolas
de Bonneville）所创建和领导，两人都名声在外，主张革命和平等
主义的共济会员。

很明显，黑格尔出版这本书，是在有意无意地为普鲁尼将军
干涉伯尔尼内政作辩护。为此我们是否应该想到，普鲁尼最初曾
在波纳维尔家做过印刷工人，因此他应该与社会俱乐部有过短暂
接触。这或许只是单纯的巧合，但很惊人。

在伯尔尼的各位老爷们眼中，卡特的书，作为一个反对他们
的小册子、一个从外国来到瑞士并公开表示要在将革命引入瑞士
的小册子，其发行者的独特之处无疑更增加了其严重性。因此，
伯尔尼当局严禁该书在瑞士传播，这无疑可以确认并突出了该书
的地下特征。所有印刷商、书店、租书商和读书协会，都要阻止
其传播——"但根本不被理睬［……］"[2]。

如果黑格尔在瑞士期间读过这本书，他只能是偷偷地阅读。
有没有可能他在瑞士期间就已经开始甚至是完成了该书的翻译工
作，而离开瑞士之后，在法兰克福只不过是添加了一些最新的时
事内容呢？

黑格尔的文本使得卡特的小册子更具危险色彩，因为，考虑
到其出版时间以及在此期间沃州已经发生的事件，他应该是将这
个小册子作为一个隐晦的警告，警告那些仍然在进行压迫的国家
或个人，警告他们应该从瑞士所发生事情中汲取经验教训。那他
主要针对的是谁呢？

1　K. Marx et F.Engels, *La Sainte Famille*, trad. par Edna Cogniot, Paris, Éd. Sociales, 1969,
p.145.

2　Louis Junod, *Mélanges offerts à M.Louis Bosset*, Lausanne, 1950, p.45.

黑格尔认为这个小册子就是当时温和革命者们所不断重复的那种威胁，这些革命者希望他们的压力能够让压迫者有所缓和：Discite justiciam moniti[1]，黑格尔自编了一条格言来突出这一传统警告："闭塞视听，必遭天谴"。（D 248）

人们一定会注意到黑格尔的警告非常严厉："法国军队刚刚摧毁了伯尔尼的专制主义，利用这个机会将伯尔尼的财富扫荡一空，在建立了一个更加民主的政权的同时，也进行了大肆的劫掠"，黑格尔向其他的君主制或寡头制政权发出了通告："如果你们不立即进行必要的改革，等待你们的就只有这样的结果！"

为了丰富文本，他添加了注释，这个注释使得文本中所描述和分析的伯尔尼旧制度变得更清晰，也更加荒唐和无法忍受。这样一种警告，他是想写给哪些现实中的压迫者呢？

黑格尔后来反复到处强调，哲学不会"企图教导世界应该成为什么样子"[2]，哲学的唯一任务就是"理解现存的东西"，而并不是为未来勾画蓝图，哲学对未来不感兴趣。在大多数情况下，这种建议只适用于文明、社会结构或整体意识形态。黑格尔通常只在有限的范围内才将这种建议应用于政治风云或政治体制。他是否也想确立这样一种界限呢？

无论如何，对于当局的未来行为，黑格尔向来不吝惜警告：他亲自为他们总结很多历史教训，他从没有让人们去思考历史的终结点！而且在通常情况下，他会对他们发出一种恐吓，而且也只有这种恐吓才能吓倒他们，这就是革命！

黑格尔为《让-雅克·卡特书信集》所作序言的末尾处，以

---

1 "知错当改"，这句拉丁语名言，出自维吉尔（Virgile），当时所有最大胆的改革者们笔下都曾出现过（波纳维尔、佛斯特尔，等等）。

2 例如：*Principes de la philosophie du droit* (Derathé), *op.cit.*, p.57。

及 1831 年关于《选举法修正案》的文章结尾处，都是这种方式。

总而言之，这本书的出版证明了黑格尔身上一直存在"革命主义"。他当时已经 28 岁，人生阅历已经非常丰富。他很清楚自己所作的事情：对他而言这是一项很危险、可能会带来很多后果的事情。

事后来看，1818 年黑格尔的朋友们希望他能被任命到柏林大学时，如果有人知道他曾将这些颠覆性的思想引入德国，或是知道其另外一些可疑的动机，那将会发生什么？他的朋友们恐怕想想都会不寒而栗吧。还有更严重的！1825 年警察和司法机构疯狂镇压各种秘密阴谋活动，特别是针对来自国外的秘密阴谋活动的时候，以及维克多·居赞事件的审理过程中，如果档案中意外提到他在法兰克福这一大胆的发表，那将会发生什么！居赞事件中的被告们，并没有那么冒失，或者说是非常谨慎，从而没有暴露他们在这个十分客观、完全可以认定的行为中轻率！

同所有的"地下"出版物一样，就"地下"（clandestin）一词的广义而言，作者的身份无疑已经揭示给某些人了。如果说黑格尔没有将这件事吐露给荷尔德林和辛克莱尔，说他没有同他们探讨过小册子中提到的内容，这是无法想象。而且如果要说黑格尔的"校长"、大批发商高戈尔对此事毫不知情，这也同样是无法想象的。也许就是高戈尔激励的，谁知道呢？也许正是高戈尔帮他找的出版商，因为这可不是很容易的事。有件事是确定的，就是发行人耶格尔本人并没有将其编入总目录之中 [1]。如果人们愿意

1　耶格尔出版了很多"社会俱乐部"出版物的译本，大部分都曾为黑格尔所用。"社会俱乐部""最初想让共济会在大革命中发挥作用，但失败了"。（Mossdorf, *Allgemeines Handbuch der Freimaurerei*, Manuel de la F.M., 1901, tome I, p.181.）

追寻所有的研究足迹的话，可以借助《让-雅克·卡特书信集》，从法兰克福开始，一直追寻下去。

黑格尔的这一行为可以揭示他的特殊人格。无论后来如何，在当时这位哲学家可是在违法。他会彻底遗忘这种不逊、反抗和反叛吗？在内心深处，他不是一直留着某些痕迹吗？无论如何，在写作中或公开场合下，他从来没有提到过《让-雅克·卡特书信集》作者的名字，除了出版的时候，之前之后都从没有提过。

第一批研究黑格尔的历史学家，他们无法猜透黑格尔是怎样一个人。无论是 1844 年时的罗森克兰茨，还是 1901 年时的库诺·费舍尔，抑或 1905 年时的狄尔泰，他们都没有指出《让-雅克·卡特书信集》。对这件事以及黑格尔生命中很多其他小插曲，卢格（Arnold Ruge）、马克思、恩格斯及齐克果都毫不知情。要很久之后人们才能隐约猜出黑格尔本人的真实面目……

就我们所知，在法兰克福，对于这种大胆的行为，黑格尔做得并不多。其同一时期的其他写作比翻译《让-雅克·卡特书信集》更为秘密：他甚至没有打算发表或者是精心地保存手稿。

一份传单

1798 年，黑格尔撰写了一份当时德国人称为 Flugblatt 的东西：一页纸的短文或批评，内容是关于其故乡符腾堡的。他起初拟题为《（市政）官员应由人民选举！》这无疑是一项彻底的改革！但经过反思之后，他选定了一个更为谨慎的标题：《论符腾堡的新形势，特别是关于市官员的地位》（R 91—94）。

在符腾堡，斐特烈公爵，未来的国王，才刚刚掌权。在黑格尔看来，应该利用这种转变来实现必要的改革。黑格尔的想法是很新颖的，而这让当时的专制君主们非常恐惧，而且最终也让当局感到恐惧，而他却要终其一生不断与当局打交道。因为他先从整体上揭示了改变的必要性（nécessité），某种程度上说是"先天性"（a priori），继而将其应用在符腾堡的特殊性上。正如保罗·罗克所言，他创造了"一种关于和平革命的真正理论"[1]。

在其他同时代的作家中，没有人像他这样如此反对消极、反对等待、反对顺从："沉默地顺从于现实，看不到希望、无奈地等待万能的命运，就会导致人们对不同于现实的东西充满希望、期待和勇气。人们在头脑中积极地幻想着更美好、更公正的时代图景，人们在内心中憧憬和怀念更纯粹、更自由的状态，这使得人们无法忍受现实。希望让人有种冲动，想要打破各种痛苦的障碍，为此不惜一切后果，不在乎如何短暂，不在乎需要犯下何种罪行。"

他又补充说："有些人认为：即便已经不再符合风俗、需要及人们的思想，而且其精神也已消失，有些体制、结构和法律都仍然还会继续存在下去；即便不能得到理智和情感的赞同，有些形式仍然会有力量维系某个民族。这些人毫无理智的！"[2]

因此黑格尔虽然只是希望符腾堡建立君主立宪制，但却是现代意义上的代议制君主立宪制。

这是非常大胆的。

黑格尔无疑是想要发表这份传单。但是黑格尔很清楚其危险，而且他很注意政治活动的具体环境，他选择了"事先通过信件向其在斯图加特的朋友们咨询"——实际上这些人都是他的同

1　Paul Roques, *op.cit.*, p.57.

2　Hegel, *Premiers écrits*, trad. par Olivier Depré, Paris, Vrin, 1997, p.166–167（trad. mod.）.

谋或共犯，也同他一样现实而谨慎[1]。

在他们的建议下黑格尔放弃了发表。

因此这篇政论文章也应该算在地下活动中：这是一份起初用于发表的手稿，好几个人曾阅读并加以评价，他们本人也无疑会受到其影响，但是这份手稿最终只能被原样封存了。

历史神学

黑格尔还没有专注于某一件事。他正在培养自己尝试多种方向。我们知道他在法兰克福写过一篇关于詹姆斯·斯图尔特（James Denham Stewart）的重商主义经济学的评论，可惜后来遗失了。他研究过英国的政治状况。他开始了关于德国法制问题的研究，后来他在耶拿的住处完成了这项工作。

当然，他的哲学沉思也同时在继续，他的哲学沉思应该在某种程度上受到其生存经验和政治倾向的影响，尽管可能是十分间接的影响，否认这一点是难以让人信服的。从这种意义上来讲，尽管这部著作更多地关心他的生活而不是他的哲学体系，但在其中展现一下他的哲学沉思也是完全必要的。

在法兰克福期间，康德的批判哲学得到了广泛的传播。1797年《道德形而上学》出版，黑格尔写了一些评论供自己使用。必须认识到，黑格尔对康德哲学的认识是随着康德哲学著作的陆续出版而逐渐加深的，不可能一下子对其有某种整体看法，在理论上或直觉上，也没有根据康德哲学的最终结果来评价其开端，更不用说各种身后出版的东西了，而我们今天则可以更容易地做到

1　Kuno Fischer, *op.cit.*, p.55.

这一点。当时理解康德哲学的方式与我们理解康德哲学的方式有很大不同。

随着康德著作的出版，黑格尔对康德哲学的批判也越来越强烈。康德每一本著作的出版都会不同程度上引起他的惊奇。他是在费希特和谢林所阐释的普遍意义上来回应康德哲学，但是他却并没有同他们取得完全一致的见解。他也越来越反对康德哲学自身的根基，即拥有认知能力的精神与"物自体"之间的对立，转而倾向某种哲学一元论。这导致他逐渐发展出一种关于"自我"的理论，在这种理论中，自我不再是一种空洞和抽象的形式结构，相反，乃是创造其各种内容的创造性活动。

147

他开始怀疑康德式的道德，特别是严守戒律方面的内容，而他所设想的伦理世界，不再是基于义务概念，而是基于生活。

在法兰克福，黑格尔拥有足够的闲暇：虽然我们不知道是否有各种无法挽回的遗失，仅从保留下来的手稿及可确定的内容来看，他进行了大量的写作。同图宾根时期和瑞士时期一样，他不知疲倦地撰写各种文本，而且似乎并不想发表，但是他后来也从未轻视或否认过这些文本，因为他精心地将这些文本保存下来，在其频繁的长途迁徙中，这无疑只会带来麻烦和困难。

还有一个问题。黑格尔青年时期的写作有着鲜明的特点，坚持保留这些青年时期的作品，这需要有持续而强烈的动力促使他这样做，揭露这种动力应该是很有趣的。即使死亡突然降临——人生无常、世事难料，而且他知道死亡总有一天会来临，那么由于他的名望，人们会发掘他的档案，人们就会发现其年轻时期的作品，人们会用各种方式加以研究，而且人们还会将它们加以发表。即使他没有想过这种最终的发表，或者是他认为这种最终发表的可能性不大，他完全可以彻底避免这种最终发表：将这些日久发黄的纸张悉数销毁。

他并没有这么做，这意味着他始终忠实于或依恋于青年时期的研究、发现和思想，这些思想后来仍不断地出现在其成熟时期的作品中，尽管发生了深刻的变形，但是细心的人仍然能够发现其保留的痕迹。

这些法兰克福期间的文字中最具代表性内容，诺尔后来赋予它们一个特别的标题："基督教精神及其命运"（Esprit du christianisme et son destin）。

但是黑格尔文本的这个标题，从"神学的"（théologique）这个形容词的惯用含义及其现在的含义来看，这本身就表明黑格尔的文本不怎么神学，至少在法国是如此。从另外一层意思上来讲，他让基督教成为服从"冥河女神与命运女神"的机构*。

148

黑格尔以实证的方式，几乎是社会学的方式，描述了他所谓的基督教的历史演变：基督教的"实证化"（positivisation），基督教的堕落，背离了其创立者的各种意图，这些意图已经慢慢无效了。这种分析肯定了作者的计划，作者将继续不顾一切地去研究新宗教的原则，这种新宗教应该是有利于其民族的。这篇作品的最后一句，肯定了基督教的失败，至少在一点上是失败的："这就是基督教会的命运：教会与国家，服务上帝与服务生活，怜悯与德性，精神行动与时代行动，这些永远不可能融合为一体。"[2]

《基督教精神及其命运》及这一时期的其他政治宗教方面的

---

* Esprit 如今通常指"精神"，但原来表示灵魂；Destin 如今指命运，但原来也指命运女神。因此将这两个词的意思放到古希腊的背景下去理解，自然就同冥河女神及命运女神联系在一起了。董特在这里玩这个文字游戏，就是为了提醒读者，不要单纯从字面意思去理解黑格尔的文本及其内容。——译者注

2 Hegel, *L'Esprit du christianisme et son destin*, trad, par Frank Fisch-bach, Paris, Presse-pocket, 1992, p.155.

文字，总会引起很多当代人的强烈兴趣，也会迷惑他们。这些文字可以用于重新评价年轻时的黑格尔，其分量之重，甚至会危及黑格尔柏林时期的成熟哲学。这也许是人们没有充分看到黑格尔思想从始至终的连续性。恰如狄尔泰所言，在黑格尔这些青年时期的文本中，可以追溯出黑格尔所有天才创造的最初源头，仍然很稚嫩，但尚未受到体系的束缚[1]。

在这些文本中，对于有着悠久历史传统的基督教信仰，黑格尔做出了一些新的解释，有时甚至是十分狡诈的危险解释。他越来越坚决地"扬弃"（这里我们用 dépassement 来翻译 Aufhebung，在黑格尔那里 Aufhebung 这个词同时具有"否定"、"持续"和"提升"的含义）宗教上和哲学上的传统独断论，同样也"扬弃"传统独断论的对立面启蒙主义。启蒙主义及其对手，实际上处于同一个认识层面上，用现在的话来说，就是处于意识发展的同一水平上——这个层面，或者说这个水平，都必须加以抛弃，去换一种更高的思考方式。

历史发展和演化，是由一系列相互独立、彼此不同的阶段构成的；一些要素之间，起初看起来是相互独立，甚至是对立和相反的，实际上却是相互关联、相互依存的（Zusammenhange）——黑格尔喜欢阐明这种发展、演化、关联和依存。他开始成为历史哲学家。

他的思考方式，起初是自发的观念论，后来成为坚定的观念论。犹太教、古希腊、基督教，都是他所研究的历史实体，他试图去把握它们的"精神"。他定义了民族精神、时代的精神，黑格尔试图去描述这种精神，试图将其建立在各种具体的档案和证

1　Dilthey, *op.cit.,* p.3.

据基础上。

在研究"基督教实证性"同时（实际上是相关研究），他又为伯尔尼时期的文本写了一篇新的导论（1800年）。这种研究和写作上的补充似乎可以表明有出版的欲望，认为表达尚不充分，还不够满意。

因此，黑格尔在法兰克福进行了大量的学术活动，尽管有点分散。对于传记作家来说，有趣的是，这些作品并不是很哲学。严格来说，特别是其中关于基督教实证性及命运的内容，完全无法归入到传统范畴中。

但正是在要离开的时候，黑格尔开始了更为严格的反思，他将这些反思记录在几页纸上，后来人们为这几页纸拟了一个贴切的标题：Systemfragment（体系摘要）。完成的时间为1800年9月14日，不久之后，他于次年元月抵达耶拿[1]。

因此他开始构想个人的哲学体系。他拟了一个大纲，出发点是生命概念，生命被理解为无限，他把生命概念等同于精神概念。从此告别了康德！黑格尔此后经常对各种基本哲学概念进行这样的同化。

他已经开始用辩证的方式来理解精神，这种精神的辩证法，似乎与辩证法的精神彻底融为一体了。辩证法同时表现为逻辑和思辨，后来的作品都从没有否认过这一点：同精神一样，生命是无限的多样性、无限相关、"多样性的现实统一"，赫拉克利特不也已经表明了吗：ἐνδιαφέρουἑαυτω![2]

1　*Nohl*, p.345.
2　这句希腊语格言出自荷尔德林：Hölderlin, *op.cit.*, p.203, 205。黑格尔似乎不想一字不差地引用，但实际上又不断地加以评论。

小结

即将离开法兰克福之时，黑格尔向他的朋友谢林描述了自己之前的思想历程，而他很快将在耶拿与谢林重逢。除了与娜奈特·恩德尔的嬉戏之外，这是黑格尔法兰克福时期唯一留存下来的信件。这封信日期标为 1800 年 11 月 2 日。

重要的不是黑格尔如何表述自己的过去，而是他想向其朋友传达怎样一种形象。我们可以把这段自传式的纲要同他几年之后递交给歌德的简历进行比较。此外，谢林已经在耶拿安定下来了，难道黑格尔没有考虑让谢林把这些文字转给那些上层人物看，或者至少是同他们谈起这位通信人："我的学术训练，虽始于人的最基本需求，但却将我最终推向了科学，青年时的理想最终变成了反思形式，变成了体系；这种体系还在形成过程中，而我当前在思考如何回归到人类生活的行动中。从思想和处事方式方面来看，在我身边的所有人中，我觉得只有你这样的人才能做朋友；因为我发现，你对人的理解很单纯，即全心全意地对他人，不带任何虚荣。"

他又半奉承半恳求地补充道："正因如此我才如此信任你，让你了解我的理论活动——尽管只是较低层面上的活动，或许你也能从中受益"（ C¹ 60—61 ）。

"人的最基本需求"指的是什么呢，是其思考的出发点吗？更大程度上应该是指政治和宗教环境，而非生存、生理和经济上的必要条件。谢林了解他，应该能够猜得到。至少黑格尔要承认，其最初的学术创造，既非严格意义上的神学，也不是哲学或形而上学——这一点他是无法向这位图宾根时期的伙伴隐瞒的。

黑格尔离开了法兰克福，也结束了位于 18 世纪的前半生。

他的后续教育都是在启蒙时代和大革命时代完成的。进入 19 世纪，他将获得更广阔的自由空间。他摆脱了家庭教师生涯。他自由了。父亲去世了，父亲的遗产让他暂时获得了经济上的自主。他渴望成就与荣耀，他发现自己落后于其他的青年哲学家，特别是其中最杰出的那位，也是与他最亲近的那位：谢林。

世纪的转折，他的生命也发生了转折。一段时间内，他将完全致力于哲学。原来作为雇员，作为家庭教师，隶属于某一个人，负责照顾孩子，对某一个家庭负责；如今取而代之的是隶属于公共机构，隶属关系相对更为松散。

他义无反顾地离开了，他似乎已经习惯了。这位关于连续性的理论家，实践上却是彻底的断裂者。同对待施泰格家族及伯尔尼时期的学生们一样，他没有与高戈尔及法兰克福时期的学生们保持联系，彻底断绝了；也没有再与荷尔德林联系过，呜呼哀哉！他在法兰克福应该也结识了一些相对没那么亲密的朋友，他也没有再与他们联系过。他统统抛弃了。他的决绝态度难以言表。总的来说，他对各种环境的适应，不比荷尔德林好多少，只是没有荷尔德林叫得那么凶，他压制自己的情感，却也没有扼杀自己的情感，他一直保持着冷静的头脑。

有两封信，虽然日期是在离开法兰克福之后，却可以为我们提供一些黑格尔在法兰克福的人际关系。

一封是来自温迪施曼（Windischmann）的信（C¹ 277 et 282），其中提到了约翰·克里斯蒂安·艾尔曼（Johann Christian Ehrmann, 1749—1827）的名字，这是一位拥护法国大革命的医生，非常活跃，共济会员、光照派成员、高戈尔家族的朋友。他曾积极地参加"团结会"（Loge L'Union）*纪念让-大卫·高戈尔的会议。黑格尔在自己的通信中多次友好地提到他的名字。

另一封是黑格尔本人写给威廉·弗里德里希·胡夫纳格尔（Wilhelm Friedrich Hufnagel，1754—1830），神学家、教育家，鲍鲁斯的朋友，黑格尔请他代自己问候各位朋友。传记作家可以在黑格尔周围找出太多的共济会会员：胡夫纳格——"团结会"奖学金评审委员会成员，商人沃尔茨（Volz），银行家斑萨（Bansa）及其家人，莫施教授（Mosche）；《"团结会"年鉴》中多次提到这些名字[1]。

---

* 共济会的重要分会之一。——译者注

1 *Annalen der Loge zur Einigkeit, op.cit.*

第九章

耶 拿

我将要完成的这些东西，可能都要归功于您已经建立的东西。

——1824 年歌德致黑格尔的信（C^2 42）

离开"最令人悲伤的法兰克福"（C^1 297），对黑格尔来说是种解脱。老实说，对于他在法兰克福所亲身经历的痛苦，我们所知甚少。他从此不再依恋后来的任何住处，在哪里都不自在。

这一次，一笔小小的遗产让他可以自主选择了，但还是在有限的范围内的选择。他根据自身的情况，做了一个比较有前途的选择：耶拿。从某些方面来看，这几乎不算是选择。德国的青年知识分子，对于人类精神的崇高命运并没有一致的见解；但他们在世间的悲惨命运是一致的：只有萨克森—魏玛能为他们提供较好的庇护之所。

这里是文化生活非常繁荣的中心，歌德、席勒这样的天才以及他们永不衰竭的创造活动让这里倍增光华。那些伟大的作家和艺术家都喜欢待在魏玛。耶拿，是这个小国的第二大城市，是耶拿大学的所在地；一种崭新、活跃、大胆的哲学开始在这所大学里兴盛起来。

文化上，萨克森—魏玛公国超越了德国所有其他的"国家"：其教育和文化部长不是别人，正是歌德，这位伟大的诗人，相对来说，精神上更加开放和自由。

1787 年起，莱茵霍尔特已经将康德哲学带到耶拿，并逐渐使人们真正认识它。1794 年费希特继任，进行了大量激动人心、声势浩大的哲学活动和教学活动，直到 1798 年，因为那场重大的变故，他逃离了耶拿。

继这两位巨星之后，是在学说上同他们相对立的谢林；此时谢林正当红，吸引了很多渴望知识的青年，他们对陈旧的传统十分不满，有时会盲目地追求新鲜事物。

此时谢林还是黑格尔的挚友，更大程度上将黑格尔看作是自己的信徒，而没有将其视为竞争对手。他让黑格尔到自己的身边，与其并肩进行思想斗争；他打算为黑格尔提供帮助和建议，与其合作并分享。黑格尔毫不犹豫，立即答应了。

从很多方面来看，耶拿时期是黑格尔一生中最富创造力的时期。当然他后来也做了很多大事，尤其在最后一段生涯，即柏林时期。但正是在耶拿时期形成的东西，让他具有自己独特的风格，不同于其他思想家；他将这些思想加以充分的发展，灵活地应用于各种不同的领域：这就是他所谓的创造"各种不可思议的概念"。

由于这一现象，在存在主义的影响下，20 世纪，很多传记作家都倾向于将黑格尔的精神生活分成两个阶段：耶拿前和耶拿后。他们甚至将两个黑格尔对立起来：富有创造性而果敢的"青年"黑格尔与思想僵化、只知道反刍原来思想成果的"老年"黑格尔。他起初是个革命者，最后却成为一个粗俗的暴发户：真是堕落呀！

这样一种划分是为了在对黑格尔的评价上尽量减少争议。但是只需要翻阅一下柏林时期的大量讲课稿，就会对此产生怀疑了。无疑这些讲课稿的内容，很多都要归功于耶拿时期的发现，但也具有大量的新发现。而且人们不断发现新版本。

耶拿时期是一个异常丰富多彩的时期，有学术上的成果和成功，也有生存和文化上的挫败，有积极的一面，也有消极的一面；但是对于黑格尔来说，所有方面都是非常有教益的。

1799 年 1 月他父亲去世了。与兄弟姐妹进行分割之后，黑格尔获得了 3 154 弗罗里（Florin）* 的遗产。他可以独立生存一段时间了，但他首先得付清在法兰克福的各种典当。

1801 年 1 月他来到了耶拿，他将在此逗留六年。不幸的是，曾给萨克森—魏玛带来盛誉的很多名人，有的刚刚离开了，有的正准备离开，例如：费希特、尼特海默、鲍鲁斯……而席勒则于 1805 年去世。这个国家将会丧失其魅力和竞争力。但是作为补偿，这些令人悲伤的离去，却也给那些渴望工作、创造、声望的年轻人提供了自由空间。在这一点上，谢林和黑格尔都不缺乏胃口。他们妄图吞噬一切。

我们已经很难再现当时那种近乎野蛮的竞争氛围了，而当时的大学教师，特别是年轻教师，就是在这样的氛围中拼命努力着。在其结束耶拿生活的时候，黑格尔将其比作一个"精神动物园"[1]。用我们今天的话来说：精神和社会的丛林。

---

* 货币单位，古代佛罗伦萨金币名，后来许多国家曾仿造。——译者注

1 *Phénoménologie de l'esprit, op.cit.*, I, p.324.

黑格尔首先被看作"谢林的信徒",施魏格豪泽（Schweighaeuser）在 1804 年就是这样描述的，而这是这两位朋友的名字一同出现的第一篇法语文章[1]。事实上他缺乏出版的著作。除了《让-雅克·卡特的书信集》外，他还什么都没有出版过，而他又不能公开炫耀此事。荷尔德林已经出名了，因为其最主要的著作已经面世；而谢林也在不断地通过各种反响甚大的哲学著作表达自己的声音。

有耶拿这样的氛围，有其从未有过的优越生活条件，最重要的是还有谢林的亲切鼓励，黑格尔必然要在此开展大量的工作。他首先将其成果诉诸文章的形式，后来展现在其《精神现象学》中。

为了能够获准进入大学，一到耶拿，他就提交了一篇"开题论文"进行答辩，这是一种小论文，题目为《论行星的轨道》（De orbitis planetarum），共 25 页[2]。毫无疑问，对于这个主题各种观点，是通过大量的阅读而形成的，而且在瑞士就已经形成了[3]。这些观点意味着严肃的科学教育，并且表现出很强的批判倾向。

黑格尔这是在这篇论文中表现出对牛顿理论的强烈反对，而且从未曾放弃过。坚决反对一切本质上"机械的"和"数理的"科学，反而青睐于"生机论"和"自然哲学"的一贯做法，方式上则是采用谢林及其他一些人的方式，这注定了他的科学研究和科学反思无可救药。

1　Jean-Geoffroi Schweighaeuser, *Sur l'état actuel de la philosophie en Allemagne*, in *Archives littéraires de l'Europe*, Paris-Tübingen, 1804, p.189–207. 参 见：Jacques D'Hondt, *Première vue française sur Hegel et Schelling*（*Hegel-Studien*, Beiheft 20, Bonn, 1980, p.47–57）。

2　*Les Orbites des planètes*, trad. par François de Gandt, Paris, Vrin, 1979.

3　Martin Bondéli, *Hegels philosophische Entwicklung in der Berner Periode*, in *Hegel in der Schweiz*（Schneider-Waszek）, Francfort, Peter Lang, 1997, p.59–109.

他巧妙地使德国本土学者开普勒的各种定律同自己的普遍解释性原则相符合。在没有客观证据的情况下，如果人们只看日期，可能会认为这篇论文一定是草率完成的，这样可以解释和原谅文中的缺陷与不足，但这种解释和原谅是推测性的。

答辩的确切时间为 1801 年 8 月 27 日，黑格尔的生日。只是巧合吗？从某些方面来看，这个日期让人觉得，答辩不过是个友善的仪式而已。

黑格尔的博士研究，严格来说，与我们如今所谓的哲学毫不相关。当然，在那个时代，哲学还没有与各种科学完全区分开来；但无论如何，黑格尔想要论述的是天文学上的专业问题！他的哲学方式仅限于庇护在谢林的羽翼之下，仅限于大量的自由观察。纯粹的思辨，"思辨的"科学，这完全是"自然哲学"的口吻，而"自然哲学"成为了时尚。

在他的论文中，在已发现的行星中间，即从火星到木星之间，黑格尔自以为是地试图从理论上填补其中的空隙。但是人们很快就会知道，在经验上 *，六个月之前已经有另一个行星被发现了，被命名为谷神星（Cérès）**。根本没有什么需要通过思辨来加以填补的空隙。他不久之前还对刻瑞斯（谷神）大加颂扬，如今却反受其害……

如果说黑格尔在这篇论文中表现出了无知和轻浮，那么那些面对如此不可靠的证据、却授予他以博士头衔的评委团，我们又该说什么呢？应该是一群年龄和地位相仿、有着紧密关系的人，

---

* 文字游戏，故意突出同前面"从理论上"一词的对比。——译者注

** 希腊神话中的谷神，故而天文学上习惯翻译为"谷神星"，而 Cérès 在神话中则习惯上翻译为"刻瑞斯"，下文马上可以看到这个文字游戏。——译者注

他们围在这位博士候选人身边，为他庆祝生日。论文的内容本身并不太重要，所有时代都是如此；"自然哲学"的种种臆想，在当时不会像如今这样得罪人。

在论文答辩中，黑格尔在辩护中补充了十二条论题，这些论题也是用拉丁文写成，应该是用于公开讨论的，也就是说与评委们一起讨论，同时还有一部分听众在场。这十二条论题可以一定程度上反映出黑格尔1801年时在逻辑哲学及伦理学方面反思的状况。

第一条论题是这样的："矛盾乃是'真'的尺度，不矛盾乃是'假'的尺度。"

第二条："三段论是观念论的原则。"¹⁵⁶

我们看到，黑格尔最终的哲学已经开始了，至少就其原则而言如此。我们在后面的一些论题中也可以找到这种端倪。第六条论题："理念是有限与无限的统一，全部哲学就存在于这些理念之中。"第九条："伦理（Sittlichkeit）科学的原则，就是要尊重命运（Ehrfurcht vor dem Schicksal）。"对于康德主义者们来说，最糟糕的要数第十二条："完美的伦理（Sittlichkeit），就在于美德之间的矛盾"！

在这位博士候选人看来，这些用拉丁文写就的论题应该与博士论文同样重要，甚至是更重要吧？对于任命，当局考虑的不是候选人的工作能力，更多的是考虑候选人的声望、所获得的推荐及候选人愿意站在那个哲学阵营。在"自然哲学"的突飞猛进中，没有人会关注某一处小的实证错误，这种小错误被巨大的整体惯性所掩盖了。黑格尔的假说同其他假说一样都在冒险突进，尽管有时相互之间会冲突，但大家的离经叛道程度是一样的。无疑该博士论文只有少量的发行。

从此之后，黑格尔的签名中就加上了这个奇妙的头衔：世界智慧博士（Doktor der Weltweisheit）！当时人们还在把哲学称为"世界智慧"，用于从严格意义区别于"对神的认识"（Gottesgelahrtheit）、神圣的认识、神学。萨克森—魏玛大公似乎要大胆革新，但他却是在中世纪的教堂里来讲革新……

答辩的同时，黑格尔在耶拿的全部活动都似乎迫不及待地发动起来了，仿佛要一下子赶超被别人拉下的差距，马不停蹄地发掘之前所有的沉思成果。

人们想要知道黑格尔为什么将这样一份文本作为哲学博士论文，这份文本自称"科学"、却十分粗浅而且根本上是错误的；况且他有另外一篇作品，更实在、更哲学，而且对德国观念论历史来说也更为重要：《费希特与谢林在哲学体系上的差异》，这篇作品也是在耶拿发表的，时间是 1801 年 7 月。

黑格尔在文中认为费希特的理论是"主观观念论"，他批判了这种主观观念论，赞成谢林尝试理解绝对整体的努力。但是他已经暗示，对于谢林所支持的那种主体和客体的总体无差异理论（没有差异的整体），他并不完全信服。因此他还是展现了自己的原创性。

重要的是，在耶拿，他在人格上实现了自我解放和自我肯定。这意味着浴火重生。

在 1801—1802 年冬季学期（德国大学的传统历法），黑格尔开始以编外讲师（Privatdozent）的身份教学。这只是一门"编外课程"，由选择该课程的学生直接支付报酬，但不久之后这门"编外课程"就获得了数额不大的正式津贴。

黑格尔如此匆忙地进行了博士答辩，无疑是为了尽早获得教课的权利。他最初的课程是"逻辑学"和"形而上学"，最终他将二者合而为一了。

自 1802 年夏天起，他开始"解读"（套用德语的表达方式）自然法权。他在 1802 年夏季学期没有教学，而自 1803 年起，他开始从整体上来把握哲学体系。这样，所有黑格尔特色的主题都已经启动了。在 1805—1806 年，他开始了纯粹数学、自然哲学、精神哲学、哲学史的研究。他完全陷入这种百科全书的倾向，想要通过综合的方式，从一个视角出发，统揽一切认知领域，而这个视角，因其整体性而不再一个"视角"。

耶拿课程的手稿，很难辩读，如今成为了黑格尔研究者们的乐土，他们不辞辛劳地到其中去寻新生状态的黑格尔思想，还带有迟疑性和清新的创造性。谢林毫不担心这种竞争。即使在这位杰出的教授离开之后，黑格尔也没有吸引多少听众。

除了这种讲课活动，黑格尔也进行了大量写作。他继续并完成了于 1798 年在法兰克福就已经开始的计划，即写一部论述当前重大政治问题的著作。这就是编撰了《德国宪法》（*La constitution de l'Allemagne*）。如果就像他说过的那样，他在学习过程中超越了"人的各种基本需求"而创造了思辨哲学体系，这就意味着他永远不会忘记他最初关心的东西。

158

在这部著作中，黑格尔很尊重他为自身思想设定的各种理论前提，他既没有保持纯粹"客观"，也没有在意识形态上保持中立。强烈的爱国之情让他激动不已，让他非常担忧这个四分五裂的、饱经摧残、伤痕累累的祖国的未来。他开篇就用一段文字宣布了促使自己写作的动机，实际上他后来划掉了一些内容："后文所代表的精神，虽然表示对德国的崛起不抱希望，但是在彻底放弃希望之前，还是希望可以留住自己日益渺茫的希望，还再最后一次幻想，愿意相信还有实现的微弱希望"[1]。

根本毫无客观性可言嘛！

实际上，黑格尔也在迟疑和抉择。这种悲伤的乡愁，很快被某种斯多亚式的顺从或斯宾诺莎式的必然主义所取代："发表本文中的观点，没有别的目的和意图，只是要揭示现存事物的内涵，并对其做出最客观的诠释，即将其放在概念关系中及与现实的关系中加以考量，来支撑它。因为，并不是现存事物本身造成了我们的反感和痛苦，而是因为我们认为现存事物本不该如此；然而，如果我们认识到事物乃是必然如此，换言之，乃是既非任意亦非偶然的，我们就会因此承认事物本该如此。"[2]

读了这些话，读者需要自己决定最终是顺从还是反抗。黑格尔从未说过希望改变事物的进程，也没有呼唤过这种改变，即便是预测或"预言"也未做过；但是与此同时，他总是通过巧妙的暗示方式，通过十分特别的方法，为社会政治现实勾画未来，指出加以干涉的可能性，并偷偷暗示出自己认为最好的选择。

在对德国宪法的这一分析中，他不是就这样做的吗？按照黑格尔的描述，德国人民面对的乃是"一座矗立在世界中心，但却与时代精神相悖离的大厦及其支柱和根基[3]"，如果他们的任务不是去摧毁这种陈旧的东西，那又会是什么呢？必须要做出抉择：要么是在破碎的根基上沉睡，要么是马不停蹄地重新追赶"时代精神"。

对现实的不满构成了现实的一部分。然而，"这个时代的所

1　Hegel, *La Constitution de l'Allemagne,* in *Écrits politiques,* trad. par Michel Jacob et Pierre Quillet, Paris, Champ libre, 1977, p.25, note a.

2　*Ibid.,* p.33.

3　*Ibid.,* p.26.

有现象都表明，人们在老的生活方式下无法得到满足"，如此等等。

作为不得志的爱国者，黑格尔没有抑制内心的苦水："德意志，国已不国了！"这同图宾根时期已经相去甚远了，当时的指令是："应该取消国家"。[1]

然而在黑格尔那里，行动与话语并非总是一致的。对德国体制结构的这种猛烈抨击，对德国人民而言已经太清晰、太具有煽动性了，他没有将其发表！今天的读者饶有兴趣地浏览着这些陆续写成的文章，深入文本的细节，深入其具体观察和分析的细枝末节，一定会钦佩黑格尔的严肃。这本小册子应该是在1802年秋完成的，甚至是定稿了。

黑格尔为什么放弃了出版呢？通常的解释都不能让人信服。一些评注家，例如罗森克兰茨，他们倾向于认为，从黑格尔构思这一计划到期完成计划期间，德国的政治形势已经发生了转变，变得如此恶劣，以至于黑格尔认为发表和传播这一作品已经不会带来任何实际效果了。这一作品来得太晚了，没有什么用处了（R 245—246）。

这种辩解是站不住脚的。首先，德国后来实际上还有很多事情要做。其次，如果所有看起来姗姗来迟的写作都应该被取消的话，书商们恐怕都饿死了。特别要注意的是，在黑格尔的最初计划中，他恰恰是放弃了所有希望以及产生实际影响的企图。他只是想"理解"而已。

要想在事后阐明事件的确切过程，持续关注或是提前预判都是同样重要的。这证明作者洞察力敏锐，而且保证作者的分析方

1　参见第419页注解2。

法在其他方面上是有效的。黑格尔从不认为历史已经完结，说他在 1802 年就认定德国的命运已经注定无法改变了，这是无法想象的。

因此我们可以推测，黑格尔的决定应该是由于其他原因或理由，只是不为我们所知，恐怕今后也难以为人所知了。

黑格尔早期作品的命运都很离奇；从图宾根时期一直到耶拿时期（即从 1789 年至 1801 年）的早期作品，也包括耶拿时期的部分作品，数量众多，十分重要，但全都处于地下状态。而在这段时间里，荷尔德林及谢林很丰富多产。这种差异就在于黑格尔写作内容的特殊性。他和朋友们一样，甚至是更强烈，希望能够发表作品、出名、让人认识自己的真实价值、带来某些影响，但是在实践和实际上，他选择的主题不合适。他的生存环境，特别是他不得不服从的当局，对他的观念和思想都很反感。

他是不是担心过头了？他是不是找不到勇敢的出版商？因为爱国而痛心疾首，这也是他内心的写照，这种情感很容易转变成现实的行动：从这一角度而言，这些文章是无法发表的。他暗示了很多颠覆方法，其中他断言，"没有代议制，就根本毫无自由可言。"[1]

无论如何，如果同这部在耶拿夭折的作品联系起来，人们就能更好地理解 15 年后黑格尔在柏林所体验的那种狂喜。几经起伏、几经失望之后，他看到普鲁士终于比较坚定地举起了德意志统一和独立的大旗！但这并不意味着他赞成其现行的政体，至少不是赞成其所有方面。普鲁士君主制的好些特征都令他反感。但

1　"没有这样一个代表性的实体，无法设想任何自由"（*Écrits politiques*, Jacob et Quillet, *op.cit.*, p.134）。

是民族时代还没有同民主时代结合在一起。他很高兴看到民族的解放及其所带来的各种希望；对于政治自由，他还需要耐心等待。只要德国成为了统一的国家，再平庸也无所谓。聊胜于无，以后再慢慢改进吧……

大清洗

在耶拿，黑格尔陷入了狂热的创作之中。对于内心中成熟已久的哲学体系，他不断发展和明确其结构和内容。特别是，为了建立新生活和新思想，他开始清理地盘。这是摧毁的时刻。他并不驱赶市井商贩，相反他更愿意让他们留在那儿，但是他开始清理哲学殿堂，把那些他认为是败坏者或空有其名之人的赶出去。他摆出了那副他想留给后世的面孔：辩证观念论的宗师。

1801 年秋到 1802 年秋期间，他起草了一份手稿，论述逻辑学、形而上学、自然哲学，后来不断地加以润色修改，通过课堂上的口述内容加以补充；在这份手稿中，他越来越明显地脱离了谢林的哲学路线。虽同为哲学和政治学上的革新者，走在同一运动中，但他比谢林更具方法性和系统性，更具"科学性"——在他自己赋予"科学"这个词的意义层面上来讲如此。

将变化中的理论用零散的方式表达出来并仓促发表，这是黑格尔十分讨厌的方式。他后来将这种方式谴责为"在公众的眼皮底下完成自己的哲学学习"[1]。谢林对他也是恶言相向，称其在哲学上的"迟滞"（Spatgekommene!）。

从耶拿岁月开始，黑格尔希望提交一个完备的体系，因为在

1　Hegel, *Histoire de la philosophie* (Garniron), *op.cit.*, tome VII, p.2046.

其第一部大作的前言中就已贸然说明，这第一本著作不过是这一体系的导言而已："真理的真正存在形态，一定是真理的科学体系。"[1]

尽管付出了巨大的努力，但是对于最初构想的这个体系，包括这个体系的框架，他都必须不断地进行修改、订正和补充。因此，《精神现象学》最初是要作为这个科学体系的第一部分（长达 550 多页！），到 1817 年的时候已经被降低为《哲学全书》三大部分中第一部分的一小节（仅有 10 页！）。

但是，在耶拿，他首先必须贬低和排挤所有可能的竞争者，贬低和排挤所有其他的哲学倾向，从而建立唯一真正哲学的垄断，即黑格尔哲学。对于这种大规模的活动，黑格尔首先与谢林联盟，而当所有其他的对手都被赶出理论战场后，他反过来开始反对谢林本人。

因此，他首先把"主观观念论"扣在费希特的头上，从而放弃了"主观观念论"，转而支持谢林的"绝对观念论"。但是此时已经出现一些分歧的萌芽了。黑格尔的反思方式本质上是逻辑方式，他把自己的形而上学与自己的逻辑学紧密地联系起来，并最终合二为一。他必然会成为后来的样子：辩证逻辑方法论的宗师。

在其写作的《费希特与谢林在哲学体系上的差异》中，他与前者划清了界限，相对偏向于后者。这也促使他进一步寻找这种冲突在社会和道德生活中的各种后果。他指出，在服从理智要求的司法生活与服从自身习俗的社群生活之间，必然会产生矛盾："理智统治下的群体，不会让自己去冒充至高无上的法律，这一

1　Hyppolite, *Phénoménologie de l'esprit* (Hyppolite), *op.cit.*, tome I, p.8.

方面取消了［……］统治和规定的无限性，另一方面产生了很多冗余的东西：习俗使法律成为多余，神圣的快乐使不尽如人意的混乱生活成为多余，追求伟大目标的自由使压抑导致的犯罪成为多余"[1]。

他很可能是在 1802 年秋完成的这些尝试性的体系阐述，很多评注家都喜欢透过其中一份题为 *System der Sittlichkeit* 的手稿去揭示其中的各种"建构的技巧"（Konstruktive Künstelei）[2]，因为其中的材料尚不完全充分；这份手稿的标题很难翻译，人们已经将其翻译为《伦理生活的体系》（*Système de la vie éthique*），但是我们也可以仿效德尚（Deschamps），将其称为"风俗状况的体系"（Système de l'état de mœurs），与"法律状况"（état de loi）、"法权状况"（état de droit）[3] 相呼应。

这部著作应该是撰写于 1802 年底或 1803 年初，但直到 1893 年才由莫拉（Mollat）出版，而且不是完整版。

在法译本的序言中，对上面所引用的《费希特与谢林在哲学体系上的差异》中的那段文字，译者做了很恰当的评价："因此，真正的伦理性超越了主仆关系，使法律的统治失效，让生活完全充满快乐，在各种高尚的活动中确保自身力量的飞跃。"他还提到如何"解决群体内的各种对立"。[4]

这里我们不去过多阐述黑格尔著作中的理论内容，而是更多

1　Hegel, *Différence entre les systèmes de Fichte et de Schelling* (1801), in *Premières publications*, trad. par Marcel Méry, 2ᵉ éd., Gap, Ophrys, 1964, p.131.

2　Willy Moog, *op.cit.*, p.22.

3　博西尔（Beaussire）在其惊世之作 *Antécédents de Vhégélianisme dans la philosophie française, dorn Deschamps, son système et son école* (Paris, 1865) 中并没有做这种特别的对比。

4　Hegel, *Système de la vie éthique*, trad. par Jacques Taminiaux, Payot, 1976, p.36.

地结合其创作过程中的生存环境及内外环境，来探究为什么黑格尔在 32 岁时没有发表这些内容。可能是出于理论上的顾虑而没有发表。相对于那仍然激励他胡乱地狂热研究的宏大计划，他无疑会觉得这些现存的成果还不成熟。

有人指责他是哲学多元主义，只是很薄弱的体系化，这种指责是很恰当的，但是他对此应该会很反感。

再者，此时他的思想与谢林的思想之间还存在着很紧密、很明显的依存关系，他可能会觉得这是缺陷。他沾了朋友的光，这也会让他羞于在公众面前表现自己。他感觉还没有完全澄清自己。也有可能仅仅是因为他的手稿看起来十分深奥晦涩，他没有找到出版商。

黑格尔总能做出很多惊人的创造性活动，在耶拿期间，1802年之后他还是发表了很多重要的文本，这使得这些问题变得更为复杂。黑格尔与谢林合作，特别是在谢林的庇护下以及借助于谢林的声望，创建了《哲学批判学报》(*Journal critique de philosophie*)（耶拿，1802—1803），这对他有很大的帮助。亲历亲为从来都是最好的方法，而开创杂志专栏的最好方法就是领导这个杂志。《哲学批判学报》只发表其创建者和领导者的文章。人们不禁要问这种出版是如何得以持续的。很明显，应该有外界的资助，但资助来自何方呢？持续出版了两卷内容，其中每卷三册。

其中第一册推荐了黑格尔的一篇文章，相对于其他文章而言，十分短小，题目为《哲学批判的总体本质及其与具体哲学现状之间的关系》(*Essence de la critique philosophique en général et sur son rapport avec l'état actuel de la philosophie en particulier*)。这篇文章某种程度上是《哲学批判学报》的导言，同时也是《哲学批判学报》所代言的新哲学的导言。

这两位朋友，对于当代的哲学家，无论是年长者抑或同龄人，都非常傲慢，几乎到了礼节所能容忍的极限。这种傲慢，可以用他们对绝对优越性的真诚情感来解释。

在他们看来，这不仅仅是要撕破（Zerschlagen！）其他哲学带给他们的束缚（在他们看来如此），而且也是在积极地开辟道路（Wegebereitung），从而庄严而愉悦地进入（Einzug）唯一的真正哲学，即他们自己的哲学[1]！

对于这种清洗工作的野蛮性，没有事先留下任何怀疑的余地，在给胡夫纳格尔（Hufnagel）的一封信中，他说："这份学报所使用的武器多种多样；人们称之为大棒、鞭子和戒尺；这样做都是为了良好的目的以及上帝的荣耀（gloria Dei）；当然会有人到处抱怨；但火疗术（cautérisation）确实变得有必要"（C^1 67）。

虽比弱肉强食的丛林要好些，但也不啻于苦役犯监狱！

黑格尔将所有谬误的、过时的及与之竞争的哲学都归到被贬低的行列，用来衬托新生的、自我宣扬的、充满自信的新兴真理的光辉。

在其激烈批评其对手时，他采用了这样的论调和论据，他并没有考虑到，自己同他们处在同样的认识论、文化和历史背景下，即独断主义相互冲突的背景下。

在另一篇文章《常识如何理解哲学——论克鲁格先生的著作》（*Comment le sens commun comprend la philosophie, à propos des œuvres des M. Krug*）中，他激烈地批评了他眼中所谓的"通俗哲学家"，特别是其中的威廉·特劳哥特·克鲁格（Wilhelm Traugott Krug），

---

1 Hegel, *L'Essence de la critique philosophique*, trad. par Bernard Fau-quet, Paris, Vrin, 1972, p.98.

被看作是"暴民头子"（tête de Turc）。真理的另一个标准出现了：精英论。真理不应满街乱跑。真理只为某些高等灵魂所准备：本质上而言，哲学就应该秘传的东西；哲学不是为群氓准备的，也不能为群氓所理解；哲学越是同一般意义上的知性（Verstand）相对立，哲学就越哲学［……］；哲学世界自在自为地就是一个颠倒的世界（verkehrte Welt）……事实上，哲学应该承认民众有飞跃到哲学高度的可能，但哲学本身不应该下降到民众的水平上去"，如此等等[1]！

黑格尔本人后来经常会与早期这种秘传说法背道而驰。但他至少曾宣传过……

黑格尔的小册子冷酷且十分粗暴地抨击了克鲁格教授。克鲁格对思辨观念论哲学发出挑战：既然您打算演绎一切，那么也请演绎我的笔杆吧！后世人都记住了黑格尔对此的反讽。黑格尔的回答，表面上看起来具有讽刺意味，但实质上表现得很狼狈。而这也成了他的一项永恒任务：在关于必然性的哲学中，（"以非任意、非偶然的方式"）为偶然事件和存在留出位置。为了否定克鲁格的反驳，他指出，关于自然的思辨哲学不仅能够演绎一支笔杆，关于自然的思辨哲学能够"演绎"出铁本身。当他这样说的时候，他的论述本身已经降低到十分庸俗的层面上了。

但是如果康德为自己的经验实在论辩护，在绝对观念论与演绎一个笔杆之间，他应该更愿意放弃绝对观念论吧？没有感性直观，概念将是空的。

但就目前而言，黑格尔则想要使克鲁格成为其最方便的猎

1　Hegel, *L'Essence de la critique philosophique,* trad. par Bernard Fauquet, Paris, Vrin, 1972, p.94–95.

物。他在《哲学批判学报》的第二册中继续与其论战，他从另外一个角度来攻击：《怀疑论与哲学的关系：阐述最新怀疑论对古代怀疑论的各种修正及二者之间的相同之处》（1802 年）。

公开的敌人主要是高特劳勃·舒尔策（Gottlob Ernst Schulze），这是一个不可忽视的哲学家，他已于 1792 年出版了一本名为《埃奈西德穆》（*Énésidème*）的书。他在书中拥护怀疑论，特别是以继承古代传统的形式出现，反对康德的批判哲学。当时，即 1802 年，他又出版了一部新著，《理论哲学批判》（*Critique de la philosophie théorique*）的第一卷。

在我们今天看来，黑格尔搞了一个大杂烩。他认为克鲁格与高特劳勃·舒尔策的哲学中有共同之处，他将其提取出来：两种哲学都误解了观念论哲学的本质，将其读者和信徒引入了歧途："因此，作为两个很相像的极端，在这些幸福的时代，独断论和怀疑论又重新找到了崇高的目标，他们从一开始就相互伸出了最友好、最博爱之手。高特劳勃·舒尔策先生的怀疑论与最粗俗的独断论联合，而克鲁格的独断论同时也包含有高特劳勃·舒尔策的怀疑论。"[1]

就连唯物论的错误，也没有高特劳勃·舒尔策错得这么严重[2]！

黑格尔就是这样采用了很多技巧来进行论战。在他看来，这完全是一场战争，而在战争中，他必须取得战略的胜利，包括政治上的战略和军事上的战略；要么像贺拉斯（Horace）对付库里亚斯（Curiace）三兄弟那样，现将其瓦解，然后各个击破；或者

1　Hegel, *La Relation du scepticisme avec la philosophie*, trad. par Bernard Fauquet, Paris, Vrin, 1972 (même volume que *L'Essence de la critique*), p.48.

2　*Ibid.*, p.62–63.

看准时机，不管敌人之间有多么明显的不同，都放进同一个袋子，一同加以羞辱。这与波拿巴将军*有些共同之处。这种手段能为先验观念论增光吗？

在第二卷的第一册中，黑格尔也发表了一篇重要的研究，仍然是针对绝对观念论自己拟定的各种敌人，研究的题目为《信仰与知识》(Glausen und Wissen)。

事实上，黑格尔尽可能将自己的哲学与其他形式的观念论区分开来；观念论是这一时代大部分哲学精神的重要旨趣，因为，无论是否情愿，无论是否清楚这一点，他们都是在这种观念论的运动中成长起来的。

观念论运动总是相对于其对手而言的。当整体上相对于唯物论而言的时候，克鲁格、高特劳勃·舒尔策、康德、费希特、雅可比，如果他们不是观念论者，那还能是什么呢？

在这些论战或探讨中，每一个人，特别是黑格尔，都在试图让他人说出各自思想中隐秘的内容，甚至是连其本人都不清楚的内容，从而揭示他们本人及他们的秘密真相；对于今天的读者而言，对于那些喜欢大胆比较的人而言，在这些论战或探讨中，那种时而真的做到让别人"泄露天机"的人，某种程度上就一种概念上的马里沃风格，没有什么意思。黑格尔试图揭去对手们不得不戴的面具，对于那些机警的人而言，这足以证明黑格尔预先也为自己戴上了面具，只是他比别人更清楚这一点。

《信仰与知识》这个文本比其他文本的目标更高。在清除了小人物之后，他开始攻击三个真正的竞争对手，这就是康德、费希特、雅可比；只有他们才真正值得重视，也真正具有威胁性，

---

* 拿破仑。——译者注

因为他们思想具有连续性，而且声望显赫。不仅如此！三人都仍然在世，仍十分活跃且富有创造性，黑格尔刻意地将他们的观念论集合到同一个范畴下，即"关于主体性的反思哲学"，加以整体反对。总结来说，他指责这些观念论都是启蒙的产物，本质上都忠诚于启蒙，只是各有各的方式。然而某种程度上他不也是启蒙的分支吗？

他指责他们未能完成形而上学的真正转变，指着他们没有认识到，"上帝"不是人，而是绝对。在这一语境下，"上帝"一词的含义还是相当模糊的。在黑格尔看来，这些哲学家将理性限制为有限的形式，限制为普遍知性的形式。他们所阐述的概念，只是通过抽象而从有限中提取的概念，如果不能大胆地让其任意表达思想，这个概念本身仍会停留为抽象和空洞，亦即哑巴概念。

他认为自己达到了真正的概念，因为他的概念正是有限与无限的统一。

但黑格尔并不是对这三种典型而杰出的理论感到失望，这个发展阶段揭示了其思想的特定模式。作为一个足智多谋的战术家，他善于在体系关系和历史关系中使他们相互对立起来，构成正题、反题、合题。通过这种方式，他指出，这种"关于知性的观念论"，是由其内部的差异所驱动的，其过程是一种与自身的对话或探讨，在自身运动的推动下实现自身的超越，必然会被其他的东西所取代，即绝对观念论。

精神经历这些不稳定的阶段，就像是在经历炼狱，精神已经注定，或者说是预先注定，要从这种炼狱中解脱出来。为了表达这一内容，黑格尔采用了一种虔诚的语气，其中充满神秘和悖论，但是又让人着迷和怀疑："[……]牺牲经验存在的道德训诚，抑或形式抽象的概念，对于那些满足于此的人，纯粹概念应该为他们提供一种哲学的实存，继而为哲学提供绝对自由的概念，耶稣受难从前只是历史的，如今要作为供绝对的受难或者思辨的受难日，一并提供给哲学；纯粹概念应该还原受难日的全部真相及其彻底的非宗教性。因为独断论哲学同自然宗教一样，其过于纯净、缺乏基础、十分怪异的特征是要消失的，所以，最高的整体性及其严肃性，紧扣最纯净的自由，在其带动下，能够而且应该从这种彻底性中以及其自身最深刻的根基中生发出来。"[1]

通过论战他确定了自己的势力范围，但是他已经开始超越这种论战的形式，试图诉求更为积极的体系结构，特别是在他为《哲学批判学报》撰写的最后一篇文章中。当然他继续从否定的方面打击最近的哲学前辈及同辈的竞争对手，但他也将那些伟大的古代观念论哲学家纳入其中，即柏拉图和亚里士多德。因此，168他跨越千年时光，又重回传统形而上学和古代思辨，反对批判哲学。

这篇长文，在第二卷的第二册和第三册（1802—1803）中分成两部分出版，题目为《科学论述自然法权的各种方法，兼论自然法权在实践哲学中的地位及其与法权实证科学之间的关系》。

黑格尔并未放弃对对手们的尖刻批判，但这里则更多地专注于对伦理、法权和哲学的正面阐述，将其建立在"伦理性"（Sittlichkeit）这个重要、生动和绝对的概念基础上。通过展现他

---

1 *Foi et Savoir*, in *Premières publications* de Hegel, trad. M.Méry, Gap, Ophrys, 1964, p.298. Voir aussi trad, par A. Philonenko et Claude Lecouteux, Paris, Vrin, 1988, p.162.

心目中古代城邦时期的国家形象，他希望为个人与国家之间的积极关系复原其道德条件。他赋予古代城邦以理想的形象，用古希腊的话来说，城邦乃是美与善的统一。也许他在现实中看到个体与普遍的残酷分裂，就在自己的计划中仓促地去调和二者："独立个体的伦理生活，乃是整体系统的脉搏，甚至就是整个系统本身。"[1]

我们可以看到，相对其他文章而言，在这篇文章中黑格尔更加明确地地远离了谢林，特别是自此以后，他认为精神哲学要优于谢林所启发的自然哲学。

耶拿哲学充满了好斗的精神。黑格尔既为真理而战，也为了在大学和学术领域争得一席之地。面对这位试图在一切领域都取得彻底胜利的老师，学生们应该是既仰慕又敬畏。正如 M·林茨（Max Lenz）所言，黑格尔成功的秘诀，就在于"阐述无缺陷体系时的无限确信"[2]。

各种政治风云以及之前的教育，让学生们都抱有怀疑的态度；学生们觉得自己需要的正是黑格尔的这种确信。

书房中椅子上的黑格尔，就像马背上的拿破仑，可以凝视尸横遍野的哲学战场。现在他需要去建构和推动。

为此他找到了一种思想工具，后来在纽伦堡和海德堡，他将其不断加以改进和完善，这就是"辩证法"；这是一门特别的逻辑学，经黑格尔的深刻改造，变得十分灵活，成为了一种深入思考的工具，但后来变得非常"矫情"（sophistiqué）——同时包含

---

1 Hegel, *Des manières de traiter scientifiquement du droit naturel,* trad. par Bernard Bourgeois, Paris, Vrin, 1972, p.78.

2 Max Lenz, *Geschichte der Königlichen Friedrich-Wilhelms-Universität zu Berlin,* 1910–1913, II, 1, p.206.

这个词的古义和今义 *。当然，辩证法并不是他的发明，他总是将其早期的直觉和研究都归功于前人，首先是赫拉克利特，然后是柏拉图和亚里士多德，此外还有一些现代人。

一方面，他刻意地完全使用辩证法；另一方面，他使辩证法系统化、体系化，揭示了辩证法的所有内涵；此外他让同时代的人们对辩证法恢复了兴趣和关注。他似乎有点自相矛盾，因为他尝试将这种生动的思考方式加以变形，变成一种确定的、严密的、可证明、可交流的方法，从而与全部现实生活自发地一致。

在统一的现实性中，包括物质的现实性和精神的现实性，存在着推动和纠缠这种现实性的现存矛盾，而这种矛盾只能通过转变这一整体现实性才能得以消解；辩证法首先就是要在这种统一现实性中去寻找和发现矛盾。这是黑格尔关于辩证法最简洁、最凝练的表达，但其中隐藏了很多隐蔽的复杂性。

在这方面，黑格尔有时会给出表面上看起来十分简单的定义，但他会用上千页内容来加以解释："懂得（savoir）统一性中的矛盾和矛盾中的统一性，这就是'绝对知识'（savoir absolu）：科学（science）是要通过这种统一性本身来认识（savoir）其全部发展过程中的统一性[1]。" **

---

* 此处 sophistiqué 这个词很难翻译。作者注明，同时包含其古义和今义。从古义上讲，这个词同"智者"、"智者派"联系在一起，具有诡辩的意思。当然，一直以来都有很多人试图为智者正名，而黑格尔正是为智者正名的先驱之一。从今义上来讲，这个词有"矫揉造作的"、"故作修饰的"之义。这里无疑意指辩证法这种思考工具后来变得过于形式化、拘泥于形式、过于复杂。这里翻译成"矫情"，好处是基本上同时涵盖了其古义和今义的大部分内容，坏处是看不到其与"智者"这个词源之间的关系，故而注明原词，供读者参考。——译者注

1 *Histoire de la philosophie* (Garniron), tome VII, p.2115.

** 原文中重复出现三次 savoir 这个词，同时 sicence 与 savoir 又有词源上的联系，所以整体构成一种特殊的"修辞效果"，或者说是"文字游戏效果"。特此注明原文，提醒读者注意。——译者注

好宏大的计划啊!

这个思想模型表明,会有一个体系存在,这个体系会包罗万象、囊括一切、统一多样性,因此,无论是何种模式下,都应该是一种哲学一元论。黑格尔从一种自发而原初的观念论立场来构想这种哲学一元论,其中一切有限现实性都被看作是观念的,但是,在很多实际场合及理论场合,他经常表现出更广泛的实在论,表现出最积极的理智态度,有时甚至是表现出某种零碎的唯物论。

观念论、体系论、辩证法,在黑格尔哲学的这些基本点之间,存在着本质上的一致性。

垮台

正值黑格尔醉心于最深奥的思辨之际,即将发生一些重大风云事件,这将扰乱他的小宇宙和个人生活。他的个人生活将会供认自己对外部世界的紧密依赖。

首先,1803 年春,为了在巴伐利亚的乌兹堡大学重新获得一个哲学教授的席位,谢林离开了耶拿。对耶拿大学而言,这又是一个新的损失,因为谢林曾是耶拿大学的一颗明星,这对黑格尔是特别明显的损失,因为谢林一直在实践上为黑格尔提供重要的保护,包括行政上的保护和媒体上的保护,而且他一直有效地激励着黑格尔,既能提供劝告,也能提供榜样。黑格尔在思想上取得进步、得以表现并最终得到认可,一部分要归功于谢林。

但另一方面,谢林的离开对于黑格尔的哲学思想也是一种解放,此前他一直受到谢林的引导,当然这对他是有益的,但久而久之就变成奴役了。当然不用再受模仿的困扰，但黑格尔也不得不走向创新。谢林离开黑格尔的时候，正是黑格尔在得到长期的保护和呵护之后准备开始独立翱翔的时候。从此黑格尔注定要去做他自己，注定要去面对各种危险和困难。

这位比他还要小的导师，这位早熟的创作者，让他受益良多，但很自然，他现在首先就要与之拉开距离。不久前他发表了一篇论文，论述费希特与谢林的差异，支持的是谢林的观点；现在他要写一部著作，其中一个目的就是要明确自己与谢林的差异。这一次断裂不再拖泥带水，主要发生在《精神现象学》的导言中。自此以后，黑格尔在哲学上孤身一人了。

这部伟大的原创性著作奠定了黑格尔的形象，在构思和撰写时，除了涉及的各种思辨之外，黑格尔也关心科学问题。他接受了歌德的色彩理论的一些内容，这一理论虽然是错的，但却颇为精彩，黑格尔从此之后对这一理论深信不疑。他与这位伟大的诗人也建立了更为紧密的联系，在这一点上，谢林的离开似乎也有好处。好斗的谢林也许是歌德与黑格尔之间一道障碍。

1803 年，黑格尔非常大胆地决定讲授他所谓的"思辨哲学体系"，其实就是他自己的体系！他将其分为三个部分，此后他一直坚持这种方式：

1. 逻辑学和形而上学（但是"形而上学"一词很快取消了）

2. 自然哲学

3. 精神哲学

这已经就是 1817 年的《哲学全书》中的大纲了。在耶拿期间，黑格尔不断变换方式重复讲授这些课程。

在 1803 年 11 月 9 日致歌德的信中，席勒说道："哲学还没有完全沉默，我们的黑格尔博士似乎有很多听众，他们甚至不介意他的口音"[1]，这是赞扬还是贬损呢？

1805年2月，黑格尔被任命为耶拿大学的"特聘教授"。而且真的很特别！也就是说没有薪水，要依靠学生们自己支付他的工资。只有1806年，由于歌德的亲自干预，他获得了100塔勒的年薪。他的命运同谢林的事业比起来，仍然还是很辛酸的。

同谢林的离开一样，黑格尔的其他朋友和同事也都离开耶拿前往巴伐利亚，巴伐利亚虽然信奉天主教，但由于受到开明改革者的影响，终于决定欢迎新教的知识分子。

"神学家"尼特海默的迁移要早于谢林。尼特海默一生中都与黑格尔保持着紧密和持续的友谊，他们之间的通信特别亲密，是探究黑格尔内心思想不可或缺的信息来源。

弗里德里希·伊曼努尔·尼特海默（1776—1848），也是图宾根神学院的学生，在图宾根与黑格尔相识。他也先是当过家庭教师，然后到耶拿任教，在这里他将歌德带入了思辨哲学之门。1793年他被命名为哲学教授，1795年被任命为神学"特聘教授"。也正是在1795年，他与费希特一道出版了著名的《哲学学报》（*Journal philosophique*，1795—1797），后来也是在这个学报上发表了弗尔贝格和费希特文章，引发激烈的"无神论之争"。

1803年，尼特海默成为乌兹堡大学的神学教授，随后于1806年成为慕尼黑的教育和信仰高级顾问，正是借助这个职位，他将为黑格尔提供莫大的帮助。

1803年秋，东方学家兼神学家的鲍鲁斯也动身前往巴伐利亚。

可能有必要指出，当尼特海默和鲍鲁斯被任命到乌兹堡大学

1　1803年11月9日席勒致歌德的书信。

时，天主教的主教曾威胁要将那些经常听他们讲课的学生都教会。很显然，当后来黑格尔后来到巴伐利亚时，肯定也会遭到同样的待遇。

耶拿大学，曾一度无比辉煌，但到了1805年前后却变成了文化的沙漠，直到最终被战争毁灭。

面对事业上比自己更走运的对手和同伴，黑格尔很快会确定自己远远高出他们，他清楚自己的价值，渴望同他们一样成功，他也希望前往巴伐利亚，当时看来那里有着美好的前景。

他不断地把这一心愿告诉他的朋友尼特海默。他觊觎埃尔兰根的一个教席，认为尼特海默能帮他得到，但一无所获。

去不成巴伐利亚，他也宁愿躲到其他国家去。1805年夏，他写信给约翰·海因里希·沃斯——当时沃斯也已经离开耶拿，受巴登选帝候（Prince-électeur de Bade）的邀请，前往海德堡任职："试图对科学建立信心、为自己树立信心，这种整体努力曾经为科学带来了振奋人心的进步，而这种进步曾让耶拿充满了吸引力，您无疑比任何人都清楚，耶拿如今已经丧失了这种吸引力。在这里凋谢的东西，则在海德堡开花，而且更加灿烂；我希望我的科学和哲学，可以在那里找到合适的文化土壤"（C¹ 95）。他把艳羡的目光转向了海德堡。无论是哪儿，只要能逃离耶拿就好！

约翰·沃斯在海德堡为其接力奔走，试图为其谋求一个任职。然而沮丧再一次降临！当有位置空出来了，但是没有给黑格尔，而是给了黑格尔最鄙视、也最憎恶的哲学对手——雅各布·弗里德里希·弗里斯（Jacob Friedrich Fries）；弗里斯同样也是从1801年起在耶拿当"编外讲师"。在当局看来，他比黑格尔的好处在于，他教授的哲学更清晰、更容易理解。黑格尔一生痛恨弗里斯，除了其他的原因以外，也因为当局对弗里斯的这种偏爱，黑格尔认为这种偏爱不公平。他的心中充满了嫉妒。

黑格尔在耶拿的处境很快将变得更加艰难，到了难以忍受的程度，原因包括物质上的贫困，情感生活的纠葛及战争的影响。黑格尔对此哀叹不已，特别是在 1805 年和 1806 年期间写给尼特海默的信中。到巴姆贝格（Bamberg）短游之后，他表达了希望到那里与尼特海默重聚的愿望（1806 年 9 月 5 日的信）（C¹ 109—110）。

在黑格尔的生命中，很长一段时间内他不知道该去向何处，找不到重心。

但他性格中有一点始终未变：他懂得区分个人生活的小变动和世界的大变迁；处在个人的困境之中，却看到了精神整体进步的希望，特别是哲学进步的希望。

1806 年 9 月 18 日，面对为数不多几个学生，他对自己所教授的思辨哲学作了庄严的总结，尽管风格和语调不太恰当，但很有思想高度："我们处在一个重要的时代，处在一场酝酿之中：精神在这里实现了它的巨大飞跃，它摆脱从前的形象，并且获得了新形象。关于这个世界，从前的各种表象、各种概念及各种关联都如梦幻泡影一样消散了。精神正在准备进行新的飞跃。尽管其他人还在徒劳地抗拒，还在依恋着过去，尽管大多数人承载着这种飞跃而不知，哲学要特别欢迎这种飞跃并加以指出。哲学将精神认作永恒的同时，也要向精神致敬……"（D 352）。

黑格尔正是于 1806 年 10 月完成了《精神现象学》的撰写。

这是一部无法归类的著作，包括了各种各样的知识内容，有很多新观点，十分难懂。完全可以说黑格尔真正创新的最主要内容都在这部著作中，而且它包含了黑格尔后来在其宏大体系和各种讲演录中所发展出的所有内容，至少包含了其萌芽。

　　康德认为已经在现象与本体、相对与绝对、经验与先验之间彻底掘开了一条鸿沟（Kluft），某种意义上，黑格尔就是要从思辨上填补这一鸿沟。但既不采用费希特的观点也不是采用谢林的观点；谢林此时正于1805—1806冬季学期在柏林就"现时代最基本特征"开课，而谢林根本不明白《精神现象学》序言中所蕴含的各种批评。在悲惨的战争环境下，这部著作的印刷断断续续，分批交付出版商，从1806年2月开始，直到1807年春才结束。

　　这部《精神现象学》，如今无论是批评者还是赞誉者都将其视为"不可或缺的"重要著作，然而当时它的命运却很悲惨。首先，这本书从形式到风格都是普通读者所无法忍受的，很难找到出版商。出版商应该不会希望它会成为"畅销书"。黑格尔苦苦等待。最后，对于最后一些页码的适当延期交货，还是仰仗尼特海默提供了个人的经济担保。尼特海默真是好样的！当然，这位"神学家""教育学家""哲学家"，这位主管，受过良好的教育，拥有敏锐的洞察力，能够很好地理解《精神现象学》的意义和价值。他从图宾根时期就已经认识荷尔德林与黑格尔，并在耶拿与黑格尔成为密友。难道就因此给这位穷困潦倒的观念论者提供经济担保，让他去出版一本毫无畅销希望的书！尼特海默的动机是无法直接确定的。是因为他本人足够富有吗？他的钱又从哪里来呢？黑格尔在耶拿穷困潦倒时，歌德是否会建议柯内贝尔资助他？是从国库里拿出的钱吗？

　　当然，出版了这样一部真实而详尽地表达了自己思想的著作之后，作为作者和原创哲学家，黑格尔应该非常满意。但也会给他带来很多麻烦。其中就包括，因为一些得罪人的话，与谢林的关系立即恶化了。

　　真正的新东西要想拨云见日，就必然会有很多旧东西被驱散。

从发行和反响角度来看，该书的出版来得不是时候，同时黑
格尔在耶拿的狂热的哲学活动也即将被政治风云突然中断。

1806 年 10 月，在耶拿人们听到隆隆炮声逐渐迫近。让·拉
纳（Jean Lannes），亦即未来的芒泰贝洛公爵（Duc de Montebello）
（黑格尔稍后会有机会听说他），就是在这座城市击退了普鲁士
人。这场著名的战役使耶拿惨遭蹂躏，也彻底打破了黑格尔继续
在此发展事业的微弱希望。他的住所被洗劫一空，他与雇佣兵有
过一场激烈的口角，他不得不到朋友们家里去避难，特别是到书
商弗罗曼（Frommann）家里，备受照顾。至少他把最宝贵的东西
救出来了，这就是《精神现象学》的手稿，他不顾一切地将其完
成并付梓出版。当城市里短兵相接、战火纷飞之时，他把这部书
的最后一部分手稿随身携带。现象学进程在隆隆的炮声中宣告结
束；人们可以在贝多芬的《英雄》中重温那隆隆的炮声，这部交
响曲最初就是献给拿破仑的。

在这种困境之中，黑格尔还要照顾怀孕的情妇，以及情妇的
孩子们。他十分缺钱。歌德请求柯内贝尔向困境中的知识分子发
放一些现金。10 月 24 日歌德写给柯内贝尔："如果黑格尔需要救
济，给他十几塔勒。"柯内贝尔是什么头衔，怎么突然当起财务
官来？

就在战役后的第二天，黑格尔看到了拿破仑在耶拿的各条
街道上视察。他写了一封信给尼特海默，其中的日期写得非常
庄重："耶拿，1806 年 10 月 13 日，星期一，耶拿被法国人占
领之日，拿破仑皇帝走进耶拿城门。"正是在这封信中他悄悄写
下了自己的激情，后来非常著名："我看见皇帝——这个世界灵
魂——走出市政厅去巡查；看到这样一个人，浓缩成一点，骑在

马背上，却扩展到整个世界并加以统治，这实在是一种奇妙的感觉。"面对"这个令人无法不仰慕的非凡人物"（C¹ 114—115），他完全为之醉倒了。

但他后来认识到，"一个前进中的伟大人物，脚下会踏着无数无辜的鲜花，而且他不得不摧毁其前进道路上的很多东西"[1]。

黑格尔本人毫不留情地摧毁了传统哲学的各种伟大体系，就像拿破仑把那些过气的王公贵族打倒在地一样。

黑格尔与拿破仑的区别在于，他的胜利只是纯粹理论意上的。之前就有些坚决地想要主动离开耶拿这个已经被精神抛弃的城市，而现在他不得不离开这个被摧毁了的城市和大学。

普遍的胜利只能在个体的痛苦中才能实现。用那个生动的比喻来说，此时的黑格尔就像一朵被践踏到的小花。他希望通过移植来重获生机。他将再一次迁徙。

他周围的一切都崩溃了：德意志神圣罗马帝国，萨克森—魏玛，耶拿大学，自己即将进入大学的地位，同样也包括他与其情妇之间的关系——由于某些深层的原因，人们总是倾向于忽视这一关系。

正是在这种毁坏的基础上，帝国雄鹰张开了它丰满的羽翼。

1　Hegel, *Die Vernunft in der Geschichte (La Raison dans l'histoire)*, Hambourg, Meiner, 1955, p.105.

私生子

孩子，我已目睹你用最大的自信去迎接世界。
而世界将以某种方式在未来把你迎接，
你应感到欣慰，朋友的目光祝福着你。

——歌德，写在路易·黑格尔的留念册中
1817 年 3 月 29 日（C^3 378）

黑格尔耶拿时期的作品中，也是在其后来生命中占据最大分量的，乃是 1807 年 2 月 5 日出生的一个孩子：路易。

黑格尔这一时期的生活，是一出中产者的正剧。一向具有创新精神狄德罗开创了这种文学形式，五十年之前，他上演了一出《私生子》，随后又以一种令人难以忘怀的方式评论了这出戏（1757）。在 1802—1803 年，歌德以另一种完全不同的角度发表了他的悲剧：《私生女》。正剧还是悲剧，问题就在于毁掉了路易生命的那些东西：秘密、兄弟们的嫉妒、公众的歧视⋯⋯

私生子的出生并不会给那些为了消遣和作乐而生下私生子的

王公和贵族们带来太多的烦恼。法国国王和符腾堡公爵，他们肆无忌惮地将宫廷中的女人和女仆们搞大肚子，制造出各种各样的私生子。对于那些农奴和穷人也存在什么困难，至少没有道德上和社会上的责难：对这个水平的人来说，所有的孩子都是"私生的"，都同样要遭受苦难。

相反，如果出生在中产者社会中，私生子则标志着异常和深刻的不协调：他立即就会被边缘化。一旦有了私生子的存在，财产继承就会变得不安定。对于中产者以及黑格尔这样想要成为中产者的人们来说，这种不适当的行为会在实际上带来严重的社会麻烦，他们一般又会把这种社会麻烦升华为道德上的痛苦：在这种情况下，同其他情况下一样，个体的行为方式就与他们装出来的外表和标榜的信仰不太协调了。在严格的世俗秩序和严厉的宗教秩序的掩盖下，他们轻率而放荡地乱搞男女关系。

后来，黑格尔，带着某种庆幸，描写了那种糟糕的道德状态："最近一个叫哈勒（Haller）的人饮弹自尽了；议员施特罗摩尔（Strömer）的老婆把她尚未出阁的女儿生下的孩子扔到水里去了，她现在被关押在城堡里；最近，一个与自己女儿通奸的男人要被以车轮刑处死，他的女儿也会同时被斩首，因为他们两个把孩子杀了。还有其他很多姑娘被搞大肚子；我认识的一个人，他14岁的长女跟一个演员跑了；几天后，另一个也跑了；人们不时在水中发现溺死的女人"（C¹ 303）……

O tempora! O mores!（这是什么样的时代啊！这是什么样的道德啊！）

在路易出生三年后，黑格尔在给柯内贝尔的一封信中提到了这个生活悲剧；柯内贝尔是他的密友，对他的艳遇了如指掌。

对于这位"唯物主义者"、卢克莱修（Lucrèce）的翻译者，黑格尔无疑很愿意向其展示巴伐利亚这个城市的丑恶，尽管巴伐利亚一直炫耀自己深厚的天主教虔诚。1810 年时，在巴伐利亚还在使用车轮刑，斩首也很普遍，但是这些都没有减少淫乱。

黑格尔的这段激情可以算在不法行为和性苦闷的范畴下，为了原谅他，人们经常引证一个可以减轻罪行的情节：他认真地考虑过结婚，曾委托尼特海默，特别是尼特海默夫人，请其费心帮自己找个妻子。因此人们做出了美化的比较：黑格尔，他同那些卑劣无耻的人不同，他为自己的行为承担了责任，他很快正式承认了刚刚出生的孩子，他担负起了孩子的抚养和教育责任，他没把孩子的母亲逼到自杀的路上去。以当时的标准来看，这是高尚的行为，与普遍的行为形成了对比。这是他人格上好的一方面。

私生子的命运，以及未婚母亲的命运，同当时文学纠缠在一起。在这其中，人们会想到歌德的《浮士德》；《浮士德》的第一部分直到 1808 年才出版，但此前其他部分已经独立出版。

奇怪的是，正是通过家庭内部的私生子现象（illégitimité familiale），中产者社会隐约地意识到了自身内在的不和谐以及自身瓦解的危险。中产者社会更喜欢认为威胁来自自身的边缘或外部，而不是来自自身的内部深处。

如果有了私生子出现，这可不是什么愉快的声音！私生子破坏了家庭的稳定，腐蚀了传统价值中的信任，带坏了正统思想，嘲弄了主流意识形态。私生子损害了名声，损害亲情，损害事业，私生子本人也会陷入谴责和痛苦中，歌德所说的这些仿佛预感到了与黑格尔这个儿子有关的一切。有些人反对这种鲁莽的预判，黑格尔喜欢听到这些声音，并在《精神现象学》中加以引用：狄德罗、歌德……

在这一著作中，黑格尔用了一个章节来讨论这一问题，这一章节同其他章节一样令人惊奇，题目为"快乐与必然性"（*Le Plaisir et la nécessité*）。德文 Lust 一词既表示快乐（plaisir）也表示欲望（désir），Notwendigkeit 一词句有悲伤（détresse）的含义，这与厄运（fatalité）相近。评注家们将这一章节同歌德的《浮士德》加以对照阅读，真是恰到好处。但是，尽管不太引人注意，更直接的应该是源自他在耶拿生活的这段重要插曲吧！这一章节简直就是"卢梭式"的忏悔，当然没有那么华丽，但更具概念性。

这就是小路易的父亲黑格尔——我们几乎总是称之为路易，这是路德维希（Ludwig）这个名字的法文翻译，这个名字来自他的一位教父，即黑格尔的弟弟。另一个教父不是别人，就是出版商弗罗曼，他同萨克森—魏玛所有伟大的作家都有联系，很有名。这真是异常丰收的一年：小路易和伟大的《精神现象学》几乎同时来到世界上，也处在同样危险的环境下。

在这两件事中，出生都是痛苦的——如果说黑格尔曾经相信普遍的、预定的、注定的和谐的话，那么 1807 年将是看透这一点的时候。但他早已不再天真，他知道自己已被抛入了一个没有同情的世界。

他不仅不会对宗教意义上的"罪孽"（péché）感到痛苦。总体而言，他也不相信罪孽的事实[1]，也不反对关于罪孽的各种传统定义。任何悔恨都不能侵入他的内心。他只是自发地完成康德所讲的义务，但这种义务对于坏蛋是毫无作用的。他不需要别人来强迫他服从那些命令。他照顾他的儿子，有好的方面也有坏的方面，但是坏的一面将会占据上风：对他来说，私生子总是会带来麻烦和痛苦，既有内在的也有外在的。

1　关于原罪：*Leçons sur l'histoire de la philosophie* (Garniron), tome III, p.476–477.（"如果没有什么重要性的话，带有［这种弱点和错误］的人会立即原谅自己……"！）

黑格尔是同他的女房东生下的这个孩子。这个女人的社会地位没有办法准确判断了，但很卑微。她叫克丽斯蒂安娜·莎尔洛特·热娜·布克哈特（Christiane Charlotte Jeanne Burckhardt，1778—1817），自从同她丈夫分开之后，已经生过两个私生的孩子。黑格尔似乎一度非常爱她，直到后来的分手，现在我们已没有办法确定分手究竟是谁的责任了——因此这还是一个悬而未决的问题。

爱情死了，只剩下烦恼！

对于黑格尔而言，只要热娜·布克哈特还活着，她就是焦虑和烦恼的一个来源。哲学家的内心并不比其他人更单纯、更透彻。当与她彻底断绝了关系之后，很长一段时间他还继续表现出一种温情，因为他总还是把她称为"我孩子的母亲"（C¹ 214）。他向她承诺过婚姻么？虽然他当时穷困潦倒，她还是这样期待的，并竭力断绝所有其他旧情人的联系。当1811年黑格尔打算同玛丽亚·冯·图舍尔（Maria von Tucher）结婚的时候，情况就完全不同了，他请求在耶拿监管孩子学习的弗罗曼夫人，闺姓维塞尔霍夫特（Wesselhölft），将此事对"布克哈特那个女人"保密，以使她不能前来妨碍。

当她1817年早逝的时候，他只想要尽快把她忘掉，葬礼上的悼词也很简短："沃斯［海因里希·沃斯（1779—1822），哲学家、翻译家，著名的约翰·海因里希·沃斯（Johann Heinrich Voss，1751—1828）的儿子］把路德维希为我们带到这之后，我就把他母亲的死讯告诉他了，这个消息是之前沃斯通知我的。她一直比我更爱他。我的心与她早就结束了，现在我也不用再畏惧她与路德维希之间令人讨厌的联系了——同样也包括与我妻子的直接联

系［……］。路德维希对我和我妻子来说是愉快的对象。"（C² 140）

很少有令人愉快的死亡！小路易，他永远不会忘记他的母亲。特别是在这个阶段——他当时已经 10 岁了，他迷惑了所有人：他的父亲、他的继母、弗罗曼一家、他的老师维塞尔霍夫特姐妹、歌德、柯内贝尔（他也在路易的留念册里题字了）以及沃斯；沃斯当时正负责陪伴这个孩子，从他的角度写信给拉莫特-富凯男爵（Baron de La Motte-Fouqué），因此这位著名的作家将会得知"私生子"的事："我路过耶拿，我从那儿带来了哲学家黑格尔的长子，黑格尔是我现在的同事，那是个非常讨人喜欢的孩子，非常有天分，活泼，令人可怜，特鲁塞丝（Truchesse）已经开始对对他有感情了。"（B⁴ 127）

几年之后，路易将会被所有人讨厌，也讨厌所有人。谁的错呢？

很显然，这个被承认的私生子的存在，为黑格尔迎娶出身于纽伦堡贵族家庭的小姐带了来不便。对黑格尔来说幸运的是，这位贵族小姐已经处于身无分文的境地了，也没法要求得太苛刻。黑格尔应该一定是向未婚妻、向岳父母、向牧师承认了已经四岁多的小路易的存在，人们猜想他使用了一些省略细节的谎话。但是这位未婚夫的诚实性得到了尼特海默一家人的担保，如同在《精神现象学》出版期间，他们向书商担保他的偿付能力一样。但仍然还有很多障碍需要克服：夫妻之间的巨大年龄差距——她20 岁，而他已经 40 多了；求婚者的平民地位；还有最不可原谅的错误——黑格尔的贫穷。预定的婚期因为没有钱支付结婚的费用而被推迟。但是黑格尔有其他的一些优势，特别是天资，未婚妻最终正是对这一点表现出了兴趣——这个纽伦堡中学的校长，已经是一位知名的学者了，可以期待他将来成为作家。

这对夫妇后来所生的两个合法孩子，他们似乎很讨厌这个难缠的同父异母哥哥，总是尽力阻挠黑格尔尝试过多次的家庭融入，虽然黑格尔夫人，从继母这样一个尴尬身份出发，对这种家庭融入做出了真诚的配合。最终路易还是被排斥在这个家庭之外，他的父亲也收回了姓氏。这样他接受了母亲的闺姓——费舍尔（Fischer）。

但是由于他一开始就被合法地承认了，那两个合法的儿子除了对此事懊恼之外也别无他法。他们还是太年轻了，所以在 1831 *182*年，跟在他们父亲的灵车后面的时候，他们还在担心路易会不会出现并追偿，担心会不会有三分之一遗产从他们的眼皮子底下溜走。

黑格尔，很快被迫离开了耶拿，带着巨大的悲伤，孑然一身，离开了同居的女人；黑格尔不能亲自照料这个新生儿，后来这个新生儿成长为小孩子的时候，黑格尔仍然不能亲自照料他，但是孩子并没有交由他的母亲照看（人们可以想象那些严厉的谈判和诉讼！）。他很幸运，能够把孩子托付给一所学校，这所学校的领导者都是一些杰出而友善的人，包括弗罗曼夫妇各自的母亲，维塞尔霍夫特姐妹。人们想知道他是否能够适当地补偿他们，又是通过什么手段呢。在耶拿，小路易的这些监护人都不是普通人。弗罗曼，著名的书商，他的名字总能为出版社增色添辉，模范共济会会员，扮演着重要的文化角色。弗罗曼夫人，是汉堡著名编辑弗里德里希·波恩（Friedrich Bohn）的妹妹；波恩开明且大胆，费希特在窘困的时候曾经打算在他那里出版一本著作，费希特写道："他敢于编辑最麻烦的著作"[1]。

1　Fichte, lettre à Reinhold du 22 mai 1799.

尽管是私生子身份，小黑格尔还是一下子就进入了最好的社交圈子，这些都是与黑格尔有频繁而亲密往来的人：歌德、弗罗曼、波恩、维塞尔霍夫特以及众多与这些人有联姻关系的人。真的很难想象，这个父亲不太出名、母亲遭人弃绝的小子，竟然能够在歌德这位部长、这位德国最伟大的诗人的沙龙里，在歌德的膝盖上欢呼雀跃。但是，歌德有他特有的预见性，在他写在这个 10 岁小孩子的留念册中的几首诗中，他就已经预感到，将来有一天这个孩子会需要想起，在他的尚且幸福的童年中，曾经有一位伟人用慈祥的目光注视他，可以用来抚慰将来他可能面对的不幸。

歌德猜想，在当时的条件下——他本人描写了那个时代的邪恶特征，私生子的生活必然是脆弱的。诚然，在其生命的不同时期，黑格尔的朋友们，通常是那些文化生活中的名人，如尼特海默，或者是政治和民主生活中的名人，如范·戈尔特（Van Ghert），就像人们所说的那样，集体动员起来服务"黑格尔的儿子"。但是一切都没有用。他最终还是沉沦下去了。他缺乏迎接世界的热情，很快失去了"自信"，虽然歌德认为曾经在他身上发现过这种自信。

24 岁，他的生命终结了，就像一出庸俗传统剧、一部黑色电影：头脑发热加入了外籍兵团，后来毫无荣耀地死在巴达维亚（Batavia），他的厄运从一开始就注定了……

参考的不同的相关文献，特别是对他写给朋友的信中用来描述自己的简短自传的重视程度不同，导致人们对黑格尔这个儿子行为的评价有所不同。人们可以看出这个自传写得还不错，但是作者却认为自己是完全"失败的"，"一无是处"，等等。1825 年他对自己的评价还不错，但是却攻击了他父亲。他甚至拒绝继续

183

称他为"父亲"——但后者却真的不再称其为"儿子"。

在这段时间里,在哲学家关于他的信件中,特别是写给弗罗曼的信件中,表现出了很多关爱和忧虑。他想让这个孩子成为一个人物。他关注着孩子的发展和进步,在希望与气馁之间不断地徘徊。

在其结婚之后,甚至是在另两个儿子出生之后,黑格尔及其夫人,试图把孩子接到家中,并在家中抚养他。他对任何好的征兆都感到高兴,像对待其他两个儿子一样,他在柏林的法语中学为他注册学习。所有这些努力,最终收获的只有失败,这让人感到很残忍。路易在什么地方都感觉不舒服,所有学业都不成功,学不到任何手艺,总是被排斥,而他也排斥一切。

这个被错爱的人,他身边的熟人,或是认为跟他很熟的人,以及他的父亲,都不去谈论他的继母,结果却造成了一系列误解、危机、从未兑现的庄严承诺、临时的和解、尴尬的妥协:这就是这对父子的悲惨历史,他们身不由己,互相给对方同时也给自己带来了不幸。

一方,没有任何失职,没有哀求,没有压制;另一方,没有抗议,没有离家出走。当被指责为忘恩负义时,路易的回答则是,人们故意摧毁了他原本善良并充满希望的本性。

一段特别不愉快的插曲将事情彻底变糟:路易被确切证实犯有盗窃罪。或许这只是压死牛的最后一根稻草,或者这只是人们要暗中监视他的借口。事实上,那是一个很小的数额——60芬尼!黑格尔对此怒不可遏。他从路易那里收回了姓氏。他不再配得上黑格尔家族的高贵姓氏!从此之后他叫做路易·费舍尔。路易觉得收回姓氏是极大的不公正,是一种无法弥补的羞辱。他的父亲拒绝让他继续学习向往的医学,而是强迫他去做商业雇佣学徒，但是他自己放弃了。虽然得到了来自歌德这位朋友的目光的祝福，也不能抚平这一伤痛。他叛逆了。

人们对此目瞪口呆，可能是由于缺乏详尽的解释。那么他的父亲对此如何看呢？他的行为是对原始父权的否认。在所有这些失败之后，如今人们已无法确定这些失败的最终责任，但毫无疑问是相互的、不可避免的；在1825年，黑格尔为路易在荷兰殖民兵团中购买了一个军官职位，人们无法确定，这是否仍然是他为了儿子能有一个体面的将来而做出的一种尝试，或者相反，是一种摆脱儿子的简便方式。1826年路易动身前往巴达维亚，从此杳无音信，5年之后路易于1831年8月28日死在了那里，比他的父亲早3个月，由于通讯的异常缓慢，他的父亲并未得知他的死讯。路易·费舍尔的死亡报告上的死因为一种"寒热症"，同他父亲所患的"霍乱"一样不可靠……

文献表明，无论如何，在路易到巴达维亚服役之后，黑格尔还是非常关心儿子的境遇，关心儿子的军旅处境。这就是分裂的灵魂！他想让他出去远行，摆脱所有的烦恼！但是当儿子远离之后，又担心他会成为什么样子，他尽力帮助儿子进一步成长，但却只得到了失望。

荷尔德林在法兰克福遭遇了一段受阻的爱情；黑格尔在耶拿陷入了不幸的父子关系。其中一个疯掉了。很庆幸另外一个没有被此压垮。

气量狭小的偏见，支离破碎的感情，在这些重负之下，路易·黑格尔死掉了。偏见总是难以清除的！霍夫梅斯特尔的功绩在于，他不乏善意地公布了一段与路易相关的文献，他批评黑格尔的另一个儿子、历史学家卡尔·黑格尔，批评他在这一问题上所采取的"令人难以忍受的缄默政策"（C^3 378），但他却也大肆指责路易对"遗产处置",显然是指来自路易不太光彩的母亲那里的遗产（C^3 378）。但是这令人悲痛的"遗产处置",并不在这个小孩子的手里。黑格尔在临终之前准备总结一些教育原则,但是他在对自己私生子的教育上却完全失败了——他真是陷入了一个非常微妙的境遇之中。

同其他人一样,黑格尔的生命也包含了不同程度的快乐与痛苦、希望与失望、成就与挫折。命运带给他很多不幸。人们可以详细地叙述他的那些成功,可以恰当地评价他的巨著,无限地增加他的荣耀——但是在那些持续的、沉重的、令人心碎的伴奏中,人们总能听到这个私生子的痛苦和呻吟。

黑格尔的传记作家通常对他的品德大唱颂歌,他们都是依据自身的宗教标准和保守派标准来推断,或是依据这位哲学家临终之前自身所公开宣扬的道德准则来推断。他在生活中应该同他的著作中一样理性和智慧:旧式的新教徒,就像这个宗教的内在传统所刻画的那样,就像他自己所要表现的那样。在这方面,黑格尔应该在童年就获得了不可磨灭的道德烙印,并且他永远也不会抛弃。在这样说的时候,人们忘记了他年轻时所写的东西的本质就在于揭示出,宗教及通常展示的道德,实际上是"不能用在生活中的",是不能实践的。

1912 年,罗克写道:"早些年间,除了带有一定中产者的庸俗（原文如此!）,他一直保持着正派和俭朴的生活口味"[1]。如果这就是他的口味,他真是得到了很好的招待啊!

此前,1905 年,狄尔泰更详尽地写道:"他所成长的家庭环境,简单、严肃、富有旧式的新教精神。即使后来魏玛和耶拿的

1　Paul Roques, *op.cit.,* p.21.

各种准则改变了他对生活的看法，但至少对他的个人生活操守来说，其童年生活中的那些非常高尚的古老道德形式，总是决定性的：就新教道德以及童年家族生活的戒律方面而言，他自身的生活是无懈可击的。"[1]

这就是小路易在摇篮中啼哭的原因！无论是狄尔泰还是罗克，都不谈论他的存在，他们都没有提及他的存在。黑格尔时代的新教徒经常以比其他宗教或无神论者在道德上更纯洁、更严守道德戒规而自夸。

老实说，我们不能确切知道在黑格尔童年家中实际上流行的是何种"道德"。新教的道德，在其"古老形式"下，在各种声明之中，是否允许一个单身汉与一个有过通奸前科的已婚女人生出一个多余的孩子？

对于自身，黑格尔喜欢以自己的方式反思这种享乐主义的行为，但是以一种广泛普遍性的口吻，将其视为意识发展的典型和必要的阶段。在《精神现象学》的那一特别章节中，他以一种辩证的方式，阐明了他所表述的个体欲望的致命后果。意识屈服于快乐欲望时认为更彻底地实现了自身，却看到自身的行动反过来反对自身，迫使自身采取另一种态度，迫使自身提升到自身发展的另一个水平上。

尽管黑格尔的文风很晦涩，内行读者在这里还是能感觉到黑格尔所分析的"快乐欲望"中的肉欲成分。在这一章节中，难道没有对作者亲身情感经历的理性分析吗？如果考虑到时间问题，就有可能提出反对意见：路易·黑格尔于 1807 年 2 月 5 日出生，即便再放松条件，《精神现象学》也已经于 1807 年三月就

---

1 Dilthey, *op.cit.*, p.5.

在巴姆贝格的出版社出版了。黑格尔本人曾声称在耶拿战斗的前夜（1806 年 10 月 14 日）就已经完成了手稿。但无疑黑格尔应该已经知道情妇怀孕了，另外我们还知道，黑格尔是分批陆续将手稿交给出版商的，不停地增加、删减、修改，甚至包括著作的整体结构。那么所有这一切是否足以推测黑格尔在修改关于快乐这一章节时已经想到了这个孩子呢？他有时间将这个新生儿写入自己的著作吗？

在其他很多情况下也出现了著作和事件之间何者相对在前的问题，这里正是展示它们的好机会。《精神现象学》中的另外一个章节："同自身异化了的精神"[1]，其中对狄德罗的《拉姆的侄子》（*Neveu de Rameau*）的引用让人很惊讶，人们要怎样的时间顺序来解释呢？除了引用内容之外，人们会奇怪黑格尔怎么有时间引用歌德的译本，只有在歌德的译本中才有这样的文字形式，而歌德的译本直到 1805 年才出版：黑格尔想要发表一个哲学体系的想法可以追溯到 1802 年到 1803 年……1806 年所构想的只不过是一个导论。

拉松（Lasson）在他编辑的《精神现象学》的序言中做了很多清晰的解释，但并没有触及关于这一章节的这个特殊问题，也没有对引用歌德译本的条件加以说明，特别是没有用编年的方式来说明。尽管没有其他的确切发现，在异化世界概念和阅读《拉姆的侄子》之间，以及前面提到的小路易的新生啼哭和《精神现象学》中能够提供恰当解释的概念之间，我们还是可以去思考究竟何者在先。

与路易·黑格尔相关的这一内容，无论是两种可能性中的哪

---

1 *Phénoménologie de l'esprit* (Hyppolite), *op.cit.*, II, p.50.

一种，都同样的令人吃惊和好奇：要么是在关于快乐的这一章节中，黑格尔已经受到了即将出生的儿子的影响，要么是继歌德的剧本之后，他对于孩子的出生以及由此带给他的各种后果的预感。无论是这两种情况中的哪一种，这种遭遇都是离奇的。

《精神现象学》这部哲学著作，其构思、撰写和出版，都是黑格尔经历过的最复杂、最戏剧性的环境下进行的！而且是在一场战役中完成的！

如果像人们的传统做法那样，将黑格尔的生活方式看作有条不紊、"中产阶级式的"（bourgeois）、理性的，从而与其同时代的那些人以及其一些朋友们［荷尔德林、谢林、柯略策尔（Creuzer）、等等］喧嚣的浪漫生活完全对立起来，这是很难理解的。即便他的生活作风是"有条不紊"的，哪怕是至少表面上如此，这也必定是由于某种苦涩经历曾带给他许多无法挽回的后果。

188 关于《精神现象学》的混乱构思及狂热撰写，关于它少得可怜的发行量，拉松在其为该著作所写的序言中提供了足够详细的描述[1]。随着拿破仑的进军，黑格尔用其天才即兴创作方式在边境军事区撰写《精神现象学》，之前做过漫长的准备，但总是迫于最新消息而不断改变意图。

后来发生了一个出人意料的事情，这使得人们能够确定，黑格尔在这种情况之下是非常迅捷的：黑格尔敢于在最后时刻修改著作的草稿。在他 1821 年的《法哲学》一书中，黑格尔插入了一条注解，极力反对路德维希·冯·哈勒（Ludwig von Haller）的历史–政治学（historico-politique）理论；哈勒是普鲁士宫廷偏爱

1　*Phänomenologie des Geistes*, Hamburg, Meiner, 1952, p.XXVII–XXVIII.

的理论家，是皇太子思想的来源。因此黑格尔表现出了一种令人难以置信的对现状不满的大胆。无论如何这并不意味着黑格尔忽视利益，他并非英勇地去面对镇压，而书报检查制度也并没触及这一注解——从《法哲学》的完稿时间（1820）到出版日（1821），被书报检查制度的操作推迟了一年[1]，在这期间发生了一件令哈勒的普鲁士拥护者们意想不到和震惊的事件：哈勒皈依了天主教。在普鲁士他不再受保护，并且受到普遍的谴责。黑格尔激烈地批判了他[2]，但是他应该是以非常迅速的方式得知了这一事件。

这些轶事表明，黑格尔有能力在已经充分阐述过的文本中以特别巧妙的方式插入一些新的内容，当然有时也会造成混乱。他的私生子为他的生命带来了意外，他可能想用感人的方式来使已经明确地确定了方向的现象学发展变得更丰富。在黑格尔那里，总是最后时刻才能决定。他总是时时刻刻从最新的新闻中提取内容。

在耶拿，在足够自由和开放的知识分子环境中，黑格尔并没有隐瞒他的这个儿子的出身。当他重新回到这个城市的时候，他把儿子介绍给最亲近的社交圈，也得到了亲切的接纳。

相反，在后来的各个居住地，根据不同情况，他开始或多或少地加以隐瞒了。此时环境已经不受他控制了，他需要用技巧来面对。

在柏林，在他生命的晚期，对这位曾在图宾根神学院学习过的"神学家"而言，对这位希望将家庭建立在"思辨"基础上的

1　霍夫梅斯特尔说"书报检查制度的审查［……］使其《法哲学原理》的发表推迟了一年"（B² 447）。卡莱尔没有保留这一点（C² 337）。
2　关于哈勒事件，参见后文。

卫道士而言，对这个在所有领域都虚伪地赞颂合法性的人而言，在 37 岁时草率地生下一个孩子并加以承认，而这个孩子从此将不体面地与他的人生之旅纠缠在一起，这也不是小事。

如果他的艳遇被公开散布出来，不难想象他的反对者们会从中获得什么好处。《法哲学》的批评者们就会对此奔走相告！最好还是让路易的存在以及《让-雅克·卡特书信集》的发行都成为秘密。

他的这种谨慎有很多可考的迹象，但这里我们只讲其中一个。黑格尔让他的三个儿子都在柏林法语中学注册学习。我们注意到，在中学的注册登记中，路易记录的出生日期完全是假的：1821 年 11 月，另外两个孩子则被标明出生于 1822 年和 1823 年（B⁴ 127）。因此路易应该是被视为黑格尔夫人所生，同其他两人一样！在荷兰军队的登记簿上，他以路德维希·费舍尔的名字注册，1807 年 3 月 5 日（原文如此！）威廉·布克哈特（Wilhelm Burchart）之子（原文如此！）（B⁴ 135）。

黑格尔生活在一个不道德和虚伪的社会中，他对这个社会有着透彻的认识，他不得不加以隐瞒。在柏林，他确实有很多事情要隐藏起来。他能不顾及事业吗？他能不顾及生存，不顾及自己和家人吗？

如果说他的这种极端谨慎完全可以理解，但黑格尔的后人以及历史学家们的沉默和谎言了就很难解释和原谅了。在他死后，这家人立即封锁了这件事。哲学家的妻子更容易原谅，她仿佛随着黑格尔的死而消失了，但是两个合法的孩子——卡尔（Karl）及依曼努尔（Immanuel），他们应该出来澄清实事，况且他们一个是历史学家、一个是牧师。出于人们所谓的家庭尊严，他们闭口不言路易的存在，并且消灭一切对他的回忆。这位历史学家在他的《生活与回忆》(*Vie et souvenir*, 1900)一书中，一次也没有提到路易的名字，并且，在 1887 年首次公布其父亲的《书信集》的时候，他彻底地删掉了有关路易问题的所有内容。黑格尔的朋友和熟人，至少是那些知情者，他们也都认为应该加入这种缄默。

罗森克兰茨在为他的《黑格尔传》(*Vie de Heggel*)整理资料期间，于 1844 年就完全应该听说过路易·黑格尔了，但他只字未提。1901 年库诺·费舍尔没有提，1905 年狄尔泰也没有提。这种串通的沉默本身就足以说明，对于黑格尔这个一直以来被视为可耻和应该受谴责的艳遇，他们十分惶恐地赋予了很大的重要性。在这个孩子和他的父亲死后，人们越俎代庖来否认他的存在。

他们确有可能真的没听说过他的存在。要想知道这件事，他们需要找到隐秘信息来源，或者是熟悉那些发行量极少的文本。无论是整天跟在未婚妻屁股后面跑的克尔凯郭尔（Kierkegaard），还是把不正常的父子关系转移到朋友恩格斯那里的马克思，都根本不知道小路易的存在。就这一点而言，他们所认识的只能是另一个黑格尔……

除了哲学家的私人通信以外，对小路易的第一次文字记载出现在法恩哈根·冯·恩瑟的一个手写注解中，时间是 1844 年 7 月 4 日，但是直到 1916 年才由拉松出版（C³ 378）。法恩哈根·冯·恩瑟是黑格尔的朋友和崇拜者，曾与黑格尔合作过《批判哲学年鉴》(*Annales de philosophie critique*)，总体上比较了解柏林生活的内幕。然而他也是直到 1844 年才知道这个私生子的存在，是在与历史学家兼评论家列奥（Leo, 1799—1878）的谈话中得知。列奥最初是自由主义者、黑格尔的信徒，1832 年后成为反动派、反黑格尔派。

在法恩哈根·冯·恩瑟面前，列奥对罗森克兰茨在其《黑格尔传》中只字未提这个私生子表示遗憾。列奥说"这个私生子在他父亲的生活中扮演了重要而悲伤的角色，并且对他父亲来说，一直到死都是一个痛苦的折磨"（C³ 378，注解 4），这是已经被翻译者缓和了的文字。事实上，依据法恩哈根·冯·恩瑟的德文文本，列奥所强调的，正是给黑格尔带来的各种严重后果：这个儿子"最终严重地束缚了他的生活，成为了无法抹去的悲伤和刺骨之痛"[1]。法恩哈根·冯·恩瑟所转述的列奥的措辞，确实很难翻译成法文，但是表现了这个父亲痛到骨子里的特征，特别是，这个儿子的存在不仅影响了他父亲的灵魂状态，也影响了他父亲的生活。这个儿子的存在使得他不能正常生活。

显而易见，黑格尔的夫人也没能够逃脱这种无法治愈的痛苦："……她对自己给予他［黑格尔］的爱太过自信了：她希望让这个儿子来家里住，但是后来她发现这种负荷和困难太过庞大了，并且在这一处境中她感到莫名地（unsäglich）痛苦"（C³ 378，被缓和了的译文）。

事实上，一直要等到 1894 年（黑格尔死后六十多年！），路易的存在才被《歌德年鉴》[2]（Goethe-Jahrbuch，1894，p.265）所揭示。在发现了歌德写给这个孩子的四行诗之后，莱德里希（Redlich）用了几行文字来联想这首诗的受献者的状况。他用的完全是猜想的方式，内容有半页纸，解读了歌德的诗句，以一个猜想结束："在此之后，路易·费舍尔去当了荷兰雇佣兵，去了印度，他好

1　有关生命消耗这段文字，卡莱尔没有翻译（C³ 378）。

2　*Goethe-Jahrbuch*, tome XV, 1894, p.265.

像是已经死在那里了。"

哲学家以及他们的私生子女，没有一个走运的。有些早早地夭折了，例如笛卡尔的小弗朗希娜；有些稍晚一些夭折，例如黑格尔的小路易。

第十一章

巴伐利亚

阴霾笼罩了整个文明世界……

——*尼特海默论复辟*
（ 1815 年 11 月 19 日 ）（ C² 58 ）

黑格尔对于耶拿战役的结果感到高兴。这是拿破仑的胜利，这个新时代的伟人，将法国大革命的一些政治和文化胜利通过暴力带到德国。但是这种带有"普遍性"特征的胜利却给广大的"特殊性"个人带来了最糟糕后果。黑格尔，此时正处于最彻底的贫困之中，又为感情上的麻烦所困扰，不得不到别处去谋求出路，同时把怀孕的女友抛在了耶拿，但他可能并不对此感到愧疚。

尽管尼特海默在巴伐利亚身居要职，还是费尽周折才在巴伐利亚的一个城市为黑格尔谋得了一份工作：当地报纸《巴姆贝格报》（ *Die Bamberger Zeitung* ）的编辑！全新的转变：这并不是黑格尔梦想的职业，但也只能凑合了。他欣然地接受了这个新职位。当人们首先在教学方面有了奴役经验之后，成为"笔奴"就更容易了，而且整体上更适应压迫了。

起初，黑格尔满怀激情地担负起了工作，尽管有一些显而易见的困难，还是决心将其推向繁荣。前景整体而言并不悲观。巴伐利亚正在焕然一新。在长期的极端专制主义和普遍的蒙昧主义时期之后，巴伐利亚，在王室的授权下，由蒙特格拉斯（Montgelas）领导，他精神开明，是个改革家，光照派老成员。实质上这个公国受拿破仑"庇护"，服从法国的指示，可能正是因为如此，出现了一定程度的繁荣。相应地，通常来讲，即便用好听的话来讲，庇护也就意味在很多方面要顺从。

自由化的重要后果就是，信奉天主教的巴伐利亚暂时向信奉新教的知识分子们开放了，他们之前是被排斥在外的。很多信奉新教的知识分子，在耶拿失去了依靠，就都蜂拥来到巴伐利亚。我们只说黑格尔身边的人，谢林、雅克比（Jacobi）、尼特海默、鲍鲁斯、乌兰特（Uhland），都在这里的谋得不错的职位，得到庇护。尼特海默迅速谋得了 Landesdirektionsrat（巴伐利亚高级官员）这一职位，并且给黑格尔安排了报纸编辑的工作，他究竟是采用了什么手段？又是借助谁的庇护？

虽然不是到街头去卖鞋油，但黑格尔需要在报纸中去兜售新闻。虽然更体面一些，但是无疑他并不喜欢这一职业。当然他更喜欢到巴伐利亚某个大学谋求一个教授职位，但当他到巴伐利亚的时候，所有的职位都已经被占满了。他也只好委身当记者了："我会对这一事务感兴趣的，因为［……］我对世上的各种事件都充满好奇，就这一点而言，我宁愿没有这种好奇心并转身离开"（C¹ 136）。他在耶拿不是曾说过吗，"阅读报纸乃是现代的晨祷"（D 360）。事实上，他显得非常好奇，但在出发前有后悔了，就好像从来没有想到会真的发生一样。

他从 1807 年 3 月开始工作，一直坚持到 1808 年 11 月。简短的经历，但却十分有教育意义和锻炼意义。

他仍然还是很讨厌这一权宜之计。当被迫适应了这些新东西之后，他在谢林面前为与自己的状况辩解："即便所有人看来这份工作本身都是不合适的，但至少是没有任何不体面"（C¹ 138）……这不是充满激情，而是一种愉快的顺从。黑格尔深信自己的失望乃是源于欧洲政治风云的整体趋势，但是他对德国的复兴抱有希望，希望德国的复兴将会带给很多好的结果。

对政治风云意义的这种评价，见于写给之前在耶拿的学生泽尔曼（Zellmann）的一封信中，此时他即将离开耶拿。这封信表明他非常信任这位通信人，因为，尽管我们不知道这封信是在什么样的实际情况下发出的，但通过一种斯宾诺莎式的口吻，他大胆地写道："您看起来很关心当下的历史；事实上，文明对野蛮取得胜利、精神对缺乏精神的理智及对虚假的机智取得胜利，这最能让人增强信心了。"（C¹ 129—130）

在当时，如此加以赞扬的胜利，明显就是拿破仑的胜利了。

尽管有这种激情，但黑格尔还是建议，面对世界风云应保持一种斯宾诺莎式的冷静态度："唯一的科学就是神正论（théodicée）；它既会防止我们在政治风云面前陷入动物式的恐慌，也会防止我们将政治风云归因于时机的偶然性或者是归因于个人才干，防止我们将帝国的命运局限在某一个山冈的占领或丢失上；即便看到非正义取得胜利或者正义遭到失败，它也会让我们不去哀叹"（C¹ 129—130）。

因此在德国和法国之间形成了一种对比："经过大革命的洗礼，法兰西民族不仅从很多制度中解放出来——脱离了幼稚的人类精神已经超越了这些制度，因此这些制度对于法兰西民族和其他民族来说都是荒谬的枷锁；除此之外，个体摆脱了死亡的恐惧和传统的生活方式，环境的改变彻底打破了传统生活方式的稳固性；法兰西民族相对于其他民族，其强大力量的来源，正是这种大革命。法兰西民族为其他民族的狭隘精神和麻木带来了压力，这些民族，最终会被迫放弃它们对于现实的惯性，它们将摆脱旧的惯性，获得新的惯性，甚至可能会超越它们的老师（因为情感的内在深度将表现在外在的行动中）"（C¹ 129—130 mod）。

黑格尔就是在这种精神状态下来到巴姆贝格的——法国人由于大革命而崛起了，德国人将模仿他们，并依靠自身的才能很快超越他们。很明显黑格尔不能公开地表达这样的观点。

大革命的法国和拿破仑的法国提供了教育和榜样。黑格尔强烈相信：德国将做得比这位老师更好，因为在德国存在着一种深刻的精神内在性。

巴姆贝格

《巴姆贝格报》，每日发行，通常就相当于我们现在所谓的日报。它主要发布行政通告、当地生活的各种消息，此外辅以对民族和世界政治风云的一些简短说明。这不仅仅需要评论和评价对这些政治风云，而且意味着编辑需要同时只能从已经被书报检查制度控制过的法语报纸中获取信息，捕捉到这些政治风云的存在。

从拿破仑的出版物中获取灵感，黑格尔并不讨厌这样做。但是，在选材、表述和编辑信息的过程中，尽管只能是少量而谨慎地，但他怎么可能完全放弃思考？怎么可能不加入一些个人的思考？

我们可以猜想，在"正常"的情况下，他将会是一个非常好的报纸编辑和领导。

他对每一项工作都会投入最认真和最谨慎的努力。在这一特殊的形势之下，他从没有出现懒散或漫不经心——人们通常能在编辑身上发现这种特征。此外，他最关心的就是国内外的政治生活，超过其他一切。总体而言，他对出版的作用有很高的期望，他对出版也很有野心。不受约束，又获得了必要的条件，他应该希望将《巴姆贝格报》办成资讯和反省的杰出机关报。他有时还批评"德国的这种对真福的仰慕和对传统的谄媚"（C¹ 168），他还将之归罪于天主教徒。这些新教徒，他本质上就是反叛的！

正直、虔诚、批判精神——这正是临时政府所畏惧的东西。因此他逆流而上，头脑十分清醒，不断取得进步，这相当一部分是由于他足智多谋的能力。

传记作家们一般都错误地惊讶于他对于其报纸的关心程度，他们感到他们自己无法做到那样。他们只将这一工作理解为一项暂时性的谋生手段，一个本身可以被忽略的权宜之计。他用心对待这一工作，并像使命一样去完成它，这是完全可以理解的。此外还有，他不知道将来自己是否能够找到更合适的职位。

在他的新事业中，他展现出了一种非常实用的精神，关注技术细节，选择更白的纸张，印刷字体更清晰。他特别努力为读者寻找最确切、最可靠、最有趣的信息，并以最生动的方式向读者传达。

在他的报纸中，他描述勒费弗尔将军（Général Lefebvre）攻占旦泽（Danzig）、弗里德兰战役（bataille de Friedland）、《基尔斯特合约》（la paix de Tilsit）、法国远征葡萄牙、法国海军炮击哥本哈根（Copenhague）、这场西班牙战争的开始——他后来又从政治角度做了评论、埃尔伏尔（Erfurt）会晤……他就像这样时刻关注新闻，而且主要都是军事上的。

《巴姆贝格报》的读者可能会注意到（而我们通过阅读他当时的通信可以更确切地感受到这一点），黑格尔越来越多地直接使用直接目击者及一些身居要职的朋友提供的信息，来补充他从预先受过检查的法国出版物上获得的信息。这种不受约束的报纸编辑活动不可能持续太长时间。对于一个急于阐述和教授其个人理论的哲学家、形而上学家，这需要很大的善良意志，或者说是完全被逼无奈，才会持久地满足于此。艰难的物质条件、受压抑的精神状况，对于自由而天才的精神来说，很快成为一种痛苦，他起初可能也没有预料到这种沉重。

在尽职尽责地工作的同时，他不可避免地同权力当局的复杂、缺乏条理的约束发生冲突。这一经历，同其他经历一样，必然糟糕地结束。

冲突爆发了，如今我们无法知道，是黑格尔半主动地挑起这一冲突，抑或是他任由其到来，抑或是他对此毫无准备。最初的那些评注家，虽然他们没有对此完全沉默［例如穆克（Moog），他认为黑格尔十分无奈地离开了报纸和巴姆贝格!］，但并没有给予更多的关注，也没有十分认真地收集资料。事实上，这种巧合不难理解，当有人强迫黑格尔离开的时候他已经想要离开了。

黑格尔又跑去找那些秘密信息提供者。因此我们看到黑格尔去求助于柯内贝尔，他在文化界是颇受争议的人物（歌德的朋友、唯物主义者、无神论者），黑格尔与他在耶拿就非常熟识，正是他向黑格尔提供了埃尔伏尔会晤过程的全部细节（C¹ 220—223，224—225）。因此，黑格尔才能够于 10 月 5 日就发布皇帝与沙皇开始会晤的消息，此时会晤还没有结束（1808 年 10 月 14 日）。在期号为 10 月 26 日的《巴姆贝格报》上，黑格尔再次重提此次会晤细节，但是这一次他似乎不用再去找柯内贝尔帮忙。然而，正是由于这篇文章黑格尔受到了巴伐利亚政府的责难，他被责令公布信息的来源，事实上是被责令供出指定的信息提供者的名字。这是黑格尔决不会做的事情。

权力当局似乎对 10 月 5 日的文章已经相当愤怒，而 26 日的文章无疑是火上浇油并成为了他们的借口[1]。

他们的不满从此前 7 月 19 日的一篇文章就已经开始了，该文章中指明了巴伐利亚军队三个师的驻扎地点。他们当时有找黑格尔的麻烦吗？权力当局弄混了《巴姆贝格报》上若干文章的内容，他们胡乱地指责黑格尔的泄密，然而这一次的内容却并不是来自秘密渠道。我们没有找到指责黑格尔的那封信，但是我们读到了回信。他很好地为自己进行了辩护，同时解释了被明确指控的那篇文章，即 10 月 26 日的那篇，乃是"从被法国占领的地区发行的另两份报纸上按原文摘录的"并且"这两份报纸都经过了官方的书报检查"。他回忆了自己是如何小心警惕，以避误解这种转载的文章，信的结尾，他以完全效忠当局的奉承表白收笔（C¹ 232）。

如果不深入这次冲突的细节，人们就会获得一种奇怪的印象。当局竟然以一个他没有犯过的错误来指责他，至少他似乎很容易为自己开脱了，而且，对于他从各种"官方"报纸上摘得的消息，当局竟然要求他供出秘密信息提供者的名字！但是当局

1　关于这件事，参阅霍夫梅斯特尔的大量注解（B¹ 485, 特别是 B¹ 486—488), 但是卡莱尔并没有保留。（C¹ 404 ）

并没有公开质疑那些确实通过秘密信息撰写出来的文章，对于这些文章，他是绝对不会指明其来源——柯内贝尔。黑格尔受到了官方的责备，但他此时已经决定放弃《巴姆贝格报》的编辑工作。

《巴姆贝格报》的编辑活动遭受了很多坎坷，直至此次最终 198崩溃。在于 1808 年 9 月 15 日写给尼特海默的信中，他将此事告知尼特海默，并恳请其帮助自己，他表明自己是"裁判制度的又一个"受害者，他还回忆了这件"他最近遭遇的事件"（C¹ 218）……

保罗·罗克认为这份受到指责的文本是"偶然"落到黑格尔手中的 [1]，黑格尔在其信中则明确指出是"他的印刷厂的工头……拿给他的"！

如果事情变得糟糕了，他就不会再用这种借口了（C¹ 231—232）。因为有谁会相信呢，一个报纸编辑，整天忙于为公众寻找信息，总是渴望发现新闻，绝不可能"碰巧"发现各种新闻，尤其是在"敏感"新闻的情况下。

借此机会，真应该好好赞叹一下"偶然"（hasard）在黑格尔个人生活中所起到的一些美好作用，但是在理论上，黑格尔却对"偶然"做了巨大的保留。他总是指出，要"避免"那种"将风云事件归因于偶然时机"的态度（C¹ 130）。

然而黑格尔声称 1794 年在伯尔尼"完全出于偶然地"碰到了奥勒斯纳。

后来，当维克多·居赞要去德累斯顿（Dresde）的时候，黑格尔刚好出现在那里，自称没有预料到他的朋友也会来。随后引

1　Paul Roques, *op.cit.*, p.114. De même Kuno Fischer, *op.cit.*, p.76.

发了一出悲剧[1]。

如今在巴姆贝格，一个泄密的文本又"偶然"落到了这位记者的手中！

我们可以想象，在这封吐露隐情的信件中，无论明确表达为"偶然"或暗示为"偶然"，都是为了向亲密的收信人表明某种十分确定的状况，至少是十分可以的状况，收信人应该是能够猜到这种状况的。

如果事情真的像黑格尔于 1808 年 11 月 9 日致巴姆贝格警察总署的"声明"中所说的那样，那么这件事本质上就成了"当局的暴力打击"——制定了多如牛毛的法规和制度的同时，当局专横地凌驾于正式的书报检查决定之上。

1808 年 9 月 15 日，他写信给尼特海默："我更加迫切地要离开报业的苦役，我最近成了裁判尺度的有一个受害者，这种裁判尺度让我认识到了自己的处境［……］。所有这一切都是由一篇文章引起的，这篇文章被认为是一种冒犯；我是能接受这样的文章的，同时我根本不知道谁会受到这篇文章的冒犯；在这种情况下，记者只是在模糊中摸索。书报检查（同上一次情况一样）根本找不出任何借口。检察官就喜欢看一份报纸，封一份报纸……"

后文中黑格尔辛辣地指出："在这种不确定的事件中，通常偶然性或任意性发挥作用"。如果事情不会自动平息下去的话，

1　关于这种偶然性，参见前文。库诺·费舍尔认为，在德累斯顿与居赞相遇，应该也是"出于偶然"（von ungefähr）(Kuno Fischer, *op.cit.,* p.170)。罗森克兰茨使用了"意外地"（zufällig）。但是在黑格尔致警察总署的书信中，我们并没有看到这两字眼儿。他更加谨慎地说，他是"撞上"了居赞……相反，卡莱尔的翻译使之变得索然无味："几周以前在我经过德累斯顿的时候，我遇到了他"。(C³ 71)

他打算采取极端措施："像这样的情况，需要快速行动，我只好亲自去慕尼黑恳求特赦，别无他法了"（C¹ 219）。他所指的当然是皇家特赦。我们不去管黑格尔到底采取了这种极端措施与否。无论如何，他一直担心这一事件的行政后果或法律后果（1809 年 2 月 20 日书信）。

在此期间，尼特海默已经被任命到慕尼黑担任"教学总监"（Zentralschul-und-Studienrat），这在教育领域是一个非常有影响力的职位。利用巴伐利亚公共教育大改革的机会，他为黑格尔安排了一项任命，教授"哲学预备学科"并担任纽伦堡高中的"校长"。在纽伦堡的八年时间里，他发挥自己的组织、教育和启蒙才能，将青年们带入学术生活。

在巴姆贝格期间，不仅有很多学术收获，同时也不乏娱乐消遣活动。据他本人描述，有一次他带着风流的舞伴去参加一个化装舞会。他化装成一个仆人［Kammerdiener——某些传记作家，鉴于尊严，将这个德文词翻译成了"侍从"（chambellan）并用"侍从制服"（habits de service）代替"号衣"（livrée）］，他与装扮成美神维纳斯（Cypris）的约利夫人（Mme de Jolli），愉快地单独交谈了三个小时 ¹！

巴姆贝格提供了丰富的生存训练。在一个服从拿破仑的最高权威的公国里，黑格尔应该看到了集权主义的另一种存在方式。他似乎没有将其直接归罪于皇帝，当时他只是将其归罪于皇帝在巴伐利亚的属下，他指责他们道德败坏且又无能。这样的话人们也可以谴责持续不断的战争，却并不将战争的责任全部归到皇帝头上。

1　Kuno Fischer, *op.cit.*, p.113.

在巴伐利亚这种状况下，黑格尔应该看到了出版业的悲惨处境，还有记者们的悲惨命运。如果说他对这一领域仍抱有一份天真的话，但他"内心里"应该已经明白阅读报纸需要多么谨慎。亦即要从报纸的叙述中识破真相，从报纸可以掩盖的东西中去猜出真相。

特别要指出的是，在巴姆贝格，黑格尔的表现并不比别处更消极。我们可以看到，对于能得到的自由，这位哲学家在其一生中总是将其使用得淋漓尽致。但是在巴姆贝格是个特例，他超出了极限，当局也不容忍这种放肆。这一时期，无论是在被占领的德国还是作为宗主国的法国，很少有记者敢于冒风险和危险去违反帝国的法规和准则。

他本可以更听话、更温顺一点，奴颜婢膝地服从巴伐利亚君主的意愿和操控，在他看来，这些意愿和操控远没有老政权的意愿和操控温和得多。但是他对此仍不满足。

他只有被压迫的经验。他从没有真正在中等的资产阶级自由政权下生活过，如果是在这样政权下，在获得其他满足的同时，他应该能够做一些整理，然后发表某些他到处随身携带的书稿。

在巴姆贝格，他更是经验了更糟糕的事情——专断的镇压。大部分评注家都没有抓住这一细微差别，事实上这不仅仅是细微差别。

黑格尔明显敌视书报检查制度，却总是处在这一制度下[1]。他发表的东西本身都会受到书报检查制度的控制，所以在这些发表的东西中他从没有公开明确地表达这种敌视，这也不足为奇！无

---

1 参见 D'Hondt, *Théorie et pratiques politiques chez Hegel: le problème de la censure*. In *Hegel Philosophie des Rechts* (Henrich-Horstmann) Stuttgart, 1982, p.151–184。

论如何，这一时代的作家，无论是在普鲁士还是在巴伐利亚，他们发表的东西绝不可能不受控制，也不可能公开地去研究如何取消书报检查。我们也可以认为，某种程度上他们已经习惯了这种检查。就像人们所说的那样，他们予以"配合"。书报检查制度是客观的生存环境的一部分，就像恶劣的气候和疾病一样。当他们要去同比书报检查制度更糟的东西打交道时，他们就不再太在意它了。

让他们难以忍受和愤慨的，是那些超越书报检查制度的禁201令。相对于这些禁令来说，书报检查制度某种程度上成为了一种保护——预先经过书报检查检验过的东西，经过书报检查删改过的东西，至少就能被官方接受或容忍，因此原则上就能避免所有其他的攻击。如果作者们知道这种书报检查制度所明确禁止和潜在禁止的东西，在呈报稿件之前就小心地进行自我检查，这样就可以节省时间和避免不必要的麻烦，安全性也就更高。

但是《巴姆贝格报》的这位编辑，只是发表了一些本身无足轻重的消息，而且，依照惯例，他还是从那些已经被明确地检查和授权过的出版物上提取的信息，却还是遭到上级权力的斥责、威胁、制裁；上级权力否认了自己制定并执行的书报检查制度，做出了一项不符合任何法律、任何制度、任何习惯的决定。

后来尼特海默也成为其受害者的时候，黑格尔将其称为"当权者的暴力打击"（C^2 82）。在巴姆贝格，这曾是他的亲身经历。

如果政府出面镇压，无疑谁也难以承受！但是很多作家，包括黑格尔，只希望政府能按规定、依据写定的宪法、依据已经确立和颁布的规则来镇压——至少这样的话每个人都能知道自己所能谈论的限度！

巴姆贝格的惨痛经历引发了黑格尔最早的抗议，抗议权力的专断和肆意，抗议那些老爷和大人们的恣意。从这一点来看，就像他自己所说的那样，已经彻底"暴露了"（expositus）。作为记者的他，也是如此！

尼特海默把他从这种困境中解救了出来。

纽伦堡

1808 年 10 月，在其朋友的精心运作下，尽管没有获得他渴望已久的大学教授职位，黑格尔还是又得到了任命，出任纽伦堡高中校长职务。尼特海默对黑格尔一直非常忠诚，动用了自己所有的影响力，再一次来救助困境中的朋友。

黑格尔将要上任的高中是一个新教徒机构，刚刚建立，学校不怎么样，但名号很响亮，以"梅朗施通"（Mélanchton）的名字命名。黑格尔对这个新位置很满意——他应该感到满意——此外对于终于进入教育领域他感到很高兴，尽管这还没有达到他应得的水平。

他似乎采取了知识分子们在动荡年代所遵循的行为准则：时刻准备获取更好的生活，但同时也准备在令人颓丧的平庸环境下一直生存下去。他希望有朝一日能被任命执教于爱尔兰根大学（l'Université d'Erlangen）；但在此之前，他也可以体面地活着了。

感到满足的理由还有理想方面的因素。在组织和主持学校事务的同时，他很愿意参与到向天主教控制下的巴伐利亚介绍新教文化的活动中去。我们知道他的意图，他的意图和尼特海默是一样的，在 1816 年 7 月 12 日他向尼特海默确认了这一点："在这里天主教和新教有很大的区别。这里没有公立学校［世俗学校］；新教虽然不负责管理各级教会，但是却独自承担着精神的普遍教

育［……］。我们的大学和学校就是我们的教会。"（C² 84）

这些观点显然是非常让人震惊的，即便对于大多数的新教徒及他们的总监来说也是如此，因此他没有进一步论述这些观点。他谨慎地结束了这封信："说得已经够多了，而且太多了"……

这是对新教的一种特别看法，在黑格尔看来，这种看法与他对古希腊文化的热爱是一致的。因为此时他正忙于在自己负责的高中里实施尼特海默精心策划的教学大改革，而尼特海默选择他也是为了这个目的。让黑格尔最高兴的是，这一改革中重新树立并加强了对古典的学习，特别是古希腊的语言和文化。

作为校长，他讲授很多课程，特别是有奖金可拿的课程。所有课上他都会颂扬路德的教义，这是他应该做的，同时也会在当局、学生和家长们的面前重新颂扬古希腊文化。他十分肯定地断言："不知古典作品者不知何为美[1]。"在他看来，"首要是古希腊文学，然后是罗马文学，乃是高等研究的基础。这些不朽著作的完美和光彩应该成为宗教洗礼和世俗洗礼，赋予灵魂以不可磨灭的音调和色彩，从而复兴审美和科学[2]"。这实际上是十分世俗的洗礼！

与这种和谐截然相反，在拿破仑的支配下，在巴伐利亚一切都在以创新的、大胆的方式重组，但看起来却十分混乱，处在欧洲战争高潮的大背景下，国家也处在巨大的混乱中，遭受着经济和财政危机。动荡持续不断。

梅朗施通高中是在纽伦堡新教居民的压力下建立的。黑格尔的任务是将其启动。他需要"擦洗教学设备"，前提是他有教学

1　Hegel, *Textes pédagogiques,* trad. par Bernard Bourgeois, Paris, Vrin, 1978, p.82.
2　*Ibid.,* p.81–82.

设备的话。事实上，在那些简陋的教室里，加上缺乏资金和仓促成立，学校的设备十分匮乏。

相对于物质条件，学生们更让他操心，对于这项特殊的工作，他几乎没有什么准备，但内心里却把这项工作视为自己的使命。他的时间几乎全部都耗费在枯燥、让人生厌的管理职责上，政府总是朝令夕改，通常是毫无组织可言。在这样的学校生活下，孩子们接受的教育很差。黑格尔不得不面临很多很实际的问题，甚至是一些很粗俗的问题：没有茅厕，他必须找到替代方法。

纪律是不会自发形成的，他需要建立纪律。学生们习惯吸烟，而这是违反规定的；他们还喜欢决斗。

这位校长取得了一定的成功。他懂得如何既不表现得过于严厉，又不表现得太易于宽容。他赢得了学生们的信任，赢得了学生家长们的信任，赢得了当地居民的信任。学校的条件逐渐得到改善。

黑格尔的生存条件并不稳定。居住条件很差，由于巴伐利亚的无政府状态和困境，本就很微薄的工资又变得很不规律。他经常"身无分文"。

远离他强烈渴望的大学教席，他无可奈何，只有尽力将"哲学预备教育"的课程提高到一个新的水平，这也是他被任命到这所高中的原因。他将这些课程命名为"哲学预备教育"（Propédeutique philosophique），按这种设计而言的话，对于这位校长给那些年纪轻轻、尚未入门的学生们所讲授的东西，今天的读者会感到很惊讶。因为，他讲授给学生们的实际上是一个复杂的、完整的哲学体系。

他的讲授方式，如今看起来有些老套。如果不亲自撰写的话，根本就没有他能看上眼的教材，所以他采取听写的方式，逐段地口授。后来在柏林和海德堡他也这样做的，而且，他的这些口授课程，通常是对先前发表过的"概要"或"纲要"的评注。

这种方法，对于这些听众来说可能有点太过"学院化"，但却至少为后世带来很多益处。这些文本内容，都被小心地保存下来，构成一部著作，成为黑格尔思想发展在这一个阶段的明确代表[1]。但是不久拿破仑就被打败了，从法国占领下解放出来的巴伐利亚，随着复辟重新跌落到旧传统的泥潭之中。天主教反动势力开始大肆报复。在拿破仑时期，天主教反动势力总是指控信奉新教的教师"蛊惑人心"（黑格尔本人的用语），指控他们是"光照派"，无论这些指控恰当与否，但都不会实际危害到他们。

在复辟期间，这些教师则会遇到切实的麻烦和纠缠。人们打算废除"梅朗施通高中"，黑格尔的职业地位又岌岌可危了。被任命到爱尔兰根大学，这个一度被策划，不顾一切地想要达到的东西，越来越没有希望了。

美好的前途意外地向黑格尔微笑了。如今他的哲学声望已经是名声在外了，特别是由于继《精神现象学》之后又发表了《逻辑学》。1816 年，他被"征召"（appel，按照德国传统是 Ruf）到海德堡大学。

在如此漫长的炼狱之后，天堂的大门终于敞开了。

205

婚姻

在此期间，一件大事装点了这位哲学家兼高中校长的严肃生

---

1 Hegel, *Propédeutique philosophique,* trad. par M. de Gandillac, Paris, Éd. de Minuit, 1963.

活，至少在他看来是很重要的：他结婚了！

1811 年 4 月，他与玛丽雅·冯·图舍尔订婚，后者出身于纽伦堡一个古老的贵族家庭，二人于同年 9 月完婚。他当时已经41 岁了，而她还"不满 20 岁"。她年轻、漂亮且高贵，但对他来说幸运的是，她很穷。就黑格尔一方而言，他不缺乏风度，此外身居校长之职，加上哲学家这个光辉的形象，都带来了一定的威望。

此次婚姻的风格揭示了黑格尔在生活中的做人方式。

在这一时期的中产阶级关系中，我们今天所理解的爱情，很少发生在婚姻之前。毋宁是由于经济、社会和文化上的门当户对，在确定婚约之后，爱情就随之而来、水到渠成。否则人们就放弃爱情。就黑格尔及其夫人而言，似乎一切都表现得很好。

大多数情况下，是由父母按照自己的意见来安排孩子们的婚事。但是这显然不会发生在黑格尔身上。这一次，又是尼特海默为黑格尔负起了责任。尼特海默夫人为他找了个媳妇。人们会疑问，是什么促使尼特海默夫妇这样的理性知识分子去承担这种麻烦的介绍呢。总之，尼特海默可以在岳父母家人面前为黑格尔在道德上做担保，就如同此前不久他在出版商面前为其做经济担保一样。当然他还需要觅得一个未婚妻。就像作为征召家庭教师和联系出版社的场所一样，共济会聚会的地方必要的时候也会充当婚姻介绍所吗？

姑娘的父母提出了一些条件。她的父亲认为，从身份上来讲，高中校长这一职务没有什么分量，并且他也知道其经济的不稳定性。他要求只有黑格尔成为大学教授的时候才能举行婚礼，毫无疑问他的准女婿也在用这一希望吸引他。黑格尔首先认识到了这种要求的合法性，然后诉诸忍耐。

然而，在尼特海默的严肃劝告下，他很快决心采取一种更坚定的态度。岳父母家事实上感到不那么自信了，有些事情是他们不希望出现的。他们很快让步了，因为这位未婚妻也不能提出过多的要求——她没有嫁妆，或者说是几乎没有！

在当时的具体情况下，黑格尔表现出了巨大的无私。玛丽雅，就她而言，喜欢这个没有财富、没有贵族称号、工作安全没有保证的朴实的中学校长。

她迷恋于这个出色的男人，很多人让她注意到了这个男人。在私人关系上，黑格尔和蔼可亲、面带笑容、才华横溢，足以给一个年轻的姑娘深刻的印象。他只有在哲学上是令人难以忍受的，在哲学上他自认为承担了超越的使命。但是这对年轻的夫妇没有想到要完全投身到哲学中。

黑格尔认为遇上玛丽雅这个人着实是幸运。婚礼于 1816 年 9 月 16 日举行。

黑格尔达到了感情和家庭上的平衡，这是他长久以来一直期待的，使得他能够去追求他的著作。身为中学校长，并且结了婚，此后黑格尔又重新回到了所谓的正常市民生活模式上。对他而言，这不意味着浪漫的爱情，他很痛苦，因为浪漫爱情给他的一些朋友带来的无可磨灭的折磨：疯狂、自杀或者痨病！

他在耶拿的艳遇事件已经冷却了。从此他将用积极的方式看待事物。后来在嘲笑他所谓的"浪漫派"时，黑格尔写道："无论个人和世界之间有过怎样的冲突，无论其付出的努力是多么的艰巨，大多数情况下结果只能是为自己找一个年轻的姑娘，找一份职业，并像其他人一样变成庸俗的人；女人操持家务，还要照顾孩子；曾经爱慕的女人，曾经视为唯一存在的女人，曾经像天使一样的女人，如今同其他所有女人没有什么两样，职业迫使人工作并制造烦恼，婚姻则变成了家庭的受难（calvaire domestique）[1]……"

消化不良带来的糟糕情绪吗？黑格尔的内心中能避免这种普遍的忧伤吗？

事实上，他对玛丽雅有一种深刻的、冷静的、审慎的爱，人们甚至可以说：这是一种预先策划好的爱，但也并不乏真挚的温情。他深知人心。他懂得给未婚妻写足够热烈的信，同时又非常有教益："婚姻本质上乃是一种宗教关系"（C¹ 326）！他为她写了一些略带生硬的多愁善感的小诗。恋人之间的爆发过争吵，其中不可能避免大量对于娜奈特·恩德尔的回忆，也免不了勾勒出怀抱着小路易的热娜·布克哈特那令人不安的身影。玛丽雅表现出了判断力，表现出了睿智，总之，表现出了爱情。这对夫妇一直到死都很幸福，我们所知道的就是这样了。

黑格尔对此坦然地做出了评价。"除了还有个别希望加以修改的地方，我实现了尘世的目标，因为有了一份职业和一个深爱的女人，人就拥有了在这个世界上应该拥有的一切。这是人所应该尽力为自己去获得主要项目。"

无法改变的说教风格，但也带有一丝幽默，他忍不住用学术手稿的风格来明确表达他的幸福："其余的东西的构不成章节，只是一些段落和注释。"（C¹ 343）

对于自己哲学命运，他认为只是插图而已。

此时他没有幻想。他没有乏味地去设想幸福。他是通过反面去设想幸福。经验已经让他领略了生存的邪恶。

1　Hegel, *Esthétique*, trad. par S.Jankélévitch, Paris, Aubier-Montaigne, tome II, 1944, p.325 mod.

新的家庭生活同样窘迫不堪，这是意料之中的事情。这位校长的工资，经常让人艰难地等待。在婚礼庆典的前夜，黑格尔仍没有所需的钱。

8月16日，在得到批准官员结婚的皇家许可后，他在想自己是否只是在徒劳地申请："……因为我缺少最好的东西，这就是钱。因为如果我不能此时收到被拖欠的5个月工资以及其他被拖欠的津贴（或者至少明确地保证一个支付的确定时间），我只能供给自己一个人像隐修士一样生活，远不够两个人生活"。（C¹ 340）

很快就不只是两个人生活了。无论如何，黑格尔需要支付其私生子的生活费用，孩子在耶拿，寄宿在维塞尔霍夫特姐妹那里，由朋友弗罗曼好心地监管着。

1812年生了一个女儿，但是她只活了几个星期就死了（1812年7、8月份）。

多年之后，在柏林的最后日子里，他想要安慰朋友海因里希·比尔（Heinrich Beer）及其夫人丧子之痛。没有祷告，没有恳求上帝，没有寄希望于彼岸重逢！黑格尔把自己在同样情况下所采取的态度作为榜样提供给他们。

对朋友讲话，黑格尔羞于施舍那些让人满意、使人消除痛苦、但毫无意义的话，或者用虚幻的安慰去欺骗：对于这种"无可挽回的失去"，他没做别的，只是向其提问："我们也曾同样失去过唯一的女儿（她还要更小一些），当时我问我夫人：她是想在将孩子养到更大的幸福下失去孩子，还是想在完全不知道这种快乐下就失去孩子。您的内心应该会倾向于前一种选择，而这正是您的处境——所有一切都结束了！您还可以保存这种幸福，回忆这个可爱的孩子，回忆他的快乐，回忆他高兴的时光，回忆他对您和他母亲的爱，回忆他幼稚的判断，以及回忆他善良和可爱"，如此等等（C³ 299—300）。

毫无疑问海因里希·比尔很喜欢这样的安慰。1812 年时，黑格尔夫妇应该也是如此。

1813 年，夫妇俩得了一个儿子，取名为卡尔。他后来成为了一位著名的历史学家，被国王封为贵族。我们是否应该为黑格尔本人没有得到这样的礼遇而感到遗憾？

1814 年，另一个儿子依曼努尔来到世上，他后来成了牧师，得到了教会的高级职务——布兰德堡省教务会议主席。

黑格尔一家在纽伦堡生活拮据，其中一个后果就是黑格尔匆匆忙忙地完成了他的巨著《逻辑学》。按照《精神现象学》中的许诺，他在头脑中早就完成了构思，但是还需要补充、推论、推敲，以达到最高的精妙程度，这是浩大的工程。无论如何他都会完成这项工作，可以是一两年，也可以是一二十年。但是，为了早点赚到钱，他很匆忙地开始了这项工作，这种匆忙既不利于阐述的清晰性，也不利于阐述的考究性；此外这种匆忙也使得这对新婚夫妇的夜晚不再轻松愉快。

他抱怨道："要在婚后六个月内写出一部内容极其深奥的、30 簿（本子）的书，这不是一件小事。但是生不逢时啊（injuria temporum）！我不是院士（académicien，大学教师）；要想达到过得去的样子，我需要一年时间；但是我需要钱生活。"（C¹ 350）

当今的读者，还在为《逻辑学》中的一些段落而绞尽脑汁，这可能仍然是在为作者的匆忙而支付代价，贫困的作者为了迅速谋得金钱而匆忙。

黑格尔坚持阐述自己的主要哲学观点，这既是因为这些观点的内在真理性，因为其人道价值，但也是为了要充实自己的学术档案，获取大学教席。决定某项活动的原因总是多方面的，在这件事上，他是为了在餐桌的菠菜里添加一点儿黄油。

毋庸置疑，在纽伦堡期间，还是由于"习惯性的偶然"，在黑格尔周围聚集了很多共济会会员和原光照会成员。在他们中间有一个人，保罗·沃尔夫冈·梅柯尔（Paul Wolfgang Merkel，1756—1820）[1]，有记载表明他和这位哲学家之间似乎有很"真诚的友谊"（B⁴ 266）——黑格尔的通信也同样证明了这种友谊。除了共济会之外，还有什么能让他接近这位大批发商呢？当然这位大批发商对纽伦堡的政治生活非常关注，是纽伦堡共济会所的重要支柱，他在纽伦堡的角色，差不多相当于高戈尔在法兰克福的角色。我们注意到，他曾一度为黑格尔提供经济资助（C¹ 341）。

复辟

复辟降临到了身在纽伦堡的黑格尔头上。

对于那些渴望复辟和实现复辟的人，人们可以说"他们既没有吸取教训，却也没有遗忘"。然而，如果他们什么都没遗忘，他们必是吸取了一些教训。

经验让他们从此认识到了自己的权力及特权很脆弱，认识到偶然发生的小事件也具有爆炸性作用，认识到他们一直认为不可能的东西（革命、民众砍掉国王的脑袋、绝对恐怖）是完全可能的。他们不明白敌人是要点醒他们。他们对此十分顽固，他们只记住历史中那些有利于他们永恒不变计划的教训，坚持享有特

---

1 有关梅柯尔，参见 Lenning, *Allgemeine Handbuch der Freimaurerei (Manuel général de la franc-maçonnerie)*, Leipzig, 1901, II, p.36, et Friedrich Roth (ami de Hegel): *Nachricht von dem Leben Paul Wolfgang Merkels*, Nuremberg, 1821。

权。他们所想的只是去改变方法、改变程序、改变策略。他们所需要做的只是采用各种新方法去消除明确暴露出来的危险。

战胜了拿破仑之后，神圣同盟的最大愿望就是立即恢复从前的社会、政治、宗教和文化秩序。他们加倍小心地去巩固和保护着这些秩序。

"复辟"这个词本身就足以表明他们的所作所为的本质，但还不够充分。复辟主要是针对法国这个发生了大革命的国家。对于虽未发生革命、但受到法国军事力量影响（虽然可能只是短暂的影响）的地方，主要是普鲁士，复辟的效果也很明显。这里的特权者们也受到了打击，特别是他们体验到了一种惊惶的恐惧，甚至是一度的绝望。他们一度相信已经失去了一切。

对于老政权下的一切特权者而言，复辟提供了复仇的机会，他们肆无忌惮地品尝着复仇的滋味，加倍地惩罚，加倍地迫害，加倍地凌辱。

复辟政权对自身有了清醒的认识，却仍恬不知耻地去做从前所做的事，视之为理所当然，不假思索。今后它再也不能以没想到或天真作为借口了。

严格来说，他们的意图和努力，就是要完全回到从前，复制老的社会关系，重现昔日，重复从前的模式。路易十八竟然用"因为此乃朕的意愿"来总结自己浅薄的法令，以他自身的处境，当他引用先人的话语时，竟然不觉得自己可笑。竟然想跟路易十四比肩！

着实可笑，一方面因为他的即位乃是普鲁士人、俄国人和奥地利人的意愿，更是因为社会生活的新基础已经摧毁了原有的结构，尽管人们还将其隐藏在体制和论述的面纱之下。当时金钱已经成了唯一的主子，金钱的命令就是"赚钱"！人不能同时效忠两个主人，尤其是当他们彼此冲突的时候。

在德国，复辟表现得可能更加吹毛求疵。一定程度上是在继续抄袭法国，却更多了一些土里土气、多了一些地方主义、多了一些狭隘视野。这些国王、公爵和主教，他们沉迷于征税，到了与民众毫厘必争的地步，沉迷于恢复勋章带的细小差别。臣民们发觉自己的痛苦不仅回来了，还加重了，而且这种痛苦也变得更加明晰了，因为他们知道自己比从前更受剥削、更受压迫了。

拿破仑的战败一下子毁灭了黑格尔的所有希望，包括他此刻微薄的满足感。复辟粗暴而野蛮地扼制了（至少在表面上如此）欧洲的一切现代化进程，而除了些许细节上的保留，黑格尔是完全拥护这种现代化的。

黑格尔认为伟人在历史进程中具有巨大的决定性作用，因而对"现代英雄"拿破仑落败的消息感到无比的痛苦。黑格尔在一封信中向尼特海默吐露了这种痛苦，这封信很可能是通过"秘密邮局"递送的，并且被收件人修剪过："我们身边发生了很多伟大的事情。看到伟大的天才自我毁灭，真是可怕且不可思议的场面。这是最大的悲剧。平庸全力地去拖拽，丝毫不肯放松，直至那已经升起的东西被降低到与它相同的水平上，或者降低到比它更低的水平上去。"（C^2 31）为了显得更庄重，悲剧这个词他用了古希腊文：tragikotaton!

复辟给巴伐利亚，给这个国家的教育，给黑格尔及尼特海默的个人前程所带来的直接后果是难以忍受的，尼特海默的回信大肆地发泄了对于复辟的憎恨："就如同蠕虫、青蛙及其他害虫通常追逐雨天一样，魏勒（Weiller）及其同伙追逐文明世界最终到来之前的阴暗。在这个所有被抛弃的东西都在回流的大潮中，这个文化和教育败类，同其他所有败类一样，认为最终找到了属于

自己的时代——我怕他们是找不到属于他们的时代了！"（C² 58）

黑格尔此时看到了文明的失败，并一度陷入了沮丧——他不再"如此用心地追求名利，即便（他）仍然将那些他值得拥有和可能拥有的东西保留在手中或头顶上。"（C² 60 mod）

尼特海默通过"隐蔽的秘密邮局"写信给他，尽力振奋他的士气："民众为了政治自由而战斗，就像 300 年前为了宗教自由一样；那些君王们，在已经暴发的洪水面前，几乎是以同样的方式失去了理智，试图构筑堤坝阻挡激烈的潮涌。"（C² 80）

黑格尔很快就找回了一度失去的乐观："我坚信，我们时代的世界精神已经发出前进的命令。这一命令已经得到服从；时代精神像重骑军团一样前进，势不可挡，它的移动像太阳一样几乎不可知觉，但将穿越一切……"（C² 81 mod）

因此，在具体的政治现实中，在社会和政治生活的客观形式中，他一反年轻时的各种理想和一贯坚持的自由主义，他明确承认了复辟所代表的历史倒退。但同时，他无疑将这种挫折视为在更广阔范围内普遍历史进程中的必要插曲。

我们看到，黑格尔徘徊在希望和恐惧之间，徘徊在现实的冷静和理想的狂热之间，徘徊在过度乐观和绝望幻灭之间，有时甚至是两者之间的一种奇怪混合。

但是，在这件事上，他始终坚持对于普遍进步的信心，人类通过人类的活动实现了这种普遍进步，虽然并没有欲求这种进步，没有思考这种进步；作为世界生活的秘密法则，这种进步似乎自身推动自身。世界精神，总是活跃的、总是征服的，在他的想象中呈现出"进步巨人"或不知疲倦地挖掘的"鼹鼠"等多种多样的形象。（C² 86）

按照他的习惯，对于实际局势与迟钝的人们对实际局势的把握，他经常强调二者之间的差异。在他的理论中，"复辟"概念完全没有稳定性，而现实也可能正是如此。复辟不符合辩证和历史的思考模式，辩证和历史的思考模式不允许世界上出现完全的重复，甚至不允许过多的持续。没有什么东西会长期不变。历史的基本范畴是 Veränderung，即变化；复辟憎恨变化，而这种变化并不是虚幻的魔鬼，复辟没有办法祛除它。黑格尔哲学拒斥一切保守主义，至少在其原则上如此，就更不用说实际的复辟了。

213

对于自然界中显而易见的重复，黑格尔感到惋惜，这是令人讨厌的单调。但在人类世界，他不容忍任何的重复。人类世界中的一切都是精神的成果，而精神就要不断地创造："精神的更新不是重回原有的形式，而是自身的精炼和转化。通过实现自身的目标，精神为自身设立新的目标，与此同时，精神丰富了自己可耕耘的材料。因此我们看到，在历史中，精神在各个方向上扩张，在这种扩张中享受自身，寻求自身的满足。然而精神的耕耘只是为了不断地增加和释放自身的活力。精神得以满足自身的每一项创造，都不断地成为与自身对立的新材料，从而要求自身不断变化。精神的成果变成了可耕耘的材料，这种耕耘使其上升到新的成果[1]。"

这位哲学家经常反复强调这一辩证历史的主题："[精神]从没有停止前进，因为唯有精神才是进步。精神经常表面上遗忘了自我，迷失了自我；但是精神从内部与自身对立，精神是持续的内部运作（就像哈姆雷特对其父亲的灵魂所说的那样：'干得好，勇敢的鼹鼠！'），直到有一天，内部已经健全，精神将推翻那遮挡阳光、阻碍精神概念的地皮，将其摧毁。就在这个没有灵魂、

---

1 *Die Vernunft in der Geschichte, op.cit.,* p.35–36.

千疮百孔的建筑崩塌的同时，精神却已穿上七里靴，面貌焕然一新[1]。"

因此，起初黑格尔很自然地沉醉于辩证法的诱惑之中，认为复辟只是旧权贵们的幻想。他们想要实现的乃是他认为不可能的东西，他们只是在掩盖现实："如今满城风雨的反动，早在预料之中。反动只是想让人承认其正当性。拒绝真理就是拥抱真理——此乃雅克比的警世格言。在反抗的压制下，反动依然很顽固 [……] 尽管反动自己并不承认，它的意志无非就是要满足自身的虚荣心，无非是要在其无比憎恨、却已经实际发生的东西上面签上自己的印章，上面写着：这是我们的成果"。(C^2 86)

黑格尔很快就会失望。复辟远比他的预期更现实、更持久，而且他还得顺从复辟。

当然，他的直觉没有错。现代性已经生根发芽，现代产权模式已经确立。而政治制度只能去适应它。黑格尔通过自身的教训明白了，复辟——特别是巴伐利亚和普鲁士的复辟，即使并不完全像复辟本身所相信和宣称的那样，它仍然会实现它的一些目的，它在政治生活上厚颜无耻地横行，它迫害黑格尔喜欢通常交往那些社会阶层（学生、爱国者、犹太人），它撒到黑格尔头上的可不只是一些"雨点"。

既然没有解决办法，他只能在这个政权下去生活，而且要用现实主义的态度去忍受它。在普鲁士，民族经验有助于容忍政治倒退。政治倒退最终总是表现为少数的、暂时的，但是在它的压制下，人们在当时却无法知道这些倒退的实际界限和可能期限。从这种观点来看，当黑格尔来到普鲁士的时候，形势十分沮丧。

1　Hegel, *Histoire de la philosophie* (Garniron), tome VII, 1991, p.2112.

"进步巨人"没有出现。15年时间里，没有严肃有效的抵抗运动！欧洲被铅封起来了。当1830年革命最终在法国爆发时，黑格尔想要它的实际意义，探究它的有效性，但在去世之前，他没有足够时间来对此事件做出确切评价。

事实上，复辟并不是复辟自身期待的东西，另一种意义上也不是黑格尔所阐述的东西——复辟要比旧政权还要坏。普鲁士的进步主义者们，包括黑格尔，都很怀念"复辟者"试图让人们遗忘的腓特烈二世。黑格尔，与复辟者们唱反调，在这种情况下，对其大力颂扬。

黑格尔有时候也在尽力找出普鲁士腓特烈·威廉三世反动政权某些好的方面，我们不知道其真诚性有多大。但是他的态度还是不满现状，公开态度已是如此，更别说私下的态度了。他反对那些赞颂复辟的人：安溪隆（Ancillon）、哈勒、萨维尼（Savigny），等等。

在法国，那些在这个或多或少遭人憎恶的政权下专门从事革命历史研究的人：奥古斯汀·梯也尔（Augustin Thierry）、米涅（Mignet）、提埃尔（Thiers）、米什莱（Michelet）和基佐（Guizot），被称为"复辟史学家"，与此类似，如果人们单从他生活在这一政权时期并服从这一政权的法律来判断，就可能会称他为"复辟哲学家"。正如黑格尔没有阐述谄媚复辟的哲学一样，他们也没有编撰复辟的历史，也没有拥护复辟。在法国旅行时，黑格尔一心要见的正是米涅和提埃尔，而不是那些谄媚反动的人。

在黑格尔明确阐述的政治哲学中，有很多保守主义的论述，或者说是"复辟的"论述。其中一段很有可能是他真诚和自发的思想。在大革命明确失败之后，在帝国惊人地崩溃之后，进步主义者们的恐慌是很普遍的。1887年，忠实的荷兰信徒范·戈尔特惶恐不安地向他的老师询问："似乎所有人都希望重回中世纪；但这是不可能的，因为时代的精神已经取得了太多的进步不能向后回转了。人们怎么会期望不可能的东西呢？"（C² 143）旧权贵们已经见识过不可能之事的发生了——大革命。现在反过来轮到"革命者们"见识不可能之事的发生了——复辟！这是一种不可抗拒的命运，同其他所有人一样，黑格尔也不可避免。

但是在黑格尔的政治哲学中也有策略性的让步——并不是附会最新的政治形势，而是不得不改变抗议和反抗的方法，是黑格尔政治哲学躲避原有攻击的新方式。

解读黑格尔的文本会遇到很多障碍，有时是本文被扭曲，有时是文本被部分删改，没有办法彻底克服这些障碍，没有办法做到确凿无疑；那么我们在反思的时候，在各种完全不同的意图和方法中，而且通常是隐藏的意图和方法，我们应该如何取舍呢？如何考量其各自的力量和价值？但至少我们明白一件事：简单的阅读会让人感到矛盾重重，这些矛盾就隐藏在表达方式的过分微妙和考究之中。

216   黑格尔尽量避开未受过良好启蒙的民众的视线。公开地抗议，他就会到监狱里去受煎熬，像他的一些鲁莽的学生们一样。明确地反动，他将名誉扫地。对于无法公开归类，他并没有感到不愉快。在写给窦珀（Karl Daub）的一封信中，他很激烈地回应了《法哲学》所引起的各种批评，似乎暴露出了他的另一面："这一部分巧妙地加以高谈阔论，形成高屋建瓴之势（se considérer comme une Puissance）[德文原文中直接使用 Puissance 这个法文词]，在这里我看到很多人在我面前苦着脸，至少是无言以对。他们无法把我所说的东西归类为人们所谓的'施马尔茨之流'（Shmalz，一本极端暴力的反动小册子的作者），同样对于该把这个东西放在什么范畴下，他们也会同样困惑。"（C² 231）黑格尔喜欢躲避，避开公众的视线，避免被归入到危险的类别中去。

黑格尔的政治理论，尽管表达上相对温和，实际上则是不满现状且大胆；黑格尔哲学思考的总体方式——辩证法和历史主义，具有深刻的革命性特征。在柏林，黑格尔早期学生们所震惊的，正是二者之间的虚假对立。

黑格尔却没有恰当地抓住经济和社会生活的基础及其运作，尽管他的认识和洞察也十分深刻。人们从 19 世纪初才开始在这一领域取得进步。柏林时期人们不会把黑格尔看作真正的革命者，当时革命这个词还有很多不同的理解和争议，另一方面，人们还无法了解他实际生活的各个方面。事实上他主要是自由的，今天意义上的政治党派还没有形成。人们不一定需要作出明确的、始终如一的、有节制的选择。黑格尔的思想有很多细微变化，有优柔寡断，有晦涩，有时甚至是混乱；很多评论者试图让他的思想服从某种"理性秩序"，这只会是他们自己的理性秩序罢了。

总而言之，早期的黑格尔读者一定会有不恰当的赞扬或责备。他们还认识不到他的"双关表述"，没有阅读他的私人信件，忽视了他的地下活动，所以也没有加以怀疑。

他们有时会赞扬或批评某些黑格尔公开传授的观点，但事实上他却以秘密口传方式否认了这些观点。马克思为黑格尔在"白天"发表的《法哲学》中"以思辨的方式"为监狱制度辩护而遗憾。但是他不知道，在夜里，黑格尔违背法律，冒着被枪毙的危险，去同他的一个学生兼朋友隔着囚室的窗户谈话！

对普鲁士的长子继承权和监狱系统的公然批评，会立即使得《法哲学》的发表成为不可能。

在这件事上，我们不能把黑格尔视为"复辟哲学家"。

第十二章

海德堡

在哲学上，超脱可理解性的程度几乎成为了是否精通哲学的标准。

——谢林[1]

幸福的人们和幸福的民族没有历史。但他们仍然在变老。来到海德堡，这给黑格尔的生活带来了一些运气——当然是相对的运气。但对此说点什么呢？这段生活没有什么重大的事件，枯燥编年史有什么意义呢？传记作家还饿着呢。

教授身份确保了黑格尔能有一个体面的生活，尽管还很低微，但能确保他的家庭生活有稳固的经济基础——他有生以来第一次得到这样的安全，使他可以不必牺牲全部或部分纯粹哲学活动。他将纯粹哲学活动提高到更高的水平上。

1　Schelling, *Préface à un écrit de M.Cousin* (1834), in *Système de l'idéalisme transcendantal,* trad. par P.Grimblot, Paris, Ladrange, 1842, p.378.

在海德堡，这位哲学家的物质状况得到了显著改善。他得到承诺，每年现金工资为 1 300 弗罗里，实物工资为 6 桶（muid）*小麦和 9 桶双粒小麦。这个物物交换是公平的——观念论交换粮食。

这些粮饷使得他能够尽情享受家庭和事业的快乐，进行一种严肃、勤勉且平静的生活，锦上添花的是，同事们都很亲切，彼此关系很真诚，学术合作成果丰富，学生们都很勤勉，很爱戴他。

在这个他觊觎了许久的职位上，他树立了传统的"教授先生"（Herr Professor）的形象。他趾高气扬，但又不太过分——他懂得人世间事物的脆弱性。但还是有一些令人不安的阴影浮现出来……

黑格尔认为达到了自己的期望，因此他认为评价应该是这样的：一位哲学家，在文化意义和行政头衔方面，是一位大学教授，负责研究和发现真理，并传授给年轻人。他一直将这段生活视为一段美好的回忆，总会幸福地回忆这个风光秀丽、漂亮迷人的城市景色。

219

黑格尔被任命到海德堡，结束了此前颠沛流离的生活，这可以界定为其职业生涯的开始，尽管来得有些迟了。他于 1816 年秋就职，时年 46 岁。他获得了这个高级教椅，在他看来这是他充分发展学术的必要条件，正如他向一个朋友写道的那样："在大学里面获得一把教椅，这是我长期以来期待的条件。这种条件正在为我们所用，要为哲学获取更多听众，这几乎是不可或缺的条件；此外，在这种条件下人与人之间可以进行活跃的对话；这种活跃的对话则会对文学形式起到另一种影响，完全不同于单纯知性表象的影响；从这一点上讲，我更有可能在我的写作中加入

---

* 法国旧时的容量单位，因地域、时期和货物品种而不同。——译者注

一些更令人满意的东西。"（C² 125—126）

这是一个伟大的时代，迟到总比不来好。如果同他的朋友或同行做一下命运比较，黑格尔可能会感觉很心酸吧。弗里斯（Fries），"自由主义者"，黑格尔认为他在哲学上平庸无才，反而提升得更快，这可能是由于他狂热的排犹主义吧。

在法国，在索邦大学和法兰西学院，都是很年轻的人占据了重要职位，如维克多·居赞，当然他们都很容易被撤职，这是真的。

最伟大的德国哲学家直到将近五十岁才获得大学职位！真是可怜啊。

但他确实是最棒的，正如我们事后回顾的时候所看到的一样。当时的环境对所有知识分子来说都很艰难，为什么这一迟来还是显得有些例外呢？当时德国几乎到处都在战争，大学也十分贫困。对于这种迟来的原因，人们也可以援引其糟糕的左派名声，缺乏口才和晦涩。但所有这一切都无法掩盖他的杰出的哲学才能。那么人们是否应该把他的家庭畸形或宗教政治嫌疑也作为理由呢？

奇怪的是，当他被任命到海德堡时，人们才开始考虑让他去柏林，巴伐利亚政府也向他开放爱尔兰根大学，但已经太晚了！他已经徒劳地等得太久、等得太伤心了，如今有了个慰藉！他可以尽情品尝人们给予他的奉承！在贫困和痛苦过后，富足和过剩来了。

他起初似乎没有什么教学激情，借助比竞争对手们更加充分和坚忍不拔的努力，他终于燃起了教学的激情。这只是一个开始，虽不够光彩夺目，但大有希望。起初，黑格尔并没有在他的课堂上吸引大批的学生。现在他已经成熟了，他可以表达得比从前更清晰易懂了，借助这种"人与人之间的对话"，他更好地知道今后要确切教授什么，他的体系已经成型了，与他此后所坚持的体系相差无几，我们可以将其称为黑格尔自己的体系。在为数不多的听众中，他的体系很快获得了一些虔诚的拥护者，并且其中一些人始终忠诚于他：卡罗维（Carové）、乌克斯库尔（Bernhard von UxKüll）[1]、因里希（Hinrichs）……

在其行政职位的支撑下，黑格尔的名声不断提高。很多迹象可以证明这一点，特别是1817年维克多·居赞前来拜访他，而这一来访的后果更是惊人。一个是年仅27岁的法国哲学家，毋宁说是一个学生，一个是年近50、功成名就的德国哲学家，让他们真正走到一起的，是怎样一种相似性呢？

居赞（1792—1867），从1813年21岁时起就开始负责到巴黎高师讲座，并且鲁瓦埃–高拉尔（Royer-Collard）委托他在学院为自己代课。学校里的年轻人几乎同他们的这位老师同龄。而且他比黑格尔的一些学生还要年轻，例如卡罗维（Carové，1789—1852）。

黑格尔同居赞之间结下了坚固的友谊，这一友谊见证了那些英雄喜剧式的插曲，并一直持续到这个柏林人的逝世。

这一非凡的友谊可能得益于居赞的德语比黑格尔的法语还差——这是避免争论的好方式！但毫无疑问，双方都一定程度上向对方敞开了各自谨慎地向公众和当权者们所隐藏的东西。

在海德堡，居赞晚上经常到黑格尔教授家里喝茶，他能够亲眼见证黑格尔家庭生活的平静和愉快。黑格尔的家庭生活，表面

1　乌克斯库尔，"身边总是带着一本黑格尔的《逻辑学》"，他是共济会会员，后来成了一个军营共济会所的主事（Boris Uxkull, *Amours parisiennes et campagne de Russie*, Paris, Fayard, 1968, p.9）。梅特涅怀疑他"蛊惑人心"（p.246）。

上看不出任何的阴影，即便是在夫妇两个决定让私生子路易来到身边，并此后在这个合法的家庭中抚养他这一点上。他们深信这种同化努力会取得成功，而且黑格尔对这一安排很满意。

这就算是进入中产阶级了。什么也不缺了：高级官员、已婚、做了父亲、而且还有一个好名声。他已经离开了边缘，到了更好位置上。今后他会继续占据这个位置，因此他可能认为自己不会再离开海德堡了。各种前景只有后来才展现出来。这种看起来确定的东西将只不过是一个过渡。

在这段过渡时期，他开始同情那些和蔼可亲、学识渊博的同事，对于自己在社会和学术界的角色，他们的理解方式同他是一样的。

他特别是与神学教授卡尔·窦珀（Karl Daub，1765—1836）结成了深厚的友谊。窦珀作为大学的副校长，当时正是他负责写信邀请黑格尔来海德堡大学。窦珀被黑格尔的人格所吸引，很快开始热忱地、细致地研究黑格尔的哲学，他成了黑格尔哲学的"宗教"信徒。我们注意到，在这位神学家的学生中，卡罗维和费尔巴哈的名字赫然在列。

黑格尔在海德堡又见到了耶拿时的朋友鲍鲁斯一家。

亨里希·埃伯哈特·鲍鲁斯，图宾根校友，后来成为东方语言教授和神学教授，也曾在黑格尔到过的各个有大学的城市里教书：耶拿、巴姆贝格、纽伦堡、海德堡。1874 年，他收到一份令人满意的邀请，尽管他还认为邀请不是很基督教，他还是接受瑞士巴塞尔（Bâle）基督教协会秘书一职 [1]。他阐述了一种非常大

---

1 *ADB*, tome XXV, rééd. 1970, article *Paulus*, p.287. 参见 K. L. Reichlin-Meldegg, *Paulus und seine Zeit*, Stuttgart, Verlags-Magazin, 1853, 2 vol.

胆的"理性主义"神学。他不也是想要建立一种"关于理性的宗教"吗？他不也是认为耶稣只是一个"杰出的人"吗？那些更传统的神学家们激烈地批评他，并且为此控告他。

在经历很长一段时间的情投意合之后，1817 年，在符腾堡各州议会的程序和结果上，他同黑格尔发生了分歧，他的态度和评价同黑格尔的完全相反，但在原则上，他同黑格尔一样都是自由主义者。

鲍鲁斯夫人（1767—1844）是一位诙谐活泼的小说家，长期以来为两家人的真诚关系做出了巨大的贡献，紧密地将他们联系起来。鲍鲁斯夫妇的女儿，因为其与奥古斯都·威廉·施雷格尔（August Wilhelm Schlegel）的传奇婚姻，而在德国文学史上占据一席；施雷格尔比她大 33 岁，他们的婚姻维持了几个星期之后在丑闻中轰然倒塌。

鲍鲁斯在广大公众面前是一个集学识渊博、令人不安、富有争议于一身的人物。与这样一位"神学家"之间具有长期亲密的关系，这在很多传统信徒看来有些令人不愉快。

鲍鲁斯的重要哲学功绩是在 1803 年首次编辑出版了《斯宾诺莎全集》。他邀请黑格尔参加了这项巨大的工程。这项工作，在那个时代，不能看做是单纯的，荷尔德林不是已经将斯宾诺莎定性为"严格意义上的无神论者[1]"了吗？就人们所知，黑格尔负责斯宾诺莎拉丁文文本和法文文本的比较和翻译工作。但是他的参与可能更加广泛。无论如何他没有将之视为微不足道：在其生命的晚期，在其哲学史课堂上，他曾公开炫耀此事[2]。

1　参见前文第 59 页注 1。

2　关于黑格尔参加该版《斯宾诺莎全集》的事，参阅噶尔尼隆（Garniron）的注解，见 Hegel, *Leçons sur l'histoire de la philosophie, op.cit.,* tome VI, p.1448。

在海德堡，黑格尔也同其杰出的同事、古代神话及思想专家格奥尔格·弗里德里希·柯略策尔（1771—1858）结下了深厚的友谊。这位博学者，被引荐到海德堡浪漫主义圈子中，具有一种多愁善感的魅力：卡罗莉娜·冯·昆德罗德（Caroline von Günderode）正因为义无反顾地爱上他而痛不欲生！

黑格尔的课程没有吸引大批的人群。我们可以看到，当涉及哲学的时候，他就会表现得难以适应具体环境。他得出很多这些概念，并希望将其灌输给别人，但是他能够传授这些概念的环境却很艰苦，二者之间存在着巨大的差距。

因此，在海德堡，1816 年 10 月 28 日，他的就职课讲得非常庄严，就仿佛置身于人山人海的盛大集会中一样。面对着四五个学生，他的讲授很夸张，仿佛在众多名人面前授勋进入法兰西学院一样。对着他的五个听众，他朗读了一篇华丽的文本，让他们相信哲学在德国正令人欢欣鼓舞地复苏着："我认为这一时刻到来了，哲学决心重新唤醒关怀和同情，这一几乎销声匿迹的科学又重新提高了声音，并要求对哲学失聪的世界重新聆听哲学。一直以来，时代的痛苦对生活的庸俗利益赋予了过高的重要性，这些源于现实性的利益，以及为了这些利益的争斗，已经占据了精神的一切能力、精力及其各种外在手段，以至于人们无法保障内在生活和纯粹精神所必需的自由，以至于所有最好的东西都被牵制于其中，某些部分甚至被牺牲了，因为世界精神一直过多关注现实性，以至于它无法回归和专注于自身。如今这股现实性的激流已经被打破，德意志民族已经摆脱了最艰难的处境，德意志民族已经挽救了它的民族性——所有现行生活的基础，那么我们就可以期望，除了最重要的国家之外，教会也该重新振作了，我们之前一直都把思想和努力专注于现世的王国，如今我们也该重新思考神的王国了，换句话说，在政治利益及其他一切与庸俗现实有关的利益之外，纯粹科学，自由和理性的精神世界，又重新焕发了。"[1]

然而，经过一段困苦之后终于产生了惊人的魅力。黑格尔的教学取得了一定的成功，两年之后，他可以高兴地看到在课堂上已经有七十名学生了，或者像人们通常所说的那样，是学生和"听众"，因为除了严格意义上的学生以外，其他人也可以参加听课。

特别是，在那些最好的学生中，几个年轻的心灵已经被老师的思想所俘虏。最早一批的门徒就是在海德堡决心追随他的，并一直追随到底。当然，这并不意味着单纯依赖和重复模仿他的理论。他们每个人都表现出自己的独立个性，并理智地以各自的方式发展。但是他们从没有抛弃那时建立起来的理解、感激和友谊。此外，他们彼此之间也迥异不同，这足以表明黑格尔能够帮助和丰富各种思想潮流，甚至是一定程度上相互冲突的各种思想潮流。再者，他们在哲学态度和哲学素质上也有很大的区别。

从这一点来看，他虽然没有争得很多荣誉，但他却有别的优点。爱沙尼亚男爵波利斯·冯·乌克斯库尔不理解黑格尔讲授的大道理，但他十分赞同黑格尔。他自己说非常喜欢黑格尔的严肃和晦涩。在黑格尔的忠实信徒中，人们还应该加上因里希（1794—1861），他最终成为了哲学教授。

弗里德里希·威廉·卡罗维（1789—1852），在黑格尔此后的生命中占据了不可或缺的位置。他很快痴迷于黑格尔主义，甚至是狂热。

1　*Histoire de la philosophie, Introduction,* trad. par J. Gibelin, Paris, Gallimard, 1954, p.13–14.

他最初受的是天主教教育，这一点不同于黑格尔的其他学生和朋友；在 1835 年的论文《论教会基督教》(*Sur le christianisme d'Église*) 和《罗马天主教会》(*L'Église catholique romaine*) 中预言，"将有一种如同信仰耶稣一样信仰黑格尔的普遍教会；他认为恶不存在，上帝只是人，天国就是世界的整体"。至少有一位传记作者是这样记录的，带着某种恶意，故意加强其语气。在黑格尔生命的后期，正是由于卡罗维的提出，导致人们普遍指责黑格尔的一些观点[1]。卡罗维将会遭到令人失望的悲惨命运，一定程度上也是因为黑格尔带给他的影响[2]。

如果将很多事情加以简单化，人们可以说耶拿时期是阐述辩证法的时期（但前提是假设有一种哲学体系存在），那么海德堡时期的特征就是体系阐述（这种体系阐述的前提是辩证法的阐述成功）。

1817 年 5 月，黑格尔在海德堡发表了《哲学全书》，继《精神现象学》和《逻辑学》之后第三部巨著。

这部著作提出并试图解决逻辑与体系之间关系这一普遍问题。

固有权利

在海德堡，黑格尔如此渴望应有的平静，如此期盼理论哲学工作，如此专注于家庭生活的快乐，但并没有达到忘记或忽视现世生活的地步，特别是政治风云。

225 在如此谨慎地避免生存烦恼的生活中，他本应该完全投入思

---

1 例如，老年黑格尔派海因里希·列奥：Heinrich Leo: *Die Hegelingen* (Halle, 1838)。

2 《新德国传记》只有一小栏内容记录卡罗维（ *Neue Deutsche Biographie [NDB]*, tome III, Berlin, 1957, p.154 ）。

辨中。但他并不是像人们通常所描述的那样，并不是只有纯粹和抽象思想的人。

要揭穿对他的这种看法，只需要读一读他于 1817 年在《海德堡年鉴》发表的长篇政治论文。这一年的瓦特堡日，学生们激烈地示威游行，要求立宪政府（当然还有其他一些要求）。一家报纸转载了这篇文章，《符腾堡人民的朋友》(L'Ami du peuple wurtembergeois)，继而广泛流传。这篇文章发表在符腾堡国王政治立法失败之后，针对各州之间的辩论。

黑格尔为什么要参与这一激烈的政治辩论？——辩论已经使得巴登的邻居符腾堡四分五裂了。

人们可以猜想很多动机，包括符腾堡是他的故乡。

一些人，例如海姆，认为黑格尔是在符腾堡文化部长万根海姆男爵（baron von Wangenheim)（在瓦特堡人们焚烧了他的一本书！）的唆使下介入的。哲学家可能被任命到图宾根大学做训导长的前景所"诱惑"[1]……

这是可能的，尽管可能性不大。而且还需要指明黑格尔怎样才能与万根海姆男爵建立起这样亲密的关系。

另一种理由是，黑格尔已经长期关注这种地方政治发展了，并且 1897 年他很可能被迫放弃发表其关于符腾堡形势的"小册子"(tract)。

图宾根神学院的学生，他曾经与符腾堡公爵的专制直接打过交道，通过参与这个公国的新国王当前所准备的政治变革，他可能是要品尝一种复仇的滋味。特别是，国王的这一计划，尽管不充分，但是足以代表他本人的政治观点，似乎这个国王已经听到

---

1 Rudolf Haym, *Hegel und seine Zeit (H. et son temps)*, 1857, p.507, n.13.

了他的警告，他的高声恫吓（discite justiciam moniti）！

1815年3月，符腾堡国王腓特烈一世（le Roi Frédéric Ier de Wurtemberg, Frédéric III de Wurtemberg）已经统一国内各"州"（états，有点像从前法国的各"区"）。与那些拒绝为其臣民实行议会宪法的其他同类日耳曼国家不同，他创造性地主动向臣民提出一部具有自由倾向的宪法。但是各州拒绝了，借口是遵守赋予自身特权的"固有权力"。

国王的提议是否虚伪，是否隐藏着政治陷阱？各州的代表，他们是公正民主的么？各种意见无法统一。黑格尔事后于1816年明确表示赞成国王的计划，但此间国王却已驾崩了。

辩论因此结束了，结果是各州的拒绝，黑格尔认为应该介入加以评价。哲学家的这份文本揭示了他在政治思想方面的一些倾向，但各种倾向之间有些自相矛盾或混乱。人们可以认为，相对于符腾堡的具体政治形势而言，其中一些倾向实际上很"反动"，但我们对此要做很大的保留。例如，对于国家功能他持有一种专家治国论的观点，据此他批评普遍选举的某些方式，仿佛普遍选举乃是既定之事。

但是总体上讲，无论如何他很快转向了真正可以代表未来的东西：不是现有的专制主义，而是符腾堡的腓特烈主动向民众提出的立宪政体，尽管符腾堡民众并没有要求；然而面对普鲁士民众的大声疾呼，普鲁士的腓特烈却顽固地拒绝提供。

这不仅是黑格尔所关注的一般政治观点，而且也是他所使用的术语和援引的理由。黑格尔致力于激烈地抨击一切旧特权，抨击政治呆滞，抨击地方的本位主义。因此人们能在这里找到异常激烈和明确地表达的主导动机。

黑格尔将视角上升到很高的高度：当然是政治的，但具有广泛而深刻的理论反思意义。

我们不知道是出于什么动机，鲍鲁斯、尼特海默、乌兰特及黑格尔的其他施瓦本朋友都明确支持符腾堡各州多数代表，反对国王的计划，尽管他们都是主张自由的。在这场辩论中，他们认为自己是在支持进步观点，而黑格尔的态度则被他们指责为反动，这让我们今天阅读其文章时倍感惊讶。

这一意见分歧导致了同鲍鲁斯一家的破裂；相反，与尼特海默的友谊却依然还在。

就这样黑格尔故意地招来了一些个人烦恼，尽管纯粹思辨式的思考不允许他去招惹这些烦恼。

晦涩性

1817 年，黑格尔发表了《哲学全书》。他认为这只是一个纲要，1827 年他将其重新编辑为内容更丰富的著作。他的学生们遵照他的意愿，将其以《哲学体系》(*Système de la philosophie*)（格洛克讷版，Éditions Glockner）为名收录在《黑格尔全集》中。

因为其中所阐述的正是黑格尔的体系，是其耶拿时期所阐述的构建意图的继续。原来有限和片面的各个部分如今都通过其他部分、通过其整体而得到了补充和阐明。

那么，整体和细节从此以后就都清晰了么？但是痛苦并不会停止：黑格尔有一种无法理解的晦涩性。人们根本无法理解他！

只有少数天资聪颖的博学之士能够很好地理解黑格尔的讲座，而大部分读者都始终存在不同程度的误解。这不局限于某一著作或某一时期的著作，而是黑格尔的整体著作，尽管有某些部分浮现出来，但他的整体著作似乎仍然还隐藏在黑暗之中。

雄辩家

早在斯图加特，老师们就曾经批评这个年轻的中学生在口才上的不足。后来在图宾根，老师们的批评仍然同样严厉，他们认为他"既无演说家的声音，也无演说家的肢体语言"。

这些保留意见并没有阻止他们承认黑格尔十分擅长宣讲和口头表现。人们可以猜想他们的严厉评判判断有某种言外之意：可能是面对如此才华、看到这种不足可能会伤害其他部分时的遗憾，因此这也只是相对的、部分的不足。他只需要一点点就可以达到完美了！真是可惜！

原来是这样。那最好还是认识他的本来面目吧。1807年，歌德在写给柯内贝尔的一封信中用一句话总结了这种反差："我希望他的思想能得到阐述。他的精神如此杰出，但他却很难去表述自己。"（C^1 398）阐述很快就有了，但并不清晰：《精神现象学》！

参加黑格尔课程的学生们证实了这些评价。听黑格尔的课，绝不是享受。

海因里希·古斯塔夫·豪托（Heinrich Gustav Hotho, 1802—1873）是黑格尔的忠实信徒，是黑格尔第一版《美学讲演录》的编辑，他对这位柏林教授令人困惑的课程所做的描述后来成了经典描述。他表明黑格尔的听众们最初很惊诧："黑格尔一动不动地坐在讲台后面，低着头，略带倦怠、皱着眉头，蜷着身子，一直不停地讲话，他在对开的大本子中不停地搜寻，时而向前翻，时而向后翻，上上下下地搜索各个页面。他不停地清嗓和轻咳，这影响了言语的流畅。每个句子都好像是独立的，完全被分割开来了，仿佛是需要花费很大力气才能从老师的嘴里说出来，杂乱无章没有秩序……每个词、每个音节都好像无可奈何地脱离开来，仿佛每个词、每个音节都成为关键，伴随着金属般的嗓音，且带有浓重的施瓦本口音。

"然而其整体气度却让人肃然起敬和专注，演说者身上散发着一种凝重的严肃。"

豪托坦承："尽管我感到不舒服，并且我也很少能够理解他所说的东西，我还是觉得自己被牢牢地吸引了。"

通过自己的努力和坚韧，豪托同其他人一样，最终习惯了这种杰出的教学的外在方面，其内容的品质越来越清晰地直接展现在他面前。他明白了，各种艰难的措辞源自于其诲人不倦的教学本质自身，我们没法找出其他形式来表达其内容。

这不是个理由！这种印象是不可磨灭的："他在迟疑中开始，尽力推进，不断重回开端，又重新停止，不断讲述和反思。所用的词似乎总是不足以表达，然而却又一语中的，所用的词平淡无奇，却又无可替换，符合其某个不太常用的用法，却又是唯一合理的用法。这样人们就掌握了句子的明确含义，并强烈地希望能够继续。但这又是徒劳的！如果人们薄弱注意力开了一会儿小差，当其突然再回到阐述的内容上，会发现老师的思想并没有前进，似乎是在继续使用同样的词语，在同一个点上绕圈。

"这个强大的精神，在难以捉摸的表象的深处悄悄地挖掘和编织，充满自信，怡然自得。集会上回响着他的声音，闪耀着他的目光，他闪耀着令人信服的光辉；而他只通过那些平常的词汇就达到了灵魂的高度和深度[1]……"

229

1　Heinrich Gustav Hotho, *Vorstudien für Leben und Kunst*, cité par Kuno Fischer, *op.cit.*, p.215–216.

豪托用了很长的内容来描述这种奇异的结合，即异常连贯的思想同乏味无力的表述之间的结合。为什么黑格尔不能更朴实、更清晰、更容易地表达自己呢？

这些大量的证据让人不得不信。但还是有人提出反对意见。歌德怎么能够在一个不知道如何表达自己的人身上发现"杰出的"精神呢？教授缺乏口才，这难道不在很大程度上证明他的失职，证明他在这方面的放纵么？似乎他本可以不怎么费力就提高他的口才，提高对其话语的支配，但可能是由于他对此不感兴趣，可能他是为了采用某种反常的卖弄而故意轻视了最适合其内容的形式，如果是这样的话，那他可真是一个既不信任好的演说者也不想成为好的演说者的思想家啊！

但他可能也有这样一种想法，其话语的表面晦涩性，最终能给他带来某种用处，抑或他认为应该好好利用这种不足？

但是在图宾根，黑格尔不得不在那些串通一气、喜欢挖苦嘲笑的同窗们的面前去朗读那些冗长的训诫，而他本人并不相信这些说教，或者他认为这些说教带来了信仰的现代堕落，在这种情况下黑格尔会展现其杰出的演说才华吗？那些教授可能会把这种恶意不让人理解看作是没有能力，或者是缺乏幽默感。后来他在柏林是另一番情景：在听众中隐藏着恶意的对手、间谍和告密者（他知道这一点），在这样的听众面前他会不假思索地自由讲课吗？

230　　　对于事后评价黑格尔"缺乏口才"，还必须要考虑到，很多专家，出于懒惰或出于谨慎，总是把他们对于某个人的第一印象变成整体印象。这个人通常就会整个一生都背负着年轻时落下的污点；黑格尔的缺乏口才，正是这种状况。他本人也渐渐对此信以为真了。

然而，他有些时候必须要清楚雄辩地发表讲话：在图宾根，他是秘密政治俱乐部里"最激昂的演说者"；在柏林，《奥格斯堡信条》(Confession d'Augsbourg) 纪念日的盛大庆祝仪式上，人们委派他来负责宣读正式演说。

在斯图加特，中学结业的时候，人们还不是将"告别演说"这一光荣的任务交给他了吗？

如此看来，他的演讲之间有很大的差别。有些时候他能很好地让人理解。有一个很好的例子，可以证明黑格尔在话语清晰性上的天赋。《哲学全书》中刊印出来的文本只是作为纲要印刷出来供听众们使用，黑格尔为这些简洁的段落补充了一些口头评注。幸运的是这些评注被他的学生们很细心地收集起来。黑格尔哲学中有一个问题，看起来只是对这个问题本身的论述，与其体系的其他部分缺乏紧密关联，这些口头评注则为这个问题做了令人满意的阐述。在阅读和品尝它们的时候，说句不好听的话，人们很容易相信，当他把它们有条理地、专横地插入到整体体系结构中时，黑格尔的思想失去了其清晰和优雅！因此人们向入门读者推荐，最初阅读黑格尔的时候要参阅《哲学全书》中这些补充的内容，这些最初口授的内容。只要他愿意，黑格尔很善于对那些愿意听他讲课的学生们面授机宜。

但他却并非一贯如此。

作家

另一方面，黑格尔的写作中也出现和复制了这种缺陷，缺乏可读性。他的写作风格似乎没比他的口头讲座更细腻。他的笔也并不比他的声音更清晰。

他很清楚这一缺陷，人们也从没有放任他忽视这一问题。在其生命晚期，在一本他本人也使用的哲学教科书中，他应该读到了维恩特（Wendt）对他的评价，但这位作者对他毫无恶意："他对进步方法（die fortschreitende Methode）的运用展现了精神的微妙，但是他的阐述方式却很枯燥粗糙，导致非常难以理解。"[1]

我们可以利用各种机会找出更多难以阅读的证据，但是要想获得确信，只需要翻一翻《精神现象学》不就够了吗？我们会感到很痛苦。当然，如果借助法语译注本的话会好一些。为了尽其职责，翻译者必须找出或提供其原来的意义。但是诚实的评注者坦承自己的尴尬。海林希（Haering），把生命的大部分时间用于阐明《精神现象学》，还是在 1929 年承认："这是一个小丑的秘密，直到目前为止，几乎所有对于黑格尔哲学的阐述，或者是对于黑格尔哲学的介绍，对进一步阅读黑格尔本人的著作提供不了任何帮助，同样，黑格尔著作的翻译者们，几乎在任何一页上都没人能够做到逐字逐句的完整翻译[2]。"海林希自诩要比前人做得好，但他本人很快就遭到了后人的批评。人们永远无法终结黑格尔。

我们可以确定地说，黑格尔的这种晦涩性并不会妨碍人们一遍又一遍地去阅读他。对于一些人，这种晦涩性增加了阅读的趣味。对于另一些人，这种晦涩性可以激发研究和工作。深奥和晦涩看起来都是不可思议的。它们都是有魅力的东西。有准备的爱好者喜欢这种破译游戏。

但是还有更糟糕的事情。注意不到的晦涩才更危险，就像隐

---

1 Tennemann, édité par Amadeus Wendt, *Grundriss der «Geschichte der Philosophie»*, 3ᵉ éd., Leipzig, 1820, p.449–450.

2 Theodor Haering, *Hegel, sein Wollen und sein Werk*, Leipzig et Berlin, tome I, 1929, p.VII.

藏在雾气中的一块薄冰。读者感觉很清晰的表达，在仔细检查下，却表现得不可理解。笛卡尔，在其"隐藏"（ombrager）自己的意图时，总是会告诉读者，读者就可以迅速地剔除这层迷雾。黑格尔，他没有这种警告。读者有时就被欺骗了。最大的晦涩乃是那不明显的晦涩……

有些晦涩需要通过艰苦努力才揭示出来，有些晦涩则显而易见，为了解释这些晦涩，人们通常指向黑格尔精神特有的复杂性，一种天生的构造。这种笨拙应该是天生的，或者说是"本性的"（naturelle），即使他有渊博文化也无法克服。

通过查阅他年轻时的日记及其孩提时和中学时的笔记，这种理论被彻底否决。在斯图加特，写作上他表达得再清楚不过了，但还没有涉及严格意义上的哲学，更不用说特定的黑格尔哲学。他似乎很艰难地、一点一点地才养成了晦涩的天赋。很多秘密证明了他的"再生"。他的这种资质符合时代和环境的限制，是由于别人对他教育及其自身的培养才形成的。

但在试图说明黑格尔的晦涩之前，在环境原因之外，首先还要细致地考察晦涩的程度。

我们不能将其晦涩程度过分夸张。无法理解，其责任不仅仅在于作者，读者同样也有责任。只要付出一定努力，读者就会发现，理解黑格尔的思想，还是能够取得一些进展的。他的文本并非固若金汤的城池，人们可以掘取一些暗道进入。他的理论如此丰富，任何一小块碎片也都弥足珍贵，闪光的碎片总好过整体的平庸。有时黑格尔会堆砌很多复杂的概念，但无非是通过这种大量的堆砌来论述一些简单的概念，如果分开来看的话，这些简单概念似乎是缺乏可靠保证的。

不仅作者和读者有责任，而且编辑方面也有责任。黑格尔著作的一些编撰者、注释者和翻译者，故意让他陷入黑暗之中。

这里只举一个例子。他的宝贝学生爱德华·甘斯，于 1833 年，经过改编和浓缩之后，首次发表了黑格尔的《历史哲学》[1] 的文本。在课程的导论中，黑格尔论述了他称为"历史的第一范畴"的东西，即变化范畴（Veränderung）。然而，出于某种我们无法确切知道的原因（排版错误、书报检查制度、或是对书报检查制度的畏惧?），这个词没有出现在这一版本中，而这个版本在很长一段时间里却是唯一可用的版本。读者会读到那些论述历史基本范畴的效力及重要性的内容，但是却不知道黑格尔的历史基本范畴是什么，连这个范畴的名字也不知道。这一省略必然导致其思想有些模糊不清，而人们则简单地将其记在黑格尔的晦涩姓名下。似乎早期读者并没有注意到这一点，他们已经完全习惯于无法理解了，也就任由其无法理解了[2]。

在某些情况下，黑格尔的写作也会像他的话语一样异常地清晰。他的笔在追踪其思想的过程中，有些时候不仅文字优美、风格高雅，而且，对于他的那些精妙且新颖的观点（有偏见的人则会感到厌恶），他善于将其比喻成各种清晰而生动的形象，以至于这些形象都成了谚语式的形象，人们还用它们来阐明其他人的论述；如今，这位"晦涩的"（obscur）思想家，在科学、文学、评论以及日常出版物中，是被引用最频繁的人物之一。有谁不知道"只有在夜幕降临时才飞起的猫头鹰"或"悄悄地挖掘的鼹鼠"呢?

1　Hegel, *Vorlesungen über die Philosophie der Welt geschichte,* éditées par le Dr Edouard Gans, 1833（tome IX des *Hegel's Werke*, 1832—1887）. 1840 年第二版由卡尔·黑格尔主编。参见 D'Hondt, *Un texte malmené,* in *Archives de philosophie,* tome 33, cahier 4, oct.-déc. 1970, p.855–879。

2　乌克斯库尔承认自己不理解，声称自己被黑格尔的晦涩和不可动摇的严肃性迷住了。对居赞而言，"黑格尔乃是字谜"。（Roques, *op.cit.,* p.170 et 171）

在黑格尔的著作中，由于教育、时期和文化上的不同，对一些人来说不可理解的东西，对另外一些人来说却是不言自明的。在其著作，有些方面对其同时代人来说没有任何理解上的问题，而如今却变成晦涩不明，因为我们已经丢失了线索。相反地，各种历史性和比较性的研究，各种详细的注释，使得今天我们能够理解黑格尔的一些文本，而这些文本对其大部分听众来说都是难解之谜。

晦涩的文化

所有这些指责、辩白、区分和保留，都已经被梳理过，但黑格尔的晦涩却仍然是个难题，因为这些还不足以解决问题。

要想加以解释，需要寻找声音禀赋、根深蒂固的地方习惯、心理动机、偶然环境以外的原因，同时又不能忽略它们所带来的附加影响。

事实上晦涩是哲学的构成部分。黑格尔当然是晦涩的，但这是由于他自身。他毫不犹豫地选择了像赫拉克利特一样，赫拉克利特是他的主要精神导师之一，恰被人们冠以"晦涩"之名。

在黑格尔身上，晦涩性呈现出一些个性色彩，但是，晦涩性普遍地影响了这一时期的德国哲学。这是一种新兴的时尚，因为此前50年一直是沃尔夫哲学占统治地位；沃尔夫哲学源自于莱布尼茨哲学，乃是一种概念清晰的哲学，黑格尔年轻时就浸淫在对它的研究中。

但是突然出现了康德，他与沃尔夫的独断论彻底决裂（至少他希望如此），掀起了哲学上的一场"革命"，为哲学引进了大量内容丰富的新概念，同时也与苛求清晰性的传统风格决裂。

他的那些继任者，他的那些学生，特别是黑格尔，都是这样来理解他的。这并不是要对康德思想和著作施加某种法国式的、沙文主义的贬低。几乎所有与他同时代人都为他的晦涩而感到可惜。康德哲学，最初是为哲学爱好者的小圈子而准备的，在他的学生，特别是莱茵霍尔特，将其更简明更清晰地阐述和讲授（也有歪曲和损害其内在严格性的危险）之前，是没有什么听众的。

那些最优秀的学生最严格地继承了康德的方式和风格。费希特和谢林竞相残忍地揭露康德的晦涩，但他们的意图是美好的，他们认为这种晦涩性与康德哲学是不可分割的，对此他们提供了各种理由。但是他们有时也承认这种晦涩性的好处及其战术用途，费希特说："康德的最大好运，正是他的晦涩。"[1]

但是这两个宝贝学生刚刚开始着手阐明康德哲学，他们就在同样的借口下开始相互指责。每个人都指责对方不理解康德也不理解自己。经过几年的对话和讨论之后，费希特与谢林［经常被人们冠以"早熟"（ingentium praecox）之名］，并坚决地指责他："以您所选择的方法来说，您过去不理解，现在不理解，而且永远不会理解先验观念论[2]！"

然而错误不完全在于谢林，费希特也知道这一点。他一生中大部分时间都致力于让自己的理论，即便不能"像白天一样清晰"，但至少能让受过教育的公众更容易接受。所有这一时期的德国哲学家都对明晰性漠不关心。

后来，谢林，时而非常清晰，在为居赞的一部著作所写的序言中严肃地承认："德国人长期以来只在自身之内从事哲学思考，

1　1799 年 5 月 22 日费希特致莱茵霍尔特的书信。

2　Fichte-Schelling, *Correspondance,* trad. par Myriam Bienenstock, Paris, PUF, 1991, p.135.

以至于他们在思想上和话语上都逐渐地脱离了能被普遍理解的东西［……］并且最终这种超脱可理解性的程度几乎成为了是否精通哲学的标准。"

就像海涅所讽刺的那样："在此我看到了我们的哲学家们滑稽的一面。他们不停地抱怨不被理解[1]。"

黑格尔也发出过这样的抱怨："只有一个人曾经理解我，但他也不再理解我了！"在一份颇具文采的抨击性小册子里，他曾高声指责康德的不可理解性。1802 年，他在耶拿的学生面前毫无保留地高呼："在术语上诡辩（verführerisch），这是人们最容易掌握的东西。只要用人们听不懂的语言去对他们讲话时我不感羞愧的话，我完全可以卖弄着这些术语，而实际上只谈论一些完全荒谬和完全琐碎的事情。"（D 340）

很长一段时间里他都坚持这种腔调："在学习哲学的过程中，你们不要把这种术语当成最根本的东西，你们根本不用去理会这种术语。十几二十年前，人们似乎很难习惯康德的术语，也很难运用先天综合判断（jugement synthétique）、统觉（aperception）、超越的（transcendant）、先验的（transcendantal）等等这些概念。然而这些词蜂拥而来又蜂拥而去。很多人都掌握了这种语言，因此秘密也就揭开了：在这个骇人的东西背后隐藏的是很普通的思想。我之所以做这样的评论，主要是由于自然哲学的现状，由于人们用谢林的术语所说出的各种蠢话。"（D 340）

康德是他的老师，谢林是他的亲密合作伙伴和朋友，而黑格尔就是这样对待他们的！用令人费解的语言讲些饶舌的话，这根本不能提供任何思想。这样的凌辱多么该留给敌人啊！

236

1　Heine, *De l'Allemagne,* trad. par Pierre Grappin, *op.cit.,* p.125–126.

黑格尔的情况

很明显，黑格尔也强烈地谴责别人的晦涩，他很清楚整个德国哲学所面临的危险。只要他愿意，在很多场合他本可以表达得更清晰，就像他认为他的前辈也本应该能做到的一样。但他熟练地运用了自己的晦涩。不由自主的天生愚笨，故意的掩盖，哲学所必需的晦涩，阐述体系所不可避免的迂回，在他的思想中，所有这些都完全混合在一起，通常很难确定各种成分的比例。

黑格尔的概念不容易阐述，首先是因为它们一般都是全新的概念，或者是对那些被忘却了的、没有得到很好理解的、或长期没有发展的老概念的更新。这些概念本身也不好加以解释或理性的评论，因为它们的一些相关概念会让它们有时显得很荒唐。黑格尔经常深陷在不连贯之中，但他似乎知道这一点，他似乎在竭尽全力地猛烈挣扎，不顾一切地尝试摆脱这种困境。

他孤注一掷，想要通过各种可以理解的推理来阐述和捍卫一种绝对观念论。但这种绝对观念论在他死后很快被完全抛弃了。在其生前很多同时代的哲学家就已经认为这种绝对观念论站不住脚了。读者们在坦承自身不足的同时也不用太责怪自己：如果不能很好地理解，这也不全是读者们的错，但同样也不是黑格尔的错——是这个体系本身该受到谴责，更大程度上是这个体系控制了黑格尔，而不是黑格尔控制着这个体系。

黑格尔的表达方式很糟糕，黑格尔应该知道这一点，而且最终也承认这一点。但是他依旧我行我素，有时候还略带幽默地为之。他只能采用一种略带苦涩的反讽，以使人们原谅其一贯的不可理解性。柯内贝尔同许多其他人一样，就黑格尔发表在《巴姆贝格报》上的各种小文章，指责黑格尔的不可理解性；在回

237

答柯内贝尔的时候，黑格尔宣称，外交和政治形势本身就是如此混乱，如果非要以明晰的方式来阐述它们……人们就无法理解它们——编者无法理解，读者也无法理解："相反，我只能用我缺乏明晰性的风格来得出结论，人们就会更好地理解！"（C¹183）然而他很遗憾，命运没有更多地眷顾他，没有让他将著作写得更令人满意些……

沿着这种思想轨迹，并应用到他的哲学上，他的反对者可能会放肆地说，他的哲学如此"混乱"，如果用更明晰的风格阐述出来，就会更加站不住脚了。那些爱开玩笑的人就是这样说的。黑格尔学说的大部分前提都是隐含的，因而他的理论必然具有内在的不可理解性。荒谬的学说自然没法清晰地阐述，表达的晦涩表明了内容上的失当。没有好的构思就不可能有清晰的说明。

一种想要描述精神"异化"（aliénation）本质的理论，很快就无法维持其理论效力了。黑格尔毅然拒绝了"神创"这个理念，但是他对"异化"这个理念的描述，其本身比"神创"这个理念更加无法理解。对于从理念到自然的过度，谢林本人也提出了一些方式，但是他十分嘲笑黑格尔所提出的各种方式，黑格尔这样描述和规定："理念的绝对自由在于，理念既不是转变成生活，也不像有限知识那样使其显现在自身之中，相反，处于自身绝对真理之中的理念，任由作为其特殊性阶段、最初规定性或相异性阶段的直接理念自由地走到自身之外，成为自己的表现，而自身成为自然¹！"

对神迹的断言也似乎比这更合情理！

1　*Encyclopédie des sciences philosophiques,* trad. par Bernard Bourgeois, t. I, Paris, Vrin, 1970, p.463.

但是必须要看到，自然的这种衍生，是观念论的基本条件之一，是观念论不可或缺的、无需证明、自发的、自始暗含的基础。如果人们像唯物论者或现实论者那样，认为理念是构思出来的，认为理念和精神是由先决性的、囊括一切的自然所衍生出来的，那么黑格尔哲学的任何观点都将无法立足了。

238但是我们不能懊恼黑格尔的这些预设。一切就这样发生了，一半不由自主，一半刻意为之，对于这种概念杂技，他设定了最艰难的条件和最难以逾越的障碍，当然也是为自己设定的：从各种不可或缺却又实际上互不相容的前提出发，构建一个整体的解释体系。这是置之死地而后生的智力锻炼，但是他凭着自己的敏锐、创造和执著，将其发挥到极致。着眼于不可能之处，赴之以狂热的努力，哲学家们正是以此实现了各种瑰丽的精神壮举。

我们可以说，黑格尔学说的每一个构成要素，以及黑格尔希望其成为自己体系一部分的每一个构成要素，如果不是分享了本质上与自身不可调和的其他要素的力量，就不可能展开得如此丰富，如此繁盛。黑格尔把向来无法逾越的横杠抬得更高了，但是他敢于跳跃，从不厌烦，从不让步。

正因如此，黑格尔的推理中有很多起初不可见的断裂，被他巧妙地掩盖起来了，后来才被揭示出来。各种怀疑的批评，甚至是恶意的批评，已经将这些逻辑推理上的断裂揭露出来了。吕西安·埃尔（Lucien Herr）就非常坚持"感觉"（sentiment）在黑格尔推理进程中的作用[1]。

人们也很享受那些奇特的文字游戏，黑格尔总是借助它们假装逃离困境（例如从 Qual［痛苦］一词诱导出 Qualität 一词[2]！）。

1　Lucien Herr, *article Hegel de la Grande Encyclopédie*, tome XIX, p.997–1003 *(passim)*.

2　Hegel, *Histoire de la philosophie* (Garniron), *op.cit.*, tome VI, p.1313（n.6）, p.1314.

即便人们全部将其揭露出来，这种表述和语言上的诡计也丝毫不能削减黑格尔思想的富有和富饶。但还是应该彻底揭发一下，把它们阐明，以后就不用再将这种论述放在头等地位了。

同别人要花招的同时，哲学家可能也在同自己要花招，而且是很有可能的。他很善于描写别人身上天真的邪恶，他将自己的各种玄虚也隐藏在这种辩证法之中。这是天真和狡诈的一种奇特混合。

这一时期，浪漫派的哲学家常以自身思想的深刻为荣，适度的晦涩乃是思想深刻的见证。也喜欢被人视为不可理解。黑格尔并不是浪漫派，但他任由自己身上沾染这种时代的特色。他应该239更喜欢明晰性，但是，在他的体系中，明晰性则包含着某种哲学上的不和谐，这种不和谐让读者们很着迷，与荷尔德林有异曲同工之妙，荷尔德林的诗性的不和谐也让读者们痴迷不已。这意味着他必须让水火相容，虽然他采用的是自己的方式，不同于谢林的方式，但是却同样充满悖论；谢林的方式导致谢林构造了很多模棱两可的概念，例如观念唯物论（Idealmaterialismus）或观念现实论（Idealrealismus）。最初学生们总是将这种怪诞的东西撕裂开来，从中选择自己喜欢的部分。

不要抱怨。没有这些困难，没有这些障碍，没有这些现实的矛盾，黑格尔哲学就不能称之为黑格尔哲学了。这一切都迫使黑格尔哲学去超越自身，而我们也可以说：塞翁失马，焉知非福（Felix culpa）！勇敢大胆自然具有创造性，但是也有代价：晦涩性。黑格尔哲学已注定无法轻易理解了。

专注于此，以所有过去的哲学家为榜样（黑格尔自己的说法），黑格尔仔细地倾听着时代的声音。他描述了一个支离破碎的世界，就像他所说的，一个被异化的世界，一个原本就模糊的世界，我们只有付出艰苦的努力才能认清这个世界。如果事物本身的声音就是如此微弱，这就不是作者的错了。

这些评语不仅仅适用黑格尔一个人，所有德国观念论哲学家都同样适用。黑格尔同时代的大部分重要人物都像他一样晦涩，甚至更晦涩。那些例外的人，如雅可比，虽然选择了一种更清晰的哲学，却沦为一种更平庸、更肤浅、更教条、更独断的哲学。

因此应该扯掉这块遮羞布：不仅仅只有他们的表达方式模糊不清，他们的哲学从其本性而言就是隐晦不明的。这种哲学很脆弱并且很快就崩溃了——这绝不是要取消它的价值，而是要赋予它另外一种意义和另外一种用途，不同于他们所渴望的意义和用途。就像谢林所指出的："在回到康德哲学本身之前，我先做一个总体评价，这种评价或多或少适用于所有人类活动：使得人类活动真正重要的东西，乃是它们的现实后果，而这些后果绝大多数情况下都不同于最初所追求的东西，不同于产生过程中作为中间过渡的那些东西[1]。"

这就是他有计划有步骤地构思起来的体系，这一体系不能自己为自己辩护，要为其辩护，就必须要用虚假的论据和专断的概念构建，甚至是荒诞的概念构建。在这一点上，黑格尔的体系与其他人的体系也没有什么区别，差别可能只在于平衡程度的大小上。

如果他真的变得清晰了，那他就会背离各种原初的直觉，背离时代的信念。

黑格尔已经揭示了自己晦涩的原因（或者至少是原因之一），以及晦涩具有魅力的原因。在写给尼特海默的一封信中，黑格尔

---

1 Schelling, *Contribution à l'histoire de la philosophie, op.cit.*, p.89.

声称"崇高而不可理解，要比简单而不可被理解更容易些。"（C¹ 163）他是向这种便利让步了吗？他经常会怒不可遏。但是他知道如何克服："年轻时所受的教育，以及为这种教育所做的物质准备，是触及清晰性的最重要的基石。"（C¹ 163）

他从不吝惜崇高。但他无法避免，崇高有时会让他变得不可理解。

黑格尔用各种无法调和的元素来培育他的哲学。他的任务就是要用一种连贯的、令人信服的方式将它们统一起来，从中提取一种和谐（就像弓的和谐与琴的和谐），将起初看起来最不可调和的东西调和在一起。如果没有这些对立矛盾的在场和好斗，他就没有什么任务要去完成，没有什么成就要去实现，没有什么成果要去创造。每一个伟大的哲学家都必须面对环境提供给他们或他们自己提供给自己的棘手问题。

矛盾总是存在。辩证的矛盾，通过一些必要途径，最终通向消解。教条的矛盾，维持原状，顽固不化，没有答案，或者为了结束矛盾而要求在对立面中做出选择。有时教条矛盾善于隐藏自己，一度隐藏在辩证的面具下，但是最终它的真实面目一定会显露出来。

在黑格尔的作品中有一些同经验、常识和辩证逻辑相冲突的矛盾。当然它们不太容易被察觉，可以说，只有在使用的时候才会表现出来。黑格尔感觉到了吗？黑格尔一贯清醒，怎么可能视而不见，不去解决矛盾；他只是满足于指出矛盾并继续使用相互矛盾的术语，当然，这是在不同的著作中，或在同一著作的不同章节中，只是读者出于错看或偶然才把它们生拉硬拽到一起。在《哲学史讲演录》中的一些章节与《逻辑学》某些章节的十分冲突。《历史哲学》中推演出的一些论题与《哲学全书》中的理论相冲突——在《哲学全书》中历史哲学处于较低和或然的位置，必然需要修改。当然，黑格尔竭力营造和谐，撰写了很多文章，对所有术语进行整体修补，但成效没有多少人认可。

特别是有一个矛盾，一度备受学生们推崇，却让几乎所有学生都陷入了困境，即辩证思想与黑格尔体系之间的矛盾：辩证思想大胆地推崇运动、变化、发展、生命；而黑格尔计划的体系，尽管黑格尔尽力使其保持"开放"，但实际上必然导致稳定、固定、维持、僵化。

黑格尔过于重视"变化"这个概念，以至于他鄙视其他语言，例如法语和拉丁语，认为它们不能像德语那样自发地表达"变化"这个概念。尽管如此小心谨慎，然而他本人似乎还是在发布某种无所不包的终极知识，而且他的绝对观念论也原初地预设了这种无所不包的终极知识。

宗教—思辨（religion-spéculation），秘传—外传（ésoterisme-exotérisme），进步—保守（progressisme-concervatisme），出世—入世（contemplativisme-interventionnisme），这些导火索式的明显矛盾，会引爆"变化"这个概念，继而促使学生们在"辩证法"和"黑格尔试图以辩证法为基础而建立的体系"之间做出选择，就像有些人认为要在"批判理念"与"康德体系"之间做出选择一样（莱昂·布伦施威克，Léon Brunschvicg）。

之前的其他哲学，它们自身的矛盾都相继爆发，黑格尔哲学也在等待这种命运，但黑格尔努力将那些相互排斥的术语尽可能地捏合在一起。这种笨拙的活动还是暗中进行比较好。

黑格尔谴责前人的术语，但是又不得不继承其中的一部分，而且还得在其中加入自己的术语，他自己的术语也同样是奇特的，甚至是怪异的，可能成为一种新的玄学。因此，他必须要巧妙组合，专注于各种刻意的区分，玩弄暧昧，玩弄歧义，玩弄细微差别，玩弄升华句。

一方面，由于他提出了各种新的理念，而且他尽力不让这些新理念同各种旧理念相混淆，这必然会导致语言上的一些扭曲。另一方面，他可能在表达上有困难，可能是与生俱来的，对此很难估价。表达的困难之上，他又喜欢加入哲学界流行的神秘性深刻。此外，他还需要刻意隐藏某些颠覆性或有嫌疑的观点。

对于赫拉克利特的箴言式的晦涩，黑格尔曾探究其深层原因，但他最终承认"这主要是由于深刻，在于其中所表达的思想的思辨性特征 [1]"。人们不让他说！因此他听任他自己的哲学（本质上思辨的哲学）对大多数人关闭。

尽管他很努力，尽管他技艺精湛，他还是无法提出一种能让当局和公众都接受，并且让他们信服的哲学。失败的标志之一就是他最终倾向于退缩，放弃了起初宣布的哲学普世主义；哥舍尔曾谴责他的精英主义，但哥舍尔本人却也并不是什么普及者！黑格尔只想把他的哲学财富留给内行人的小圈子，留给一群"教士"。

他最终选择将自己的哲学禁锢在圣殿的朦胧之中。

1　*Histoire de la philosophie* (Garniron), I, p.156.

柏　林

他在柏林接受了加冕，甚至还擦了点儿圣油，从此他统治了德国哲学。

——海因里希·海涅 [1]

　　尽管公共生活（特别是政治生活）的各种可怕轮回让黑格尔非常沮丧，但他并没有完全消极避世，没有龟缩在失意的自命清高之中。各种远大的抱负仍然萦绕在他心中，只是由于束手无策所带来的各种失望、挫折和伤感，这些远大的抱负还像从前一样软弱和温和。

　　我们可以从很多迹象来推测这一点：他对自己的哲学非常自信，他应该会希望自己对这个令人焦虑的世界的实际介入会符合自己的哲学。而且就像他自己所说的，他一直希望能够进入统治决策的"中心地带"。亚里士多德不是亚历山大的老师吗？伏尔

1　Heine, *De l'Allemagne*, trad. par Pierre Grappin, *op.cit.*, p.150.

泰不是腓特烈大帝（腓特烈二世）的密友吗？狄德罗不是沙皇叶卡捷琳娜二世的顾问吗？

1815 年之后，德国的"中心"却出现在边缘上：柏林。被任命到普鲁士的首都任职，这是最让黑格尔满意、最让他骄傲的了。好处总是立即涌现出来，而麻烦却只会慢慢来到。就目前而言，前途一片光明。

晋升了！成功了！

1817 年底，阿尔坦施泰因（Altenstein），哈登伯格内阁中的教育和文化部长，将 1814 年费希特逝世空留下来的哲学教席授予了黑格尔。在这个只有部分符合现代理念的政府中，这位部长的自由主义和进步主义显得格外突出。他善于听取开明的建议，在对哲学教授的选择上，他表现出了很好的品位。

1819 年秋，黑格尔满怀喜悦地就任该职：他达到了顶点，从此不用再觊觎更高的职位，不用再嫉妒其他的同僚。相反他成了别人嫉妒的对象，因而也并非高枕无忧。成熟赋予他完满：在他看来，这是对其才能完全和最高的"认可"！

从他在斯图加特卑微的童年开始，一路走来十分艰难曲折。他成功地攀登过来了，他可以品尝发迹的滋味了。在特定的学术圈里，他获得了声望、荣耀，此外还有物质上的相对宽裕。

他的哲学今后将吸引普鲁士反思最深刻的那些知识分子，并且一定程度上在所有德国的大学中大放光芒。他的影响虽然仅限于部分同事、学者及其学生，范围很窄，但是却能造成很大的声势。人们通常会夸大他的重要性。在他到达柏林时，黑格尔应该希望能够影响国家的领导层，影响任命他的人，甚至影响哈登伯格首相，《法哲学与国家哲学》（*Philosophie du droit et de l'État*，1821）出版后，他曾立即呈献一份给首相。他会成为智囊团的一员吗？

他效力于最强大、最有前途的德意志政权，它正处于当时"最进步的"政治领袖的统治下（这一统治很快就衰落了），最具自由改革做的基础，对新理念也最为开放。

这种成功可能会让哲学家有点飘飘欲仙。但是在费希特对德意志民族演讲的时候，谁会对他的话无动于衷呢？

当黑格尔热情地接受阿尔坦施泰因的邀请时，普鲁士刚刚取得一些改善。从前，无疑是在访问了茨舒格的邻国、普鲁士公国中的纳沙泰尔之后，他在《德国宪法》中曾经如此批评普鲁士："在鲁普士，另一个以同样方式实行统治的公国，要了解其生活模式，到处弥漫的冷漠无情，只需要随便走进某个村庄，或者想一下它在科学和艺术天才方面的整体匮乏，根本不能把个别天才释放的短暂活力看作它的实际力量[1]。"

1815年之后，这种偏见需要改变了。尽管还有一些保留，在黑格尔看来，获胜的普鲁士，其活力如今成了所有德国同胞的榜样。普鲁士的"科学天才"觉醒了，邀请黑格尔到柏林任职不就是最好的证明吗？

与此同时，普鲁士在军事上也毫不犹豫地进入了现代化。普鲁士当然没有采取法国革命者们的野蛮方式，但是，只要哈登伯格在位，它就能取得一些改革。这些改革，虽然很微小，但是还是激起了普鲁士人的巨大希望。在这个国家，人们谈论颁布政治宪法，但国民们很快就对此绝望了；暂时看来还勉强算是进步了；精心地组织公共教育，人口明显地增长了；工业化进展最快。这个国家仿佛成了一座闪光的灯塔，吸引了所有爱国的目光。它表现出了不可抗拒的魅力：它的那些伟大的变革者们，那

些使它重新站起来并重获荣耀的人们，他们跟黑格尔一样，都并不出身于普鲁士：施泰因*（Stein）、哈登伯格、沙恩霍斯特（Scharnhorst）……

哈登伯格完成了施泰因发起的改革计划：原则上废除农奴制，敢于提出这一原则就已经近乎最大的放肆了！——土地为全民所有；首相任命部长编制；城市中选举产生市政府；废除行会（也是在原则上）；取消封建佃租，等等。

所有这些，更多都是口号和理论，而非实际。但是在欧洲神圣同盟内部，这种对良好意图的简单表达，却打破了对于农奴制度的普遍辩护。"篡权者"拿破仑的最终失败，实际上导致极度反动的政治在整个欧洲扩张开来，严格意义上的反动政治：明确地追求重回法国大革命之前的统治方式和社会生活方式。它鼓励最粗暴的控制手段和比拿破仑占领时期更蒙昧的文化导向，甚至是比旧政权统治下也更蒙昧，尤其是在德国，在梅特涅及其体制的影响下。正如人们所说的那样，德国人没有享受过革命的好处，却遭受了复辟。那些一度被废除的东西，又在各处重建起来：书报检查制度、国家宗教、国家监狱、犹太人隔离区等等。

对于所有这些倒退，神圣同盟都试图提供思想辩护：在普鲁士国王、俄国沙皇和奥地利皇帝之间订立了一个绝对的基督教启示公约，"极其神圣且不可分割的三位一体"确保政治铁三角。因此宗教以最具讽刺性的方式被征用了，用来在道义上论述风雨飘摇的皇室利益及封建残余。黑格尔青年时的评价得到了鲜明的证实。"宗教和政治好像两个集市上的强盗；前者总是兜售专制

---

* Heinrich Friedrich Karl vom Stein，施泰因男爵。——译者注

主义所需的东西：蔑视人类，嘲笑人类没有能力实现任何的善，不能依靠自身成为某物……"（C¹ 29）[1]

更严重的状况是，神圣同盟通过将新教与其敌人天主教暗中结合起来，抹杀了黑格尔所如此坚持的新教的反抗特征！

在试图解释和评价他的行为、他的公开理论、他的真实观点、他的秘密活动之前，最好先回忆一下黑格尔在柏林将要进入和卷入的时局的普遍特征。要考虑黑格尔不得不承担的重负，而且，鉴于我们所知的关于黑格尔的一切，需要承认，在普鲁士确有一些能够博得他欣赏的革新，当然也有很多他不赞成的残余。

普鲁士的统治分裂为很多相互矛盾的倾向，为了简便起见，我们可以将其归结为两种主要的派别。但是这些派别绝不会以现代政治党派那种单纯、固定且持久的方式定义和标榜自身。它们在内容和时间上相互沾染和相互纠缠在一起的，通常陷入到极端的混乱之中。

首先是改革派，影响一直延续到哈登伯格逝世（1822年），随后衰落。他们重新树立了普鲁士的力量和威望，也发起了率先反对拿破仑的民族解放战争。他们努力实现国家的现代化和解放，他们或多或少公然地宣称，终有一天将整个德国都团结在其周围。他们使得国王，在令人不安的军事危难中，为了重新获得民众的信任，庄严地许诺授予臣民们以政治宪法。

这些改革者遭到了其他派别的顽强抵抗，遭到了封建派、贵族派、王室的抵抗，由于意志力不强或是缺乏意志力（对此我们所知不多），这个最平庸的国王，抱着专制主义不放，却时而受到这一派的影响时而又受到另一派的影响，直到哈登伯格逝世，

1　黑格尔经常谴责"宗教与专制主义的一致行动"。（同样，*Nohl*, p.357）

在满脑子守旧观念的科隆普林茨（Kronprinz）的支持下，王室在他面前明显地占据了上风。

在战胜了拿破仑之后，国王腓特烈·威廉三世，在众所周知的各种缺点之上，又添加了违背誓言这一条，拒绝颁布他所承诺的宪法。他总是将这一让人高兴的大事推后。普鲁士的爱国人士们的失望无以言表，特别是那些知识分子，战争中他们付出了超额的牺牲，他们一厢情愿地为之奋斗，结果却让他们感到沮丧。那些巴黎的无套裤汉们一直努力，却并没有想过要建立资产阶级共和国，同他们一样，那些普鲁士的自由主义者复辟了，但却并不想要君主专制。关于其他的例子，黑格尔已经对这类历史的愚弄进行了理论总结。

尽管取得了胜利和些许进步，在精明的观察者看来（黑格尔对此完全了解）普鲁士的景象则是惊人的欺诈，是互相的欺诈，是宏伟计划的夭折，是猜疑与阴谋，是更大的悖论：异化世界的另一种形式。

人们进入了所谓的"民族性时代"。战胜拿破仑后，那些一度屈服在帝国之下又最终反抗它的人们，他们的民族渴望暂时得到了满足。但与此同时，随着这种胜利而来的，是其他领域的倒退。民族的进步与社会和政治进步并不吻合，正如法国在1789年时的情景一样。黑格尔对于柏林的态度一定程度上反映出了这种不协调。

普鲁士客观上面临的主要政治问题一直悬而未决，一直持续到1848年。无论何时何地，无论群体还是个人，人们到处都能看到徒劳努力的艰难和暂时妥协的失败：一边是山羊、一边是白菜！黑格尔非常傲慢地自诩，不在相互对峙的双方中站队，至少公开上是这样，并且，在《法哲学原理》一书的最后结论中，提出了一种理论，作为所有派别都同样面临的困境[1]。

大部分人，沮丧失落，不再关心政治利益，漠视公共命运，转而反省自身，满足于私人生活——这是为了不去招惹疯狂的反动派。反动派认为民众是好嫉妒的奴仆，认为民众总是忍不住会叛乱，必须要严加管制。只要反动派能蛰伏下来，这就是人们最大的愿望了！

回想法国大革命向他们展示出的对新事物的渴望和革新精神，贵族、王室、上流人士总能感受到威胁。再加上傲慢和苛刻的作用。他们不断鼓励国王进一步巩固强权，严厉镇压自由的、立宪的、非宗教的东西，或者看起来如此的东西——总之：资产阶级的东西。

在这样的条件下，自由运动还是产生了。由于缺乏群众基础，自由运动只吸引了少数知识分子，特别是学生。在黑格尔去世之前，只有极少数融入职业生活和"市民社会"的人参加自由运动。现在想起来，人们认识到，自由运动无法取得任何实质的成功。矛盾的是，加诸在自由运动身上的镇压并不相称，这使得人们虚幻地夸大了其重要性。当局者在其中得到的只是虚构的恐惧。著名的 Burschenshaft（"学生共济会"），由于其特定的大学生形式，垄断了所有政治目光，间接地影响了所有社会领域——特别是对黑格尔的生活、事业和思想产生了明显的影响。虽然这些普鲁士学生缺乏现实和效果，但必须承认，他们并不缺乏热情和勇气。他们还是很难缠的。

犹豫不决、不知所措和茫然无从，这种气氛笼罩一切，但各种审慎、果敢的主张在其中酝酿，黑格尔也不能完全例外。他不

---

1 参见前文第 242—243 页及（C[2] 231）。

得不采取迂回的策略。

作为拿破仑的坚定拥护者，他最初并不积极支持普鲁士的民族解放战争。他后来才开始在情感和理智上支持它：事实上，从他被任命到柏林才开始！他起初看到普鲁士军队取得胜利的时候并不高兴，普鲁士军队受神圣同盟的扶持，而神圣同盟在自由欧洲则是臭名昭著，士兵都出身于通常意义上的落后和反动人群，黑格尔对他们抱有一种排外性的仇视："哥萨克人"、"克罗地亚人"、"土耳其人"——在他看来，都是骂人的话，后来海涅也这样讲。

但是他认可建立起来的东西：他懂得要"容忍"。他艰难地试图评价复辟可以得到容忍的某些方面。他把全部赌注都押到了正在觉醒的普鲁士身上。对于一个德国爱国者来说，别无选择！

除了一些微小的社会和政治改进以外，随着普鲁士实力的增长，理智的伟大复兴到来了。1810年，依据洪堡的计划，普鲁士建立了柏林大学，它的第一任校长就是费希特。这个大学很快就成了最具实力的大学，在物质方面和精神方面都是最富足的，是德国最具威望的大学。

德国的各个公国内文化贫困，德国的知识分子们长期以来以此为耻，如今他们重新获得了信心和希望。黑格尔及其周围的人都为此激动不已。从1815年开始，黑格尔的朋友尼特海默写信给他："［……］很幸运，精神文化不用再到巴伐利亚去寻求庇护了，而且，巴伐利亚将精神文化吸引过去，不过是为了将其扼杀。"（C² 59）尼特海默，为了发展巴伐利亚的公众教育和保护新教徒的权利，曾义无反顾地斗争，今后他将目光转向了柏林。1819年，他让儿子到柏林大学注册学习，并且希望自己也能够被任命到这里。他悄悄暗示黑格尔在这方面做些努力："我只希望我们能和他一起做事！［……］我知道阿尔坦施泰因这样的部长能够很好地任用我［……］或者只要他知道就可以了！"（C² 186）

对他而言，对黑格尔也完全如此，不仅仅是普鲁士的教育体系的飞速发展吸引了他，而是他将念念不忘的新教未来寄托到这个国家上，尽管还有神圣同盟的存在，但是对于这个国家广泛传播的路德新教来说，神圣同盟可以看成是微不足道的小事了："此外，从宗教的角度来看普鲁士对于德国的作用，很少有人比我更看重这一点了。"（C² 186）

当时普鲁士的国王被看作是路德教派的领袖，当时的新教徒对他的行为并没有太大的不满，但是他们十分普遍地、也十分论战性地认为，天主教乃是政治反动和专制主义的帮凶。他们将路德主义视为是一种"自由的宗教"。在这一点上，同其他很多人一样，黑格尔并不否认，在柏林，并非所有都在变好，但这一点无疑可以看作是正确方向上的进步，而这让他觉得很欣慰。

为了很好地理解黑格尔，必须要回顾一下普鲁士的特殊处境，尽管只是简单地回顾，因为任何伟人都必然与其成长的环境密不可分，无论他在其中幸福与否。自 1815 年开始，黑格尔与普鲁士不可分割地联系在了一起，尽管在这种共生的内部存在着各种反差、冲突、转向和遗憾。

在柏林，黑格尔的生活既有阳光大道也有崎岖坎坷。我们没有测量幸福的仪器。我们只能满足于近似的、不确定的、源于对比感受的表象。在哲学家的内心深处，真诚、勇气、虔诚、战斗的自由主义、成功、满足，它们分别占多大比重呢？对于所有这些问题，我们只能猜个大概，但整体上，我们完全可以知道天平是倾向于哪一方面的。认识到其中有很多不明确和不和谐的地方，这已经是很大成就了。

黑格尔一直十分重视学术界，而且他也对学术界十分敏感；此时，他不仅获得了学术界的高度的重视，而且他也获得了更舒适的物质条件。他的实际生活水平没有办法准确衡量，在不同的地方和不同的时期，收入、生活成本和方式都有很大差距。人们只能通过比较的方式来勾勒出大致的顺序。

黑格尔在柏林所拿的薪水要比在海德堡更高，至少名义上是这样，但实际增长与表面的增幅并不相符。他在写给其妹妹的一封信中指出了这一点，无疑是在暗示他无法增加对她的资助。他此时的工资涨到了 2 000 塔勒（thaler），而他在海德堡的工资大约相当于 1 500 塔勒。

如果，在普鲁士当局的眼中，就像人们贬义地或夸张地所称呼他的那样，他真的被认为是"御用哲学家"、"普鲁士大学的独裁者"、"钟情于绝对专制的理论家"的话，这不可能是让人满意的薪水。黑格尔的地位并不特殊。在柏林大学，化学家或医生的薪酬在 1 500 至 2 000 塔勒；神学家的薪酬在 2 000 至 2 500 塔勒；律师在 2 500 至 3 000 塔勒[1]。1841 年，普鲁士的新国王，腓特烈·威廉四世，支付 6 000 塔勒的薪水给老迈的谢林，给他的任务就是消除黑格尔教学的后果[2]。

让人大开眼界的对比：腓特烈·威廉三世，最令人失望的一类国王，除了他的"个人"收入之外，还享受 250 万塔勒的元首年俸。给残暴和愚蠢的薪水要比给智慧和自由精神高 120 倍；残暴和愚蠢或许物有所值，但智慧和自由精神则是无价的。

1　Ludwig Geiger, *Berlin 1688–1840* (en allemand), Berlin, Pactel, tome II, 1895, p.588.

2　Karl Hegel, *Leben und Erinnerungen,* Leipzig, 1900, p.32. Selon les termes de Frédéric-Guillaume IV, Schelling fut appelé à Berlin «pour combattre et anéantir la semence de vipères du panthéisme hégélien» (*ADB, op.cit.,* article *Schelling*).

黑格尔经常抱怨他的经济条件，可能是受习惯的支配，也可能是有意识的追偿。要想旅行、疗养或休假，他必须通过各种必要的许可来获取政府的津贴。他的职业地位同君主专制下的其他官员的职业地位没有什么差别：取决于国王的专断意愿，随时可能被撤职，别指望会有退休金，丧失来自互助会的所有庇护和来自工会的所有保护，没有救济也不能求援，处于完全的他律（hétéronomie）之下。

得益于政府的特殊资助，他不时地能够实现一些考察旅行和文化旅行，依据惯例和规定，他的夫人不能陪同他一起旅行。部长只补偿作为（或者被视为）职业必须的部分或有用的部分，作为对奴颜婢膝或因循守旧的补偿，至少是表面上的奴颜婢膝或因循守旧。由于习惯了这些程序（很久以后由于集体的压力这些程序才被废除），官员们可能并不觉得这种屈辱有多么不可忍受。

那些部长们，包括首相本人，都非常关心细节。要报销旅行费用，必须由哈登伯格审批！为了得到报销，阿尔坦施泰因部长向首相提交了一份报告，其中的各种理由中，特别强调了这位大学教授的恭顺，同时他们非常愿意认可他的实际功绩，1822年他写道："黑格尔教授，无疑乃是德国最深刻和最可靠的哲学家。"（C² 346）如今看来，我们对这种中肯的评价已经很满意了。但是，为了博得首相的批准，他补充道："他为青年提供了极其有益的影响"——这一点也是毋庸置疑的，但必须还要指明是在什么方向上的！"他热忱、严肃并富有能力，抵抗着缺乏深刻性的哲学的有害入侵，他粉碎了年青人的自负。他因其各种观点而倍受尊重，他的各种观念，以及他的有益行为，让那些蔑视所有哲学的人都不禁为之折服。"（C² 346）

些许的谎言，抑或是不可原谅的无知：哲学的敌人并没有在黑格尔面前缴械投降。恰恰相反！这一新的体系无法将有价值的东西传达给他们，而且他们也贬低它。无论这些观点好与不好，关键在于，黑格尔教授的这些"观点"，使他获得旅行许可并因此得到了报销。哈登伯格政府，尽管很多缺点，却是当时普鲁士人们所能想到的最不坏的政府了。

黑格尔的教学和政治活动，就像他的听众一样具有多样性和矛盾性；在某些方面，至少在表面上如此，获得了部分当局者的信任和赞同，同时使另一部分当局者非常不满。阿尔坦施泰因夸耀黑格尔对于年轻人的出众影响，但就在与此同时，即1822年，刚刚发生了同圣埃德维格（Sainte-Edwige）副本堂神甫的小插曲……

黑格尔在柏林将获得一些大学的高级职务。他将成为布兰德堡考试委员会的成员，为之提供教学改革计划，将在1829年10月到1830年10月期间担任柏林大学的校长。老实说，当局者们没法求助别人，只能体面地求助于他来做这些，此外当局者们还是给大学留了一定的自由空间（备受钳制的自由空间），让大学自己任命其中的要职。

253

黑格尔当时是最好的：他的各种理念，他的某个理论，得到了普鲁士学术界最显要的机构的支持。那些当局者们，大多傲慢且无知，既不能驳倒阿尔坦施泰因，也找不到黑格尔以外的其他知名人士，是他们恳请任命黑格尔，或者是无可奈何地批准了对他的任命。他们并非在黑格尔死后，才立即决定抛弃他并坚决地反对他的哲学。在黑格尔最后几年的教学过程中，他们显然已经在做准备了，但还是很有节制的。

黑格尔将会做很多有趣的旅行，这些旅行是他此前生命各个阶段中所不敢设想的，而其原因则是贫困。

1822 年，黑格尔在他的荷兰学生兼朋友范·戈尔特的陪同下访问了荷兰，当时比利时还是归属于荷兰。1824 年，他去了维也纳，他特别喜欢那里的意大利歌剧。1827 年，在特别的形势下，在维克多·居赞的陪同下，他最终访问了巴黎。他去了剧院，同提埃尔和米涅一起用餐。在回柏林的路上，他中途拜访了歌德。1929 年，他到波希米亚旅行，在卡尔斯巴德（Karlsbad），他最后一次同谢林相遇，此次相遇带来了表面和短暂的和解。

在柏林，黑格尔经常去剧院、音乐会、美术馆，他出席很多宴会，在这些宴会上他有时很粗俗地把目光投向那些穿低胸装的漂亮女演员身上，而她们并不把这个老傻瓜放在眼里。他去参加很多化装舞会，像从前在巴姆贝格时那样。

哲学家特别喜欢同一些朋友玩惠斯特牌（whist）或翁博牌（Hombre）——玩得很入迷，但完全是为了交际的放松。

哲学家在柏林生活中，所有这些"积极"和愉快的方面，上面都不得不简短地回顾了一下，笼统地推测一下其大致范围，但更多地注意"消极"或不愉快的方面，显然更让人感兴趣和更有教育意义——这些方面大都被传记作家所忽视或低估。

254　　　如今绝不能把黑格尔在柏林时期的生活看作是没有任何一丝阴云的田园诗般的生活，就像保罗·罗克在 1912 年第一部法文黑格尔传记中所做的那样："在多年的物质匮乏或十分低微的生活之后，他现在进入了做梦才能想到的状况。他现在很受宠也很有权势；他享受着家庭的温暖，他有很多朋友和热情的崇拜者；他每年的生日都很盛大：礼物、演说、祝贺诗，什么都不缺；1830 年人们为他发行了纪念章……[1]"

1　Paul Roques, *op.cit.,* p.351.

准确来说，黑格尔的生日并不是单纯的幸福。保守主义者通常优先保存其安逸，其物质和精神上的舒适，其宁静。如果黑格尔在柏林的生活真的具有保罗·罗克所描述的特征，他更应该被认为是一个保守主义者。

他绝不是一个保守主义者。在普鲁士的首都，黑格尔没有得到福乐，也没有清静。尽管非常审慎（因为如果抗议所遭受的凌辱，就是在反抗"已有的秩序"，就会因此给自己招来更大的麻烦），私下里他还是透露了一些抱怨。

1819年，刚到柏林就职之后，他就提到，维特教授（Wette）新近被开除了，他的一个年轻朋友阿斯维鲁斯（Asverus）被当庭开除了，书报检查制度变得更加严厉了，因言获罪的范围扩大了。他写信给柯略策尔："此外，您应该也有同感，这根本无助于增加精神的公正，这点是非常容易理解的。我马上快50岁了，其中30年都过得动荡不安，恐惧和希望相互交织在一起，我本以为恐惧和希望都该结束了。但是现在我却看到这仍然在继续；当然，在糟糕的时候，人们总是认为这还会变得更糟糕。"（C^2 195）

但是对谁来讲是每况愈下呢？梅特涅吗？普鲁士国王吗？是的，因为他们应该对政治上的反对者感到某些恐惧。但是在这一极其可笑的斗争中，他们竟然最终占据了上风！实际上，每况愈下的却是那些反对者，遭受书报检查、遭受压迫、遭到罢免、银铛入狱。黑格尔同情的是那些受压迫者，他与他们同心共感，尽管他并不"完全"赞成他们的主张和他们的行动。

1821年，在写给尼特海默的一封信中，他提到了产生苦恼的其他一些原因，同时明确说明了他在这场风暴中的个人处境，至少他自认为认清了这种处境："您知道，一方面我是一个焦虑的人，而另一方面我喜欢宁静；看到每年都有猛烈风暴发生，对我来说这并不是特别惬意的事情，尽管我确信最多也只有几滴雨点会落在我身上。而且您也知道，处在中心位置也有它的好处——这就是，在中心可以更清楚地看到表面背后的东西，并且对自己的事情和自己的处境也更加确定……"（C^2 238 mod）

以尼特海默的处境来讲，他无疑非常能够理解这种见解。如果黑格尔真的是"普鲁士专制主义哲学家"的话，他还会被那些政治"风暴"累及吗？为什么他担心仍然会有"几滴雨点"？（C^2 238）而且他怎么知道这些根本不足为虑？更明确一点来说，在国王采取的各种标准中，哪条不过是表面文章，政府吗？法庭吗？警察吗？黑格尔真的置身于"这些事件的中心"了吗？所有这些暗示在我们看来都很模糊。

事实上，黑格尔无法逃避很多巨大的烦恼（绝非几滴雨点，毋宁是暴风骤雨），而且他基本上是故意招致了这些烦恼，而这些烦恼构成了黑格尔在柏林生活中最值得关注和最有意义的方面。

他自认为处于"这些事件的中心"，但表面上看起来自己并没有对这些事件施加任何影响。他是否对自己的信息丰富性和可靠性抱有过多的幻想了？日常政治生活、各种宗教启示、各种文化活动，在权力的角度来看，都服从于这种幻想冲动，服从于这种专断裁决，即便那些最高层的人物也无法完全预测。

黑格尔哲学的真实本性，包裹在一种有意或无意的晦涩性阴云之中，但随着时间的流逝，慢慢地展现出来了，他成为了越来越多人越来越激烈的批评和攻击对象。警觉到了危险的增加，他开始为自己辩护，面对那些直接的或恶毒的指控为自己辩护，同那些可憎的、顽固的对手尖刻地论战。

他内心充满了愤怒，甚至打算离开柏林。

256

1825—1826年冬，他遭到了天主教会圣埃德维格副本堂神甫（vicaire, Kaplan）最猛烈的攻击。神圣同盟条约规定，在神圣同盟的各国中，基督教的三大派别（天主教、新教、东正教）要相互宽容。当局者们不容忍任何一方恶意批评另一方。

然而，在他的一堂宗教哲学课上，黑格尔相当无礼地嘲笑天主教关于圣体的概念。为了检查课程内容而参加该课程的副本堂神甫，被他的攻击性意见震惊了，立即向文化部长阿尔坦施泰因提出控诉。在尤阿内斯·舒尔策的调解下，阿尔坦施泰因要求黑格尔提交辩护报告。

毫无疑问，从内心深处来说，在私下里，阿尔坦施泰因，也包括国王本人，一定会赞成黑格尔在这件事上的言辞和行为。但是他们受到神圣同盟条约的正式约束，因此他们要装作不赞成黑格尔的这一失言行为，至少表面文章得这样作。在此类的场合中，依据当时的外交关系，有时是新教一贯的不满占上风，有时是普遍的君主同盟占上风。

黑格尔撰写了他的报告，注明的日期是1826年4月3日，从坚决的新教徒观点出发，夸耀自己在新教大学中任教授的才能，对新教言论不满的人就应该到别处去听课！（B.S.572）在尤阿内斯·舒尔策和阿尔坦施泰因的共同谨慎谋划下，表面上他毫发无损地逃过了这糟糕的一步。

如果他做出让步，这会使他丧失信誉。在他的绝对观念论中，各种理念，无论真假，都被赋予了在历史世界中的整体效力。另一方面，各种宗教问题在他看来都是根本问题。因此，在他的宗教哲学课程中，他将天主教和路德教派的分歧，建立在对于圣体的不同概念上。他让步于原初表象，依据这种原初表象，各种重大的历史冲突，包括战争，都是源于情感或理念的对立。因而，正是因为他们没有赋予圣餐（hostie）以同样的意义和同样的作用，天主教和各种新教派别才彼此之间区分开来，继而对立，然后争斗：由此产生了那些国家分立，那些朝代特异性，那些战争……就路德对于圣餐的概念的至高无上性而言，他不能接受任何对于他的哲学整体有害的妥协。毫无疑问阿尔坦施泰因知道并赞同这种理论观点，发自内心和出于良知，也特别是因为他是反天主教的，而且主要是对各种宗教的民族和政治作用感兴趣。

黑格尔取得了这场争论的胜利。他进而充分利用这次胜利。他在课上公开地谈论这件事。就像海姆（Haym）所讲述的那样，那个副本堂神甫带着一种威胁的气势盯着他，黑格尔则用这样的字眼儿斥责他："您以这样的方式看着我也毫无用处！"那个副本堂神甫在学生们的跺足声中［反对］离开了教室。（C³ 372）

黑格尔无疑知道在这一点上很安全，在积极反应的同时，他得到了学生们的极大拥护。黑格尔并不想追求英雄主义，但他在自己的各种观点上表现出了坚定，而且是这样的观点！这关涉到普鲁士的国家宗教，它正面临消融在一种不确定的基督教中的危险，因为当时，对于黑格尔的大部分听众来说，最重要的问题是普鲁士的统一，这是德意志统一的保障，这个问题同一定的自由倾向是连结在一起的。

时值 1827 年。很多普鲁士人对于圣体的本性完全不感兴趣，他们对圣体也不怎么相信，也根本不理解黑格尔在其主题中所建立的那些繁琐的形而上学区分。他们出于传统的社会、民族和政治动机而归属于路德派宗教。他们无疑会担心，在当时的局势下，攻击天主教多少都会伤害其他的基督教派，而且，无论如何，都一定会伤害神圣同盟的理论外衣。黑格尔学说招致了异教的指责，遭到了泛神论的指责，也同样遭到了无神论的指责。当时不再是路德时代了，但是拥有众多不满足的精神、失望的爱国者和狂热的民族主义者的普鲁士，一定会非常愿意击败圣埃德维格的副本堂神甫。这些新教徒，这些对现状不满者也只能取得克罗什梅尔（Clochemerle）这种战役的胜利。

因此，在这一事件上，黑格尔还确实被"几滴雨点"放过了。这一事件转化成了黑格尔的优势。

但是借此机会他了解了对手的好斗程度，了解了自身处境的脆弱性，了解了庇护性干预的必要性和紧迫性。如果教育部长不是阿尔坦施泰因会怎样？如果国王介入此事，并且对神圣同盟的苛求有所倾斜会怎样？一个管理小教堂的神甫的指控，不也足以将国家机器开动起来，并迫使这个教授，迫使这个柏林大学的校长，去仔细考虑其在课堂上的理论内容么？他必须向他证明他认为圣餐变体不坏！多么可笑啊，但只有现在回想起来才这么觉得！在当时，这关涉到他的事业，要么继续维持职位，要么作为不称职的官员被开除。

因此，在警觉到了其他一些征兆的同时，黑格尔，在 57 岁的时候，考虑再一次移居国外。1827 年，他完成了心仪已久的巴黎之行，当然此行也是为了躲避一些新的威胁，在从巴黎归来的途中，他取道受信奉新教的荷兰庇护下的比利时，在他忠诚热情的学生、荷兰官员范·戈尔特的陪同下访问了几所大学。在一封写给妻子的信中，他吐露了当时的感受："在列日（Liège）同在卢汶（Louvain）和根特（Gant）一样，都有很漂亮的大学建筑。我们访问了这些可能作为避难所的大学，因为在柏林那些神甫使得我在库菲尔哥哈本＊（Kupfergraben）的停留变得难以

＊ 柏林大学所在地。——译者注

忍受。同柏林的那些卑鄙教士相比，罗马教廷甚至都是更高贵（Pfaffenköchs!）的对手。"（C³ 176，译文有改动）库诺·费舍尔（Kuno Fischer）认为黑格尔这么说是"开玩笑"。[1]这似乎更近似于伤感，略带夸张的伤感! 应该是一种灰色幽默。

当然，对于黑格尔来说，放弃柏林，某种程度上意味着死亡。他尽可能地牢牢抓住这个首都，面对和对抗着一切。但是与此同时，他没有放弃那些言论和行动，尽管他很能干也很谨慎，这些言论和行动还是使得他在柏林的居留更加不稳定。

黑格尔所遭受的天主教方面的攻击，在普鲁士是少有的，这似乎是出于他自身的原因，从他而言，他并没有谨慎地对待它们。神圣同盟的种种论述无法掩盖宗教的多样性，借助于此，在这种游戏中，他可以进退自如。

他的处境变得更加微妙、更加棘手，因为那些虔诚的路德信徒，不怎么相信其意图的虔诚性，也反过来反对他的哲学。随着时间的推移，这种状况越来越频繁，并且黑格尔也感到举步维艰，因为各种辩护越来越尴尬。在众多例证之中，这一点在所谓的"舒巴尔特事件"上最能得到证明!

舒巴尔特（Schubarth，1796—1961），一个年轻的学者，特别偏好美学，由于他的作品《在歌德与相关的文学和艺术的关系中看歌德》（*Appréciation de Goethe par rapport à la littérature et à l'art qui lui sont apparentés*, Breslau，1820）而得到了歌德的关爱和保护。他还发表了一部题为《荷马及其时代》（*Homère et son temps*）的著作。他的代表作《关于歌德的〈浮士德〉的讲座》（*Leçon sur le Faust de Goethe*）要到 1830 年才出版，在此之前发表了一部宗教哲学著作

1　Kuno Fischer, *op.cit.*, p.185.

《人类对于统一性的渴望，就其与当代宗教一体化的关系而论》。（C³ 365）

经常引用歌德，在黑格尔看来，这已经是决定性的特征了，再加上这位伟大的诗人热情地向他举荐了这个年轻人，想为这个年轻人在柏林大学谋取一个职位，如果不行，就在其他的普鲁士大学谋取一个职位。（C³ 141）黑格尔立即同意了歌德的要求并安排舒巴尔特与阿尔坦施泰因会晤。

黑格尔的这种照顾，这样的亲密私人关系基础，并没有阻止舒巴尔特同卡尔伽尼高（Carganigo）一起发表了对于黑格尔哲学的严厉批判，题目是《通论哲学，特别是黑格尔的〈哲学全书〉——对该书的评价》。

在众多的指责中，有一条是，两位作者指出，在黑格尔的笔下找不到对灵魂不死的确认——突如其来的指责，而且来自歌德的崇拜者。大多数评注者认为，这个指责是很蹩脚的，并且黑格尔能够轻易地证明，这些对他的指责本身就互相矛盾。

事实上，在当时的学术环境下，黑格尔哲学全面遭到怀疑。绝对不能谈及灵魂不死！正如库诺·费舍尔在 1901 年仍在慨叹的那样："当有人想要挑起对于一种哲学理论的憎恨时，除了政治嫌疑之外，最好的方法就是指责其不信仰灵魂不死，或者是指责其否认灵魂不死[1]。"

这个反对黑格尔的小册子没有忽视这两个敏感的要点中的任何一个，同时也检举黑格尔的哲学是反政府的。黑格尔认为有必要通过其机关报《哲学年鉴》（*Annales de critique scientifique*，B. S.372—440）发表长篇大论来加以回应。他勉强地反驳舒巴尔特

1　Kuno Fischer, *op.cit.*, p.187–188.

的反对意见，就他的公开理论来讲，舒巴尔特的反对意见应该是一定程度上构成了诽谤。至少依据对于黑格尔学说的正统新教式解读，可以认为它们是这样的。

舒尔巴特的攻击并没有任何理论目的，可能是听从了上层的秘密挑拨，对他来说重要的是削弱黑格尔的稳定性，将他作为罪人交给世俗政权。法恩哈根·冯·恩瑟在他的《回忆录》中提到："舒巴尔特先生加入到了对黑格尔哲学的毁谤者和检举者的行列中，最近再次出现了反对一切与黑格尔哲学相关的学术运动的叫嚣声，而他也试图在其中加入自己的声音。在内行和权威者们的面前，用科学的武器反对科学的企图和观点——这一直以来都得到了纵容，而且也将继续下去。但是想要通过不加论证的指控让公共权力机关去怀疑一种科学理论及其追随者，想要在公共权力面前而不是在科学的法庭上去审判科学，这种事业的根基比单纯的文学轻浮还要轻浮"（C³ 366）[1]。

黑格尔绝不能毫无抗议地任由检举。他驳斥舒巴尔特的各种引证，同时也驳斥所有其他批评的各种引证。

然而，尽管他的辩词篇幅特别长，对于被指控为反普鲁士和革命的，黑格尔还是装作不屑一顾。霍夫梅斯特尔揭示了这一特别显著的行为。黑格尔一向拒绝参加他所谓的"卑劣的论战"，但这导致他对很多备案置之不理。

库诺·费舍尔对此十分震惊："这场论战如此可耻和卑劣，与这部恶毒的作品相关的两个名字应该都被忘掉了，然而我们不能对黑格尔哲学同'灵魂不死理论'之间的关系问题保持沉默，这个问题非常重要，却通常迟迟得不到论述，在这里是第一次出

1　Karl August Philipp Varnhagen von Ense, *Denkwürdigkeiten (Mémoires)*, tome V, Leipzig, Brockhaus, 1840, p.182.

现在文学中，而它实际上还没有得到黑格尔的答复。"[1]

黑格尔没有回答这一问题，这是有原因的。

他不能明确地说出他对这一问题的观点。鉴于他已经言明并发表的内容，他也不能太过放肆地撒谎。

为了逃避这些攻击，黑格尔使用了各种方法，在某些情况下采用很极端的方法。终于，一个直接从上面来的批评落在了他的头上，王储的亲口批评。

*

黑格尔在柏林经常交往的那些人中，很难确切断定哪些是黑格尔喜欢的。他同哪些人特别亲密呢？

可以按照友谊深厚程度、来往的密切程度来划分出不同的类别。

很自然，数量最多的是他由于职位关系而必须结交的人：上层人物、同事。

还有一部分他试图结交的人，缘于他们的声誉、名望，缘于他们的专业知识，缘于他们的才华，其中有作家、学者、艺术家、演员、女歌唱家，画家，等等。

然后是一些很亲近的人——我们不知道他是怎样同他们建立起如此亲密关系的——他喜欢同他们聊天和静静地玩牌，例如海因里希·贝尔（Heinrich Beer），弗里德里希·布洛赫（海运公司经纪人，后来成为铁路公司的经纪人）。可能有一些其他的原因，目前还不为人知，促使他同他们结交并且有些时候他对他们倍感亲切。

除了这些工作上和娱乐上的关系之外，还有一些更严肃的

1　Kuno Fischer, *op.cit.,* p.188.

"精神"交往，黑格尔尊重这些人因为他们在宗教和政治取舍上多少与他有些相似，其中有被迫害的"学生共济会"会员，那些理解他的同事（居赞、尼特海默、马尔海耐克、佛斯特尔、黑尼希等等）。

一些人可以同时归属到几个类别中去。

但是很显然，按照这种观点来看，在柏林，有一个人不属于任何一类：爱德华·甘斯。他是一个重要的、具有启发性的特例，因为，同甘斯的频繁交往，究其本身而言，并非无害的。如果要用一个词来定义他，那就是"反对者"。他并不是像很多"危险的"学生那样，他既不胡吹海侃，也不挑拨是非，也不狂热激进，而是，相对于自身的水平，在环境和时代所给予他的处境中，他表现得稳重、审慎、现实、能干。他被看作是黑格尔的"最爱"（le grand favori, der grosse Liebling）[1]。

1839 年，甘斯的葬礼是路德式的，他的黑格尔派朋友、牧师马尔海奈克出席并发言，这个葬礼成为了一次庞大的自由示威游行的借口。在此之后，评注者们把他视为"右派黑格尔主义者"，这位法学家，同卡罗维一样，是德国最早倾向于圣西门的乌托邦式社会主义的人之一！

黑格尔同爱德华·甘斯之间的特殊关系，本身就表明一种深刻思想的倾向。黑格尔不惮于公开这一友谊，而这一友谊，在一些人看来甚至就是一种挑衅。

由于甘斯出身于犹太家庭，而且另一方面甘斯总是表现为自由、民主的，而且有时缺乏谨慎，最终还成为圣西门主义的。在普鲁士，19 世纪初，犹太人总是置身于公众生活、政治生活及大

---

1 Hermann Glockner, *Hegel*, Stuttgart, Frommann, 2ᵉ éd., 1929, I, p.437, voir *ADB*.

学生活之外，同时遭受官方和民众的排犹主义。甘斯在进入和发展其大学生涯上遭遇了巨大的困难。

当然，在1825年，他"皈依"基督教，这使得他有权进入当局，但也使他一定程度上失去了那些信奉犹太教的犹太人的同情，尽管他仍然热衷于为他们争取权利。虽然海涅本人在宗教问题上被认为是很宽容的，但他还是很难原谅甘斯这种圆滑行为。

在司法和行政领域的这种"皈依"，无法得到那些虔诚的基督教徒的严肃认可，他们在其中间接看到的毋宁是无神论，至少是巨大的宗教冷漠。这种皈依带来的只是对异教徒较大的宽容，但并非热情的欢迎。

263

人权受到忽视，个人选择自己的宗教或不信教，这是不被接受的。这些皈依的人，在从原来的宗教中解脱之后，仍然不合常理地被视为"犹太人"。卡尔·黑格尔在其《回忆录》中证实，他父亲愿意与柏林的那些"犹太家庭"频繁往来。事实上，这个词语包括了一些仍然信奉犹太教的家庭和一些信奉基督教或持无神论的原犹太家庭，包括贝尔一家（包括梅雅-贝尔），布洛赫一家，法恩哈根·冯·恩瑟一家，甘斯一家，等等。

出于犹太的原因而对抗排犹主义，本身又不是教徒，甘斯主张自由政治观点、宪法政治观点、圣西门政治观点，有时甚至是公开地主张，这使得他的状况变得更加严重了。

将其作为合作者和朋友，将其作为自己课程的正式讲授教师，就这样，黑格尔如此明确地使他引人注目，然而，再不谨慎也本不应该这样做啊。诚然甘斯一度深得哈登伯格的庇护，因为这位首相还记得自己刚刚从甘斯的银行家父亲那里得到了很多财政建议。但是，哈登伯格的权力和影响，旷日持久地受到恶意攻击，很快就消失了。

一些人可能在无意中带坏了这位助教，就像埃尔德曼（Johann Eduard Erdmann）所做的那样，其次还有霍夫梅斯特尔，他们听任黑格尔在 1825 年将自己的法哲学交给甘斯来讲授，理由只是"他欣赏他的出众能力"，而没有指出其他任何其细节理由 [1]。黑格尔确实欣赏甘斯的出众能力，但是在众多的学生中间，后者并不是唯一展现出如此能力的人，黑格尔可以很容易找到其他有用的讲授教师。能够解释黑格尔的这种偏爱的理由，主要就是意识形态上的一致性，更确切地说是政治上的一致性，他们观点在整体上的一致性。无论如何，在选择了他的同时，黑格尔，就这一角度来看，当然注意到甘斯乃是一个杰出的阐述者（expositus）！这一选择确认了甘斯后来对其老师的法哲学的各种阐释的价值：是黑格尔任命他去代替自己讲授法哲学的，他对他表示了这种信任。他总是庇护他，尽其全力地庇护，尽管有来自王储的严厉警告，尽管有尤阿内斯·舒尔策和博埃克（Boeck）的谨慎建议。

阿尔诺特·卢格讲述了这一"宫廷"事件：一天，黑格尔被请到王储家中进餐。王储说："看到甘斯教授把我们的学生都变成了共和主义者，这真是一桩丑闻。教授先生，他讲授您的法哲学的课程总是吸引上百的学生，这足以证明他对您的阐述添加了自由的色彩，甚至也添加了共和的色彩。您为什么不自己来上这个课呢？"（C^3 472 及 C^1 396）

黑格尔没有让王储说两遍：他取消由甘斯来讲授他的法哲学，以便亲自用更谨慎的术语来推广它。

1　Edouard Erdmann, *Hegel, ADB*, tome XI, 1880（2e éd. 1969), p.271 (cf. B^3 472 及 C^3 396).

庇护者

我确信，如果没有一位君王的特别庇护，

在德国的土地上，

我将毫无安全可言。

——费希特[1]

在众多大力推荐的鼓舞下，阿尔坦施泰因将黑格尔征召到柏林，为了这一选择，他应该拉拢了政府中的其他当权者，征召并非顺风顺水、水到渠成。在受到黑格尔哲学理念的引诱之前，阿尔坦施泰因也懂一点哲学，确切地说是费希特的哲学，他与他的大部分同事明显不同，他们原则上敌视一切哲学。不正是哲学引起了法国大革命吗？除哈登伯格—阿尔坦施泰因一派以外，普鲁士政府的大部分当权者，激烈地反对一切形式的科学和教育。当阿尔坦施泰因提出禁止十岁以下童工的时候，他从内务部长舒克

1　1799 年 5 月 22 日给莱茵霍尔特的信。

曼（Schuckmann）那里得到回答是："儿童们在制造业里工作要比他们努力去学习文化有益得多。[1]"

我们现在可以认为阿尔坦施泰因所做出的选择是令人满意的，而且从通常人们通过哲学所理解的观点来看，黑格尔最能满足这些高层人物的苛刻需要。历史证明了这一点：阿尔坦施泰因信任了一位举世闻名的伟大哲学家。但是这必然面临非常巨大的困难，这些困难或多或少与大学和文化教育、哲学相关联。

即便那些与阿尔坦施泰因一同为普鲁士的教育和文化发展而努力工作的人，并非全部都因为哲学而得到不满现状的名声。一般来说，当局的高层里，很少有哲学的朋友；哲学的朋友有时也会怀疑从康德那里衍生出来的一切哲学："批判"这个形容词，这个被康德主义自豪地拿来四处炫耀的东西，足以将他们都吓倒了。

保护文化，如果不是出于特定的宗教或哲学，本身都会意味着某种可能的进步主义方向。贵族们特别反对"启示的"、"启蒙的"、"雅各宾式的"文化。高层的国民最好去阅读哈勒的书，而不是费希特或黑格尔的书！而普通的广大民众，最好什么都不要读。

黑格尔从到达柏林开始，早在那些针对他的特别伤害之前，就已经成为众多怀疑的对象了，就已经成为针对他这一类人的普遍仇视的受害者了。只要国王说句话就能封住所有的非难了。但他就是不说。

黑格尔说过，哲学教授总是一个指数（exponent），是一种靶子：代表了某种思想方式和生活方式，他吸引所有的关注，因为

1　Von Schuckmann, cité par Franz Mehring, *Historische Aufsätze zur preussischdeutschen Geschichte,* Berlin, Dietz, 1952, p.248.

它很容易招致各种怀疑及各种毁谤 [1]（C[2] 237）。通过他的职业，他将各种意识形态的表象搬上舞台，实际的决定者是隐藏在这些表象背后的，但是他又经常自己去撩起幕布。如果他屈从于周围的因循守旧和墨守成规，他的哲学就会失去所有的威望，那些谨慎的学生也会抛弃他的课堂。如果他表现出某些独立性和批判精神，当局就会禁止或诋毁他的理论。

腓特烈·威廉三世这样的独裁主义君主，他的权力实际上只会受到他个人的实施能力的限制，他很喜欢他的那些理论家——安锡隆、哈勒（K.L.von Haller，1768—1854）*、萨维格尼——尽力为此做出理论和道德上的辩护。但是当所有的言辞都成了不知羞耻的谄媚的时候，他又讨厌他们了。他更喜欢人们不要试图去解释他的权力：任何解释都要表明有必要如此做并且需要回答各种潜在的反对意见，表明可以将其作为一个讨论的对象。这位国王不想要任何研究，而想要人人内心平静，想要麻木服从下的沉默。他希望臣民们不要提出任何问题。原始的天真最可贵：在宗教上，淳朴的信仰；在政治上，直接的信任和盲目的忠诚［特勒（Treue）的话］。

对君主、宗教和传统的各种辩护，只有在这些东西都陷入危机的时候才会出现。这些辩护必然是作为对指控或焦虑的回应。

---

1 指数（exponent）一词从拉丁文 Expositus 演变而来，黑格尔对尼特海默讲过其当时的含义："在你们那儿［巴伐利亚，1821 年］，如果我没记错的话，有些人和功用被称为 expositos；我们这里也不再缺乏这种功用了。而且您知道，哲学教授，从其本身来讲，天生就是一个 expositus"（C[2] 237）。在什么语境下使用这个词，特别是在巴伐利亚？ En quel contexte s'emploie ce mot, particulièrement en Bavière? 兰霍夫（Lennhof）与波茨内（Pozner）（op.cit., col.730, Illuminaten 条目）给出了例子："茨瓦克成为了巴伐利亚首都［光照派］骑士团的 Exponent"。

* 后文会涉及著名的"哈勒事件"。——译者注它们的发表得到了模棱两可效果。这使得人们对于种种困难有了更尖锐的意识。赞成者们，为了论述得更好一点，必须要考虑一些事实并将这些事实凸显出来。但通常都不够熟练又缺乏相关性。最好的情况也不过是他们成功地指明，君主作为君主，是需要理由的——但这是企图决定一切的君主所不能承认的。

对神的所有论证都是灭教的（déicide），只是末世期限的远近不同而已。对于君主制的辩护不能满足任何需要，因为总是来得太晚了。一个容忍辩护的政权已经丧失了自身的某些东西。

因此，1821年，普鲁士的国王只能带着怀疑去欢迎黑格尔的《法哲学与国家哲学》的公开发表。他不大可能只是翻阅了这本与其直接相关的著作，但此时他还不知道，这本著作的作者的光辉将很快完全超越他那可怜的君主的荣耀。

然而，有一个阴险的大臣，无疑想激起他对于黑格尔的怨恨，向他禀报，称黑格尔在这本书里认为，如果说内阁的各种决策是字母"i"，国王至上权利和权力不过是"在这个'i'上面加点"而已。据说，这个笨蛋并没有听信，而是反驳道："要是我不加这个点的话又如何呢"？——他任由那些谄媚者们对这一宣言去加以发挥。这并非无足轻重的小事，这位国王，有着孩子般的任性，在需要他签署法令的时候，多次拒绝"在这个'i'上面加点"。

虽然受到了当局的重视，这并不能保证黑格尔可以获得同事、哲学家以及神学家们的善待。他不断地加深和巩固自己的哲学体系，这与其他哲学形成了竞争——康德哲学、费希特哲学、赫德尔哲学、施莱尔马赫哲学、雅可比哲学、谢林哲学，这还没算上基督教哲学的各种传统形式：托马斯主义、沃尔夫主义、等等。他坚决地同一切与自己相异的观点进行战斗，抱着最顽固的排外主义，坚决地将自己的哲学视为哲学的全部。他系统地反对经验主义、折衷主义、独断论、感觉主义、主观主义，等等。这就像一种普遍的文化流放（proscription）。他想要建立一个空白的平台，然后隆重地为自己的思想来建立垄断，绝不允许任何多元论。但是其他哲学不可能任由其镇压而不反抗。

在这场毫无分寸的思想战争中，同时也夹杂着利益的冲突。所有这些哲学家，所有这些学者，彼此之间都在进行着激烈的斗争，以争取一点生存空间、谋得一个职位、获得一项任命或提拔、赚取更高的工资，得到更多的著作版权。虚荣、嫉妒、猜疑，驱动着黑格尔的对手，也驱动着他本人，人们可以说：这是正常且合法的。他生活在一个竞争的世界里。

在这个现代社会的丛林中，如果没有坚强和持续的靠山，怎么可能生存下去呢？

对于这个刚刚来到柏林的新人来说，遭受的攻击是逐渐地增强的。起初，人们似乎采用一种防御性的蔑视来对待他：仅仅是一个哲学家而已，而且还特别深奥难懂、怪僻，说话还含糊不清！他的那些对手，慢慢才认识到，他在思想意识体系方面给他们带来了危险，对于思想意识体系，他们也和他一样都有夸大其社会重要性的倾向。他似乎变得很流行，人们经常谈论他；人们到处都热烈欢迎他，他的名字被铭记在很多颠覆活动中……

黑格尔教学不仅带来了种种理论上和哲学上的不安，很快又引起了宗教和政治上的怀疑。他的排外宗教理论和各种政治观点，有时表达得很明确，不仅确实地征服了很多学生和信徒——他们通常都是狂热者，而且也影响到了当权者。但是，在他的面前，是多么强大和顽固的敌人啊！他们中的最高者，国王、内务部长和司法部长，应该知晓了他的一些出格行为。他的圆滑也无法一直蒙蔽他们。最终，黑格尔的面具几乎被揭开了，遭到了公开的恶毒攻击，这明显是高层授意的。周围对他的保护，一度使他避免了一些最恶毒欺辱。但这些保护在逐渐减弱，在哈登伯格死后（1822）特别明显。在黑格尔临终之时，破裂的临界点似乎就要来临了。霍乱，或者说是他的代用毒药，使他避免了最糟糕的状况。人们通常认为他死得"是时候"。他的学生们已经轻松地超越了他在理论上的谨慎界限；而他的对手们，从他们这一面，已经准备对他在职业上和道德上进行最后的攻击。

269

依据各种档案和证据，观察者经常会获得一种印象：在其生命的最后几年里，黑格尔鲁莽地前进，直到接近这一破裂的临界点。他冒险在线绳上跳舞，就难免有时会失去平衡。

这是积累的结果，各种大胆介入的积累、各种危险的政治司法程序的积累，也可能是霉运的积累！学生共济会成员的联系、居赞事件、各种糟糕的交往、阅读禁书、巴黎之行、到斯普雷（Sprée）的出游——这些也都起到了很大的作用！

即便他们一直重视和尊重这个享有如此威望的公开理论，而且其作者也很善于机智地表达它，长久下来，当权者们还是难免会对黑格尔的忠诚性失去信心。不知什么时候开始，公开的理论，尽管幸运地得到了那些"传统"的评注者们的担保，却也已经无法再掩盖其秘密口授的思想了，从此以后将遭受各方面的检举和攻击。那些粗制滥造的小册子，亏得这些人很笨拙，但还是激起了反对黑格尔的观点。在他们的粗鄙之中，并不缺乏中肯：他们将黑格尔哲学中反宗教及反现状的方面粗野地揭露出来。

从一开始，那些警觉的人们，在黑格尔的公开阐述中，就能够而且也应该，看穿他所持有的反抗倾向：那些极其谨慎的言论，在 20 世纪读者看来已经完全无足轻重，但事实上，在 19 世纪初普鲁士的思想现实中，已经是极端的大胆了。

因此，对于黑格尔在柏林所拥有的牢不可破的地位，特别是他刚到这座首都的时候，人们是否应该感到震惊呢？

当然，他大部分的对抗行为都是后来才被发现，人们找到和保存这些发现，可人们并不敢立即去承认它们。然而，对于这些长期被公众所忽视的东西，当然是现在人们可以自由阐释的东西，当时警察可能会对此毫无知觉或毫不担心吗？他们就甘愿受到黑格尔出尔反尔的欺骗吗？

当时的各种司法条例和管理非常苛刻，很多人因为违反这些而被怀疑和被指控，他为他们提供庇护，但他们遭受的怀疑和指控远比他少得多。只说那些最不"严重"的事件中的一例：像黑格尔那样，收到很多来自他岳母有关拿破仑的信件（这件事情导致黑尼希被监禁），或者说是通过各种渠道，也包括黑尼希的帮助，收集各种有关拿破仑的违禁出版物，这不是更应该受到指控吗？ 270

应该怎样理解当局对于这位哲学家的格外仁慈呢？同其他方面一样，在这方面，对于各种公开行为背后所隐藏的动机，我们也只能加以假设推测。

人们首先想到的是一种社会和文化上的连带关系，这种连带关系会导致视若无睹。按照社会阶层来讲，由于他的官方职位、他的高等教育、他的科学声誉，黑格尔可以结交很好的社会关系：各种有地位的人、名流贵族、新老达人。人们通常如此看待他：体制内的无声助手，统治权力的同谋。人们无法想象，"哲学家先生"（甚至科隆普林次也是用这些词语来称呼他的！）会以某种方式站在反抗者的行列中，站在被排斥者的行列中，站在下等人的行列中（人们通常用"下等人"这个词来描述反对者们）。

因此他应该享受着上流社会固有的各种特权：如果不到一定程度，人们会尊重那些富有、高贵或职位显要的人物。对于他们的某些越制，人们睁一只眼闭一只眼，即便不得已，也会给他们选择特殊的惩罚、关押或拘禁，羞辱和惩罚会更轻一些。

这种潜规则当然司空见惯，但还不足以解释黑格尔对此的从容不迫：他相信，在政治风暴的大爆发中，只需要担心"几滴雨点"而已！

他如何才能立于不败之地？人们会将其归功于这位哲学家的能力、圆滑和心机。他一直尽可能避免引起警察和法官们的怀疑，总是让他们完全无法理解其思辨式的阐述。在这方面，他不需要做太多努力。想要为他辩护时，他的信徒们总能从其著作中引用一些挽救性的文字，一些补偿性的章节。

曾有一段时间，人们甚至可能会将他看成一个"鼓动家规劝者"，跟那些善于阿谀奉承或才智平庸的调查员差不多。人们哪里知道，他从来没有"规劝"他所庇护的那些人——他们都曾被监禁、撤职、放逐。

长久下来，黑格尔的各种加倍谨慎慢慢地被消磨、无法弥补，而且这些谨慎似乎并不足以解释他的相对安全。

仔细想来，黑格尔的柏林生涯从一开始就应该跟他以前没有什么两样：一个反对派——当然很温和，而且带着必不可少的隐蔽性，以其特有和复杂的方式展开。而且各种反动圈子也并不欢迎他进入他们的殿堂，他的平民身份已经使他完全不能进入其中了。那么，我们应该以怎样的方式思考并反复思考这些已知的事实呢？我们无法逃避这样一个问题：他得到了怎样的支持？为什么得到？他所得到的保护有哪些？

他所得到的保护只能是局部和有限的。他并不属于领导阶层，他的出身决定了这一点。1891 年巴伐利亚国王并没有把爵位授予他本人，而是他平庸的后人：卡尔·冯·黑格尔（1813—1901）！要进入普鲁士政府的行政部门，特别是一些领域，包括高等教育领域，应该是有某位高层人物注意到了他，并有效地推荐了他。这完全是厚爱，源自于高层的恩典。在官员的选拔上没有竞争，没有机构来负责客观地评价头衔、态度、才能。

在实际支持一派权力（哈登伯格和阿尔坦施泰因一派）的时候，他不能去引起另一派（领主及皇室一派）的太多愤怒。他们会监视他并阻挠他的计划和行动。但这也并不意味着政府中不那么反动或比较自由的派别在政治上会像他一样大胆。既然没有更好的，他就应该满足于这一派，应该十分满足：他们容忍了他的生活、他的哲学思想、他的交际关系以及他的秘密政治活动。

因此，他同权力当局玩起了猫和老鼠的游戏，有时候能识破这个强大且残忍的对手的意图、挫败它的诡计。但我们很想知道，在这种阴险狡诈的复杂关系中，究竟谁更胜一筹呢？

是他们原本就打算让给他这么多权威，还是他自己赢取了更多的权威？是他欺骗了他们，或者恰恰相反，他们才掌握着这个游戏的最终决定权？

很明显，尽管他十分节制，但他更喜欢大胆和果断的自由主义。但他很现实。艰难的生活让他保持了冷静的头脑。实现自由主义的条件，即便从最宽泛的意义上来讲，此时的普鲁士也还尚不具备。就像他所说的："当所有的条件都出现的时候，事物就必然会成为现实的[1]……"

但当所有的条件，或者是几乎所有条件都不存在的时候，又

1　Hegel, *Encyclopédie des sciences philosophiques, op.cit.*, p.396.

该怎么办呢？

即便黑格尔完全没有不满现状、没有桀骜不驯，即便他没有任何冒险活动，即便他唯命是从、百依百顺，要担任重要的官职，他还是需要有保护伞和靠山。作为哲学家，孤身一人是无法立足的，莱布尼茨、康德、费希特都是很好的例证。哲学家必须要有这样或那样的小贵族来保护他，由于此类照顾，哲学家会不断地向其致敬。黑格尔可以很自豪，因为他需要感恩的那些人，本身就是十分值得尊重的人，在他获得任命后，他们都成了他的正式上级领导，而不是从外部介入强行为其谋取利益的人们。某种程度上来说，他得到了全面的保护，从我们今天来看，这种保护乃是出于普遍的利益，特别是国家的利益，而不是某个阶级的利益，而且这种保护是基于他的哲学价值，而不是他的个人利益。某种意义上，我们可以说，这种保护并不局限在他个人身上，而是覆盖了这一类人，比较清晰地指向了特定的意识形态方向，只是在细节上有时还处于自发的无意识状态。

哈登伯格

黑格尔的庇护者们来自很多层面，在权力、声望和效力上都不尽相同。我们不可能把他们全部列举出来，甚至不能完全确信地加以确认，我们可以指出几个，很可能是最主要的几个。

首先，最上面的就是首相哈登伯格。如果不是他出任普鲁士政府的首相，如果是一个相对反动的首相来掌管这个国家，黑格尔就不可能被任命到柏林。哈登伯格在普鲁士确保了一种温和的自由主义，不明确，也很模糊，但在德国范围内已经十分出众了，在德国也只有萨克森—魏玛政权能同他媲美了。王位的加

273

冕，普鲁士的崛起，国王的所有这一切都该归功于他，因此，尽管他经常不赞成国王起伏不定的政治路线，但无论在道义上还是在实际操作上，国王都无法剥夺他的权力。这造成了一种奇特的境况：哈登伯格，只要他发动聪明才智（他并不缺乏这种能力），根本就不用畏惧这位君主，这位君主向来犹豫不决，而且也不完信任激进的改革政治，他的对手们，用离奇的夸张，将这种政治看成是"雅各宾"！

哈登伯格实施的是一种保守的改革主义，而人们经常争论，想要知道这种畏缩是否源于他的性格（这是很轻浮的讲法），或者还是源于各种外部制约对其行动的约束。在其著名的《启奏疏》（*Mémoire au Roi*，1807，与《精神现象学》同年！）中，他预先就谴责了复辟的思想，他断言："在我看来，在君主制下的民主原则才是符合时代精神的恰当形式[1]"。民主制和君主制的搅和在一起，何其混乱！但这样民主观念本身才能渗入到那些最顽固的精神中去。"民主"，"时代精神"，这些都是非常危险的词汇，是法国大革命的遗产，哈登伯格并没有隐藏自己对其某些方面的赞赏。1815年之后，对于普鲁士的那些王族、公爵、官宦及士绅，尽管他们不喜欢，这些词还是会不停地回响在他们的耳蜗。而"时代精神"（l'esprit du temps, Zeitgeist），正是黑格尔历史哲学的最基本概念之一。

哈登伯格以爱国之心忧虑着普鲁士的民族未来，更广意义上来讲，是德国的民族未来。哈登伯格非常赞同黑格尔早在1798年就在《德国宪法》中所表达的这种忧虑。他实施了一些改革：人人平等纳税，工业自由，废除农奴制，召开贵族议会

274

1　Malet et Isaac, *Révolution et Empire*, Paris, Hachette, 1929, p.357.

等等 [1]。对于不满和抗议的公众意见，要在一定程度上加以满足的话，这些措施绝对是必要的。这些改革的实施，断断续续，无法全面落实，后来全都被废弃了。然而哈登伯格有时还是表现出了政治勇气和非凡的活力，例如，他监禁了一些顽抗的士绅，当然，不可避免地，他因此招致了整个这一阶层的怨恨。

卡维雅克（Cavaignac）对这位"雅各宾"所作的颂词可能有点夸张，但却很能说明问题，而且塑造的形象，完全符合黑格尔会尊敬和崇尚的形象。当提到普鲁士这一时期值得铭记的伟大变革者们时，他认为："哈登伯格，他在思想宽度和视野高度上首屈一指，以此为改革提供了各种指导性的观念。他不仅在 1811 年与施泰因及肖恩（Schön）* 本人一起走在最前面；他不仅通过一流的政治技巧为普鲁士政府引入新的政治、并将国王的意志融入其中；他不仅向唯一可能的接班人妥善地交接了业务；[……]而且，从一开始，对于他所谓的普鲁士政权的重生，只有他一个人清楚地知道、并能够详细地从特别的高度阐述各种普遍的指导原则；而且这些原则本身就是法国大革命的 [2]。"

因此，尽管权力运作已经发生了很多变化，1821 年黑格尔还是将他的新书《法哲学与国家哲学》致献给哈登伯格，这就既不值得奇怪，也没有任何不光彩的了。按照黑格尔的意图，这本书，不仅仅是对当时时事政治现实的一种分析，而且描绘了远远超越这一现实的方案，根本上讲，这一方案是对哈登伯格各种思想的发展，或者至少可以说是论述了启发首相的那种精神中所包含的各种问题。

1　Malet et Isaac, *Révolution et Empire*, Paris, Hachette, 1929, p.357.

*　Heinrich Theodor von Schön，西奥多·冯·肖恩。——译者注

2　Eugène Cavaignac, *La Formation de la Prusse contemporaine*, Paris, tome I, 1891, p.339–340.

我们要知道，黑格尔并没有把他的书献给国王，或者是因为，一个普通臣民的这种致敬，看起来似乎并不太恰当，或者是因为，这样做无非是在一只"雌火鸡"（dinde）身上浪费自己的一本著作，或者最可能是因为，他认为，在普鲁士的国家级其中，只有哈登伯格和阿尔坦施泰因才可能最终去阅读他的作品，并赏识其中的某些章节，从中获取一些激励，但谁知道会不会呢？

献辞当然是经过认真考量和权衡过的："因此，通过这些根本的论述，我的研究所试图要理解的，乃是如此有效地展示在我们眼前、而且我们正在享受其成果的东西；我认为，在坚持符合其自身角色的这一态度的同时，对于其所享受到的来自国家的保护和厚爱，哲学也同样提供了证明，而且，哲学在自己的行动范围内（尽管有限，但关涉到人的内在本性），应该能够成为政府各种良好意图的直接补充；我并不认为这样的看法过于自负。"（C² 213—214）

提出这种意识形态服务，这表明黑格尔有一种十足感激的心理。在复辟反动的大瀑布之下，哈登伯格起到了一种保护伞的作用，正是由于他的保护，黑格尔，以及其他很多人，才只会沾到几滴雨点而已。

阿尔坦施泰因

很自然，在黑格尔吹捧政府种种功绩的同时，他特别考虑这个政府中他所喜欢的政治派别，而且特别是他所依靠的部长，教育和文化部长阿尔坦施泰因。

有些人没有哈登伯格公爵那么显要，但借助于他们的介入，黑格尔所享受到的保护，某种程度上更加贴近于自身。隶属于首相的各个部长，他们同这位低微的哲学教授更贴近一些。

阿尔坦施泰因是内阁中的最佳成员，因为，正如梅灵克（Mehring）所说的那样："在这个著名的实行普遍义务教育的国家，他想要做公共教育部长，这是有所求的。在普鲁士政府功能不健全的管理中，相对而言，似乎只有他对教育事务的领导还算是好的方面[1]。"

阿尔坦施泰因为黑格尔提供了新的榜样，即要采取非常温和的策略，虽然这只能带来局部的进步；他组织实现了普鲁士新教教会的统一，这是国王特别关心的领域，通过满足国王的这些愿望，他赢得了国王的信任和恩宠。作为一种补偿，尽管他是"反动派的眼中钉"，他一直担任部长，直到去世，长达22年，并且"他实现了柏林大学的壮大"。这是一种心照不宣的交换："如果他允许亨斯滕伯格（Hengstenberg）带着狂热的正教观念入住神学院，那他就会保护施莱尔马赫（Schleiermacher）的自由主义不受任何攻击"[2]。总而言之，如果用更加明码标价的方式，他应该就会说："你把黑格尔给我，我给你亨斯滕伯格！"

在与各所大学更为密切相关的事情上，卡维雅克这样总结他的相对成功："总而言之，尽管有正统派和封建派的不断告发（当然他们成功地打击了维特教授，这让他们很得意），尽管有国王指派的监督人的监视，在阿尔坦施泰因保护下，普鲁士的各所大学得以保存了他们引以为傲的科学自由[3]。"

当然是完全相对的自由，但黑格尔能够熟练地将其发挥到阿尔坦施泰因心中默许的水平，这可能是出于事先约定好的串通，

276

1　Franz Mehring, *op.cit.,* p.248.

2　Georges Weill, *L'Éveil des nationalités,* Paris, 1930, p.212.

3　*Ibid.*

也可能是出于一种默契——或者毋宁说是思想上某些一致性。

黑格尔的能力和机会意识在人们所谓的"哈勒事件"上发挥得淋漓尽致：在这件事上人们可以看到，黑格尔非常善于利用宗教、政治和文化生活中的偶然变动。

黑格尔的《法哲学》中有一个很长的注释，很明显是在书稿撰写了很多之后又回头添加上去的，黑格尔在其中放任自己猛烈地攻击（完全是谩骂，une diatribe）哈勒这个瑞士—德国复辟的辩护者、普鲁士王室观点的特许鼓吹者。

K. L. 冯·哈勒，从 1816 年起陆续分卷发表他的《政治科学的复兴 *》[1]（*Restauration des sciences politiques*）——这是关于复辟的政治"科学"。如果要找复辟哲学的话，准能找到它，因为它自身本来就是这个样子的，并非只有黑格尔如此看待它。至少所有人都知道黑格尔的"立宪主义"，但是哈勒则宣称，"在君主制中，宪法一词乃是毒药，是一个死尸般的（cadavérique, Leichenwort）词汇，身上带着腐烂，散发着死亡的气味[2]"——恰当时，腓特烈·威廉三世顽固地拒绝给予普鲁士人民他所允诺的宪法！哈勒竭力主张"家产制"（Patrimonialstaat），到腓特烈·威廉四世的时候，主张的方式更加露骨。他采用了非常粗鄙的方式来论述和证明各种反动理论、各种古典蒙昧主义，因而博得了普鲁士王室的极度器重。

但他却让自己陷入了极具争议的境地。1820 年，就在黑格

---

* "复兴"与"复辟"是同一个词，即 Restauration，因而与下文构成一个有趣的文字游戏。——译者注

1 Karl Ludwig von Haller, *Restauration der Staatswissenschaften*, t.I (1816), t.II (1817), t.III (1818), t.IV (1820).

2 Cité par Wilhelm Oechsli, *Geschichte der Schweiz*, Leipzig, 1903–1913, t.II, p.541.

尔的《法哲学》手稿接近完成、但还尚未发表（1821 年）之际，一个轰动一时的新闻传遍了西欧：哈勒，这个"伯尔尼的大人物"（Grand Bernois），皈依了天主教，但他此前曾在伯尔尼大陪审团（Grand Conseil de Berne）面前庄严地皈依路德派！他很快发表了著名的《卡尔·路德维希·冯·哈勒先生致家人的信，向其宣布重回天主教会、教廷教会及罗马教会》，德·波纳尔特（De Bonald）为其作序[1]。在这封信里，他承认自己很长一段时间以来在私下里和背地里就已经是天主教徒了。在新教国家，这是一桩丑闻！在柏林，路德派的首都，哈勒立即就无法公开立足了。复辟理论家摘掉了假面具，成了叛教者、说谎者。在被认定为发伪誓之后，他被伯尔尼大陪审团驱逐出境，逃亡到巴黎，受到了"极端论者们"（ultras）的热烈欢迎。他的普鲁士支持者们被迫缄默了，而黑格尔则可以自由地批评他了，揭露他"缺乏思想"，揭露他"嫌弃国王"，揭露他"精神软弱"，揭露他"口是心非"，总而言之，批评他的所有反动倾向，而不用担心报复行为，至少暂时如此[2]。

很明显，如果没有哈勒改宗天主教的声明，黑格尔就无法拥有对抗哈勒各种政治观点的高度；但是，腓特烈·威廉四世 1840 年登基之后，又开始将哈勒的各种政治观点重新拾起，并于 1842 年明确声明。

无论如何，只有阿尔坦施泰因在位，才能掩护他的这位足智多谋的哲学家的各种胆大妄为。

1　Charles-Louis de Haller, *Lettre à sa famille,* Metz, 1821, p.7.

2　Hegel, *Principes de la philosophie du droit* (Derathé), Paris, Vrin, 1975, paragraphe 258 et note 2, p.260–262.

舒尔策

在权力等级的下层，离黑格尔最近的，也就是他的直接行政
上级，这就是高等教育局长、参议员尤阿内斯·舒尔策（1786—
1869）——他很快就成了黑格尔的朋友，而且是最有能力的朋友。
他生于梅克朗堡（Mecklembourg），是个热忱的爱国者，路德派信
徒（他还曾是牧师），"思想开明"（éclairé*），在哈登伯格的激励下
加入了普鲁士"改革者"的运动。

复辟发生时，他在哈瑙**（Hanau）任官员，他悲伤地目睹
了黑森—卡塞尔政权如何疯狂竭力地在各种机构中以及道德风俗
上恢复旧秩序。他内心悲痛不已，因此来到了柏林，他相信，这
里面临的是不一样的前景。

如果从"雅各宾"意义上来定义"革命者"这个术语的话，
他显然并不是一个革命者，而只是一个改革者，且彻底性并不坚
决。像黑格尔一样，他身后也拖着一段令人不安的历史。他年轻
的时候曾是瑟姆（Seume）的朋友，瑟姆是一个不幸的作家，王
室交易士兵的牺牲品；也是《盔甲十四行诗》（Sonnets cuirassés）
的作者、吕科特（Rückert）的朋友；同革命者、青年黑格尔的密
友、辛克莱尔也是朋友。他是格奈斯诺（Gneisenau）的崇拜者，
后者是一位果敢的将军，人民武装的鼓动者。

他是共济会成员，并且非常活跃：他的行为举止带有夸张的
共济会风格，甚至让歌德都觉得难以接受，尽管歌德也是共济会

278

---

* 这又是一个带有文字游戏性的表述。一方面，éclairé 可以表示见多识广，学
识渊博。另一方面，这个词可以跟"启蒙时代"关联起来，表示具有启蒙思想的
人。——译者注
** 德国地名，位于黑森州，因为是格林兄弟的故乡而闻名于世。——译者注

会员[1]。他曾经一度非常崇拜拿破仑。尽管他是新教徒，却受到大主教卡尔·冯·达尔伯克（Karl von Dalberg）的庇护，后者也是一名共济会员，曾被拿破仑任命为莱茵同盟的首席主教。1808 年，他曾到塔雷兰特（Talleyrand）参观魏玛图书馆。1817 年，哈登伯格在结识了他之后，将他推荐给阿尔坦施泰因：后者立即就让他进入了普鲁士的管理层，成为高等教育局长。

在哥勒斯（Görres）所起草的、要求宪法《上国王书》（Adresse au roi）上，他也签了名！他曾遭到普鲁士当权者们的多次怀疑，但都得以自保。他与黑格尔结下了友谊，去听他的课，在普鲁士大学中保护黑格尔信徒，他参与了这位哲学家死后《黑格尔全集》的出版工作，并专门负责《精神现象学》（1832）这一卷。

他是普鲁士高级官员的典型代表，爱国、公正、内心自由、行动上注重实效、用实用主义态度去研究和反思事物的运动。

随着时间的流逝，他本人成了众多怀疑的对象。他的地位变得越来越不稳固，而且他的影响也在消退。

在哲学家的最后时刻，只有他同黑格尔夫人一起照顾着他，这非常具有象征意义。

279　　人们经常责备黑格尔过多地赞颂官僚体制（bureaucratie），过高地估计国家公务员的作用。在这些方面，他不过是在回报"官僚体制"所给予他的东西。

从国王的角度来看，不得不给予官僚体制以一定程度上的信任和支持：亏得有它，国家好歹还在运作，普鲁士也赢得了资源、实力和荣誉。亏得有了它，他成了德国的模范君主。他可以

1　*ADB*, tome XXXIII, rééd. 1971, p.7.

趾高气扬地夸耀自己的功绩。官员献身于国家的同时，也不需要为他工作。

"官僚体制"一词听起来令人反感，特别是在法国人听来。但官僚体制和官僚都存在着。无论它有怎样的缺陷，官僚体制确保普鲁士能够得救！黑格尔感觉到了这一点，证明了这一点，并对此感到欣慰。

亨利·塞（Henri Sée）在他的《黑格尔历史哲学评论》（*Remarques sur la Philosophie de l'histoire de Hegel*）中讽刺地说道："黑格尔只看到了官僚体制带给普鲁士的拯救[1]。"但这有什么奇怪的呢？现在回想起来，普鲁士找不到其他的得救方式了：没落且迟钝的封建制不行，陈旧且笨拙的君主制不行，新生尚很虚弱的资本主义也不行；良莠不齐的、狭隘的、暂时性的、异想天开的学生运动和大学里的共济会也都不行；只有这个内部分裂、不被其他各种权力信任的政府，还能勉强凑合。

正是在各种社会机构的虚弱和相互冲突中，官僚体制出奇地暂时维护了自身的力量。在普鲁士政府中，各种派别相互对峙，但都很虚弱，这在很大程度上使得普鲁士政府获得了相对的独立性。在这一时期（1815—1840）的普鲁士，对峙的各个阶级之间形成了一种平衡。

这使得"官僚体制"在官员自身的范围内获得了很大的自治空间。他们怀着爱国之情服务于国家，因此，尽管有时并非有意为之，但他们对抗着整体倾向，对抗着王权及垂死的封建制度下的各种特有措施。那些最优秀的德国人，他们竞相而至，想要参

1　Henri Sée, *Remarques sur la philosophie de l'histoire de Hegel*, in *Revue d'histoire de la philosophie*, Paris, 1927, p.327, note 3.

加到普鲁士的巩固和现代化中，与此同时，他们在普鲁士身上找到了行动的空间，这是一个超过他们的憧憬和能力的行动空间。

真正的内行们很赞善这种"奇妙的普鲁士官僚体制[1]"的成就。这种官僚体制，活跃、理智、富有激情，整体上必然倾向于一定程度上的自由主义，而且这条道路上还有一些导致激进主义的可能——当然这些都是暂时和局部上的例外与缺陷。

黑格尔"在普鲁士的官僚体制中只看到拯救"么？整体来说，是这样的。走上这条路，他放弃了寻求国王、王室、贵族方面的保护，严格来说是放弃了寻求政府方面的保护。

很可能正是因为想到了舒尔策这样的人——当然不止他一个，黑格尔才确认他对于德国官员及国家高级职员的高度评价，之前他在辛克莱尔、尼特海默等人的人格及行动中也看到了同样的现象。而且在他看来，拿破仑的高级官员也都是这样的榜样。

黑格尔这些职位很高的朋友们，他们的共同特征很明显——温和的进步主义者。我们可以看到，君王、王室（王党）、集权主义及封建主义的理论家，在这些人的面前，黑格尔既没得到友谊也没得到保护。

然而，从黑格尔得到的各种保护所发挥的实际效果来看，人们还是会觉得，他所受到保护具有模糊、变动和偶然的特征。当然，这些保护使他被任命到柏林，并直至去世。而且最终，无论如何他还是成为了伟大的黑格尔，如今所有人都认可的伟大的黑格尔，人们最终会对其著作的效用和价值做出某些评判，但依据当时的标准，在哲学上，他的同时代人中，没有人能与之相比。

1831 年 1 月，不知是否出于自愿，国王授予了他红鹰勋

1　Jacques Droz, *L'Allemagne et la Révolution française,* Paris, PUF, 1949, p.103 et 109.

章——实至名归!

然而，保护是有明确界限的。当局公开拒绝赞助他所创立《科学批判年鉴》，这完全是受到了甘斯牵连。他无法入选柏林科学院！他最后一篇文章，因为国王的一份特别手令而无法发表……

因此他总是冒着风险和危险不断地前进。应该正确评价他的成功：即便有这些幸运的巧合，他的功绩还是令人敬仰！

第十五章

入　世

人群里的几个法利赛人对他说：

"大师，请管好你的徒弟们。"但他回答说：

"我告诉你们吧，即使他们闭嘴，石头也会高呼的。"

——《路加福音》，第十九章，39—40（D362）[1]。

黑格尔思想的整体倾向，当然首先表现在他的公开声明及其著作中。这是所有解读的基础。但是人们必须要通过掌握他私下里的各种话语及行动来调整它、反思它、充实它。

这些私下里的话语及行动，不断地被挖掘出来，其中黑格尔对"学生共济会"成员的支持行动特别引人注目："学生共济会"（Burschenschaft），或者简称共济会（Bruschen），1810—1840 年期间在普鲁士遭到了当局的迫害。

与这些人的频繁交往，可以用多种方式加以解释，而且也不

1　黑格尔转引，"耶拿时期的格言"。同样参见（R544）。

容易确定哪些最符合黑格尔的真实行为。然而在复杂的表面下，隐藏着无可争辩的事实，这是所有的解释的出发点。这些事实都有档案可以证实，特别是警局的报告和司法文件。然而，要在其中找到具有揭示性的东西，还需要借助训练有素的眼睛在其中搜寻。受过询问的人才更明白嫌疑者会怎样回答。历史学家们有时理所当然地认为，最愚蠢的警察也不会相信犯人。仁者见仁，智者见智而已！

第一条意见：在柏林时，黑格尔总是抱怨生活的不安，向朋友诉说对平静的渴望。然而，如果他像他的那些同事们一样，不去掺和"学生共济会"和"鼓动家们"的那些事情，离得远远的，这就相对容易多了。对于这种危险的风暴，他只需要不去看、不去听、不说话。即使有人恳求他，他也应该有很多脱身之计。在所有的柏林教授中，包括这个城市里所有显要的人物，只有黑格尔一个人如此关切、如此忠诚地关心那些受压迫者。

因此，当居赞即将在萨克森（Saxe）被捕并随后关押到普鲁士的时候，当局恳请谢林忠告他，并给了他一点很平淡的牵连。虽然黑格尔却自作主张地介入此事，但这一自发介入的唯一后果就是让自己面临危险。他关心共济会员、关心"鼓动家"，关心自由主义者，不管他们怎么样，他也不把时间用到其他方面去，不让自己清静。他不断地卷入一些警局事件和司法事件，并在其中不遗余力。他筋疲力尽，他本可以洗手不干，让那些石头替他去叫喊。但是他反而增加手段和干预。

如何解释这种行为？有三种对立的假说：要么是他忠诚地服务于普鲁士君主制，狡诈地管理这些他假装保护的人；要么是他在当权派与反对派之间进行一种"双重游戏"；要么是他最终选择了立宪主义的、自由的反对派，用他认为巧妙的方式将其推进。

最受支持观点的是罗森克兰茨的看法，他的表达采用了一个十分模糊的词汇，经常被大部分读者片面地理解。黑格尔是Demagogenbekehrer，"鼓动家规劝者"（convertisseur de démagogues）（R 338）。这一评价后来得到了阿尔坦施泰因的一些说明，但这些说明本身还是模棱两可的：在柏林，如果要说某个人是政府的朋友，还需要指明是那个政府，或者说是政府的那一派，哈登伯格派或是维特根斯坦派？就这一点来讲，一方的朋友则是另一方的敌人。

对于很多罗森克兰茨读者来说，如果不加反思，Demagogen-beckhrer，这意味着警察和司法竭力通过强力制服反对派并使他们驯服，那么黑格尔的角色就是通过宣传，试图在思想上使他们气馁，使他们放弃"蛊惑人心的宣传"，使他们成为国王的顺民。前者使他们无能为力，后者让他们忏悔。很自然，在这种情况下，如果黑格尔自愿来完成一件对他们如此有益的任务，当权者们当然会很高兴。而且他们还应该会给予这个殷勤的仆人以各种奖励。

然而需要特别注意，罗森克兰茨于1844年发表他的《黑格尔传记》（Vie de Hegel），这一时期政治反动及警察和司法镇压达到了更加暴力和盲目的水平，即使他想到了，也不能承认黑格尔在20年代曾在一定程度上支持"鼓动家"，无论这种支持是何种方式或是多么有限。

在1844年的罗森克兰茨也并能不比1824年或1830年的黑格尔更能自由地表达自己。此外，他对世间百态的经验和认识，特别是政治上的事情，都还没有办法与黑格尔的经验和认识相比，因此他还不能通过同情和类比来很好地理解黑格尔。读者面前敞开着一个不确定的空间。"鼓动家"一词被保守派的人用于贬义，用来谴责所有憧憬更多自由主义及爱国主义的人，本身具有不确定性和模糊性。就像后来"印象主义"一词一样，它所批评的那些人却自豪地拿它来炫耀。

面对自由主义者们，那些 Demagogenriecher（鼓动家规劝者），到处都能嗅出蛊惑人心的宣传、这些"女巫猎手"（chasseurs de sorcières），沉浸在谵妄的蒙昧主义理论中：他们一定程度上行使着权力。在黑格尔思想中，无论存在——或是人们认为其存在——何种犹豫、矛盾和掩饰，但毫无疑问的是：在他所阐述的理论中，无论明确的、暗含的或是隐藏的，他都绝对没有倾向于鼓动家规劝者一侧。他始终站在立宪主义者、自由主义者一侧，只是在不同时间和环境下坚定程度有所不同，因此他也站在"学生共济会"一侧，只是在某些时候和某些方面有所畏惧和保留。众所周知，他无法接受"容克党"（Junker）这个普鲁士的士绅阶层的党派，书报检查将"容克"这个词从他的最后一篇文章中划掉了，因为这个词足以让他们想起人民对他们的憎恨。

我们今天可以心平气和地回顾，但是当时，当他看到"学生共济会"的错误、不足、愚蠢，看到他们笨拙的民族主义，看到他们可笑的迂腐不化（archaïsme），看到他们的排犹主义，看到他们对法国的敌视，他不可能毫不生气，不可能完全不对其发火，不可能不试图纠正他们：从这一意义上来说他是一个"规劝者"，规劝那些共济会成员来信仰他自己对德国事物的政治观点，而不是绝对极权主义或普鲁士王室的观点。"学生共济会"的各种错误并不会使他忘记或低估残存的封建秩序及与之勾结的极权主义的根本罪恶。

黑格尔并没有完全专注于他的各种宝贵研究。他介入到了普鲁士的政治生活中，尽其性格、其平民身份、其官员身份、其个人思想所允许的范围去介入。他没有遵从笛卡尔的生存准则：
"在世界上到处流浪，作为世间各种喜剧的观众，而不成为其中
的演员"，老实说，笛卡尔本人也并没有始终遵循这一箴言。

他不是英雄，既不是革命者，也不是对现状不满的演说家，
但是他勇敢地前行，在不突破最终的、灾难性的断裂的前提下，
直至当时市民生活条件所允许的最远边界。在柏林，在这方面，
没有可能比他做得更好，也没有人比他做得更好，直到1840年
"青年黑格尔派"在已经有所改善并很快发生大革命的条件下接
力了这一任务。

在有限的可用档案之中，特别是警察和司法机构所建立起来
的档案中，关于黑格尔的介入方式，很显然，我们只能知道一部
分。一方面，这些档案是有限的，黑格尔研究还在继续。人们不
断地发现新的东西。另一方面，这些资料都是片面的，必须用谨
慎和怀疑的态度来加以研究。我们可以想到，黑格尔在柏林生活
的很多方面已经永远从记忆中消失了。

但是我们对此了解的已经很丰富了。霍夫梅斯特尔于1952—
1960年间在他所编辑的黑格尔的《书信集》(*Correspondance*)中添
加了一些注解，其中大量地展现了这位哲学家生活的秘密或不太
引人注目的方面。他清查了普鲁士警察的档案，当然很仓促、也
很肤浅。很明显，他对于在其中如此经常地遇到黑格尔的名字感
到吃惊，所有的柏林哲学家中只有他一人受到如此的青睐！

这一时期汇集起来用于判断嫌疑和裁定处罚的警察及司法文
件，对于现在的检查和昭雪活动很有用、很珍贵。然而霍夫梅斯
特尔对这些材料的解释倾向却让人吃惊，让人怀疑。

他的功绩在于他认识到了黑格尔数量众多、形式多样的活
动，但是在他看来，只有那些受益者是"无辜的"情况下，这

285

些活动才是被视为正当和值得称赞的！同时，他也没有去考虑其中的矛盾，而是认为这些活动的目的还是要促使那些被控告的人去改变他们原来的政治态度，治愈他们的"鼓动主义"（démagogisme），亦即当局以此名义加以镇压的东西。如果他们是无辜的，警察逮捕他们、法官起诉他们，这就应该是犯下了不可原谅的"错误"，这正是霍夫梅斯特尔的推理所得出的结论。但是他错了，警察不可能犯这么多的"错误"。

所有这些被迫害的人，在内务与司法部长们的眼中看来绝不是"无辜的"，向他们挥出警棍，也是很慎重的。警察和法官们不会弄错，或很少弄错：他们鉴别各种反对者，鉴别反对者们的"邪恶精神"（mauvais esprit, die schlechte Gesinnung），反对者们的自由主义，有一段时间还要鉴别反对者们的圣西门主义，他们要打碎反对者们的"政治联盟"（liaisons politiques）。那些"鼓动家"，事实上他们是有罪的，受到了"公正的"审判或制裁。当然，对于另一种公正，未来历史的公正，他们显得有远见、有胆识、有价值，而他们的迫害者则为此蒙羞。

就像黑格尔曾经看到过的一样："［……］每一阵营都宣称自己的正义（droit），事实上，是这些正义之间存在着冲突。"[1]

然而镇压在某种程度上是不公正的，因为镇压瞄准了那些弱者，他们事实上根本不对权力造成威胁，并且镇压所实施的制裁与实际罪行并不匹配，陷入了恣意妄为的境地。但是当权者们这种过分行为表明了他们的恐惧。他们或多或少提前就感觉到了"历史大正义"（le grand droit de l'histoire）的审判。因此他们想要遏止历史本身：他们甚至禁止使用"新教徒"（protestant，反抗者）

1　Hegel, *Écrits politiques* (Jacob et Quillet), *op.cit.*, p.105.

一词，这个词太容易唤起反抗了，从黑格尔的课程中删去了"变化"（changement, Veränderung）一词，废止"进步"一词……

黑格尔同情那些自由主义者，同他们关联在一起，至少在这种"鼓动"上相互串通。不然的话，他也就绝不会在柏林目睹"每年都在掀起新的风暴"，而应该是完全相反，应该沐浴着恩宠的雨露。

面对着国王的绝对权力，面对着贵族的傲慢，面对着那些高级官员（尽管这些官员并不明确，因为他们中间很多人在爱国上是客观公正的）的工作效率，面对着占据统治地位的宗教和政治意识形态，除了极少数的局部特例，并不存在真正的民众抵制和反抗。

自由主义运动或者是单纯的立宪主义运动，不能发动普鲁士的民众，特别是广大的农民，而且这种运动几乎仅仅局限于被国王的背信弃义所激怒的普鲁士民族解放战争中的老兵，局限于对德意志民族的憧憬落空了学生们，局限于立宪主义者。

这一运动特别表现在各种学生社团之中，如今人们将其统称为"学生共济会"。对于君主专制及封建残余，只有些学生社团带来了仅有的切实的反抗，但缺乏切合性和效率。无论是明确还是不明确的对手，普鲁士国王的警察和司法机构，都一律以"鼓动家"这个轻蔑和敌视的词语来称呼，而"学生共济会"正是最主要的"鼓动家"！

如果说当权者表现出了巨大的无能和邪恶，也要认识到那些"自由主义者"、"鼓动家"、"学生共济会"，年轻而又缺乏经验，同样表现出了严重的无能，思想和组织上严重缺乏统一性。确切来说，没有预先的计划，没有后续的结果，毫无连贯性。

其些许连贯性就是对德意志的爱国情感，黑格尔在其1789

年论述《德国宪法》的文章中怀念地加以颂扬的，也正是这一爱国情感。所有这些德意志的年轻人，其中还有一些更小的，他们都梦想着德意志联盟的复兴，渴望消除各个分散的小政治实体，实现统一国家的利益——类似于法国大革命所树立的国家典范，并且这个国家是自由（一部宪法！一个君主立宪体制！）。

权力当局激起了各种敌对行动，在镇压这些敌对行动的过程中，权力当局明确了自身的定位和方向，集中了自身的全部理论力量和治安力量，与所有的王室及各个德意志小公国僭主们联合起来，一起对抗这一典范。

弗里德里希·冯·伽格恩（Friedrich von Gagern）是一个很好的观察家，他准确地描绘了德国各王室这种政治，包括柏林的政治："有一种思想像幽灵一样萦绕在君主们的心头：这就是担心德国人很可能有一天会想起他们曾经还有一个祖国。各个王室的所有努力都是要消灭这种共同联合的最后痕迹；他们所采取的所有措施都是要使他们彼此隔绝开来，使德国人相互排斥并树立一种区域的本位主义。"[1]

然而德国的年轻人，特别是学生，他们高呼："德意志万岁！"——这使得国王们、君主们、公爵以及主教们，个个心痛不已。

很自然，这种德意志民族情感最容易唤起热情的地方就是柏林了，这个普鲁士的大城市有望成为重新统一的德国的首都，但是在这里君主恰恰最坚决地反对这种情感的出现。

格奥尔格·威尔（Georges Weill）是一位研究欧洲民族性的历

---

[1]　Friedrich von Gagern, cité par Jürgen Kuczynski, *Die Geschichte der Lage der Arbeiter in Deutschland (Histoire de la situation des travailleurs en Allemagne)*, Berlin, 1954, p.18.

史学家，他很好地描述了这种自相矛盾的境况。提及爱国者们的精神状态，他解释道："国王已经对他们许诺了宪法，因为1813年的运动既是民族的，也是自由的。萨克森—魏玛公爵，歌德的朋友，本是首倡者。但是所有的德国自由主义者都在迫不及待地等待普鲁士的决定。事实上哈登伯格首相多年以来一直梦想着成为民族的代表，而且，在'维也纳议会'（Congrès de Vienne）上，他向腓特烈·威廉三世建议，建议他正式回到柏林之日就立即颁布宪法。在易北河岛回归之后，他更加紧迫地催促，并获得了一份日期为1815年5月22日的国王诏书，通过这一诏书，腓特烈·威廉三世最终向'普鲁士民族'允诺，将'通过书面法案的方式'给他们一部宪法。1815年诏书的颁布，正好是在滑铁卢战役之不久，激起了巨大的希望，但是几个月过去了，宪法还是没有到来。在腓特烈·威廉三世身边，展开了沉重而顽固的斗争，一边是一直以来位高权重的首相，另一边对这位'雅各宾'充满怀疑的集权派［……］国王一再推迟宪法，仅仅是临时成立了一个国会[1]。"

爱国主义失落了，其代表几乎都是学生，这是一个混杂而又摇摆不定的社会范畴，很容易陷入狭隘的民族主义，陷入排外主义——特别是高卢恐惧症（gallophobie）和排犹主义。其中经常会充斥着陈腐的偏见、返祖的怨恨、过气的行为。

在很多"学生共济会"成员身上，巨大的自由冲动，同排外主义、恶意的排犹主义，以一种原初但是令人厌恶的方式混杂在一起。其中很多人表现出一种中世纪的怀旧情怀，滑稽地穿上了"古德国"的服装，这使得他们的运动更加接近于一种大学生的

1　Georges Weill, *op.cit.*, p.47.

幻想，而不是一种严肃的政治。他们总是进行决斗，将其作为一种洗礼的仪式。

事后评价这个大杂烩是很困难的事情。整体而言，人们可以客观地认为它主要是革新的、自由的和进步的，但是其中一些方面，自相矛盾地包含了反动、蒙昧和狭隘，因此一些非常开放的精神领袖要讽刺地、有时要激烈地去反对它——诗人海因里希·海涅就是如此。"学生共济会"中也是有好有坏，本身就难免会受到怀疑。当然，在黑格尔看来，"学生共济会"在政治上和学术上有些方面让他很感兴趣，但是也有很多方面让其很反感。

"学生共济会"有着多种不同的倾向，在耶拿大学和吉森大学（Giessen）表现得更加现代和激进一些。它实质上就是在耶拿这个最"进步的"公国建立起来的，这并非偶然。"学生共济会"扩张到了整个德国，柏林大学的繁荣为它提供了良好的发展空间。

在各个政府提供给它的环境下，它的组织、交流和宣传只能采取秘密的形式。共济会成员之间的"联系"也只能是秘密的，而且这些"政治联系"，作为对社会不满和激进主义的标志，也正是德国的各种警察，试图不断侦破并通过逮捕入会者来加以摧毁的东西。

然而，很快"学生共济会"就开始进行各种公开政治游行，这些游行现在看来是相对无关紧要的，但是，在当时的时代条件下，却呈现为非常壮观的场面，起到了一种动员的作用，并且在当局的眼中看来乃是挑衅。

其中最大规模的运动，亦即 1817 年 10 月 18 日瓦尔特堡（Wartburg）的著名大游行，就是这样爆发的。这是由罗伯特·维

289

塞尔霍夫特（Robert Wesselhöft），以耶拿"学生共济会"的名义召集的。当然，黑格尔10年前就已经离开了这座城市，但是他不会忘记在维塞尔霍夫特家里所得到的热情，也不会忘记维塞尔霍夫特老头儿乃是弗罗曼（Fromman）的朋友及合伙人，黑格尔同弗罗曼之间一直保持通信，特别是关于他的私生子路易，当时路易被托付给维塞尔霍夫特姐妹（她们同弗罗曼夫人是姻亲*）照顾，准确地说是一直到1817年，这个时候黑格尔一家将这个小孩子接到了海德堡的家中。

人们甚至还可以思考，维塞尔霍夫特一家及弗罗曼一家在耶拿介入到"学生共济会"的游行活动，在这件事与小黑格尔被接走一事之间是否有什么关联。

在瓦尔特堡这样一个具有高度路德传统的地方，1817年10月18日集聚了德国所有新教大学里的很多学生，在此他们同时献身于宗教虔诚，献身于极度的民族主义，同时也以一种前所未有的全新方式献身于爱国主义，献身于立宪主义和自由主义。所有这一切都明确地指向了反对那些守旧的统治者的，特别是柏林的统治者，背信弃义统治者，同时也反对政治和文化上的反动。

广大的学生，以及少数加入到他们中间的教师，他们发表极具煽动性的演讲。这其中就有卡罗维！

尽管"学生共济会"的很多运动本身很模糊，但是当权者还是看到了"学生共济会"的相对效力，这些运动导致当权者对"学生共济会"的恐惧与日俱增。即便它想要更严肃地表现自己，

---

* 原文是 belles-sœurs de Mme Frommann，这表明，维塞尔霍夫特姐妹中至少有一人应该是弗罗曼夫人的嫂子或者是弟妹。因为原文中的背景资料不是很明确，我们没法确切断定她们之间的姻亲关系究竟是怎样的，故而采取了这样一种翻译方式。——译者注

其（非常松散的）组织，也使其仅限于个人的恐怖主义活动，由其中信仰最坚定、最大胆的成员来实现，而不是那些最具理智和反思的成员来实现的。而且，相对于不可能实现的集体行动，这种个人的恐怖主义，更富符合他们个人主义的、理想主义的及宗教性的意识形态。

1819 年 3 月 23 日，一个耶拿大学神学专业的学生卡尔·萨恩特（Karl Sand），卡尔·弗伦（Karl Follen）的密友，也是维塞尔霍夫特的密友，用匕首刺了多刀，暗杀了剧作家兼政论家奥古斯督·冯·考茨布（August von Kozebue），后者是沙皇在德国的代言人，强烈反对自由运动。这种个别"学生共济会"成员、过火的新教徒所犯下的罪行，引起了普遍的谴责，即便那些鄙视和唾弃考茨布的人，例如黑格尔。他们只谴责这种策略及其手段，谴责其犯罪的特征，但却不太谴责其对于考茨布的敌意。

这一行为不仅在道德上受到谴责，从政治上讲也很拙劣。这对自由事业几乎毫无帮助，但是相反，有人对此特别称心，梅特涅及那些反动分子，他们借此找到了等待已久的借口，加强镇压自由运动的各种手段。各种镇压手段越来越暴力、越来越专断。卡尔·萨恩特被审判，并于 1820 年 5 月 5 日被送上断头台。

就整体而言，那些"学生共济会"成员在政治目标上是很温和的，但他们其中一些人在手段的选择上表现得暴力而又过分，不加判断地滥用。整体上，他们只是寻求政治和社会体制上的细微变革，他们满足于当权者们讲几句好话，象征性地和形式上宣布一些无关痛痒措施，而不是在他们的傲慢之下，仗着他们自身牢不可破的地位，将这些东西像施舍一样抛弃掉。1815 年圣上的允诺应该让他们非常满足了：颁布一部成文的宪法，简简单单地赐予一下，无论它是多么的有限与虚幻。

除了这种"学生共济会"及一些个别的自由主义者，整个普鲁士都坚如磐石。

除了少数几个，这里没有共和主义者。他们曾经完全赞同新近法国大革命的理念，但他们很快失望又绝望，在苦涩的沉默中，将其作为一种怀念。

此时还没有社会主义者。现代概念意义上的"社会主义"的最初雏形要在黑格尔死后，作为所谓的法国"空想社会主义"的反响而出现。然而人们在黑格尔的言论中看到很多"圣西门式"的表达方式，在他离开人世的最初日子里，他的学生们，那些"青年黑格尔"们（例如卡罗维和甘斯），成为了第一批传播"圣西门主义"的人，继而很快成为德国社会主义的创始者。

但是我们并不能因为黑格尔不是共和主义者或不是社会主义者而责备他：这些观点本身在当时的形势下是不可能的，想象不到的。

普鲁士的结构不允许有任何合法的反对政党，虽然当时在法国和英国有一定意义上的反对党存在。在柏林公开宣称无神论、不可知论、泛神论、共和主义或民主，是不可能不受到最严厉的惩罚的。这里必须是新教徒或者是看起来是新教徒。出于神圣同盟的名义，天主教得到了容忍，同样，如果犹太人想要皈依新教，无论是真诚的还是形式上的，也可以得到容忍。但是，无神论者……

"学生共济会"的狂想和放肆，鉴于他们进行斗争的各种限制性条件，也不必过多地加以苛责。

人们可以讨论政治体制的类型，讨论实现政治体制的各种方式，讨论政治体制的宣言，但是首要的前提是：人们必须采取立宪政治生活模式！但是这直接与国王、克隆普林茨（Kronprinz）

及王室所偏爱的政治理论家哈勒的观点相冲突。

在当时，通过其方法的严肃性及其体系性的抱负，黑格尔比所有的政治哲学和法律哲学教授走得都要更远。其中一些，虽然很少见，是更为大胆的要求，当然其阐述方式不过是一种简单的断言、缺乏条理，没有反思性的论证，弗里斯也是如此（带有很多排犹主义的痕迹）。

在这一点上，同其他公开表达出来的领域一样，只能看到黑格尔那种一贯和沉稳的态度，只能看到一种他自己完全遵守的僵化的教条主张，只能看到一系列单调的行为。这在其他人身上时没有的，更不用说那些"学生共济会"成员了。如果要说黑格尔有什么暴露的话，只能说是大方向，偏好的倾向，其中夹杂着混乱、例外、部分或暂时的倒退及遗憾。

292

那些教授们绝没有忽视整体形势，没有忽视推动整体形势的那些个别事件。他们对各个活动家本人，学生及执政者们都很熟悉。他们在双方的煽动下，参加各种斗争和论战，而且非常激烈。

对大多数人来说，对于政府的忠诚是很难站住脚的，因为政府本身就是分裂的。他们很关心政府，但是并不准备为之冒险。有一些人，当然只是极少数，非常赞成"学生共济会"，参加了瓦特堡大游行及其他各种学生游行，例如弗里斯和奥肯（Oken）。他们公开地参加活动（现在也可以称为"曝光率很高"），这让他们的同事感到很讨厌。他们此时还宣传一些非常危险的政治观点［弗里斯的"排犹主义"（antissémitisme）和"高卢威胁论"（gallophobie）］，但是宣传的方式没有什么力度（温情主义的演说）。

德·维特（De Wette，1780—1849），起初在耶拿任教，随后任教于海德堡和柏林，给萨恩特的母亲写过一封信，信中他极力为刺杀考茨布这一行为辩护。这封信被公开，成了一桩丑闻。国王不顾柏林大学的反对意见，特别谕旨开除了德·维特。很多教授都私下里向他许诺，从自己的年金中分出一部分，提供给他。每一个人都按收入比例提供：兰克（Link）30塔勒，施莱尔马赫50塔勒，黑格尔25塔勒，等等。政府对于这一募捐毫不知情[1]。

对于黑格尔的这一态度，有各种不同甚至对立的解释，可能是因为他的模棱两可及一定程度上的晦涩，当然还有更重要的原因，因为各个解读者的精神和观点之间存在巨大的诧异。

黑格尔在《法哲学》中所描绘出来的司法和政治生活计划是非常温和的，很多方面是保守的，似乎还向封建复辟做了一些让步。人们通常纠缠于黑格尔这一政治理论的细节。其中有些是值得讨论的，其守旧的特征，不仅是相对于现今观点的落后，而且相对于黑格尔死后德国立刻涌现的各种政治理论，也显得落后。

293

但是太早了，时机还不成熟。必须要认识到，在1821年《法哲学》出版的时候，任何一本有些名望的书，都没有比黑格尔的这本书更自由的了，而那些反对他的人表现得就更加反动了：安希隆、哈勒、萨维希尼。

至少有一件事是毫无争议的：黑格尔在宣布支持君主立宪制的同时，按照君主立宪的模式，他同哈登伯格拥有同样的远大憧憬，当然哈登伯格本人总是不能公开表达这种憧憬，但是他深知"学生共济会"及鼓动家的根本要求——宪法和德意志的统一。

要理解黑格尔的行为，或者说是试图去理解黑格尔的行为，

1　在翻译霍夫梅斯特尔关于德·维特事件的注解中（B^2 447），卡莱尔没有指出秘密募捐活动，也没有指出黑格尔参加了该募捐。（C^2 337）（B^2，书信359中注解9）

就必须要将其置于普鲁士政治生活的主要背景中去，因为这与他的行为之间有很明显的关系，事实上是一种很复杂的关系。

每年一场新风暴

我们只能选取一些对黑格尔的生活特别重要的事件。这只需要顺着政治气候来回想：压迫、反抗、违背、怀疑、镇压。如果不在这一背景下来讲述黑格尔的生活，那是不合理的。

1817 年 10 月 18 日	瓦特堡大游行，由罗伯特·维塞尔霍夫特发起，卡罗维等人发表演说。
1818 年 8 月 11 日	弗里德里希·佛斯特尔被起诉到军事委员会，后被撤销。1831 年，在黑格尔的墓前由他发表悼念演说。
1818 年 10 月 22 日	黑格尔在柏林大学的第一堂课。
1819 年 3 月 2 日	萨恩特刺杀考茨布。
1819 年 5 月 2 日	俾舍尔斯堡日（Fête du Pichelsberg），黑格尔参加了。佛斯特尔在此宣称："我们没有为萨恩特的健康干杯；即使没有匕首乱刺在身，我们也感受到了同样的伤痛[1]！"
1819 年秋	卡罗维的著作《论刺杀考茨布》(*Sur l'assassinat de Kotzebue*, Wismar, 1819)。卡罗维在其著作中含蓄地表达了黑格尔的观点。对他的迫害开始了。
1819 年 4 月 8 日	古斯塔夫·阿斯维鲁斯被捕。
1819 年 7 月 1 日	略宁克（Löhning）刺杀伊贝尔（Ibell）议长。
1819 年 7 月 8 日	里奥普·冯·黑尼希被捕。
1819 年 7 月 14 日	卡尔·乌尔里希和大卫·乌尔里希被捕。

294

1　Lenz, *op.cit.*, p.54.

1819 年底	德·维特致信萨恩特的母亲。引起公愤。德·维特被开除。他的同事为他秘密组织募捐，黑格尔慷慨参加。
1819 年 11 月	开始调查卡罗维。
1820 年 2 月 14 日	在巴黎刺杀贝利公爵。
1820 年 5 月 5 日	自杀未遂后，萨恩特被处以砍头。
1820 年	卡尔斯巴大会（Congrès de Karlsbad）。欧洲各个政权加强了镇压措施。
1820 年 6 月	国王禁止教授奥肯（Oken）的"无神论"哲学。
1823 年初	乌尔里希重新上台。弗里德里希·佛斯特尔获得特赦，没有保住军事学院的教授席位，却还是找到了低一点的工作。
1824 年 10 月 15 日	维克多·居赞在德累斯顿被捕，后被监禁在柏林。
1824 年 11 月 4 日	黑格尔致信给普鲁士内政部长。
1824 年 12 月 8 日	阿斯维鲁斯被判入狱 6 年。
1824 年	阿尔诺特·卢格被判入狱 16 年。1830 年获特赦。
1825 年 2 月 20 日	居赞案结案，却并没有宣布无罪。
1826 年 7 月 17 日	阿斯维鲁斯案结案。
1826 年 8 月 27 日	歌德和黑格尔的生日举办庆祝活动。
	国王发布手谕，禁止报纸对"私人的／非官方的"活动加以报道。
1827 年底	黑格尔巴黎旅行归来，并发表了一片关于宪法的文章，遭到怀疑。
1829 年	舒巴尔特指控黑格尔为无神论者且敌视政府。黑格尔参加"希腊独立战争日"庆祝活动。
1830 年	莱比锡警察暗杀了一个商业学徒。

295

1830 年 7 月	法国发生革命。
1831 年底	王储软禁了甘斯（Gans）。
1831 年	国王发布手谕，禁止发表黑格尔关于《选举法修正案》的文章的最后一部分。
1831 年	黑格尔逝世。
1834 年	在黑格尔夫人的家中，"学生共济会"成员雅各布·亨勒（Jakob Henle）被捕，被捕入狱并被判监禁 6 年，随后驱逐出境，后成为著名的医生。

黑格尔只提到过少数几个"学生共济会"成员的名字，但是对于其他的人，他没有提到，但并不代表他不认识。他与卡尔·乌尔里希的关系很亲密，持续时间很长，很值得怀疑，然而我们能看到的却只有几封信件，对于这些信件，尽管寄信人在其中要求阅后立即销毁，但是收信人还是冒险将其保存下来！很难说他与其他人之间没有类似的通信。

受迫害者

"学生共济会"成员们的冒险几乎都以悲剧结局：被关入地牢，囚入城堡，被禁止学习和讲授，失业夭折，逃亡，被流放……

其中有时也夹杂了一些滑稽成分。

例如，在追捕卡尔·乌尔里希德的时候，警察就犯了认错人的错误，逮捕了一个同名者大卫·乌尔里希（David Ulrich，1797—1844），一个在柏林留学的瑞士学生[1]。

1　关于大卫·乌尔里希的冒险：Wilhelm Oechsli, *Geschichte der Schweiz*, 1903–1913, t. II, p.628。关于乌尔里希：*Dictionnaire historique et biographique de la Suisse*, tome VI, Neuchâtel, 1932, p.730, n° 54。

他们并没有立即意识到自己的错误——幸运的错误！因为在搜查大卫家的时候，他们抄到了很多文本，与后来在卡尔家搜到的文本一样。

真是个普鲁士警察走运的时代啊！他们的行动从来不会落空。这是一种神奇的捕捞：他们可以去到任何一个学生家中去调查，不用追踪什么特定的线索，因为全部学生，或者说是几乎全部学生，都是"鼓动家"。

黑格尔从来没有提及过后面这个乌尔里希（大卫）的存在及其命运。然而他非常专注地、小心地、持续地投入到了对前者（卡尔）的诉讼案中。一些历史学家没有发现这一事件，并且将二者混同起来，就像当局起初所做的那样。在当时的条件下，黑格尔如此始终关注卡尔事件的进展，如果说他对大卫一无所知，这实际上是不可能的。然而，他对此闭口不谈，并且，他必然知道这一张冠李戴的错误，但却没有留下任何直接的证据——这再一次说明，如果不是迫不得已，他本人并不会讲述其生活的细枝末节，因此要想认识真正的黑格尔，仅仅依据他的个人陈述是不够的。必须要考虑那些虽然没有明说、但却绝对可以推论出来的事件。

大卫·乌尔里希，因其是瑞士国籍而豁免，很快就被释放了。他后来在瑞士出任要职：法官、教授、政治家。1830 年他成了"绝对自由党"（parti radical-libéral）的领袖之一，民众运动（一定程度上是民主运动）的发动者，一直到 1840 年。可见他一直坚持着在柏林时的"鼓动主义"。

黑格尔怎样看待警察和政客们的拙劣阴谋以及王室和国王的态度呢？

黑格尔对于乌尔里希案件、居赞事件等等都知道得一清二楚，既不可能会忽略肇始者们的壮举，也不会忽略同谋者们的悲惨遭遇。事实上他们这些人不仅仅是组成了一种文化和政治宗教团体，也构成了一种现实、客观的同盟。在调查及诉讼过程中，他们的名字几乎总是共同出现的。这一时期的历史学家把他们看作整体。

这些事件在一种悲剧的气氛中展开。掌权者们，受到法国大革命记忆的困扰，不仅仅为他们自己的特权而惶恐不安，也在为自己的生命而提心吊胆。在双方阵营中，每个人都需要随时随地非常清楚自己的朋友及自己的敌人在做什么。

为了这些嫌疑犯及被告人，黑格尔写了很多请愿书，负责同权力当局谈判，组织游行，进行上诉，搜集证据，有些时候还要提供担保。

其他的重要现代哲学家，在这种特别的行动上，没有人跟他一样。

佛斯特尔

从黑格尔到达柏林之日起，他就与弗里德里希·佛斯特尔（Friedrich Föster）建立关系并结成友谊。为什么是他呢？又是怎么样发生的呢？他既不是哲学家，权力当局也不怎么待见他。

这本该是一个国王最欢迎的人。正是有这样的爱国者的支持，他才得以保住自己的王冠。佛斯特尔曾经参加过普鲁士的民族解放战斗，表现得十分英勇和令人敬佩。

1812 年他应招进入由约克将军（général York）所指挥的普鲁士预备役部队。约克将军不顾国王的命令，与俄国人达成协议，共同对拿破仑作战。在一定程度上，这开创了一种革命式的或者说是群众式的运动，而正是这种运动在 1813 年至 1815 年的战争中拯救了普鲁士。

他创作了很多爱国诗歌，他是民族诗人柯内尔挚友，传奇女英雄埃雷奥诺尔·普罗莎斯卡（Eléonore Prochaska）被处决过程中，是他发现了她逃跑的阴谋；这一切使得他家喻户晓。他的身上笼罩着爱国、勇敢和慷慨的光环。

国王被一种矛盾的心情所困扰着，私下里讨厌这些普鲁士的志愿者，表面上他却不得不对他们表示感谢，这些士兵在逆境中强迫他去勇敢地承担他与生俱来的东西。他本人起初是宁愿向拿破仑妥协和臣服，而不愿意将自己的命运交给危险的群众解放战争。对于伟大的爱国运动，他一直都抱着迟疑的态度。

298 这些普鲁士战士，一方面是绝对爱国的，另一方面也多少明显地倾向于自由主义。从战场凯旋之后，他们期待那曾经公开许诺的宪法的到来，以作为对他们的牺牲的酬谢。他们并不反对君主制，但是他们天真地期待着君主制自身能够变得更加合理。

佛斯特尔，他敢于在 1818 年发表文章，公开攻击普鲁士警察局局长冯·卡姆次（von Kamptz），文章发表在反动派憎恨的杂志上——鲁登（Luden）在魏玛发行的《复仇女神》（Némésis）。

按照人们的说法（但是这有待证实），冯·卡姆次很轻易地洗脱了佛斯特尔指控的罪名，而后者不仅因此成为了君主专制及其法庭和警察的敌人，也成了一个诽谤者。

佛斯特尔，积极地参加了"学生共济会"的早期筹建和发展工作，因此丧失了军事学院的教席。他长期从事论战。他最终被控亵渎君主之罪，被送上军事法庭，军事法庭在一场军事爱国团结运动中将其无罪释放。然而却被排斥在教育和政府部门之外，直到 1823 年，他最终获得了一个非教学的辅助性职位，而且这很可能是源于黑格尔的帮助。随后，他专注于历史和传记工作。1834 年他参与了编辑《黑格尔全集》[1]。

警察一直监视着黑格尔与佛斯特尔之间的亲密关系。因此，最新的档案研究报告提醒我们，在必要的时候，萨克森警察会负责警告普鲁士警察，形成一种国际合作，这也就注定了后来维克多·居赞事件的发生——"黑格尔，来自柏林，博士及教授头衔，于 8 月 27 日到 9 月 11 日居住在蓝星旅馆；普鲁士中尉佛斯特尔与其一起来到这里，他们一起游览了本地[2]。"

佛斯特尔中尉有一个兄弟叫弗里德里希，也是"学生共济会"成员。他的另一个兄弟恩斯特·佛斯特尔（Ernst Förster），认识黑格尔和尼特海默，也是"学生共济会"成员，而且他的《回忆录》成为了研究"学生共济会"的一个重要资料。他后来成了一个著名的历史学家和艺术批评家。

在黑格尔的墓前，弗里德里希·佛斯特尔发起了对于蒙昧主 299 义及"奴隶精神"的挑战，由于时代久远，现在听起来有点相对空泛。然而，根据从这个人嘴里讲出来的话，有鉴于他的经历，听众就觉得这一挑战具有更确切的含义，更严肃也更具威胁。讲演的环境及讲演者的个性，会使这些话语增添很多内容。

卡罗维

权力当局似乎特别重视去摧毁那些黑格尔课程的"助教"（répétiteur）。然而奇怪的是，黑格尔似乎在可以挑衅，专门招募

1　Article *Förster (Friedrich)*, dans *ADB*, tome VII, p.185–189.

2　这份警察通知，霍夫梅斯特尔转引（B² 482），但是卡莱尔没有翻译（C² 342）。

了很多遭到怀疑和各种谴责的"助教"。对于上一任的逮捕和迫害没有任何威慑作用，他会选一个新的造反派者来继任。在成千上万的造反派者中间，还找不到几个聪明且有能力的学生么？

每一个事件都值得仔细的深入研究。我们这里只找几个例子，总体研究一下。

弗里德里希·威廉·卡罗维（Frédéric Guillaume Carové，1789—1852），黑格尔的学生，如果不能说是最出色的，却似乎也可以说是感情上最忠诚的。这一切都从海德堡开始听他的课开始。

在"学生共济会"中，从一开始他扮演着发起人和领袖的角色。有他在中间，黑格尔不可能对于往来的其他活跃分子一无所知，这些活跃分子之间尽管存在着部分分歧，但整体上还是很团结的［卡尔·弗伦、奥古斯都·弗伦、阿尔恩特（Arndt）、罗迪格、阿斯维鲁斯、考布（Kobbe）、尤里尤斯·尼特海默（Julius Niethammer）、冯·黑尼希、佛斯特尔、舒尔策、维塞尔霍夫特、维特（Wit）等等］。在复杂的运动当中，他表现出一种"温和的"倾向，于此人们可以试图猜想黑格尔的思想对于这一特别领域的影响和塑造。

但是这个词（温和的）的意义只是相对的。卡罗维的温和就包括了反对狂热的决斗、排犹主义、高卢仇视症、条顿主义——而这些是其他"学生共济会"成员的普遍特征。因此他重新回到了黑格尔的政治方向上。人们可以认识到，卡罗维绝不"温和"，而是更彻底的改革者，追求着学生运动的根本目标：爱国主义、德意志的统一、自由主义、议会宪法，从中排除那些冲突和有害的偏离。如果黑格尔的"温和"，如权力当局有时所定义的那样，包含了拒斥部分"学生共济会"团体持有的排犹主义、排外主义、条顿主义的话，那么这种"温和"就应该被看作是黑格尔的进步主义、自由主义和包容精神。

事实上，卡罗维在进步主义上比他的那些"极端主义的"或是"绝对主义的"竞争同僚走得更远，他们通常都在极端的民族主义和煽动屠杀犹太人上表现得很过分。卡罗维后来成了圣西门主义者，几近社会主义者（他的著作《论圣西门主义》出版于1831年）。

他的整体态度，有别于我们在其他大学中看到的状况，也表现在对于个人暗杀行为的谴责上。对这种策略的谴责具有"温和"的特征，对此又可以有很多不同的见解：梅特涅公开对考茨布遇刺表示高兴，这给了他借口，可以系统地强化对政治自由主义的镇压。

1819年卡罗维发表了一个小册子《论刺杀考茨布》，我们可以认为这是在黑格尔的启发下写出的。其中甚至没有去评判刺杀本身，而只是提供一种解释，一定程度上是一种政治哲学的辩护，与官方的粗暴式谴责大不相同（B^2 458）。

因此，如果真是这样，人们很容易就可以理解，权力当局对于这种"黑格尔的观点"是怎样的看法了——卡罗维立即遭到普鲁士警察的指控，控告他写小册子为萨恩特贴金，他同其他很多被怀疑者之间的关系被卷入进来（都是要人，都是黑格尔非常关心的人），内阁及法院责令他停止复述黑格尔的课程，此前他已经多次复述黑格尔的课程。

作为亲法派，以及很多法语著作的翻译者（狄德罗、龚斯当、居赞、鲁瓦耶-高拉尔、司汤达），他在瓦特堡游行中做过讲演，给人们留下了深刻的印象。卡罗维为在"学生共济会"中接纳犹太人及外国人进行辩护，为此他遭到了很多较为激进、排犹主义及高卢仇视主义同伴的谴责。

早在海德堡时期，黑格尔有时就让卡罗维充当助教，后在柏林，他也将同样的工作托付给他。按照时间顺序来讲，卡罗维在黑格尔在柏林大学的第一个助教。

但是政府的镇压降临到了这个不幸的"学生共济会会员"头上。他在被解职之后，也失去了"居留"在柏林的许可。他的事业刚开始就夭折了。在一系列复杂的司法、审判和政治事件之后，他的生活很快陷入了动荡，随后到布雷斯劳（Breslau）、法兰克福及海德堡生活并寻求工作，但是始终没有放弃原来的黑格尔主义、自由主义和"进步主义"。

黑格尔竭尽全力去为他消除或减轻司法和审判带来的灾难性后果，他甚至认为这些乃是由他启发卡罗维写作关于考茨布遇刺事件的小册子而带来的。1826 年他还试图再次将卡罗维招入大学，试图招聘他作为《哲学年鉴》的秘书。他的所有努力，以及为此求助于朋友，这些终归徒劳（C² 231）。卡罗维真不走运啊！霉运远不止于此——黑格尔的《书信集》在被翻译成法文时，霍夫梅斯特尔的长篇注释竟然没有被翻译，注释中讲述了他不幸的命运，警察和法庭激烈地针对他，然而另一方面，对他慈爱忠诚的黑格尔却始终保持与他的关系。《新德国名人录》（ Nouvelle Biographie allemande ）中根本没有提到他翻译的各种法语著作，没有提到他论述圣西门主义的著作，也没有提到他关于萨恩特的小册子 [1]！

可能有必要指出，原本是天主教徒的卡罗维，1817 年起就与居赞很熟了，并且，如果不是他，黑格尔也不可能知道这一时期

---

1 Article *Carové* dans *NDB*, tome III, Berlin, 1957, p.154.

法国哲学家的政治行动和政治组织"炭烧党"（Carbonaro）。

事实上，1819 年以后对于卡罗维的迫害，某种程度上就已经是在针对黑格尔了。

黑尼希

1819 年 7 月 8 日里奥普·冯·黑尼希被捕之后，黑格尔为了他的这个"助教"，不停地用特别的方式去进行调解。

黑尼希是老志愿兵，也是一个虔诚的"学生共济会"成员。在这一时期的文本中，他的名字总是同佛斯特尔、卡罗维、阿斯维鲁斯、乌尔里希、萨恩特、维特和维塞尔霍夫特联系在一起。

他被捕的原因是很重要的：在一次调查中（明显是已经被怀疑了），在他的家中找到了来自他岳母的信件[1]，信中表达了一些支持拿破仑的观点。普鲁士高层领导在拿破仑身上看到了法国大革命的遗产，他们通常将拿破仑贬低为法国王权的"篡夺者"、贪婪的欧洲"食人妖"、大逆不道、科西嘉怪物。

1815 年之后，以及整个复辟反动时期，逐渐形成对共和主义者、拿破仑主义者和自由主义者的共同反抗，自发的同盟［参见司汤达、古里耶（P.-L.Courier）等］。

各种证据表明，像黑格尔本人一样，黑尼希事实上是"拿破仑主义者"，他不断地暗中为黑格尔搜集各种关于拿破仑皇帝的法文文献：他的生活，他的流放；而这些法文文献在普鲁士是遭到严格禁止的。黑格尔至死都没有改变对于拿破仑的情感，黑尼

1　霍夫梅斯特尔加注（B² 482），被卡莱尔遗漏了（C² 342），同样可以参见（B.S.663—641）。

希对拿破仑的情感也持续了很久。黑格尔不想，也不能"规劝"他的学生。最多也就是批评他竟然任由别人去逮捕自己。

1819 年，黑尼希被监禁在极其恶劣的环境，长达六个礼拜，牢房门口昼夜有人看守，因为他的案子被视为特别严重。

这就是被所谓的"御用哲学家"选定来为学生辅导自己课程的人！

黑格尔为他所做的各种调解收到了怎样的效果？从黑尼希的行为可以大致推断。在其被释放之后，他就躲避到了独裁程度较轻的德国公国萨克森—魏玛去了，用神圣同盟的人的话来说就是"雅各宾派的大本营"，在黑格尔的推荐下，他在那儿与歌德建立了联系。

303
对于这一时期黑尼希与自己直接相关的生活，黑格尔显然十分熟悉。时空上的紧密程度可以用来说明问题，在他被囚禁期间，黑格尔及其朋友甘冒风险夜间偷偷地去探视他，这也是我们后文要谈到的一个问题。

最终，黑尼希还是要顺从现有的政治环境，这种现有的政治环境，无论"鼓动家"们怎么努力（他们的努力多少有些杂乱无章），都坚若磐石。他本人也会成为教授，成为黑格尔思想最称职的宣传者，成为《哲学年鉴》（黑格尔与甘斯创办）的秘书长，成为这位大师的全集编撰者之一。

阿斯维鲁斯

阿斯维鲁斯（Asverus，1798—1843）并不是黑格尔的助教。然而黑格尔对他的事件也同样给予了高度关注。

黑格尔在耶拿有一位律师朋友，但黑格尔几乎从没有委托他办过任何业务；这个学生就是他这位朋友的儿子，他所遭到指控，根本是大学里司空见惯的事情：决斗。但很显然这一决斗涉及某种政治动机，不管怎么样，阿斯维鲁斯都是"学生共济会"成员，而且在警察搜查到的信件中表述了反对政府的言论。

按照霍夫梅斯特尔的回忆，面对指控，阿斯维鲁斯的辩护显得捉襟见肘。历史学家们将此称为对他的"不公正审判"。事实上，法官们很清楚，他们所羁押的就是一个敌人。阿斯维鲁斯的诉讼及监禁持续了7年之久，上演了各种各样的插曲。最终，虽然阿斯维鲁斯并没有证明自己无罪，1826年国王还是下令结案。

在结束对他这段极其漫长而复杂的诉讼程序之前，为了提前保释被关押的阿斯维鲁斯，黑格尔甚至同意缴纳一笔500塔勒的保证金，后来他费了很大周折才收回这笔钱。（B² 432—442 和 B⁴ 440—442）

他倾尽全力帮他。他当然并不是想营救一个充满爱国主义、民族主义和立宪主义，却被"错误地"指控了的青年。在这个孩子的案子中，根本不存在错误。他是在向一个爱国者施以援手，当然这个爱国者避免不了有很多缺点，而权力当局对于这个爱国者的压迫完全是恰如其分的，如果看不出这一点，简直就是傻子。而对于权力当局来说，他们几乎在卷宗的每一页上都能看到黑格尔的名字。

304

乌尔里希

"学生共济会"主要领导人之一的卡尔·乌尔里希，于1819年7月14日被捕，起因也是一场决斗！7月14日！这些学生之间总是用决斗来争斗，这当然是错误的行为。但是并不是所有的决斗者都会被捕！只有那些反对派才会被捕。

判决前，乌尔里希在监狱中被关了 110 天。1820 年，尽管有大学委员会的抗议，他还是再次被关。他似乎并没有明确地表述什么政治观点，尽管观点混乱，但他异常执拗地坚持，绝不让步。对他的调查也同样的执拗，直到 1826 年才结束。乌尔里希并没有完全地融入到普鲁士的政治体系中。他更喜欢逃亡。他躲避在霍尔斯坦因（Holstein），在那里他开始了与黑格尔的奇特秘密通信（参见前文 102 页 *）。

我们可以看到，在黑格尔身上，他的行为并不是出于一时激愤或一时激动，他总是深入而持久地去照顾他所庇护的那些人，甘愿承担这种行为所带来的各种风险。

卡尔·乌尔里希是"学生共济会"的主要领导之一，而且十分暴力。他有一个外号："疯狂的乌尔里希"（Ulrico furioso）！

乌尔里希的事情表明，黑格尔不仅仅关心自己学生的困难，而且，对于那些远离他的环境及与其职业并无关联的人，他也有联系，他给一些鼓动家出谋划策，但并没有被司法和审判机构发现（他的名字并没有出现在乌尔里希厚厚的卷宗里），对于那些重要的、"领头的"嫌疑犯、被告人及被定罪者，他从不害怕去与他们进行秘密联系。

卢格和图舍尔

305   我们不可能在此张贴一个光荣榜，列出黑格尔所有遭遇警察

---

* 参见边码 102。——译者注

纠缠的学生、"听众"和朋友。也不可能列举出他帮助过的所有人——档案没有记录下他的所有实际干预，其中肯定有一些并没有被记录下来。

每个案件都表现出独有的特征。其中有两个似乎特别值得注意。

首先是阿尔诺特·卢格（Arnold Ruge，1802—1880），后来成为青年马克思的合作者。他参加过黑格尔的一些课程，1824年他因参加"学生共济会"而被捕。他被判入狱监禁16年，在第六年底时被赦免。在狱中他勤奋地阅读在此期间所能够获得的黑格尔著作，因而有时间成为真正的黑格尔主义者。在被释放之后，他同另外其他几个人一起发起了"青年黑格尔"运动，并成为这个运动的领袖，青年黑格尔思想是反抗现实的、革命的：青年黑格尔思想是黑格尔还没有"转变"成绝对主义、宗教正统和社会政治守旧派时的思想！

另一个问题表明，黑格尔不需要出门就可以了解"学生共济会"的事情。他妻子的弟弟克利斯朵夫·卡尔·高特利·西格蒙、图舍尔·冯·齐美尔道夫男爵（Christoph Karl Gottlieb Sigmund，Tucher von Simmelsdorf，1798—1877）就住在他家里，他们每日交谈甚密。他的内弟属于"学生共济会"中最激进的一派，与学生共济会在柏林主要"领导人们"的交往密切，他们包括：小尼特海默、阿斯维鲁斯、帕根斯特舍尔（Pagenstecher）、海纳（Reiner）、佛斯特尔、卡罗维等等。

警察在阿斯维鲁斯的家中搜查到了来自高特利·冯·图舍尔的一些信件，这些信件成为了指控阿斯维鲁斯罪行的进一步证据。按照霍夫梅斯特尔所倾向的判断，这些信件证明了某种"对席勒剧本中燃烧着的自由（Freiheintsraserei!）的狂热"！其中一封的结尾高呼："何时才能出现血红的朝霞！"[1]

在黑格尔家的餐桌上，吃饭的时候，应该不会感到无聊！1819 年"学生共济会"的各种危险计划使得这位教授先生想起了自己年轻时候在图宾根神学院时期的蛮勇。

因此，如果说黑格尔的遗孀在一定程度上非常忠诚于她丈夫的观点，这一点也不值得奇怪。著名的医生兼解剖学专家雅各布·亨勒（Jakob Henle，1809—1885），当他还是学生的时候，1834 年就是在她家中被捕的。这个"学生共济会"成员，在入狱 4 周之后，被判监禁 6 年，直到 1837 年被赦免。此后他只能离开柏林到别的地方继续学习[2]。

鼓动家规劝者？

我们所看到的是，黑格尔没有规劝任何人！他的朋友及他所庇护的人，没有一个人在他影响下变成走狗去赞成君主专制、赞成德国的散乱或正统陈规。这种事情只会在萨维希尼（Savigny）和哈勒（Haller）的牧棒下发生。

凡是与他有关系的"鼓动家"，没有一个抱怨他的，也没有一个猜疑他的。他们都对他推心置腹，尊敬他，崇拜他。在他们看来，他与必然会犯错的权力执行者不一样，他没有犯过任何过错误。

此外，权力当局似乎从没有怀疑过他的干涉，似乎只有他庇护维克多·居赞的干涉，勉强例外遭到了怀疑。我们不禁要询问，从整体上来看，黑格尔的活动是否真的没有与他追求的目标背道而驰。他对于司法案件的介入，难道本身不就是一种有罪和

1　霍夫梅斯特尔转引（B² 437），被卡莱尔遗漏了（C² 337）。

2　Article *Henle* dans *NDB*, tome VIII, 1969, p.531. Voir Karl Hegel., *op.cit.*, p.33, et Lenz, *op.cit.*, p.455.

事态严重的额外征兆么？他难道没有使人觉得讨厌么？他所庇护的人最终没有任何一个人正式成为"清白的"。

我们是否需要揭露黑格尔的"双重游戏"？

好比一个间谍玩弄同时向两个敌对国家互相出卖信息的双重游戏。维特–德林（Witt-Döhring）就是这么干的，首先成为那些"鼓动家"的朋友，然后向政府出卖他们，然后再来帮助他们，让人永远无法知道他心里究竟是站在哪一边的。但是他最终还是在二者之间选择了一个：政府。

可以肯定的是，黑格尔没有这样。他也不像随后一些"青年黑格尔"信徒那样，玩弄那种敞开胸膛慷慨就义的游戏 [1]。他总是小心谨慎，而又不由自主地犹豫不决，而且一些情况下会不知所措。他并非完美无瑕，而那些"鼓动家"也不是天使，在理论和策略的精巧性上也不是什么楷模。他也只能偶尔对他们的错误和缺点发发火。

他嘲笑他们的条顿主义，他甚至敢于说他们：Deutschetum，Deutschdumm（叠韵法：德国式的本性、德国式的愚蠢！）。他为他们的排外主义、排犹主义和盲目的暴力而感到遗憾。他们缺乏理智，走到了冲动的极点……然后他们失败了：斯奈尔、弗伦、维塞尔霍夫特都是这样。他们最终不得不放弃这片热土，去逃跑，去流亡。

在艰难的环境下，黑格尔采取了理性的、更有可能奏效的策略。然而从民族、政治和宗教的角度来看，归根结底一切都是徒劳的。要等到 40 年代以后才有所改观。

307

1　Valérie de Gasparin, *L'Hégélien*, in *Les Horizons prochains*, Paris, 1858, p.113–136. 参见 D'Hondt, *Hegel et les socialistes*, in *De Hegel à Marx*, Paris, PUF, 1972, p.188–191。

在等待中，不能说已经无能为力了，要挺直腰杆使自己朝向必须的方向上去。维克多·居赞对此证实道："黑格尔竭尽全力了[1]。"

*

卡莱尔略去霍夫梅斯特尔的一些注释没有翻译，特别是一些很长、内容丰富且具有指导性的注释（例如关于卡罗维和佛斯特尔遭遇迫害有关的那条），而其他的注释，他也严重地缩减了（例如关于黑格尔 1820 年访问德累斯顿的那条）。

后面这一条注释（B² 482）只包含了（C² 342）德累斯顿警察关于黑格尔造访而致柏林警察的证明，对于萨克森警察为柏林警察卖力来如此监视一位柏林教授，并没有额外地表现任何的惊讶、任何的义愤。霍夫梅斯特尔只是用完全沉默的方式来揭示这种监视的动机，本身太过简短了，他说："这一报告是为了弄清楚柏林的阿米尼阿教派（Arminia）与"学生共济会"1820 年秋在德累斯顿会议之间的关系而做出的。"

报告指出，在此期间黑格尔遇到了恩斯特·佛斯特尔中尉（弗里德里希·佛斯特尔的兄弟），然后他们一起在德累斯顿遇到了伯特纳·冯·乌克斯库尔和蒂尔施（Thiersch）。格里斯海姆（Griesheim）和舒尔策（Schulze）当时也在那儿。

我们至少可以得出这样的结论，普鲁士和萨克森警察没有预先排除黑格尔会偷偷参加"学生共济会"秘密会议的可能。黑格尔被盯着呢！

如此删减霍夫梅斯特尔的注释必然带来了很多后果。无论动机是什么——可能是出于编辑方便上的考虑？——这种删减事实

1　参见第 419 页注 1。

上删掉了黑格尔从事"鼓动"行为的证据。因此，在绕过翻译关于卡罗维的长篇注释的同时（B² 455—468），卡莱尔也向读者掩盖了黑格尔这个忠诚的朋友遭受残酷迫害的有关信息，也掩盖了真相，例如，根据这个注释，他［卡罗维］关于考茨布遇刺的小册子是在黑格尔思想的启发下写作的。

他也没有翻译关于弗里德里希·佛斯特尔遭受重大挫折的注释（同上，448—471），也没有翻译关于阿斯维鲁斯遭受挫折的注释。（B² 432—442）

还要加上一条（C² 482），就是明确冯·黑尼希被捕乃是由于收到他岳母的来信那一条。（B² 482[9]）

C² 全卷有 376 页，而 B² 则有 508 页，而 C³ 全卷 434 页，接近 B³ 的 475 页！

如果怀着恶意来总结此事，我们可以相信，他是在系统地掩盖能够确证黑格尔从事自由活动的证据。

即使不能说成是个谜的话，那么也至少也还存在一个问题。如果我们来整体考察：黑格尔在柏林生活的方式，他从前的政治和家庭重负，他的那些表面上让人生气、实质上很危险的理论，他的"审判"和"司法"活动，以及他的那些秘密冒险；我们不得不提出这样一个问题：在这样一条道路上，他是如何生活下来且坚持不懈的？他的那些已知的"保护伞"能够胜任么？是否需要想象，在他身后有个警惕的天使一直守护者他？

复杂性

对于黑格尔生活中朦胧和秘密的方面，有些历史学家认为应当简单带过，把这些看作是粗略且不可靠的资料。他们不太关心黑格尔的这一活动，他们认为，在一个哲学家的生活中，这只能算是次要和偶然的东西，因为这与他们自身在精神上没有产生任何共鸣。他们生活在另一种思想和行动的世界中，在那里这种行为看起来不合时宜且违反常规。

总体而言，对这些保守的人来说，他们没有办法站到政治反对派的立场上去看问题，无论这种立场是多么温和，因为，他们对于这种政治反对派的态度没有任何个人经验。他们宁愿从自身的生活立场去理解，认为黑格尔所从事的活动。如果人们想从他们那里夺走他们所喜好的黑格尔形象，搞乱树立已久的思想背景，这会威胁到他们自身的工作，他们会对此无比愤慨。

他们的地位已经确立了！

然而，如果说黑格尔在柏林的著述和教学工作有两个方面（公开传授和秘密传授）的话，那么在他的生活中我们也有区分出两个部分，也可能是对立的两个部分：一方面是公开的，一定程度上展示出来的方面；另一面是我们可以称之为秘密的——我们要知道这个词包含了很多不同种类和不同程度的行为：谨慎、伪装或机密。

同时还要注意到，在对立的两极之间还有各种过渡形式。他与周围其他人的不同的地方在于，他使用一种摇摆于外传与秘传之间的表述和语言，采取一种同时带有鲁莽、谨慎和畏惧的行动。我们不知道他是否总是清楚自己的心意，是否能够区分自身性格种的两面（至少是两面！）。他是否在模仿拉摩的侄子？他曾经引用过狄德罗对拉摩侄子的描述，当然他模仿的方式可能更加理性、更加聪明一些。

在这种环境中不仅仅黑格尔如此：这种双重性、双重语言和双重游戏展现在所有人身上，上自最高的国王，下至最低的农奴。农奴无论如何还可以避免一些。穷人没有撒谎的必要也没有撒谎的欲望（也可能是不能有）。他们没有什么要隐藏的，因为他们没有什么可失去的。某种程度上，也可以这样说那些大人物：他们厚颜无耻地公开展示他们的各种恶习。

然而，莱辛一直到临死才敢承认自己是斯宾诺莎主义者，亦即无神论者。费希特，在无神论事件之后，无疑被迫离开了耶拿，但是就像歌德后来所说的那样，事实上人们指责他，既不是因为他真诚地考察了自己的信仰，也不是因为他说出来了，而是公开地去表达自己，不加迂回，无视法律，坦诚得让人无法忍受。他应该像其他人所做的那样，"隐蔽"自己的意图。（C³ 303）

在其他哲学家看来，黑格尔自己知道什么是"该严肃对待的"。

很显然，众多臣民中最需要小心对待的就是那些知识分子，而其中哲学家又是最难缠的。哲学家们总是善于运用计谋，就像狐狸在逃脱狗的追捕时那样。

一些人对于黑格尔的多样性和复杂性感到极为痛苦，想要将其归结为一种表面现象，然后在表面现象之后设定一种没有任何断裂的统一性和同一性。这是在歪曲作为个人的哲学家，掩盖他的矛盾性，这种矛盾性用漫画般的方式映出了世界的异化，他就生活在这个世界中，并且能清醒地去感知和分析它，这就是"文化世界"，随着18世纪的结束，"世界同自身异化了"（die sich selbst entfremdete Welt）[1]！这是一个支离破碎、尔虞我诈、互相口诛笔伐、极度伪善的世界，他就生活在这样一个世界中，所以有时他会嘲笑自己那些对美好世界的梦想。

1　Hegel, *Phénoménologie de l'esprit, op.cit.* (Hyppolite), II, p.50 sq.

有些人，不去分析黑格尔的这种多样性，喜欢将他作为一整块来看。历时性（succession）取代了共时性（simultanéité）：请给予我们成年的保守吧，我们将把骚动的青年留给你！请随意去夸大那骚动的青年吧，这样晚年的悔恨才会更明显、更值得。因此在青年已经完全过去之后，人们才会说"青春年少还是让它过去吧"。

但是这种阐述上的交换建立在一种欺诈之上。当然有必要相信，生活在柏林的成年黑格尔也懂得后悔。在其行将就木之时，虽然他的明确观点依然很温和（但是这在他的青年时期也同样如此），然而面对日益加剧和扩大的压迫，他还是让人猜到了那些秘密，这些秘密都带有反抗性的特征，可能有些时候也表现得很大胆。

对黑格尔在柏林时期的政治态度有多种可能的表述形式，但是可信度参差不齐，相互之间存在对立。

最初，最为普遍接受的、最根深蒂固的黑格尔形象，是彻头彻尾的保守主义者，或者说是反动派。

一些人甚至认为，正是由于这样的政治倾向黑格尔才被普鲁士当局征召到柏林。例如阿尔弗雷德·施特恩（Alfred Stern），头脑中带着这种先入之见，没提出任何新意。他一边完全武断地去阐释那个众所周知的黑格尔形象——"黄昏之后才起飞的猫头鹰"，一边附道："通过这些极端保守的言论，黑格尔想要从充满激情的广大年轻信徒那里，打消那些意图改革普鲁士政治和君主制的哲学理论。正是为了完成这个任务，1818 年黑格尔被普鲁士的教育部长冯·阿尔坦施泰因征召到柏林大学"[1]！

311

---

1 Alfred Stem, *L'Irréversibilité de l'histoire*, in *Diogène*, Paris, n° 29, p.4.

从阿尔坦施泰因在政治上的"反动"特征及其在普鲁士内阁中的独特地位，人们可以知道他的想法。这确实不是革命者！但是在革命与反动之间还是有距离的。"意图改革普鲁士政治和君主制的各种哲学理论"（在说这些话的时候，几乎只想到了弗里斯的"哲学"），真的表现出这种价值了吗？

这是一种非常肤浅和错误的观点。首先，密涅瓦的猫头鹰，它的起飞，象征着对一种社会终结的肯定，同时必然预言新曙光的到来，预言另一种全新的、尚未成熟的人类世界的诞生。其次，黑格尔当然绝没有想要去阻止试图进行改革的人，在其公开发表的书中不会，在其私下的行动中更不会，他正是在用他自己的方式极力主张一些改革，事实确实如此，而且他的方式比别人的更有价值。最后，不正是需要由睿智、富有开放精神的阿尔坦施泰因，哈登伯格政府中最支持改革的人物之一，来负责完成这一任务吗！其他的哲学家，也都像他一样希望能够进入柏林大学，去更好地开展这项事业！黑格尔死了，就需要招聘别人来继续这种思想上的职责，这种职责事实上只有通过竭尽其全力去反对黑格尔式教育的残余才能进行和发挥作用。

施特恩的这种理论，只不过是在重弹很多人的老调，就像其作者一样不可信，根本没有关心过其中的矛盾。他应该看到，这个"极端保守者"曾经"见证了法国大革命，并称之为'正义'（droit）理性和理念在政治上的最大胜利！"[1]他怎么可能一边是神圣同盟的拥护者、一边又是神圣同盟极力想要根除的法国大革命的拥护者？让人吃惊的是，黑格尔竟然敢于在柏林的课堂上公开地表达这种对法国大革命的赞赏，当然事实上其中加入了各种抵

312

1　Alfred Stem, *L'Irréversibilité de l'histoire,* in *Diogène,* Paris, n° 29, p.4. (Stern).

消成分、来避免遭到疯狂的报复。

另一个例子是历史学家弗林特（Flint），他认为黑格尔"是因循守旧的保守主义，揭发自由主义者和改革派，投靠反动政府"[1]。弗林特这样说的时候有发现可以支持这种见解的文献吗？普鲁士政府也不是全都反动的，黑格尔只是受到政府中改革派不太稳定的支持，而且他自己也经常被揭发为自由主义、异教徒、破坏者。此时弗林特只想到了《法哲学》序言中的一句话，事实上这句话是很模糊的，并且是针对弗里斯的论述的。弗里斯是有一定的政治能力，虽然从我们所处的视角来看具有自由主义的特征，然而另一方面也不可否认其原始暴力的排犹主义和盲目的高卢恐惧症。

还有一个历史学家施纳伯尔（F.Schnabel），几乎到了可笑的地步，竟然宣称"在这场战斗中［指的是普鲁士政府对'鼓动阴谋'的镇压活动］，黑格尔'坚定不移地'（inébranlablement, unentweg）站在了国家权力和国家理性一边[2]"。"坚定不移地"！

然而，由于"鼓动家"的态度自身就具有多样性、变化性、异质性和混杂性的特征，因此不可能真正站在其对立面，应该说黑格尔几乎总是站在他们附近。但是不可能同时支持他们所有人，因为他们自己之间存在着对立，也不可能成为他们中的某一派，因为他们每个人都同时持有很多矛盾的观点。

相反，一般来说那些指控黑格尔的人本身才是保守派，对于别人的倾向，只要在自己身上没有明确地找到，他们就去谴责，以此来谄媚。

1　Robert Flint, *La Philosophie de l'histoire en Allemagne,* trad, par Car-rau, Paris, 1878, p.136.

2　Franz Schnabel, *Histoire de l'Allemagne au XIXᵉ siècle*, Fribourg, 1949, II, p.261.

另一方面，那些自称"进步主义"的作家们，也都深入歧途。他们不懂得到黑格尔身上发现自己的观点，拿黑格尔与自己在相对宽松环境下所采取和表达的果断态度进行比较，认为他太胆小了。1956年，保罗·莱曼（Paul Reimann）就是这样痛斥，"黑格尔在当时政治生活中所扮演的反动角色……"[1]！

恩格斯很早以前说过黑格尔的理论已经"以某种方式被提升为普鲁士的官方和御用哲学"这样的话，由于资料保存不全，而且此语对某些阶段来讲是真的，因而可以不必深究。但是他是基于什么而做出如此断言的呢？政府中仅仅有一部分人，一部分很快就被政治风云淹没的人，支持或者说是容忍黑格尔的教学。这种相对的、部分上的喜好没能持续几天。而国王、王储、政府的其他部分、王室……

国王，除阿尔坦施泰因以外的各个部长，这些大人物有表示过喜欢黑格尔么？当然黑格尔1831年确实被授予"红鹰骑士勋章"（Ordre de l'Aigle rouge）。但是对于一个地位如此高的官员，一个如此著名的哲学家，不给予他这个勋章能合乎情理吗？

黑格尔一直没能进入柏林科学院，为《哲学年鉴》申请官方资助也没有获准。他发表的东西一直要受到审查。国王从来没有邀请他赴宴、以便同他讨论各种讨厌的事情……

让人吃惊的是，吕西安·埃尔，在其著名的《大百科全书》词条中，成功地将黑格尔哲学引入法国，却不小心地传播了毁谤："毫无疑问，他的理论使他在普鲁士飞黄腾达，成了官方理论和必修理论，他本人也毫不迟疑地利用其谄媚于国家政权的权

1　Paul Reimann, *Hauptströmungen der deutschen Literatur, 1750–1848 (Courants principaux de la littérature allemande)*, Berlin, 1956, p.533.

威、去反对持有不同政见的人。"吕西安·埃尔表面是在为他辩护，实际上却又给他的哲学本身定下了不可更改的罪名："他谄媚地、奴颜婢膝地用自己的哲学去为普鲁士的独裁主义效劳，这样说不够准确，但是普鲁士复辟的独裁和官僚的君主制，在他看来，即使不能说是完美的，但至少这种政体是最适合他的哲学体系所做出的政治构想。"[1]

他并没有去顺从普鲁士的政治现实，他的哲学完全来自他的内心！

毫无疑问，黑格尔被任命到柏林大学极大地增加了其理论的威望。处在这个位置上，人人都能获得这样的优势。这种评定还需要补充一下，反过来说，黑格尔也显著地提升了柏林大学的威望！此外，还需要怀疑其中夸张的成分。事实上，他的成功并不怎么耀眼。他所获得的好处不过是上更多的课，出版的书籍有了更大的发行量，上报的次数更频繁，薪水更优厚。

他被任命到柏林大学的主要原因之一，无疑就是，按照当时的标准，他是最好的，然而人们直到很晚之后才发觉这一点。从现在一些对于其著作的判断来看，在公认的哲学领域内及大多数人关注的概念上，无出其右者。我们可以列举一下其同时代的那些重要人物：克劳泽、雅可比、弗里斯以及谢林！没人有这个分量。

他们每个人都缺乏一些能与黑格尔平起平坐的东西。在黑格尔被任命到柏林大学之前，通过那些成为不朽经典的重要著作：《精神现象学》《逻辑学》《哲学全书》，他早已经声名显赫了。《哲学全书》是一部在广度、丰富性、彻底性和深度上都超过其他著作的作品，这一著作，在外行人看来根本无法理解，只能接受其

1　Lucien Herr, *Grande Encyclopédie*, tome XIX, p.998.

强制性的规定，在专家的眼里也只能理解一半，而这一半对他们来说也就足够了。

阿尔坦施泰因作为教育部长，为柏林大学配备最博学、最富创新的精神，这是他所肩负的民族责任，当然他也主动地承担了这一责任，因为这也是他个人所关心的事情。这不仅仅关系到王权政府的利益，也同样关系到学生的利益，关系到普鲁士的声望。

反动政府（哈登伯格政府并不完全是这样）向各种对立的约束力量做出了让步。在教育方面，政府当然最希望只招募那些听话恭顺的奴才，但还要能够顺利地引导学生，这些学生乃是民众中特别敏感的部分。

但是既然政府被授予了民族责任，它就需要多少尊重一点这个责任，至少表面上要尊重各种规范。政府希望这个国家能够对其他国家占据上风。政府想要表现出谋求"公众福利"形象。此外，如果只招收那些平庸的官员，政府就将名誉扫地，失去影响力。学生要求得到那些热爱课堂的老师，他们只听从这些老师的影响。在他这一领域内，黑格尔的表现是最好的，而且他还将进一步证明其杰出的哲学才能。当然普鲁士的官员在整体上还要依附于国王及其政府，但是，在某种不对等的辩证法相互作用下，政府也会在些许程度上依赖于他们。

地下活动

黑格尔的思想和活动有一面是完全脱离公共视线的。我们可以将之称为地下工作。这一面绝对值得如此去看待。

当然，黑格尔从来没有进行过完全边缘化［脱离社会生活］

的生活——假胡子、假身份、假地址，至少我们不知道。但是，同他的很多哲学前辈一样，他向权力当局隐藏了部分思想、作品和行动，否则这些会遭到当局的谴责和镇压。一些传记作者反过来却试图隐藏这种隐藏。他们害怕揭开这一幕布，因为他们认为（有时这是正确的，有时这是错误的），这将扰乱本来清晰明了的圣贤形象，亦即他们依据他的哲学理论本身所试图构建的形象。由于长期饱受这一理论的虚假双重性的困扰，他们不关心在其中毫无目的地加入次要的生活阴暗面。

一些历史学家认为，最近发现和展出的大量秘密宝藏，表明很有希望找到其他东西。另一些历史学家相反，认为成果如此丰富，应该可以认定资源都发掘光了。

在这样一种发掘中，一切都取决于我们对"地下活动"这个词的理解及界定。如果在最大意义上使用这个词，那么出于这种近似的原因，可以将所有对司法和审判权力机构加以隐瞒的著作和活动都可以视为地下活动，不过这些著作和活动还是应该在很有限的范围内传达给一些内部人，尽管可能很少。如果被权力者侦查到，将会招致禁止、没收或镇压。这些隐瞒还必须是局部的、有针对性的、单边的，著作和行动必须有一些证据或是可认定的影响，不然的话，即使实际发生了，对我们来说就是不存在或没发生。

依据这些简要的特征，我们可以说，除了极端情况下，黑格尔一直与几乎所有可能的地下活动形式都有关联。应该说，黑格尔机智地、顽强地运用了这一策略。

*

他绝对不是天真的人，他很早就认识到这个世界的丑恶和阴谋，但对获得拯救却从来没有彻底绝望过。在各种残暴阴险的专制政权下，面对各种恐吓和收买行为，他很早就认识到了，必须对敌人隐藏真面目，其同时代的知识分子们，同其他任何时代一样，也都必须如此，否则就会被剥夺权利或被处以极刑。他们不得不向那些卑鄙无耻、让人憎恶的强权低头，无法避免奴颜婢膝的因循守旧。

这种地下活动，即使是最温和的方式，也还是有危险的。黑格尔选择了冒险，当然他似乎还是极为审慎的，大胆的狂飙突进总是伴随着惶恐的反省，没有与其不得不继续生存于其中的社会环境彻底脱节。相对于其众所周知的广泛政治活动以及相对于其公开宣布的主要哲学相比，既无法确定、也无法断言他的地下活动究竟能占据多大比重。无论如何，对于那些他希望暂时隐藏的东西，业已发现的部分，已经足够表明他能够隐藏什么了。

黑格尔的这种地下活动具有某种特殊的意义，因为当时的哲学家中几乎只有他从事这种地下活动。康德用各种称颂故弄玄虚，但范围有限。莱茵霍尔特则完全隐藏在共济会和光照派的半神秘之中，但是这并没有促使他进行明显违法的活动。

要评价黑格尔行为的特殊性，在这一点上，需要把他同随后的那些著名的现代接班人作比较。胡塞尔、柏格森、海德格尔，在他们的著作和生活中找不到在当时不能发表的东西，政治当局对他们采取漠不关心或者是赞同的态度，有时甚至是激励他们。有谁会将遭到禁止、具有破坏性的秘密行动算在他们身上呢？

然而黑格尔却被一致谴责为"因循守旧"或者"奴颜婢膝"，随后很长时间这竟成为一个传统！书报检察官一般都会尽量防止留下关于自身出现偏差的证据，或者是关于自身违抗命令的证据。无论人们是谴责他或是赞美他，从这一点上来看，黑格尔是无可比拟的，除了18世纪那些法国哲学家——他们还要更大胆一些，而且黑格尔特别赞扬他们这种美德[1]。

有时历史学家们完全否认黑格尔思想实质上革命性的特征，无论是在其生活的任何一个时期。更多的时候，鉴于一些明显的事实，他们承认他年轻时有颠覆性；但在其生命的最后一个阶段，在柏林，黑格尔则完全用苦水代替了泛着青春气泡的美酒，他真诚地、轻松地与占统治地位的政治和宗教政体和解了。海涅就是这样轻率地加以记载的。

大部分"青年黑格尔派"都持有这种错误的观点。他们认为在黑格尔身上，在公开发表的相对保守的内容背后，不可能存在更大胆的思想和行动。然而要想真正榨取这位导师的深刻思想，必须要深入到文字的背后。马克思本人就对这种评价颇有共鸣，可惜措辞很模糊："在黑格尔与宗教、政府等等之间，不可能是和解的问题，因为这样的谎言就是背叛了其自身的原则。"[2] 如果黑格尔撒谎，他就否认了自身！这个谎言概念过于简单化了，类似于康德的谎言概念。为了不否认自身，黑格尔必须毫不迟疑地对强大的敌人撒谎，就像他的前辈们那样——斯宾诺莎、伏尔泰、狄德罗……

事实上，青年黑格尔派几乎完全忽视了我们现在所知道的青年黑格尔，他们没想到，当他在柏林教授他们的时候，隐瞒了很多东西，而且对他们也隐瞒了。当他们坐在他的课堂里时，怎么能够想到就是在他的笔下写出了："国家必须消亡！"[3]

这个提纲，图宾根的那三个无政府主义者都没有将其发表。

1　Hegel, *Histoire de la philosophie* (Garniron), *op.cit.,* tome VI, pp.1714–1748. Hegel vante «la grandeur du génie, l'ardeur, la flamme, le courage»des philosophes français (p.1725).

2　Marx, *Manuscrits de 1844,* trad. par Emile Bottigelli, Paris, Éd. sociales, 1962, p.141(mod.)

3　参见后文第 415 页注 2。

当然有原因！那么他们也没有对别人讲么？不管怎样，他们还是在某种秘密协会里面分享了这一提纲。正是由于这种主张，巴伐利亚光照派于 1784 年遭到禁止和迫害，这种主张暴露了政府称之为"世界主义"（cosmopolitisme）内容。我们不能说黑格尔、荷尔德林和谢林"避免"让公众知道他们期望国家消亡。这种传播不仅在操作上是不可能的，而且这种想法也不会出现在他们的头脑中。

黑格尔在图宾根、波恩、法兰克福所编辑的文本是不能发表的，并非是因为编撰上不谨慎——这很容易修改，而是因为这些文本中学说的异端性、政治观点的尖锐性和哲学的狂飙性。其中一些文本，例如《耶稣传》（La Vie de Jésus），其撰写和编辑是十分细腻和考究的，但是要发表的话必将极其公愤并招致严酷的取缔！

沃尔夫在哈雷（Halle）险些被吊死，原因还不及这般严重；费希特在耶拿的宣言，掀起了巨大的"无神论争端"并迫使这位哲学家遁逃，其激进程度也还达不到青年黑格尔的水平。我们知道他更喜欢将这些文本留给自己、朋友和熟人。想来他至少将这些文本交给一些人阅读，包括荷尔德林和辛克莱尔（在法兰克福），谢林、尼特海默、弗罗曼（在耶拿），他的妹妹，还很可能包括高戈尔、柯略策尔、甘斯……大致上，他们每个人都熟悉学术圈以及其中的骨干分子，都参与了传播黑格尔的私密著作。

注释和翻译让-雅克·卡特（Jean-Jacques Cart）的《书信集》显然更加低下，当然，这属于另外一种方式。在这一事件中我们可以看到其违法的严重性：黑格尔所翻译的著作已经被其作者祖国的当权者"波恩贵族"（Excellences de Berne）所严令取缔。该著作由一个彻底革命的团体在法国完成出版，这个团体系统地在欧洲宣传法国大革命的著名"口号",但在部分雅各宾派的眼里看来仍然太过奴颜婢膝。黑格尔将他的译稿委托给了默默无闻的发行人耶戈尔,关于出版人耶戈尔也有很多事情可以讲,他也是一个让人惊叹的人。关于黑格尔的这部作品,直到1834年公众才真正地意识到它的存在。但还有很多东西不为人知:其确切的意图、可能的资助者、发行的场地、发行量。世上只有三本保存了下来。黑格尔这一举动,200年后仍然还是一个谜。

著作并非纯粹的理论和"科学"。但试图获得某种政治实效。他高声发出恫吓:Discite justisiam moniti(前事不忘后事之师),这是讲给那些政客和国家领导人的,具体讲给谁,我们现在很难确切断定……

从严格的定义来讲,还有更低下的,就是"传单"(feuille volante,Flugblatt),这篇1798年的政治短文从未出版,因为无法发表,但是传阅给一些"朋友",这些人似乎毋宁是同谋并出于政治时机的原因劝阻了该文的发表!这篇短文在一些"政治交往"、商讨会或是集会的场合中间流传,当然这指的是非正式的传播。在"同几个朋友通信商议"(nach brieflicher Beratung mit eigigen Freunden)[1]之后,黑格尔决定不出版这篇短文。但是这些信件,必须比其所涉及的文章更加秘密,所以没有留存下来;可能被通信人阅后立即销毁了。竟能如此有效地影响黑格尔,这些人是谁呢?

我们必须要承认事实:直到1802年,即直到32岁,黑格尔写作的都是很危险的文章,从不放弃传阅给一些特定的读者,具体数字我们就不去管它了。

---

1 Kuno Fischer, *op.cit.,* p.55.

1819 年或是 1830 年的时候，黑格尔已经是 50 岁或 60 岁了，但如果柏林的警察和法官们要是知道了，黑格尔在 20 岁或 30 岁的时候所持有的观点，同现在他们所镇压的学生是一样的，他们会怎么想呢？

那么，"合理的"主题已经自我酝酿好了：这些危险的交往、造反性的痛骂、异教的推理，都是青年的狂想，来自持续过多的青春期。人们应该完全原谅一个学生，即使他有点发育迟缓。当黑格尔在悔过之后，成为如此严肃、政治上和宗教上如此正确、如此受欢迎的柏林教授的时候，所有这些恶习都矫正了，所有这些缺点都消失了。

然而，这个柏林时期黑格尔的形象也是假的！在柏林，在不同的环境下，在不同的时间里，黑格尔建立起了同样可疑的关系网，高喊着同样令人不安的恫吓，传授着同样异端的观点，当然总是谨慎而又秘密地。

特别是，他总是涉足"学生共济会"的事务，尽管对此毫无义务。悔过和悔改可能仅限于年少失言，并没有使他变得保守和克制。可以说是恰恰相反。此时，他突破了所有极限，而且借助于长期的经验，洞察一切。

泛舟水面

黑格尔对于"学生共济会"的兴趣，坚持为各个"鼓动家"的案子求情，与"居赞事件"的牵扯，这些都意味着很多绝密的（已经不仅仅是私密了）交谈，意味着各种危险的吐露，意味着很多大胆的行动。

依据这种观点来看的话，哪一次事件，哪一次冒险才是最有

320

第十五章 入世

381

代表性的呢？看来还需要再筛选一次。

罗森克兰茨指出，黑格尔有一项首创，总体上可以清晰地表明黑格尔在柏林地下活动的特征。这个故事显得很有意思，因为它要求读者在罗森克兰茨所做出的清晰确定的回忆与提供的解释之间做出区分，很有趣但是明显存在矛盾和不可靠。故事整体上让人觉得很怪异，已经能让人感受到黑格尔教授可能牵连的事实。

罗森克兰茨讲述这位哲学家的一项活动，其大胆程度远远超过了青年时期参加栽种自由之树的活动，也超过了匿名发表革命小册子的活动。这项活动表明了老年黑格尔仍然充满了勇气和活力。

首先要引用罗森克兰茨的文本，来揭示其中的特有的不一致，也有可能是故意的不一致，以便从中得出合理的结论。

下面就是罗森克兰茨在 1844 年发表的文本，但是我们在其中加入一些批语："黑格尔的仁慈（Wohlwollen）使他被拖到了冒险的边缘。我们只举一个小例子［小例子！］。由于政治关系（politische Verbindungen），他的一个听众进了司法部的监狱，监狱的后面朝向施普雷河。被关押者的朋友同被关押者取得了联系［怎么取得的？］，依据法律他们认为他是清白的，就像其他一些调查所表明的那样［在普鲁士，人们逮捕清白的人么？］，他们试图向他表示同情，乘船深夜来到其囚室的窗下，并试图交谈。这种企图从前成功过一次［惯犯！］，这些朋友，也都是黑格尔的听众，他们很善于向他讲述这个案子，以至于他决定也参加这一探险。某个哨兵的一颗子弹就很有可能会使这位鼓动家规劝者（Demagogenbekehrer!）的最终努力付之东流！泛舟水面的时候，对所处环境怪异性的感受似乎占据了黑格尔［仅仅如此吗？］。事实上，当船停靠在窗前的时候，交谈开始，但谨慎起见［谨慎，在防谁呢？），必须用拉丁语。黑格尔只进行了几句简要的概述，例如问被关押者：'现在看到我了吗？'（Num me vides?）因为那人几乎可以抓住他的手，所以这个问题有点滑稽，自然带来了很大的愉悦，黑格尔也分享了这种愉悦，在回来的路上，还在讲苏格拉底式的笑话。"（R 338）

黑格尔所抱有的谨慎，所表现出的恐惧，都足以证明这次会面的违法性。权力当局可以安排负责规劝的传教士、那些"绵羊"，更容易地去接近被关押者。

罗森克兰茨在这件事上欺骗我们，用"仁慈"来解释和原谅黑格尔的这项活动！并且让人以为"他是被人拖住的"，就像他年轻的时候，"被人拖着"在自由之树前跳舞……

那他可真是一个一直被人拖着的人！

他并非一个冷静、睿智、经验丰富的教授，而是"仁慈"且容易受到各种影响的没有主见之人，相比之下，他的那些同伴则可以被认为是"不怀好意"！人们是不会对他们认为有罪的人表现出"仁慈"的，也不会将夜间秘密探视被关押者的行为看作是散步。黑格尔非常清楚他在做什么，尽管罗森克兰茨在为这位冒险的哲学家担心着"来自哨兵的子弹"。此外人们难免会想到这些密谋的人应当确定监狱内部有一些同谋，或者是一些纵容。

这种行为，对因犯表示同情而又不能让外人知道，这完全符合"学生共济会"的行事风格：对他们目标的实际进展毫无用处的行动，得到的是与所期望获得的收益不相称的风险，缺乏政治实际。

无论如何，如果这些事情传到警察的耳朵里，就将变得醒目和严重了：黑格尔及其学生的行为，明显违反法律和规定，必然要被视为违法行为，还会带来各种严重后果，其中罪魁祸首有着

322

特别之处：既是皇家大学的教授，又是"一群罪犯的同谋"！

黑格尔很清楚，关押的嫌疑犯的理由远比这要轻得多。事实上，我们可以想到这指的是他的讲授教师冯·海宁，1819 年他遭到逮捕并被长期监押，黑格尔曾在给尼特海默的信（1821 年 7 月 9 日）中提到过他的遭遇："[……]一年前我任命了一名讲授教师来负责我的课程；他的责任是来听我的课程，然后每周复述讲授这些课程 4 个小时，薪水是每年 400 塔勒；他被监禁了 10 个礼拜，因为被怀疑持有异端思想，在他的囚室门口有警察昼夜把守。"（C² 238）

罗森克兰茨所使用的"政治关系"这个词并非毫无深意。反对派和造反派没有实现什么业绩，也没做成什么大事。但是他们本来是想发挥作用的，而且人们也认为他们应该发挥作用。但至少人们可以将他们看作是非保守思想的揭示者。特别是司法和审判机构被这些地下阴谋和协会的存在搅得不得安宁，这些地下阴谋和协会只有通过观察持有相同观点的个人之间的关系才能够识破。

如果这些非法的造访者被警察撞倒，海宁的案子就会变得更严重，因为对"政治关系"和"嫌疑关系"的指控（这一次还牵涉到一位大学教授）就得到实际确证了！

很显然海宁不是"清白的"！总是会牵扯到这种混淆。罗森克兰茨以及其他一些人，按照他们的标准、依据他们的判断，让人觉得这些人是"清白的"，根本不惧怕司法和审判。然而，对于司法和审判来说，这些爱国者、立宪主义者和自由主义者的这种"清白"正是有罪的！毋庸置疑，列奥普·海宁在去被关押期间是一个坚决的反对派。

在这种特殊的环境下，为了评价黑格尔，罗森克兰茨在他的叙述中加入了"鼓动家规劝者"这个很流行的词。很难断定这里他是否严肃的使用这个词，或者他想赋予它双层含义，或者是一种反讽。不管是怎样，自由主义者和造反派此后都用这个这个词来描述黑格尔的一般态度，这真是令人讨厌。

然而罗森克兰茨的叙述很明显地表明：这些深夜造访者，决不是要"规劝"他们被关押的朋友以使其放弃叛乱而悔改，而相反是要巩固他们的团结，为了不供认出他所看到和听到的那些合谋。如果他们说的是安慰和规劝的话，他们为什么要讲拉丁语？——可笑！

随后被关押者无论如何都不会将黑格尔看作是"鼓动家规劝者"，他当然从来没有过这种品质。

在他的颠覆性的内容中，这次冒险也揭示了黑格尔同学生之间在生活上的亲密和相互信任。如果他们不知道，或者说没猜到他的一般思想方向的话，不可能邀请他参加这次冒险。

罗森克兰茨在这里讲述的是一个新近的事件。那些陪同黑格尔泛舟斯普雷河并接近监狱的学生，他们当时仍然健在。可能罗森克兰茨本人就在他们中间，只是不愿意承认。如果真的是指冯·海宁的话，被关押者还可以作证。从来没有人去揭穿这个谎言，那些参与者、黑格尔夫人和儿子也都没有。黑格尔生活中没有什么事是非常确定的。

在这样的条件下，我们只能接受开头所指出的内容："我们只举一个小例子"说明黑格尔的这种"仁慈"使他"被拖到冒险的边缘"。人们一定更希望罗森克兰茨举一些其他的"例子"，更"大"的，完全超过法律界限的，不顾一切的例子！难道这些话仅仅是为了构成一种循环修辞？

这位"官方哲学家"的塑像风化了。

324

第十六章

双重语言

> 他已形成遮掩自身思想的习惯，有时遮掩得如此之好，以至无法辨认了。

> ——舍尔布里埃兹（Cherbuliez）[1]

当黑格尔在表述的时候，他是真诚的吗？我们可以不去考虑这个问题，而专注于阅读他那些已经出版的著作，仅仅是这些著作就已经够让人头痛的了！这些著作不仅包含了大量的内在矛盾，而且还分成各种不同的版本，这使得人们在想象和反思上都倍感疲惫。人们不在意哲学家最终能思考什么，也不在乎这种无法实现的东西。哲学无需诚实，它提供惬意的阅读，它安排时机让人们来欣赏其作者的智慧的艺术鉴别力；它提供丰富的个性化思考的机会。

即使在所有追求真实和精确努力都被视为徒劳的情况下，面

1　Victor C. Cherbuliez, *Profils étrangers* (3ᵉ éd.) Paris, Perrin, 1905, p.3.

对现有的对黑格尔主义的众多整体解释——尽管这些解释都存在不足，人们是否可以从中随便选择一种？懒惰使得人们满足于已被建构的事物，即便到处都是反对的呢喃低语。

关于黑格尔，已经有了各种各样的著作，数量惊人，所以这种静默主义的态度是很难站住脚的。这种多样性无疑来自评注者们各自的独特性及其研究背景的差异。但否定哲学家自己的责任是不可能的。他们每个人都试图将黑格尔拉到自己的哲学立场上来，而且都取得一定的成功，但是如果没有鼓励他们这样做的话，他们是不会如此尝试的。这项游戏带来一种印象，在黑格尔的著作中，无论是什么东西，只要寻找，都能被发现。

然而，这位作者非常强调其理论的系统性和单纯性。他的理论应该是"浑然的整体"，不存在任何多余之处。在最棘手的宗教和政治方面也是如此。

事实上，黑格尔允许读者有不同的理解，因为他惯于运用"双重语言"。这种运用的理论化构成了其整体哲学构建最重要、最具原创性的方面之一。大多数哲学家都运用双重语言，但是都尽量掩人耳目。与别人不同，黑格尔大张旗鼓，通过前所未有的矫揉造作风格，公然承认这一点——"宗教是意识的流俗形式，其真理适用于所有人、所有文化，但是对于真理的科学认知却是一种特殊的人类意识，这种工作不是由所有人来承担，而是一部分人来承担。确定的内涵是一样的，但是就像荷马认为很多星座都有两个名字、一个来自神的语言另一个来自人的语言那样，这种确定的内涵也包含两种语言：一种是感性、表象和知性的语言，这种语言满足于有限的范畴和单方面的抽象；另一种是具体概念的语言。如果人们想要从宗教出发来讨论和评判哲学，仅仅熟悉人类意识的语言是远远不够的。[1]"

通过这些"双重性质"的术语，黑格尔确定了哲学和宗教之间的外在性关系，当然这里的"哲学"指同他的哲学相近的哲学，"宗教"指经过观念论"净化"过的路德派基督教。哲学和宗教：从各个方面来讲，二者之间的区别归根结底在于用两种相互独立的语言表达同一真理。哲学与宗教之间的相互转化无非是一种翻译。

这一无法立足的理论必须要显得完全合理，而且始终很恰当，因为黑格尔在文本中直言不讳地表述这一理论，当然如今这些文本会让我们大跌眼镜。

当要再次阅读的时候，黑格尔关于这一奇怪理论的那些句子又不再具有任何特别明确的意义了。真是晦涩啊！顺从于宗教意识形态的那些个体，如果没有别的理由驱使他们学习意识，他们如何能够最终"服从"必须由另一种意识形态来垄断的"科学的"工作？神秘的必然性将人们封闭到某种意识模式中，每个人就会一直囚居在这种意识模式内。事实上，不是基于工作热情上的区别而贸然地指责宗教精神中存在某种懒惰，而是基于意识本质上的显著区别。

然而黑格尔指责宗教意识无法理解这项工作，或者更确切地说，是拒绝服从（sich unterziehen）这项工作，因而在这一问题上，黑格尔从原则上预先剥夺了宗教意识的所有选择的余地。这很难理顺。他没有在概念上明确做出选择：要么宗教和哲学对等开放，进行竞争，哲学从中胜出；要么是宗教使大多数人无知而又顺从，哲学则成为特定精英分子的特权，这些精英分子是一部

1　Hegel, *Encyclopédie des sciences philosophiques* (Bourgeois), *op.cit.*, I, p.130.

分"神职人员"，他们进行顽强的抵抗。

在"宗教语言"和"哲学语言"之建立这种不太可靠的差异时，黑格尔没有依据自己的那些原则来使用概念的语言——在这样的讨论中概念的语言乃是唯一合法的语言，而是使用了表象的语言，而最糟糕的是，竟然不确切地用荷马那些模糊而又不出名的比喻来做引证！对于表象、意象和知性一贯的激烈指责，在此却悄然无声，无迹可寻了。

翻译者们将这样的文本译成可读的法文本，这简直是奇迹。每一行德语都让人绞尽脑汁。黑格尔使用一种大众的表达方式这样写道，宗教是"die Art und Weise wie"，不是"关于……的方法"，而是类似于"如何……的方法"。在将"die Art und Weise, wie ..."中的 wie 翻译成"带来……的意识模式"时，很庆幸，"意识模式"同通过宗教方式实现的真理之间的前后关系被精心地安排出来。德文不能保证这种关系。

在黑格尔所独立使用的 Gehalt（contenu）一词之前加上定语 consistant（实体的），尽管黑格尔认为这一定语没有必要，但加上却是适当且合理的。因为，如果按黑格尔所满意的方式来表达，内容只表示同一内容，与自身完全等同，那么就不容易理解为什么内容会在两种不同的语言之中被表达，不容易理解又是怎样表达的。相反，在指出一方面存在着可靠内容的同时，就意味着另一方面存在某种弱化的内容。因此语言之间的差异就表明内容在性质上的差异，因而这些内容可以被定义为自在的差异。尽管在这种文字杂技中，黑格尔的思想只能以十分笨拙的方式建立起来，他的理论还是不免会让宗教的目光紧张起来：他们怎么可能眼睁睁地看着宗教被定性为一种"认知模式"、人类附加的东西？怎么可能眼睁睁看着宗教即使不是某种"模式"，也是某种

"方式"（Art und Weise），是某种或某类意识，而且没有《精神现象学》中三段论诸格不断相互衍生的那种神圣性？

黑格尔曾用一个完整的课程来阐明他这里所谓的"宗教语言"，多次重复开课，受到了极大关注。尽管有一些明显的异端错误或者是不可知论错误，该课程的讲课方法还是非常符合那些笃信宗教人士们的要求的。黑格尔懂得如何宏大地分别展开两种自为的内容。但二者之间的联结却很薄弱。即使没有其他文本或其他原因引起怀疑，他为这种虚假联结加以辩护的方式也足以引起怀疑了。

黑格尔并没有试图去让听众去信服，而毋宁是在愚弄听众。他的讲课方式异常轻松，让人惊讶。唯一能表明双重语言性的证据在于……对荷马的描述！且仅当这是一种非常忠实的描述的前提下！

但对荷马的这描述对于维持基督教的相对有效性有什么帮助呢？古希腊的异教徒无疑也不愿意拿严肃的宗教与荷马故意表述为诗意的创造的东西来相提并论："诸神的语言"与"人类的语言"是异质的，这是一个非常有趣的观点，有趣但也麻烦，因为这样一来诸神与人类之间就没有沟通的可能性了。只有荷马，在他的诗歌中，将两种语言转化成了双方都能理解的第三种语言。荷马能听懂诸神的语言，但其他人却仍然充耳不闻！

在黑格尔的文本中，如果严格按照字面意思来理解，似乎反倒是诸神的语言停留在表象性、象形性、不充分的层次上（人性的，太人性的！），而人类的语言则在概念性、思辨和哲学性质上表现出了其优越性。黑格尔当然不希望人们按字面意思来理解他的主张：这是一个非常模糊的描述，而且是非常危险的描述。

但他却似乎固执地坚持这种关于"双重语言"的理论，坚持他对荷马的这种描述，似乎除此之外别无他法了。黑格尔的一个学生歌舍尔，在一篇论述绝对知识与基督教之间关系的文章中，论述了从表象到概念以及反过来从概念到表象相互转换的方式；1829 年黑格尔提及这种方式的时候，黑格尔回忆道："关于某些星星，就像荷马所指出的那样，无论它们在永生的诸神的语言中是什么名字，而在人类的语言中却又是别的什么名字，就像表象的语言与概念的语言完全是不同的语言，人类不仅通过事物带给的人的表象来认识事物，而且在人类在自己的世界中和自己的生活方式下，在人类身上（bei sich），还能够通事物带给人的概念来认识事物。"（B. S.318—319）

很难翻译！黑格尔的思想隐藏在文字之后，与此同时，其中的思想容易让人觉得其中所有一切都只不过是词语问题。重要的是，与前文分析过的《哲学全书》中的一段文字不同，在这里，显然是同一个意识，或同一种意识，先后或交替使用这两种语言。

与《哲学全书》序言中的论述相反，这里黑格尔坚持认为，概念远不会将自身"翻译"为表象，而是抵制了这种表象的"诱惑"（Verführung），与其艰苦斗争（bei hartem Kampfe）（B. S.319）才取得胜利——将这一表述加以换项，就变成了概念哲学要对表象的宗教及其诱惑进行艰苦的斗争。不再有通过翻译取得的一致（Übereinstimmung），反而是预示着斗争的不一致。

被曲解的荷马

在这种语境下，为了显得有说服力而诉诸荷马，这显得特别危险。人们不免疑问，黑格尔怎么能够如此轻易地吐露真言。他经常依据记忆来引述原文，庞大的记忆但却总是很准确，但有时却异常地不准确。在有些情况下，他刻意不去核对，而这本是很容易的事情。

在这里，记忆的缺点正好用于加强脆弱的论据。

《伊利亚特》中荷马谈到"神的语言"的部分，既没有涉及恒星具有两个名字的问题（如黑格尔在《哲学全书》前言中所指出的那样），也没有涉及天体的问题（如黑格尔在关于歌舍尔著作的报告中所说的那样）。在一些诗句中，荷马提到了希腊神话中一个非常模糊的英雄：这个百臂巨人，诸神称之为布里阿柔斯（Briarée），而人类则称之为爱格昂（Égéon）。在对其哲学进行总体解释的关键时刻，黑格尔这个坏蛋为什么一定要用如此模糊且很少为读者所知的传统来阐明，甚至是论证自己的观点呢？他如何在荷马的著作中注意了到这一细小的段落？既然如此情系于此，为什么他实际上却又记忆得如此模糊？

深思熟虑之后，疑虑使他却步了。他非但没有查阅原文校正，相反，他用更加偏离的方式修改了自己的记忆。在 1830 年版的《哲学全书》中，已经不再是恒星或天体的问题了，而是将他的主张赋予了普遍的效力，仅仅是各种"事物"："正如荷马所说，一些事物……"（Wie Homer von einigen sagt ... ）[1]。这是很拙劣的替换，荷马的巨人既不能同恒星或天体相提并论，更不能和"事物"相提并论……

无论如何，既然《启示录》宣称"福音"是能让所有人都理解的语言，同样也包括哲学家，那么在真正的基督徒眼里，这则模糊的语言故事能有多大分量呢？冒失的引用一则拙劣的希腊神话对于改变所有神话的普遍效力能有什么帮助呢？

在某些情况下，黑格尔会仅仅使用他所谓的"有死的人类的

---

[1] Hegel, *Encyclopédie,* 1830 年版。黑格尔修改文本中这一点有用的，因此这一点对他来说并非无足轻重。

语言"、基督教的宗教语言，他非常坚持自己的这些原则，好的读者一定会认为他的基督研究十分令人满意。那么，他是在向谁演说呢？在另外一些情况下，他则否定这种宗教语言，否定"根据幼稚的（巧合的）表象所提供的各种形式来给予形式：圣子、降生等等"[1] 来理解上帝。

这些正是宗教语言的各种方式，但是黑格尔并没有掩饰应该如何看待这些方式。他可以很自由地表述，因为他是在一个路德教派的国家里评价经院派天主教的思想，甚至是否定其思想性。在他看来，这种经院派无非是"一种毫无实质内容的粗俗知性哲学"。宗教中非常脆弱的"内容"！

而对于宗教的表象性和想象性特征，他用嘲讽的语气继续写道："其中只有形式，变幻不定的偶然的空洞知性［……］。建立在这种基础上的理性王国［……］，配合的是天使、圣徒、殉道者等各种感性关系（圣父父与圣子已经是这种关系），而不是思想［……］。我们应该怎样对待这种宗教思想？这已经是被我们超越了的过时的东西，对我们来说根本毫无用处。[2]"

他一定非常不喜欢圣父和圣子的故事。他用讽刺的方式对其加以论述，选用的是一个略带贬义的词——Gottessohnschaft，非常难以翻译，"上帝拥有儿子的事实"、"儿子的神圣血统"……

事实上，"这种关系是从生物界借用过来的，而不是从精神领域得出的；这是在表述表象[3]"，而且"在哲学上我们不说上帝生育了他的圣子"，尽管（这个让步想表明什么呢？）"哲学承认这一关系包含的思想，承认其本质"……

1　Hegel, *Religionsphilosophie*, Éd. K.H.Ilting, Naples, Bibliopolis, 1978, p.529.

2　*Histoire de la philosophie* (Garniron), *op.cit.*, V, p.1122.

3　*Histoire de la philosophie, Introduction* (Gibelin), *op.cit.*, p.166.

上帝何以可能成为一个父亲？为此他至少得是一个"人"：但是这样他对于意识来说就是"外在于意识"的某种东西。"例如，宗教将上帝表述为一个人；因此他对于意识来说是某种外在的东西。"[1]

然而，"只有在沉思中才能实现统一"。上帝不是一个人[2]。那么在上帝身上同时保留表象和概念这两种思维模式，这是否合适呢？黑格尔似乎经常肯定这一点，而且使用多种论据来支撑这一观点，但是论据的这种多样性本身却让读者非常尴尬。但他最终用几句话整体推翻了这种虚假的构建："神话是人类的教学方式。概念成熟了，不再需要它了……"[3]

这一论点与儒弗卢瓦（Jouffroy）的一个主张非常相似，这种相似性让人怀疑儒弗卢瓦从黑格尔的思想中借鉴了一些东西，可能是通过居赞获得的："基督教已经完成了教育人类的使命，使得人类可以撇开形象去认识真理，而且仅根据真理的自明性去接受真理[4]。"

最终或随着历史的发展："当思想足够强壮、可以依据自身元素而存在的时候，神话就成为了无用的装饰［überflüssig：多余的］，无助于科学……各种符号背后隐藏、掩盖的东西是不协调的……总体来说神话并不是一个能够充分表达思想的

1　*Histoire de la philosophie, Introduction* (Gibelin), *op.cit.*, p.167.

2　«C'est avec détermination que Jésus se déclare contre la personnalité, contre une individualité de son être (contre la pensée d'un Dieu personnel)...» *L'Esprit du christianisme et son destin*, trad. par F. Fischbach, *op.cit.*, p.129. Hegel se réfère à Matt,（10, 41).

3　*Histoire de la philosophie* (Garniron), *op.cit.*, tome III, p.406.

4　Théodore Jouffroy, *Mélanges philosophiques*, éd. par Patrice Vermeeren, Paris, «Corpus», Fayard, 1997, p.369–361. 参见 J. D'Hondt, *Hegel et Jouffroy*, in *Corpus* (Paris X-Nanterre), 1997, n° 33 (spécial Jouffroy), p.81–98。

途径。"[1]

那么，如果说神话对于成熟的精神已经不再有任何用处，为什么不让其他人从神话中解脱出来呢？

信仰的语言与哲学的语言之间是什么关系？二者之间并不能相互翻译，而毋宁是相互排斥的。黑格尔会被自己的计策蒙蔽双眼，完全真诚地相信两种语言能够共存？

既然他如此频繁地肯定概念的"语言"，那么对他来说概念语言才是真理的语言，怎么可能怀疑这一点呢？但这显然不仅仅只涉及语言问题：如果人们接受黑格尔哲学中表象和概念相互对立的前提，那么就必须在宗教和哲学之间作出选择。那种认为这两种语言能够和谐共存的论题只不过是迷惑他人的假象，同时也是一种微妙的自欺欺人。

黑格尔无疑到处重复说"哲学与宗教并不相冲突，哲学理解宗教"[2]，但理解的方法有很多种。翻译成另一种语言，这需要尽可能地保留源语言中传达的内容。但在宗教向思辨转变的过程中，远不符合这一规范[3]。在这里，"翻译"比背叛更严重，完全是颠覆。我们将会看到，在黑格尔哲学的思辨视野中，耶稣的奥义消失了，而黑格尔哲学至少是一个"世俗化"的基督教。在彻底的世俗化中，它的所有宗教性将全部消失。

---

1 *Histoire de la philosophie, Introduction* (Gibelin), *op.cit.,* p.189.

2 *Ibid.,* p.172.

3 "事实上，宗教必须庇护在哲学之内［……］。从世俗的眼光来看，宗教身上存在着无效性"（*Philosophie de la religion,* éd. Lasson, Meiner, Leipzig, 1929, p.231; Éd. Ilting, *op.cit.,* p.709）。魏斯豪普特曾经说过："按照我对基督教的解释方式，任何人都不会羞于做基督徒了：因为我保留了名称，但我替换了其中的理性。"（转引：Manfred Agethen, *Geheimbund und Utopie: Illuminaten, Freimaurer und deutsche Spätaufklärung,* München, 1984, p.122。）

但令人惊讶的是，黑格尔如此奠定了思辨的基础，允许思辨用某种类似社会学的方式去理解宗教，但是他在别的地方却又论述很多看起来非常有基督教色彩、但其实具有某些异端色彩的宗教观点，仿佛他对其非常喜爱。

这些反差经常会使黑格尔的读者陷入困惑。什么样的信徒会屈从这样的判断："基督徒热爱对真理的反思（Abglanze）"[1]？谁才真正地揭示了真理:《福音书》还是《哲学全书》?

一个基督教思想家，将一切知性哲学及表象哲学，当然也包括关于圣父与圣子之间关系的宗教表象，都看作是"野蛮粗俗"，这合适吗？黑格尔严厉谴责"未经思考和笼罩在野蛮粗俗的表象中的真理[2]"：那么，不仅那些具有完全意识、能够充分从事科学认知工作的人需要从这种野蛮粗俗中解放出来，所有人是不是都应该将自己从这种野蛮粗俗中解放出来呢？

很显然，在批判古人的各种宗教表象时，黑格尔显得更加轻松自如。这远比攻击基督教的各种内容要少很多危险，特别是在神圣同盟的统治下。但读者可以将他对古人信仰的批判挪用到现代世界，还应包括他在某些语境下谈论荷马时对荷马或其他人的过分引用："对于诗人，荷马和赫西俄德（Hésiode），柏拉图将他们驱逐出城邦，因为认为他们关于神的各种表象玷污了神。因为这一时期，人们开始严肃思考对于宙斯的信仰以及荷马历史中的信仰［……］。在某个教育阶段，天真的童话是无害的；但如有

1　Hegel, *Die Vernunft in der Geschichte, op.cit.,* p.51. 将黑格尔变成正统派的最简单做法之一就是将其如此翻译:（«*Der Christ [...] der den Abglanz der Wahreit anbetet*»）:"基督徒［……］掌握了真正的上帝"!（Hegel, *La Raison dans l'histoire*, trad. par Kostas Papaioannou, coll. 10/18, Paris, UGE, 1965, p.72.）

2　*Principes de la philosophie du droit, op.cit.,* p.340 (paragraphe 359).

人要将其作为道德领域中的真理基础，当作当前的律法，例如在犹太人的《旧约》的各种记录中，人们有权去屠戮民族，大卫这个上帝选民的种种恐怖行为，教会（神权）对于在人的权针对扫罗（君权）所行使和辩护的各种残忍行径，那么现在就必须要将这些东西归为过气腐朽之物，归为纯粹历史性的东西[1]。"

那么是否应该像赶走荷马和赫西俄德一样坚决地驱逐摩西（Moïse）和先知们？是否应该为了"一种语言"的绝对利益而驱逐"另一种语言"？我们不再听从这位希腊哲学家的话了吗？

但是柏拉图本人也没能逃过这种阴险的连带放逐："当柏拉图在其《蒂迈欧篇》中谈论世界创生时，他所采用的形式是说神塑造了这个世界，而魔鬼们也对此作出了一定的贡献，这种谈论方式完全是表象的方式。而且一旦人们承认上帝创造了世界，就会承认有魔鬼这种高级的灵魂存在，而且它们帮助上帝完成了世界创造，人们就会把这种创造当作是柏拉图哲学的原则，这确实是人们能够在柏拉图文字中找到的内容，但这并不是其哲学的一部分[2]。"

因此，黑格尔用并不十分隐秘的方式提醒他的读者。读者预先就知道，如果他们在他的笔下遇到各种需要驱魔的邪恶事物、神创造世界、圣父与圣子同为一体等内容时，他们应该怎样去看待。在这位作者的眼中，他对于"创造"这个概念的模糊与自相矛盾倍感愤怒。他到处驱逐这个概念。因此，对于最终规定了创造概念的笛卡尔二元论，他予以了谴责，他认为，双实体理论极度依赖必要性，这种理论使得哲学诉求与创造概念："不要忘记，

334

---

1 *Histoire de la philosophie* (Garniron), *op.cit.*, tome III, p.488–489.

2 *Ibid.*, tome III, p.406–407.

他［笛卡尔］说了，他认为两种实体都是被创造的实体。这又重新树立了表象；创造不是一种有确定的思想。"[1]

在此有一种协调效应：如果与概念不同并与之对立的表象不受到谴责、贬低和抛弃，那么思辨的观念论又能保持多大范围呢？但无论如何，既然基督教的各种基本教义一直存在着，是否还会继续"对所有人都有用"吗？

黑格尔改变了叙述和语言，用思辨的方式来表达，这样他还能算是一个基督教思想家吗？这显然需要由基督教徒来决定。无论如何，这种是一种非常重要的转变：另一种世界！快乐的童真逝去了。然而，黑格尔还是在思想上坚持着一定的宗教性大方向，尽管他对此有很多保守，而且在各种复杂和混乱的情况下，很难理解和掌握。

虽然我们可以将他的哲学称为真正的思辨哲学，但是他使用了"上帝"这个词，而且在一定方式上依附宗教。另一方面，在这个词上，他添加了一种思想内容，这种思想内容会让普通的信众彷徨无措。超越超验、超越血继（因此也超越"三位一体"），超越创造，上帝只能用一种信仰无法"翻译"的语言来定义："上帝本身，依据其概念，是无限的最强（puissance，Macht），自我分化并返回自身，因此上帝仅仅是否定性与自身的直接相关、自在的绝对反思、本身就是精神的一种规定性。"[2]

这是一个没有人想去向其祷告的上帝！

其定义也完全适合于概念。

有时这个定义还会进一步概念化："上帝是这样的：自身与

---

1 *Histoire de la philosophie* (Garniron), *op.cit.*, tome VI, p.1441.

2 *Religionsphilosophie*, publiée par Karl Heinz Ilting, *op.cit.*, p.538.

自身异化开来，成为自身的对象，是在这种异化中，才是真正的自身——精神。现在，这一概念被物化了（realisiert）。"[1]

这就是赫拉克利特"全体存在"：自在异化的"一"。

无神论者在此看到的毋宁是对宇宙的辩证表象，辩证法的普遍法则……"爱格昂"已经远离了"布里阿柔斯"。

黑格尔有时公开断言宗教与哲学的势不两立："（哲学向宗教承诺的）和解本身就是部分和解，并没有外在的普遍性。在这方面，哲学是一个独立的圣殿，而她的仆人们则构成了一个封闭的教士群体，不会人云亦云，守护着真理的领域。"[2]

自相矛盾的词汇，甚至有些滑稽：正是这些远离世界的哲学家们构成了圣殿里的教士团体，而宗教的教士团体则是"世俗的"，说着"有死的人类"的语言，跟那些"教外人士"毫无差别，毫无遮拦地运作着。

此外，黑格尔经常将新教思想称为宗教，通过取消"教士"与"教外人士"或"世俗人士"之间的区别，从而特别与天主教区别开来。而有时他则是为了哲学本身、为了哲学的尊严来取消这些人之间的区别："无论从宗教上来看，或是从法律上来看，人都不能停留在世俗的位置上［教外人士］；而这是一种可怕的观念混乱，哲学家们不断前进，对抗这种可怕的观念混乱。需要有一个封闭的阶层来保存永恒的、神圣的、真实的、正义的认知，从而可以命令和领导其他人，在他们看来，人类理性有权利去表达赞同和不同的观点；但在宗教层面上，等级严格、封闭的教士精英团体已经不再存在，而在司法层面上，并不存在一个阶

1　*Werke* (Glockner), tome XVI, p.191, ou *Religionsphilosophie* (Ilting), *op.cit.*, p.492.

2　*Religionsphilosophie* (Ilting), *op.cit.*, p.708.

层、一个封闭的社团（人们也不希望会有一个法学家阶层存在）。将蛮族看作是非宗教的，这是正常的——蛮族人确实是非宗教的（教外人士），但是如何对待像蛮族人一样思考的人，这是最困难的事情了。"[1]

他将这种特权从宗教教士手里剥夺，将其赋予哲学的"教士"！而且这种特权的严格性并没有削弱。

理所当然，任何人都不应质疑哲学教士"对其他人的领导"，拥有一种不同于其他人的"意识类型"，持有一种特别方式的"语言"，给予大众的只能是一种打了折扣的真理。在两种可能的语言中，应该只选择真正的一种语言。

但恰恰相反的是，黑格尔一方面宣布对于宗教的顺从，他不仅阐述这个宗教的历史，同时阐述其难以成立的理论，另一方面却又批判和谴责，至少是对这个宗教价值的贬低，将其置于认知、道德及行为的较低层次上。他做出这种区分不正是为了"引人注意"、作为对付阴险狡诈敌人的一种斗争策略吗[2]？或者难道在一种预先设定的精神分裂症和一个分离的、撕裂的人类世界（它注定是欺骗：在某种意义上，精神分裂症上升到的形而上学的尊贵）的潜意识中，他宁可将它看作是有效的和实存的？或者难道是他在生活中就是这样想、这样生活的，处于某种预谋的精神分裂，对分裂的、破碎的、注定双重性的人类社会的半清醒状态？某种像形而上学一样崇高的精神分裂？

在这一点上，很难让人相信黑格尔的坦诚性。我们猜想，在黑格尔的这种本身已经让人十分不安的双重语言的外传哲学的背

1　*Histoire de la philosophie* (Garniron), *op.cit.,* tome VI, p.1725.

2　例如库尔特·布莱西希的博士论文：Kurt Breysig, *Vom geschichtlichen Werden,* Stuttgart, Cotta, 1926, tome II, p.173 et passim。

后，应该隐藏着一种更加坚决的理智态度，至少断断续续存在。在宗教与哲学之间，如果是黑格尔根本上所理解的哲学，黑格尔会选择哲学，而且很显然黑格尔更喜欢哲学。关于双重语言的理论，只不过是一种闲谈式的调和，用来掩饰某种决裂，而恰恰又些许揭露了这种决裂。如果宗教是哲学或概念的某种隐喻，那么当人们已经通过它发现了其背后自在的真理、纯粹且坚实的概念，为什么要保留这种说明性的意象？为什么要将其他人抛弃给虚幻的意象，为什么不去说服他们，让他们上升到概念的高度，让他们获得真正的认知？

事实上，这种双重语言的背后还隐藏着另一种语言。

在阅读黑格尔著作的时候，我们可以很快察觉到他的这种"双重语言"的行为与他在其中所表达的"理论"并不相同，而当事情比他所指出的还要复杂。

而这种"理论"，他只对哲学家们讲。他不会对粗人说、不会对"所有人"都说，他对他们使用一种特别的语言，这种语言并不能充分地表达真理。这样他们就会对这种语言失去信任，而他们慢慢就不会再去听这种语言。

但黑格尔的人格及其所处的具体处境的复杂性，总会带来很多困境，他经常会陷入这种困境，这非常显而易见。这位想要用多重语言去表达自己思想的思想家，无法明确区分自己每次所嵌入的内容，而听众也就无法知道他到底是在表达哪种思想。

黑格尔频繁使用各种格言、表达方式、修辞，这些东西可以表达他的思想，但同时也遮蔽了他的思想。在各种具体情况下，很难确定这种手法是不是刻意而为，在多大程度上如此。

人们很早就注意到他采用一种手法，对于他在第一部分推论的大胆观点，他总会在第二段用一个句子再将其缓和掉。这种回环的手法要求极大的思想灵活性，将自己隐藏在模棱两可的风格里，而因此也自相矛盾地陷入极大的冗繁之中。可以看到，在一个段落、一个句子，甚至是同一个词内，黑格尔都自发地或刻意地大量使用这种双重语言。

黑格尔的一些学生继承了这种思想方式和表达方式，他们将其加强，进一步系统化，将其应用到一些与黑格尔处境不同的环境中去，这有助于轻松理解这些内容，并将其更好地回溯到黑格尔的思想中。

338黑格尔的伟大学生爱德华·甘斯，在很多领域都持有与黑格尔相近的观点，但更加隐蔽，但在原则上，暴露得更加彻底。但与黑格尔相比，他所生活和教学的时代更加压制和沉重。

甘斯的一位听众这样描述甘斯所精通的"语言"："他讲述法国大革命的历史，听众的人数超多、鱼龙混杂，演讲者十分喜爱这个主题，他的坦率直言在这个时代看来似乎是很危险的，而且只有精明的辩证演说高手才会欣赏这种坦率；所有人都静静地倾听着，朋友们为他担心，敌人则严密监视，所有人都在想他是否会超越各种可接受的界限。但这位高超的语言大师，在讲完出格的话（其实完全是正当的）之后，总会轻松地折回到安全之处（gedeckt），前后呼应"［海因里希·劳布（Heinrich Laube）］[1]。

在（为监视者们而讲的）外传语言和（私下讲述的）秘传语言的背后，还有第三种语言，即演说者与其听众之间自发形成的默契。

在这种策略的使用上，这位学生超越了他的老师。关于黑格

1　转引自 Norbert Waszek, *op.cit.,* p.26。

尔，没有这方面的具体评价。也可能他并没有达到如此精湛的地步，或者他并不愿意做这样的虚张声势。然而，在其公开发表的著作中，当我们重新阅读他对于法国 18 世纪和法国大革命哲学家们的评价时，我们会看到，甘斯的各种大胆言辞远比不上黑格尔的言辞。

用于表述的各种词语

对于黑格尔的表述方式，无论何时都要特别关注：他本人经常强调"表述方式"的重要性及范围。很多阐述黑格尔思想的人，他们都对黑格尔这个人及其思想持有某种特定的看法，因此解读黑格尔文本时，除了语言技巧外，不做其他任何怀疑。所以他们有时混淆了各种细微的区别，一厢情愿地用黑格尔着实说过或写过的东西取代了黑格尔真正的想法，而这些东西是他当时不能说或不能写的东西。

例如，一些人会转述黑格尔在《逻辑学》序言中使用的一个表述："逻辑是上帝在创造世界及各种有限精神之前的思想。"这位哲学家否定了"创造世界"这个表达方式的所有积极含义，必要的情况下，这个表达方式仅仅意味着一种略带危险的意象，是为了帮助那些未经良好训练的精神能够不经历痛苦和泪水地去接受概念，是一种"教学上的神话"。在此引用"创造"无疑是很奇怪的。

事实上黑格尔不想在此冒险。认真注意德语文本字面意义的翻译者们提出了另外一种更加谨慎的翻译："*可以说*（我们强调这个表述），逻辑是上帝创造世界及各种有限精神之前的思想"。"创造世界"归结为一种表述方式，一种比喻。但是那些追求准

339

确性的狂人则认为黑格尔所使用的德语词汇并不支持这种翻译方式：Man kann sagen，dass……

我们很清楚这位逻辑学家对"修辞"和"表达方式"的重视，他经常偷偷地在各种修辞和表达方式中加入隐藏着其秘密的各种箴言，而这很难翻译成法语：Man kann sich ausdrücken，dass……[1] 近似为"人们可以这样说，逻辑是上帝……的思想"。除了形式上，本质上并不存在歧义：黑格尔甚至并没有用比喻去支持创造的实在性。创造，关于柏拉图时他就说明了，这只是一种"表述的方式"[2]。

*

对于一个熟知康德哲学的哲学家来说，"两种语言"的不可兼容性表现得最明显的领域就是道德领域。黑格尔并没有隐藏宗教思想和观念论思想在这一点上的冲突，而且对他来说，正是因为清楚地意识到了这种冲突，才有了观念论哲学存在的必要。

黑格尔对此思考很多："道德的视角是意志自由——成为主体，而与其对立的（gegenüber）的视角（即便其内容也是真理）则完全相反（Gegenteil），其某些内容也是精神的内容：精神——可以表述为（vorgestellt）上帝的恩典，命运（包括最糟糕的偶然，就像加尔文派观念中所理解的那样）——看作是恩典的效果（看作某种完全外在的东西），从而导致了这里人的自由与缺乏自

340

---

1 *Wissenschaft der Logik*, Hamburg, Meiner, 1963, I, p.31.

2 在宗教哲学中也可以见到这种谨慎（*Philosophie de la religion*, édition de 1832, tome II, p.181）："可以依据这种方式在思想元素中找到上帝，按照这种说法（*so zu sagen*），上帝存在于创世之前，存在于自身之外。"同样见于：*Die Vernunft in der Geschichte, op.cit.*, p.134：*Im Christentum drückt sich das so aus, dass man sagt: Gott hat seinen Sohn erzeug.* 逐字的严格翻译："在基督教中这表现为人们所采用的这种表述方式：上帝产生／孕育（engendrer）了他的儿子"（*La Raison dans l'histoire, op.cit.*, p.161）！

由、缺乏意志之间的冲突（antinomie），看作一种完全信仰。"[1]

对于我们今天的人来说，在这两个如此相互排斥的观念之间，似乎很好选择：意志自由与完全信仰，观念论与宗教。而对于黑格尔本人，有些文本中故意选择了观念论，而在另外一些文本中则明显选择了宗教，而且大部分时间，总是偷偷地从"一种语言"过渡到"另一种语言"：带有宗教怀旧色彩的观念论，或是带着谨慎的大胆。

如果人们想要保持体系的前后一致性，按照黑格尔本人的反复重申，一定会是宗教在这一对决中被淘汰出局。

正如他明确指出的，"教会的种种不同观念，本身就是为了解决这种对立的各种尝试"。但是"路德宗的观念在精神上无疑是最丰富的，但它还不是思辨的精神"[2]。

甚至是新教思想，本质上也不是思辨的，并非真正的观念论，并非完整的哲学。

如果黑格尔没有作出过这种结论的话，那他就是从根本上否定了自己的观念论。关于这一点，他成为了哲学史上一个典型的范例。一方面，人们很清楚地看到，如果他不首先成为宗教信徒、没有首先接受宗教的教育、没有那些宗教的先驱，就永远不会成为观念论者。没有之前的宗教，就没有后来的观念论！另一方面，一旦这种观念论出现、发展并在理智上体系化，它就必然会同母体的宗教产生冲突，它与其竞争，将其驱逐。观念论的自律对抗宗教的他律，但后者会进行抵抗、毫不妥协。

结果产生了一种混合（这种混合在我们今天看来有些奇怪、

---

1 *Religionsphilosophie* (Ilting), *op.cit.*, p.703.

2 *Ibid.*, p.702.

让我们感到困惑），在教条与自由思想之间的犹豫不决，有时甚至是二者悖论式的结合。这种状况可能特别体现在黑格尔身上，因为黑格尔极度追求严格性、简单性和系统性。但这是当时的风气。在同一时期，在夏多布里昂那里典型地看到这种状况，他一度十分倾向于不可知论，但最终倾向了宗教。

正如一位非常睿智的基督教哲学家所恰当地指出的那样，"黑格尔哲学通常完全可以做双重解读"[1]。我们至少可以这样说。

*

在某些时候，黑格尔拒绝对其之前的哲学家进行"双重解读"。因为他不是在"最浅显的层面上"去阅读他们，而这无疑是理解黑格尔本人的典范模式。

在《哲学全书》中，他对外宣称，跟"所有人"一样，接受信仰的各种真理，但与此同时，他却保留了哲学的真理，仅余少数人分享。但他在其他地方却表明，在从前的哲学家身上，两种语言的这种同时存在是不可能的。相互排斥取代了共存或相互"翻译"。关于二者，他揭示了自己在著作里暗中使用的策略。因此他间接地提供了如何使用自己著作的方法。

黑格尔善于写模糊繁琐的文字。这些文字成了标记：当黑格尔语言变得模糊繁琐的时候，我们可以认为他是在论述一些虔诚的问题或不太确定的理论点。这通常暴露了他试图掩盖的内在窘迫。但有些时候其中是非常清晰和坚定的思想，他希望对一部分读者隐藏，只让另一部分读者读懂。

每个黑格尔主义者都需要慢慢地、艰苦地、逐步地学习在这位哲学家的各种主张中去分辨他一直真正坚持的东西，同时忽略

1　Claude Bruaire, in *Encyclopaedia Universalis,* tome XI, Paris, 1989, p.258.

一些内容，这些内容是"为了迷惑"、为了书报审查制度、为警察、为敌人、为蠢人、当然也是为了自身分裂的另一半彷徨迟疑的黑格尔而写的。这需要一点点固执，也需要掌握大量细节的敏锐精神。

黑格尔泄漏其他饱受限制的作者们的各种技术，但他也像他们一样偷偷使用这些技术。

例如他对瓦尼尼的评价；对瓦尼尼，黑格尔同荷尔德林一样，都有一种特别的喜爱。黑格尔指出，在他的对话录中，瓦尼尼十分雄辩地论述了无神论的各种论据。但他很快又补充，"他驳斥这些论据的方式显得十分薄弱"[1]⋯⋯对话使得被否定的各种观点得以呈现，而又不用公开地去支持这些观点。读者们自会去分辨。

对于古代的作者，黑格尔指出，敏锐的读者不应该被他们的计谋所迷惑。

因此，他指出，"瓦尼尼及其他一些人将理性同信仰（教会及其说教）对立起来。通过非常理性地展示了与基督教信仰直接对立的各种观点，正如后来贝尔（Pierre Bayle）等改革派们继续所作的那样，他们宣称自己的信仰服从教会：基督徒需要服从，而且他服从信仰"[2]。

那么人们是否能够用这种方式同时兼容理性所证明的各种真理和信仰所激发的各种相反的教条？人是否能够用两种相反的语言去真诚地表达自己？对于瓦尼尼和贝尔，黑格尔强烈否定这一点。在他们那里，这种双重性的表达不会是真诚的，他们试图欺

1　*Histoire de la philosophie* (Garniron), *op.cit.,* tome V, p.1177.

2　*Ibid.,* p.1178–1179.

骗教会，但是教会不会承认这种表达。

关于瓦尼尼，"他表示放弃理性确证的各种真理而服从教会，由于人们怀疑这种服从的真诚性［……］，瓦尼尼被烧死了"。在这一点上，教会不会任由欺骗。对于表面上服从信仰各种主张、但又用各种理性的证据去将其否定的思想家，教会不会相信其真诚性。教会毫不怀疑理性的至高无上！

黑格尔承认这两种语言的不可兼容性。但是他，他不会去烧死瓦尼尼："当理智已经察觉了一些理性无法驳倒的事情，达到这种境界的人，一定会坚持这些规定性，他没有办法去相信相反的东西；人们不相信信仰本身比理性更强大。"

肯定理性或概念需要服从信仰，这只是黑格尔所谓的 Wendung，一种表达方式，一种过程，而且黑格尔指出"在这种过程（Wendeng）的掩护下，人们可以寻找一切可能的反对理由去反对教会[1]"。

这位不守常规的作家发明了各种娴熟的表达方式，通过这些表达方式，他可以在不冒太大风险的前提下去论述各种棘手的问题。

343 黑格尔甚至会在这方面给朋友们提各种建议。例如 1821 年，他示意柯略策尔某种新的危险正在逼近："芬纳（Fenner）博士［……］想就奥肯的《自然哲学》开一些课程，但被国王禁止了，因为这一哲学将导致无神论；国王谕旨部长彻查，自然哲学及其他可能导致无神论的哲学不得在大学里教授（思辨哲学在宗教上的应用）。"

因此，因里希计划写一本书拥护黑格尔本人关于思辨哲学与

1　*Histoire de la philosophie* (Garniron), *op.cit.*, tome V, p.1179–1180.

宗教之间关系的观念，黑格尔建议要进行回避："《宗教与科学之间的关系》，这个标题看起来会有些可疑；最好改一下，比如《论神学的思辨性辩护》"（C² 235）！

如果思辨为神学辩护，谁还会怀疑它？

就这样摇身一变，挂羊头卖狗肉＊！

当人们开始怀疑（这是难免的）黑格尔在各种模糊的表达方式里、各种前言不搭后语的句子中、各种模棱两可的术语中隐藏了自己的某些思想，人们也会有过度怀疑的危险，会在一些真诚的见解中去寻找和找到双重含义，不是吗？就其想激发人们的怀疑而言，可以说是取得了相当的成功。

他不正是通过这种方式挑起人们就他的主张进行泛神论的论战吗？

在黑格尔的时代，人们愿意将斯宾诺莎的理论称为泛神论，而他却总是引用斯宾诺莎的理论："没有斯宾诺莎学说，就没有哲学。"这样一来，人们将黑格尔本人的哲学也贴上泛神论的标签，这并不是毫无道理，至少表面上看起来没错。这种指控，等同于不虔诚、异端学说，甚至无神论，后果可能会非常危险。黑格尔费了很大力气才从其中摆脱出来。

黑格尔全力试图（对于当时的时代来说，真的已经是用尽全力了）让大众相信斯宾诺莎学说并不是一种泛神论，为此他本人经常主张相反的内容[1]。

为了洗清斯宾诺莎的所有嫌疑，他表示斯宾诺莎学说远非泛

＊　此处采用了意译。原文是 Ainsi baptise-t-on carpe un lapin!（将鲤鱼洗礼成兔子！）——译者注

1　*Histoire de la philosophie* (Garniron), *op.cit.,* tome V, p.1154：布鲁诺的哲学"就是这样一种普遍形式的斯宾诺莎主义，一种泛神论"。

神论，而是一种"无宇宙论"！他尽量避免这一新的名称引发嫌疑。他自以为对手们都蠢得不可救药。只要没有讲"泛神论"这个令人厌恶的词，对手们就不会气恼，会无视"无宇宙论"这个替代名称给基督教同样带来的毁灭性后果：上帝不再支配这个其子民居住的世界！没有实物所指的空名将会消失，实物，即便没有名字，还会存在下去。

值得注意的是，在对这种诡辩方法的运用上，黑格尔的某些学生比他本人运用得还要更多。对"无宇宙论"这个词的宗教有效性失去了信心（这是很正常的），他们更喜欢将黑格尔的哲学称为"万有神论"（panenthéisme）！他们认为这样就成功地突出了黑格尔唯名论哲学的精神特征。但其实"观念论"这个词已经足够了。同"泛神论""万有神论"和"无宇宙论"一样，"观念论"这个词意味着一种唯名论。这无非是给这个幽灵穿上各种不太可怕的外衣。

无论黑格尔最终的选择是什么，鉴于他年轻时对泛神论的追随，老年黑格尔著作中的大量的迂回表述、委婉说法及各种辩护，我们更多地看到的是一个批判精神对于正统教条企图的怀疑已及黑格尔在宗教问题上的保守。我们感觉自己遇到了一个战术高手，采用各种计策去挫败审查制度、司法、当局、公众意见中反对派的操控。

对于黑格尔来说，关于自己对人格上帝、个人灵魂存在及不死等内容的信仰，撰写一份清晰明确、不带任何歧义的表述应该很容易的。但是黑格尔却只给出各种交叉的文本，从字面上来看既赞成又反对。

在黑格尔的时代，他的"无宇宙论"无法让任何人信服。黑格尔的一位"宗教的"信徒，牧师马海奈克，1843 年面对谢林对黑格尔哲学的攻击，他极力为黑格尔哲学辩护，但是在其极端暴力的小册子中，他找不到什么更好的理由了，只能反过来攻击谢林是"斯宾诺莎式的泛神论"！既然黑格尔也为斯宾诺莎辩护，他当然没有幻想能够逃脱泛神论的指控！而且正是马海耐克本人编辑了黑格尔为斯宾诺莎辩护的那部分文本！

黑格尔还有另外一种战术，这是从所有前辈们那里继承来的，他们在同样困难的情况下都会采用这种策略，这就是在不同的著作中对于同一个主题作不同的表述，甚至在同一部著作中的不同地方作不同的表述。在这方面，我们有时会非常震惊，例如马克思谴责黑格尔在《法哲学》中为长子继承权（长子权力的一种）[1] 作理论辩护。

首先，如果在这部著作中黑格尔不放过长子继承权，这本书根本就无法出版！

其次，马克思应该能够记得，黑格尔在普鲁士容忍长子继承权，在英国却加以强烈的谴责，就在关于《选举法修正案》的文章中，而国王腓特烈·威廉禁止了该文章第三部分的发表。

您喜欢长子继承权吗？那就请阅读《法哲学》第 306 段吧！您厌恶长子继承权吗？那就关注《选举法修正案》中的批判吧！同之前很多批判现实作家所做的一样，本国受限的内容，他就借外国进行批判。从而才能换来发表的可能性。要想避免这种妥协，或者只能是完全彻底闭嘴了吧？当时情况下，没有任何其他选择。

为了对抗这种妥协，在某些情况下，黑格尔有时会表述得非

1　Marx, *Contribution à la critique du droit politique hégélien*, in *Marx-Engels-Werke*, t. I, Berlin, Dietz, 1969, p.301–309.

常直接和大胆。但是在另一些情况下，他却表现出完全的口是心非。他总是谴责别人使用"表象的语言"，他本人也常常使用这种语言。

只要我们开始怀疑黑格尔那里存在某种秘传哲学，无论它是何种方式的，我们都会更加努力地去阅读他的著作。就像黑格尔喜欢引用的莱辛的一句话所说的那样，我们不能把他的思想"像一枚轧制好的硬币一样"放进口袋里。而是要对每个文本都进行怀疑、研究、考察、反思。黑格尔主义者们，还需更加努力！

一个作家，特别是一个哲学家，不可能指望把自己的思想和理论全部都直接地提供给公众，黑格尔从年轻时就明白这一点了。他很清楚，某些坦言会危害作者的声誉、事业，甚至生命。

很多事件都印证了这一点，其中他感触最深的应该就是那场震动了整个耶拿的著名的无神论之争，费希特为此付出了巨大的代价。对于这位大师的终极思想，他在写给谢林的一封信中劝其谨慎："将'神'视为绝对'自我'属于一种秘传哲学"（C^1 28）。同费希特本人一样，他也参透了康德公开发表的理论中的秘传思想。

346 在这方面，在黑格尔思想的表述中，我们可以有条理地区分出多个结构或层面。

首先，存在着一个理论整体，其结构很严谨，作者本人不断公开地加以重建、提高和巩固，这奠定了作者本人的哲学声誉和荣耀。如果有人问他在思考什么，这些内容就是他公布的理论内容。人们对黑格尔哲学的初步认知就建立在这一基础上，是他的外传哲学。

但是在这种大家都能读懂的文本中存在着很多非常明显的矛盾、各种巨大的变化、各种暗示、各种提示和各种沉默：这吸引那些最敏锐的人们去深入字里行间。

通过了解更全面的信息，特别是黑格尔本人没有发表的一些文字及其故意揭露的一些内容，通过这些补充内容进行理智研究，便会发现自己不得不修正自己最初的一些理解。他们必须要考虑柏林时期那种浮夸的理论（"国家是地上的神圣"）与年轻时暴怒的反抗计划（"国家是机械的东西，不存在国家理念……只有自由的对象才叫做理念！因此我们必须超越国家！因为国家必然将自由的人看作机体的锈迹；这是不应该的；因此国家应该消失！"[1]）之间的反差。

对此的解释，要么是对一个试图消灭一切偶然性的思想的彻底和果断的颠覆，要么是一种选择的内部潜在或可能地存在着另一种选择的思想。无论哪种状况，都会让人绞尽脑汁。

最符合黑格尔哲学原则的陈述，莫过于这句格言：

"合理的就是现实的，
现实的就是合理的。"[2]

但是随着各种版本的黑格尔讲演稿的不断发表，表明他经常会对这一格言加以变化。例如他说过："合理的会变成现实的，现实的会变成合理的。"[3]

1　这篇文本《德国观念论第一纲领》(*Premier programme de l'idéalisme allemand*) 无疑应该是荷尔德林与黑格尔共同设想的，我们看到了黑格尔的手抄本 (Robert Legros, *Le Jeune Hegel et la naissance de la pensée romantique*, Bruxelles, Ousia, 1950, p.244)。对于魏斯豪普特，"自由与国家的消亡相辅相成" (*ibid.*, p.175, 注 8)。

2　Hegel, *Principes de la philosophie du droit* (Derathé), *op.cit.*, p.55.

3　1819—1820 课程：*Philosophie des Rechts, die Vorlesung von 1819–1820*, publiées par Dieter Henrich, Francfort, Suhrkamp, 1983, p.51.

后一个表达方式是在前一个表达方式之后一两年提出的，我们就能决定用后一个替换前一个吗？这种标准太可笑了。必须要符合黑格尔思想的各种间断和变化。但对于解释，我们只能坚持对各种著作本身的分析才能有所进展。

一旦我们确定了黑格尔的教海，他的各种理论，无论是前后相继或者是同时并存，又如何能够影响我们思考他究竟在思考什么呢？这个问题向我们敞开了一个反思的空间，相比于几何精神，其中更需要的是机智和细腻。

真正的困难在于，黑格尔并没有阐述两种完全分开的哲学，一种外传哲学、一种秘传哲学，使得我们可以轻易地掌握一个而排除另外一个。

当黑格尔的某一段文字本身开始显得特别模糊，或者与其他部分相矛盾的时候，那就不仅需要尽力将其厘清和解释，而且还要解释作者为什么要将其模糊、不将其理清、不消除与其他部分之间的矛盾。这种努力需要有一个前提假设：黑格尔从来不惮于在政治上过于反动、宗教上过于正统、形而上学上过于观念论。相反，他对于是否表现得革命、异端或异教十分担忧。每每总是最大胆的方向上才是最适合解释黑格尔的方向。在他的笔下，一个批判现状的暗示，远比其重复十次传统的主张更为有意义和重要。

在这些条件下，我们可以明白为什么马海奈克可以希望，而且能够以严格的基督教方向来理解和传播黑格尔的理论，而政治上却又是批判现实的。只需要选择各种有利的文本即可。我们不知道通过他们之间的私人谈话，黑格尔在他的思想深处施加了多大影响。但是马海奈克本人并没有完全摆脱嫌疑。毫无疑问，在当时的论战的情况下，作为一个路德宗的牧师，他当然会认为黑格尔的理论比老谢林的理论更符合基督教教义。但是必须要注意到，在这一竞争中，黑格尔思想的优势并没有那么明显。

鲍威尔于 1841 年以《最后审判的号角》[1] 为题发表了黑格尔的一部文集，收录了黑格尔各种"无神论的"和"革命的"思想，这更增加了混乱。

鲍威尔使用了十分经典的文学技巧。无神论，他虚伪地将黑格尔爆炸性思想汇集一处，作为对老师坏思想的揭发。他认为以此可以避开镇压，同时却又以表面谴责的方式而实质将黑格尔的传播开来：这些思想至少可以为公众所知，而其作者也会通过这种坏的名声而保留在"进步主义"的环境中······

*

黑格尔所实施的"双重语言"并不是他自己论述的那种双重语言：他所论述的双重语言，试图在哲学与宗教之间建立一种和谐，在专制与自由之间建立一种共通。但是黑格尔既没有完全也没有明确地确认这样一种和谐。他任由其中留下各种不和谐和阴影。在他那里，两种语言之间的区别是外传语言与变化的真正秘传语言之间的分别。

这位哲学家并没有到公共广场上去宣布真理，因为他的嗓子有点虚弱，也因为他透过窗子看到了四处徘徊的宪兵。

*

这种返回自身是其理论的实质、坚固的核心——我们可以说是圣中之圣，因为这意味着要将其庇护在"圣殿"之中。

矛盾的是，就是在黑格尔宣布和实现这种撤退或理论撤退的时候，他却最充分、最公开、最流畅地阐述和论述了其深刻理论在空间上的所有延伸及其色彩斑斓的风华，就在那些公开课上，

1　*Die Posaune des jüngsten Gerichts,* 1841（匿名发表）。

不仅吸引了广大的公众，也为自己的哲学保持一定的流行度，因为这些公开课会在他死后被发表。

尽管有各种政治上担忧、宗教争议、司法程序、行政任务、家庭困难、各种文化和娱乐上的分心，黑格尔还是实现了浩大的哲学工作、创作了一部浩繁而通俗的著作。人们会惊慕他竟然能够同时在众多互不相干的领域做出如此大量和细致的研究，包括₃₄₉法律、宗教史、政治、美学、哲学史、人种学，而且是试图将所有这些内容都汇集到自己支配一切的统一体系之中。

年复一年，他的体系，体系的每一部分，都在不断地增长、不断地扩展。他不断地进军新的领域。他不断地用更清晰的方式进行写作、阐述和解释，人们甚至可以嘲讽他在阐述"一种大众哲学"，这是他从前明确加以鄙视的东西。如果上帝能给他更多的生命和精力，他究竟会走到什么地步呢？

除了《法哲学与国家哲学》外，对于这种形式不断丰富、细节不断变化的没有终点的教学，他没有发表任何东西。幸运的是，一些友好的听众成为了狂热的信徒，他们认真、持续和毫无遗漏地记下了他所有的各种主张。借助他们，借助比较他们之间的不同版本，文本得以重构、获得了人们的大量信任：柏林讲课的浩繁让人起敬。

黑格尔早期哲学不易进入，对于那些专心致志和坚持不懈地阅读的读者，柏林课程为他们提供了更简易的导论和更实用的评论。

必须承认，相对于那些复杂和晦涩的著作，这些课程可能更容易遭受批评。这些课程涉及的都是更为具体的内容，也就更容易暴露黑格尔理论中的各种矛盾和策略。但这些课程内容实在丰富！

黑格尔的君主

> 黑格尔先生钟情于法国，钟情于 1789 年大革命，他常常跟我提起拿破仑皇帝，那么如果我用皇帝的一句话来评价他的话，他也是"蓝派"。
>
> ——维克多·居赞 [1]

成熟期的黑格尔，其内心也还是自由主义者的，因为维克多·居赞做出如此肯定的背景让人毫不怀疑他的客观性。这个特别动荡的时代的变迁给这位哲学家的政治观带来了很多拐点。他的同时代人也都是同样的状况，特别是所有德国人，他们年轻的时候都对法国大革命的召唤感到战栗。

当时在欧洲所有国家，普遍的自由主义都转变为批判现实或革命，大量更加合乎情理的研究证明，在这种情形下，黑格尔心中一直存在着彻底自由的态度。

1　Victor Cousin, *Promenade philosophique en Allemagne*, in *Revue des Deux Mondes*, année 1857, tome V, p.546. "蓝派"：指在旺代战争（la guerre de Vendée）中的共和国士兵，与保王党的"白派"相对。

抽象的中心点

在其生命的晚期，在《法哲学与国家哲学原理》中，黑格尔公开支持温和的君主立宪制计划，在其文本中向封建制度的残存做出了妥协：这些妥协可能是真诚的，但无论如何，在司法和审查制度的控制下，只有这些妥协才能使书籍得以出版。在普鲁士，在位的君主并不是"立宪的"，并没有宪法。第一部宪法直到 1848 年才颁布。在此之前，实际上自由主义总是要求颁布宪法、得到允诺、却又总是推迟。

在历史造成的某些特殊政治形势下，自由主义与君主制是相契合的，尽管共和制更适合资本主义，自由主义多多少少是资本主义的理论表达。通过宣扬自由的君主制，甚至是平庸的君主制，黑格尔也是在哈登伯格首相的理念方向上，也是在那些暂时掌握部分实际权力的乱党的理念方向上。但是自由主义者遭到了封建派凶残的抵制，而在这种对抗中，封建派占据了上风。哈登伯格的计划最终是不会实现的，而黑格尔因此并没有为实际权力提供任何层次的服务，哪怕是表现出最进步面孔的实际权力。他就更不会支持普鲁士领导阶层的各种倒退成分了。

尽管有这种无可争辩的评定，但是对于一些受到有偏见的历史学家们不良影响的人们，在他们的观念中，黑格尔还是反动或超级反动的形象。有些人居然会犯让人目瞪口呆的年代错误，试图将黑格尔看成是希特勒的先驱！

我们是否能够必然地从黑格尔的哲学体系本身推导出某些应该可能的特殊政治观念？这完全是按字面去理解黑格尔，盲目地认为他给出的各种推理具有不可撼动的严格性。事实上，可以非常轻松地从黑格尔的各种哲学前提明显地推导出很多种政治理论，他早期的一些学生，特别是"青年黑格尔派"，他们就大肆疯狂地这样做。

1815 年后，最好的理论家们都或多或少地赞成君主立宪制的原则。在普鲁士，这一选择与国王、王室、特别是王储及其御用意识形态理论家们的目标背道而驰。

黑格尔丝毫没有鼓吹君主专制和独裁主义，即便在公开课上也没有，在公开课上他本可以虚伪地进行这种简单的谨慎行为。

在黑格尔看来，国王的角色就是说"准奏"，就像他所写的那样，面对大臣和公务员们的各种措施，国王的作用就是"在 i 上面加一点"而已，这样的国王会是独裁的吗？在国家的最高点，最终还是需要一个终极的个人决定，这是很多共和国也都接受的原则。黑格尔将国王的权力限制在非常有限的范围内，而他的书竟然能够发表出来，这还是着实让人震惊的：几年之后，也就是在哈登伯格死后，他将不会再被如此容忍。此外，当有人将哲学家这条咄咄逼人的提议报告给国王的时候，国王还曾私下里强烈地加以嘲笑反驳："那么朕要是不在 i 上加点又如何！"然后他当然是继续向从前一样专断地签署各种"规定"。

352

事实上，黑格尔理论中的君主出于法国大革命的挫折。面对腓特烈·威廉三世及其狂妄自大的子孙们的各种不可一世，如果无论如何国王都还在，在削减国王的特权方面，有谁做得比黑格尔更好？在《历史哲学》中他是这样规定他们的："政府以整体公务员为基础，最顶端是君主的个人决定，因为，就像从前已经被指出的那样，最高的决定是绝对必要的。然而，在严格的法律和健全的机制下，相对于大量工作而言，留给君主独自决断的只是很少的事情。如果神圣的君主归任于人民，这必须要看作是极大的幸福；然而，即便是在一个伟大的国家，这一点并不是如此重要，因为这个国家的力量在于其自身的理性。"[1]

理性作为国家的基础，这是何等的妄想和欺骗！但是按照他的意图和表述，该论题至少远非那种单纯建立在"意愿"基础上的专制主义、王权专断及"上帝恩典赐予"的权力基础上的论题。

从这种角度来看，如果一个国家继承了一个笨蛋君主并不是什么倒霉的事。黑格尔一直很赏识奥勒斯纳的《巴黎书信》(Les Lettres de Paris)，他在不久之前应该在《涅密瓦》杂志上读到了奥勒斯纳笔下的文字："西哀士（Sieyès）是个保王派，因为他相信必须要有'一个固定点，哪怕是一只雌火鸡也好'"[2]！本雅明·贡斯当和德·斯戴尔夫人虽然也选了世袭君主制，但是他们却始终是自由主义者。穆尼耶留给世袭君主制的也不过是"暂停否决权"的可能性……

所有这些自由主义者，他们对王权的限制都没有黑格尔做得这么彻底。在《美学讲演录》中，黑格尔通过各种谨慎的思考，几乎将王权剥夺一空："如同神话时代的各种英雄，当代的君主们，已经不再是一切自在实体的顶点，而是体制内一个有些抽象的中心点，体制已经发展为自为的，坚实地建立在法律和宪法基础上。如今的君主们，最重要的统治活动已经脱离了他们双手。他们本身不再讲述权利。财政、秩序及国内安全已经不再是他们自身专属的事情，战争与和平由外部整体政治环境决定，而外部整体政治环境并不服从他们个人的指挥和权力。即便所有这些关系还是要由他们来做出最高的最终决定，然而严格来说，各种法令的实质内容，整体上已经很少完全取决于他们的个人意志了，

353

1　Hegel, *Philosophie de l'histoire* (Gibelin), *op.cit.*, p.346.

2　Konrad Engelbert Oelsner (1764–1828), in *Minerva*, mars 1793, p.281.

他们的意志已经不是完全取决于自身了，在整体和公共方面，他们的意志要取决于国家的制高点，纯粹主观的君主意志，实质上不过是形式而已。[1]"

这些有争议的权力，还远没有法兰西第五共和国总统所具有的权力重要。黑格尔学说里的国王统而不治。如果有人将黑格尔的这些梦想讲述给普鲁士真正的国王听的话，他一定会嘲笑黑格尔的这些梦想。他会向这位哲学家证明，他远没有人们期望的那么"抽象"和"形式"：听烦了，他就会让他最终闭嘴。

*

在其晚年，黑格尔真的是一个君主派吗？在那个时代，坦言任何其他政治主张都会受到惩罚，自1794年以来的一系列政治风云，已经将共和的希望横扫一空了。在普鲁士王国人们是找不到共和主义者的。如果说有例外的话，也只有黑格尔一人而已！那些狂热的头脑高声呼唤宪法，最好能是自由的宪法，要不然专制主义的宪法也行，但求专制主义能够给自己一部宪法。什么样的宪法都好，最坏的状态下，每个人也至少可以预先知道什么是禁止说、禁止做的！因为普鲁士的臣民们对此一无所知，无论他们怎么做、怎么说，等待他们的永远是任何可能的结果。

对于普鲁士悲惨的政治现状和世袭的专制，黑格尔无疑有着清醒的认识。为了让人们知道这一点，对于这些不能在普鲁士揭发的东西，他甚至冒险到英国去批评。

西哀士说过，"哪怕是一只雌火鸡也好"。在普鲁士的一系列国王中，除了黑格尔遭遇的这个国王，没有哪个能更配得上这个

354

---

1 Hegel, *Cours d'esthétique*, trad. par J.-P. Lefebvre et V. von Schenk, Paris, Aubier, 1995, p.259 mod.

讽刺了。恩格斯总是很善于总结功绩，只要确实有功绩的话；但他无情地批判这个国王：

"普鲁士王国［……］处于腓特烈·威廉三世的统治下，绰号'正义之王'，属于那种永远不配当国王的最大笨蛋之列。他天生就只配做一个下士或者是护腿套纽扣质检员；他毫不知耻地堕落着，与此同时却又自负道德说教者。他只会没完没了的说废话，只会写各种宣言，这一点上只有他的儿子能超过他；他只知道两种感觉：恐惧和中士般的傲慢。" [1]

哲学家本人受到了国王的"关照"。

1826 年，黑格尔的朋友们——教授、艺术家、学生，他们决定连续庆祝他和歌德的生日。宴会、蛋糕、演说、诗歌、贺词，这种特别真诚的崇敬自然什么都不会落下。黑格尔收到了他期望的所有各种敬仰和爱戴。他非常感动，他写给没有能够参加庆祝的妻子的信中证明了这一点。这次庆祝通常被看作是这位哲学家在柏林的声望、权威和势力的一种额外证明。这实际上是精神上的胜利，但并不是所有人都如此看。

按照当时的时代标准，对于各种报纸上对此次庆祝的各种评论，黑格尔应该很清晰地感受到了其中挑衅的性质。8 月 29 日他写信给妻子："现在我必须要警醒，不能越格；如果只是在朋友圈内，夸张点没什么，但是公众却对此另眼相看。我附上一篇已经见报的相关文章。"（C³ 121）

并不是公众会对庆祝活动的影响和报纸上反响感到不快：黑格尔考虑的显然是当局者。他对他们太了解了。他的担忧很快被证实了。很多报纸报道了这件事情。

---

1 Friedrich Engels, *Deutsche Zustände (La Situation allemande)*, in *Marx-Engels-Werke*, tome 2, Berlin, Dietz, 1969, p.572–573.

国王很嫉妒，怀疑这些发表的内容。然后发生的事情，在今天看起来可能难以置信，国王发布了一道特别的"懿旨"，一份Kabinettsordre（内阁令），禁止报纸以后再用如此大的篇幅报道各种"私人庆典"。法恩哈根·范·恩瑟认为这是给黑格尔的一种严重警告。第二年，黑格尔就安排自己在生日这天不在柏林，但他还是不小心地去了巴黎，在巴黎他会见了法国自由主义者运动的领袖，《立宪党人报》发表了一篇关于他的文章，这更加重了对他的怀疑和怨恨。

最初的传记作者们，他们忽略或隐藏了这些令人烦恼的事件，只记录了庆祝活动的盛大，实质上这种庆祝再也没有如此隆重地办过。

1831 年，也就是在黑格尔去世的这一年，他的生日又有过隆重的庆祝，但是因为霍乱，庆祝活动远离柏林，而且没有明确地与歌德的生日挂钩，也局限在一个更私人的圈子内，其中犹太朋友占据了很重要的分量：斯蒂格利茨（Stieglitz）、莫里茨（Moritz）、维伊特（Veit）等等。

*

抛开其所处的背景去分析和评价黑格尔的政治思想和态度是不恰当的。因为只有相对于其背景，他的政治思想和态度才具备其意义和价值。

在黑格尔去世前不久，国家的最高层发出了一些恬不知耻的观念和行为，当我们去参看这些观点和行为的时候，黑格尔在柏林的政治环境就会豁然明了。一方面，这种转变让他相对有理由有一天感慨到自己一直"有幸"生活在"君主的恩典"之下。因为，如果说腓特烈·威廉三世没有任何可让人称道的东西，那么腓特烈·威廉四世则会更糟糕。他将会从 1840 年起开始执政。

即便是在王储之位的时候，他就已经开始敌视黑格尔哲学了。

在普鲁士的巨大苦难中，他的父亲仰仗着他的那些爱国良臣拯救了自己的王国，虽然他没有兑现自己那些轻易许下的诺言，但他还对那些救命恩人、大臣、将军、政治家、高级官员抱有一点点感激之情，还会去听听他们的话。

腓特烈·威廉四世则相反，当他在 1840 年即位的时候，他觉得自己不欠任何人的，认为自己不用再理会他父亲的各种顾忌，根本没有想过要去兑现自己父亲许下的诺言。

他在政治上的老师是反动派安溪隆以及施托尔贝格公爵，而他本人则深受路德维希·冯·哈勒的落后理论的启发。

事实上，随后发生的事情都似乎是普鲁士的新国王在系统地清除黑格尔的理论，甚至也包括康德的理论。1816 年，安溪隆，跟康德的著名理论完全相反，宣扬"人民像孩子们一样需要指引（dirigé, regiert）；因为人民和孩子都需要被保护、培养和教育"[1]。他判定了人民的"平庸"以及人民"监护人"的至高无上。

腓特烈·威廉四世公开肯定了臣民的这种绝对依赖关系。他重拾昔日专制主义的旧格言："朕之王位乃神恩所赐，黄天庇佑，朕将永世为王。"而 20 年前黑格尔曾大骂过这种企图："如果人们想要理解君主的理念，说王权神授是不够的；因为神创造了一切，包括恶。"[2]

这位新国王毁灭了进步主义者们最卑微的期望，在一定程度上，至少对于他们中的一部分人而言，正是黑格尔的政治理论坚定了他们这些最卑微的期望，虽然黑格尔的政治理论还很不彻底。黑格尔的政治理论，特别是他的具体政治态度，在 1842 年

1　Frédéric Ancillon, *lieber Souveränität und Staatzsverfassungen*, Berlin, 1816, p.3.

2　*Principes de la philosophie du droit* (Derathé), *op.cit.*, add. au parag. 281, note 45, p.296.

已经荡然无存，因为君主宣布："朕向苍生担保，而万民也都将以朕此言为傲，担保在朕的统治下，从王子到奴仆，从国会到犹太学术团，如无朕之恩准，均不会滥用朕公正地或不公正地赐予的财产与权利"[1]！

多么坦白呀："包括不公正地"！

普鲁士和普鲁士人民都是国王的财产，任由其随意处置。看他的心情，他可以这一家产的某些部分赐给他喜欢的人，那些更恭顺的人，让其获取收益："德国的统治者们采用家长制的方式进行统治，拥有权力是一种家族遗产，是一种家产。朕非常喜爱朕的子民。因此朕希望指引那些像小孩子一样需要关爱的子民，惩罚那些自甘堕落的子民，另一方面让那些合格的子民参与管理朕的财产，让他们有自己的个人家产，保护他们不受奴仆的嚣张傲慢所害。[2]"

黑格尔就是一个嚣张且傲慢的奴仆，竟然在 1821 年十分激烈地批判家长制："国家不再是君王的财产，已经不再有君王的私人权利……不再有世袭的审判权"等等[3]。

跟这种绝对的"监护制"相反，他肯定了主体自由规定所赋予的个人权利。但是腓特烈·威廉四世几声大叫打破了黑格尔哲学对专制主义所有这些限制。哈登伯格被贬低为篡位奴仆之列。黑格尔也被指责与"犹太团体"有危险关联：拉赫尔·法恩哈根（Rahel Varnhagen）、贝尔家族、门德尔松家族（Mendelssohn）、爱德华·甘斯……他要对那些大逆不道的理论负责。

1　腓特烈·威廉四世，转引自 A. Cornu, *op.cit.*, p.168。

2　*Ibid.*, p.168.

3　Hegel, *Principes de la philosophie du droit*, éd. Lasson (en allemand), 4ᵉ éd., Hambourg, Meiner, 1955, addition au parag. 75, p.354.

如果人们坚持不顾年代错误地将希特勒的前身定位到 19 世纪初的普鲁士，很容易找到很多比黑格尔更有罪的人。

诛戮暴君

关于君主制，尽管黑格尔一直被误会至今，但他对这方面的态度还有一处引人注意：这就是他对诛戮暴君的不断称颂。

人们很喜欢评论伟大思想家对同时代重要人物的评价。人们不太关心他与那些他闭口不谈的人们之间的关系。当然，如果对于所有人都关心的东西他却坚持闭口不谈，有时也无疑可以证明一些明确的观点。

在黑格尔时代，路易十六的命运萦绕在所有人的心头。人们经常谈及他的为人、他的所为和不为、他的情感、他的家族关系、他悲剧般的死亡。1815 年后德国讨伐"国王谋杀者"（Königsmörder）的声音很高，这种讨伐是作为进入上流社会、进入管理层、进入政治生活的最基本条件。

非常值得注意的是，他从没有出现在黑格尔的著作中，也从没出现在荷尔德林的著作中，而荷尔德林却写了很多关于拿破仑、卢梭和瓦尼尼的诗歌。

在黑格尔发表的所有作品中，在保存下来的手稿中，路易十六的名字几乎看不到。只是偶然提到，提到的方式也无足轻重，是在阅读年表时的几条笔记中出现的（B. S.724—726）[1]。没有

358

1　在巴黎，黑格尔写道："我参观了很多地方，因为都具有历史意义，巴士底狱广场、罢工广场［译注：巴黎市政厅广场，1802 年以前称为罢工广场］、路易十六走上断头台的广场［译注：路易十五广场 / 革命广场，今天的协和广场］，等等。我知道法国大革命的历史（迄今为止最棒的），但是亲临这些广场、街道、建筑，等等，则能更加感觉身临其境"（C³ 166）。涉及米涅的作品，他将会亲口讲述。

表达对刽子手们的任何愤恨！

人们通常认为德国最初支持法国大革命的人，通常都是狂热分子，都被处决路易十六吓呆了，都是因为路易十六的处决而抛弃了革命运动。莱茵河对岸，一定是义愤的呐喊。然而，在听到那些遥远的回音时，历史学家们几乎很少注意到，其中有些人应该试图欢叫，他们只是极少数，所以他们止住了。

另一方面，人们似乎忘记了，法国那些君主立宪派，他们起初是十分革命的：事实上，不正是他们打断了三级会议的程序吗？他们很快被各种政治风云超越了，特别是在宪法颁布之后。但是在德国，经历了无数的希望与失望之后，直到很晚才争取到宪法，那些立宪派，甚至包括穆尼耶这样的君主派，看起来也是革命的。

即便他们不反对君主制，但是他们至少反对专制。黑格尔正是专注于这种斗争。在其生命晚期，在普鲁士，公开的、查证的，甚至仅仅是有嫌疑的立宪主义者都被关进监狱。

对于他而言，专制就是"没有宪法的国家"（D 283），就是"君主按照自己的意愿（nach seiner Willkür）直接施加统治的"国家，如果再有"通过神圣化使王权合法化［……］这种难以启齿的不公"[1]，就会更悲惨了。

黑格尔探寻并适时地找到了普鲁士君主制的特点，可以以此欣然地将其同法国的君主制区别开来。无疑在他的眼中，跟几乎所有德国人一样，最典型的暴政就是路易十六的暴政，只要路易十六继续这种暴政，他就是一个"暴君"。但是对于黑格尔的大部分同胞来说，这种定性并不意味着人们就应该处死这个暴君。

---

1 参见前文第 76 页注 1。

然而其中有些人却忠诚于法国大革命的教导，他们认为，以处决国王本人作为处决君主制的方式，这是一种历史必然性。图宾根神学院的三伙伴似乎自始至终都是"革命派"，革命到消灭吉伦特派，因为吉伦特派他们也无法忍受。

我们知道，当路易十六断头的消息公布时，图宾根神学院的学生们都表现出了喜悦。他们的欢腾有点太过公开了。他们的庆祝做得不够秘密，而他们很快就遭受了这种不谨慎的后果。

黑格尔与荷尔德林此后都在这点上表现得更保守，但是却并没有任何动摇。此后，对于暴政，这个他们深深厌恶的对象，他们只将其作为"后台"的东西来揭露。让读者们去猜测他们的靶子吧！他们只用外国的或古代的例子去进行含沙射影的批判。

哈尔摩狄奥斯与阿里斯托革顿

黑格尔与荷尔德林特别喜欢从古代去寻找典型范例，在古希腊城邦与 18 世纪德国的一个小公国之间，暴政的环境和含义都有巨大差异，但是这阻碍不了他们。他们在情感上有细微的差别，但是本质上，他们之间的思想交流是十分深刻的，特别是在政治领域，虽然我们可以推测，各自都没有完全敞开心扉，而是各自表达的东西构成一种相互补充。

总体来说是非常令人震惊的，但同时又是非常合情合理的，很少有人注意到他们都异常偏爱两位古代英雄，这是两个今天被大多数人遗忘了的英雄：哈尔摩狄奥斯与阿里斯托革顿，他们都是屠戮暴君的英雄[1]。

1　他们既没有进入 1993 年版的《小拉鲁斯》，也没有进入 1994 年版的《新拉鲁斯百科》，而其中却收录了很多其他毫无意义的人物。

当然，这并不是黑格尔唯一崇拜的古代人物，他也崇敬很多其他的古代人物，一些更有名的人物。但无论如何，他的很多颠覆性的反常惹人注目。在柏林，有一天，他当时应该是面带微笑地欢呼："我可能不是格拉古，但我仍然还是一个自由的人"（C³ 15 mod.）[1]！安溪隆、哈勒或萨维尼，他们都绝不会想到拿自己跟格拉古兄弟比较，这对他们来说是可怕的记忆，是永远不着边的例子。

在路易十六被处决后，黑格尔与荷尔德林将最受诋毁、最容易惹火上身的处决路易十六的人们视为英雄。很难判断是否是由于这种偏爱，他们才会特别关注古希腊两位次要的诗人，阿尔凯奥斯（Alcée）与提尔泰奥斯（Tyrtée），要么就是相反，是这首诗夸大了他们对于哈尔摩狄奥斯与阿里斯托革顿的兴趣。此二人于公元前 514 年刺杀了雅典的暴君喜帕恰斯（Hipparque）。

360

荷尔德林错误地将这些血腥的诗句归到阿尔凯奥斯名下，1793 年，也就是路易十六被处死的那一年，他将这些诗句翻译成德文，标题为《阿尔凯奥斯的遗物》（Reliquie von Alzaus）。

诗歌的第一节比下面的还要尖锐：

> "我愿致敬橄榄树之剑！
> 正如昔日的哈尔摩狄奥斯与阿里斯托革顿
> 当他们诛戮了暴君（da sie den Tyranen schulugen），
> 当雅典人变成权利平等的公民。"[2]

1　黑格尔赞颂了格拉古兄弟，"这两个高贵的罗马人"（*Philosophie de l'histoire* [Gibelin], *op.cit.,* p.239）。他隐晦地赞成当时历史背景下的《土地法》。

2　Hölderlin, *Œuvres* (Bibl. de la Pléiade), *op.cit.,* p.1153.

无论这首诗究竟是谁写的，我们可以想象一下，对于符腾堡大公或普鲁士国王，他们在品鉴这些诗句的时候，想到他们的表兄弟路易十六被处死，他们会是怎样的心情！诗人以过去作为挡箭牌，但是读者却会将其还原到当下。荷尔德林在诗中反复强调他对哈尔摩狄奥斯与阿里斯托革顿的真实情感："在这个世界上，没有什么比这对朋友更高贵的了！"

　　黑格尔当然不会忽视荷尔德林对于两位古代英雄的这种崇敬。荷尔德林并不掩饰他的崇敬："高贵的哈尔摩狄奥斯啊！我愿做你的橄榄枝，助你隐藏宝剑。我不愿空走一回［……］我不愿只作为一个看客。[1]"在《许珀里翁》中，同在其他场合一样，荷尔德林不放弃每一个展现的机会："我们有人最终会说，在哈尔摩狄奥斯与阿里斯托革顿的时代，人们还懂得什么叫做友谊。我太喜欢这些话了，无法再继续保持沉默了。

　　"我大声疾呼：因为这样的主张，你值得称王！但是人们真的能够理解这种友谊吗？原谅我吧；只有成为阿里斯托革顿，才能明白我的爱；想要获得哈尔摩狄奥斯的爱，就不要畏惧闪电！因为，如果我还没忘记，那个勇敢的少年，他在爱情上会对米诺斯（Minos）毫不妥协！很少有人能够经得起这样的考验：作为半人半神者的朋友，比坦塔洛斯（Tantale）坐在诸神的桌前更艰难。但是，两颗同样骄傲的心如此相互依赖，在这人世间没有什么比这更美好了。"[2]

₃₆₁　　哈尔摩狄奥斯和阿里斯托革顿都不是半人半神，他们只是人。黑格尔与荷尔德林之间的友谊，显然还没有上升到共同行刺

1　Hölderlin, *Œuvres* (Bibl. de la Pléiade), *op.cit.*, p.214.

2　*Ibid.*, p.186–187.

的狂喜。他们没有诛戮暴君。但是多么令人怀念啊！

荷尔德林一方面以哈尔摩狄奥斯和阿里斯托革顿做了很多暗喻，而且全部都是好的暗喻，另一方面，对古希腊诗人阿尔凯奥斯与提尔泰奥斯，为哈尔摩狄奥斯和阿里斯托革顿虚构的两个赞颂者，也表达了很多崇敬；但我们在此没有办法系统地将其全部列出。一段汇集了反复重复的颂词的文字，很好地展现了荷尔德林—黑格尔式的艺术观。其中荷尔德林再次赞颂了两个古代的诛戮暴君者，而且他对古代人们为二者树碑立传倍感高兴："阿革诺尔亲自为同胞解放者哈尔摩狄奥斯与阿里斯托革顿塑像"，并且他指出：

"两个年轻的英雄，哈尔摩狄奥斯与阿里斯托革顿，他们是从事解放大业的最早先驱。所有人都为他们的行为和魄力所激励。暴君们都被驱逐或刺杀，自由得以恢复其原有的尊严。"[1] 在这里我们看到，判处路易十六死刑是否合法，这个源于法国并且如今有时还在继续争论，对于黑格尔与荷尔德林来说是很重要的！

这些宣言同时阐明了荷尔德林的政治态度以及他的美学理论。

这种"出世"的艺术理论与福斯特的理论是一致的，而黑格尔一直认真地阅读福斯特的各种著作："当艺术家将大理石雕刻成不朽的形象时，是对英雄的敬仰触动了艺术家的心。"福斯特将现代艺术与自由古典时代绽放的艺术对立起来："这是艺术与美德喷涌出的独特情感；但是专制的冷风使其枯萎了：对于祖国的热爱已经无法再鼓舞（begeistern）那些已经失去祖国的人了。

1　Hölderlin, Œuvres (Bibl. de la Pléiade), op.cit., p.1139.

已经不再有一个被解放的雅典来刺激艺术家去为后世雕刻他的哈尔摩狄奥斯，那些安菲克提昂（Amphictyons）派（近邻同盟）已经不再以各国大同盟的名义对其致敬了。"[1]

黑格尔与荷尔德林一样，对于德国没有像他们所歌颂的古希腊一样有民族的和大众的诛戮暴君者，他们都倍感遗憾。为此，他几乎原封不动地重复了荷尔德林翻译中的词语。他鄙视基督徒餐前的祷告，相反他喜欢评论诗（scolie）*，这是古希腊人在宴会上轮流唱诵的餐桌歌谣，通常是爱国歌谣和尚武歌谣：

"我们教授孩子们各种餐桌祈祷（Tishgebet）以及从早到晚的各种赐福祈祷，教授我们的传统，我们的大众歌谣，等等。但其中却并没有哈尔摩狄奥斯，没有阿里斯托革顿；他们的荣耀永垂不朽，因为他们诛戮了暴君（da sie den Tyranen schlugen!），而且他们赋予公民以平等的权利和法律，他们应该被我们今天的人们挂在嘴边，去传唱他们。"[2]

在感慨德国没有忒修斯（Thésée）的同时，他也感慨没有"我们自己的哈尔摩狄奥斯和我们自己的阿里斯托革顿，作为我们祖国的解放者而让我们以评论诗去传颂他们"[3]。

特别要注意的是，这两个英雄，他们是"国家的解放者"，并不是将国家从外来的压迫中解放出来，而是将国家从内部暴君的压迫中解放出来。

喜欢阿尔凯奥斯的人很少，黑格尔就是其中之一，而且他也

1　Georg Forster, *Die Kunst und das Zeitalter (L'art et l'époque)*, in *Thalia*, 1789, n° II, p.83–94. 亦见于：*Werke* (en 4 volumes), éditées par Georg Steiner, Berlin, 1958, tome III, p.182。

*　古希腊的一种诗体。前文荷尔德林"翻译"的阿尔凯奥斯的诗歌，也是这种诗体。——译者注

2　*Nohl*, p.359, et *Frühschriften (Premiers écrits), op.cit.*, p.80.

3　*Nohl*, p.215. *Frühschriften, op.cit.*, p.360.

喜欢提尔泰奥斯。而这种喜爱从少年时期就已经开始了。《战争之歌》被认为是提尔泰奥斯的作品，而黑格尔16岁的时候就收集其中他不认识的词汇（R 11）。究竟是古希腊语词汇还是某个译本中的德语词汇？出版的《早期著作》中的一个注解承认，对于少年黑格尔所读的这个文本，无法找到任何相关信息[1]。

但是，黑格尔阅读提尔泰奥斯的作品，这可以引出若干假设。当黑格尔喜欢这位被推定为《战争之歌》的作者的诗人的时候，《战争之歌》刚刚于1783年被翻译成德语，其译者，虽然并不是一流人物，但也还是值得注意的，而且他似乎在少年黑格尔的学术教育中发挥了重要的作用。这就是卡尔·菲利普·考恩茨（1762—1827），此后不久，黑格尔与荷尔德林就都会进入图宾根神学院成为他的学生和朋友。

但也有可能考恩茨此前就已经认识这个施瓦本人了。

考恩茨于1784年在苏黎世发表了他所翻译的《战争之歌》，因此是"在外国"发表的。这一行为本身就具有颠覆性特征，而考恩茨所发表的版本中又加入了其朋友莱因哈特所翻译的提布鲁斯的作品[2]。

两位联名译者都是席勒的私人朋友，他们都沾了席勒的光而受欢迎，而他们两个人的命运也都十分引人注目，特别是莱因哈特。人们经常会同时提到他们两个。

1784年，提尔泰奥斯的这些评论诗再次印证了他们的爱国主义和革命派色彩。如果人们在1789年或1793年再重新阅读这些诗歌，将多么具有召唤和动员力量啊！

363

1　*Frühschriften, op.cit.,* p.415 et（R 11）.

2　这些伪提尔泰奥斯文本和提布鲁斯的文本，被翻译成德语，于1783年在苏黎世菲斯利出版社（Füssli）出版。

受到专制主义的限制，他们无法直接评论当下的时事，黑格尔与荷尔德林只能隐身到更加荣耀的古代，感慨无法唤起当下的精神了。但是，虽然这种文学呼唤很微弱，但是还是能够暴露他们内心深处强烈渴望，虽然只是空想的有限渴望：暴君，当斩之而后快！

是谁把《战争之歌》交到这个少年的手中？又是什么版本或译本？

对于古希腊的两位诗人阿尔凯奥斯和提尔泰奥斯的诗歌，以及两位诛戮暴君的英雄哈尔摩狄奥斯与阿里斯托革顿，要想搞清楚黑格尔与荷尔德林当时对于这些内容的兴趣，这必将会徒劳无功。

在阿尔凯奥斯和提尔泰奥斯的名下，无论他们是否为真实作者，黑格尔与荷尔德林都会赞美这些作品，而这些作品的持有者，应该是十分特别和值得注意的，因为这些作品，尽管没有被完全忽视，但是跟今天一样，都是很小众的东西。他们对这些作品的高度重视，联系当时的政治状况，无疑具有重要的政治特征。这种重视表明一种颠覆的倾向，只是小心地放到了古代而已。

我们必须要承认，黑格尔思想的各种公开表述，通常都会否认其私下里的倾诉。而且就连公开表述本身也随着他的生命进程而变得越来越温和，可能是由于逐渐的幻灭，更有可能是变得越来越谨慎了。在柏林，他在公开场合只表述各种"温和的"观点，而很多看到这些的人可能会认为他的内心已经改变了，认为他已经变成了一个胆小的保守派。

但即便是他公开表述的理论，如果人们仔细去研究的话，也会看出其实际上并不保守，有时还可以看到他年轻时的热血情感，而这些情感还在促使他去从事各种秘密活动。

古希腊的英雄成了他的救命稻草。在其晚年，他在《哲学史讲演录》中论述第欧根尼的时候，他讲述了一个与论述没有必然联系的轶事："他最巧妙的回答是这样一个回答，当时一位僭主（暴君）问他应该用什么黄铜铸造各种塑像，他回答：就用人们铸造哈尔摩狄奥斯和阿里斯托革顿塑像的那种黄铜！"[1]

364

巧妙的回答？恐怕并非所有人都会这样认为，特别是在路易十六被处死和考茨布被刺杀（用匕首！）之后！

这最后一次提及哈尔摩狄奥斯和阿里斯托革顿、他们的塑像、为他们塑像的人们，当时黑格尔应该会回想起少年荷尔德林吧，虽然此时他都没有在《美学讲演录》中提及荷尔德林，但他一定没有忘记他。

现在我们明白该如何看待常常被归到黑格尔名下的"恺撒政体"（专制主义）了。橄榄树并不生长在施瓦本。在橄榄枝、想象的橄榄树、各种话语的背后，他所隐藏的只会是一把短匕首。

1　*Histoire de la philosophie* (Garniron), *op.cit.,* tome II, p.377.

第十八章

居赞事件

> 凡是卷入此类事件的人，即使没有被问及，也会依据各种可能性，供认一些审查过程中必然会被查出来的事情，当然，承认这种证词不会伤害任何人。

维特-德林[1]

居赞事件类似一部侦探小说。其中虽然没有死亡，但险些就有了：芒泰贝洛公爵，拉纳元帅的儿子，怒不可遏，为了保护自己的老师，拔剑对抗前来逮捕居赞的士兵。当然他本人在普鲁士也没有什么神圣的气息：这位帝国的贵族，虽然受到了法国复辟的容忍，但在德国还会招人怨恨，因为在德国人们还对"欧洲食人妖"*心有余悸。

1824 年 10 月 15 日，维克多·居赞在德累斯顿开始了一系

1　Jean Wit [sic], *Les Sociétés secrètes de France et d'Italie*, Paris, Levasseur, 1830, I, p.47. Ce personnage s'est fait appeler diversement Wit, Witt, Witt-Doehring, etc.

*　Ogre de l'Europe，指拿破仑。——译者注

列惊心动魄、身不由主的行为：这位哲学教授将会让法国、萨克森、普鲁士三个国家的警察、司法机构及外交机构集体动员起来针对他。君主、大臣、高级法官以及梅特涅都对他的存在、他的生活方式、他的各种观点、他的各种活动，特别是他的各种"政治关系"都倍感焦虑。普鲁士的警察特别着迷他的各种"政治关系"，这些政治关系本身随时随地都是非常危险的。

表面上，居赞陪同年轻的芒泰贝洛公爵到访萨克森，公爵是要来这里见他的未婚妻。但是当局怀疑他们有其他计划：公爵的情感和婚事不过是其老师的借口和掩护。他的老师应该主要是为法国的自由主义者与德国的自由主义者牵线搭桥，或者更具体来说，是要加强法国烧炭党与德国各个秘密社团之间的联系。对维克多·居赞的诉讼部分上揭露了这种串通，诉讼过程将会涉及逮捕入狱、监视软禁、审讯与审议，前后几个月，最后草草收尾。居赞最终会被释放，但是却没有正式宣告无罪。

那些被这个案子搞得不知所措、焦头烂额的高层人物们，他们还会在每个关键点上都受到来自黑格尔这个名字的阻碍，因为他完全卷入了这一事件：他与居赞已经相识很久了，他们之间即便没有建立政治联系，但一定已经建立了哲学联系。他将通过写给内政部长的一封信而审慎和巧妙地介入此事，并最终有助于挫败警察针对居赞的阴谋。这位法国哲学家总是会满怀感激地回忆黑格尔所给予他的这一巨大帮助。

在柏林警察的秘密档案中，有关此案的卷宗有足足四大卷（C^3 353），但是历史学家们似乎并没有充分利用这些档案。我们需要将这件事作为黑格尔生命中的一个阶段，忽略各个阶段本身之间的相互关联，单独对其简单回顾一下。

其中涉及的每一方都可以人为地夸大该事件，大肆渲染，从而更好地隐藏自己。没有人是清白的！如今看起来，这件事印证了，黑格尔不得不生活其中的世界，是多么的平庸和卑劣，而黑格尔在其中的举动是多么的难能可贵。当然，维克多·居赞是中心主角。他当时 32 岁，在反对自由主义者人们的眼中，他是自由主义者的最大代表。正是由于这一点，1820 年他在索邦的教职被撤销，被撤销了一切官方职位。他不得不为拉纳元帅（于 1809 年去世）的儿子芒泰贝洛公爵做家庭教师。

他是烧炭党成员，或者是刚刚加入烧炭党；烧炭党是一个秘密社团，目标是推翻君主制，发动过若干次不成功的武装阴谋。1822 年烧炭党有了殉道者：拉罗歇尔的四个中士和布雷东将军（Jean Paptiste Breton）。

他们的一些要求公开表明他们也是"为了其他民族的自由[1]"，因而与其他国家的对等社团有合作。它大量模仿意大利的烧炭党，而意大利的烧炭党中有很多著名的党员，特别是著名的圣罗莎伯爵，都是居赞最亲密的朋友。烧炭党由众多十分分散的团体构成，称为"堂口"，其全盛时期，在法国约有 4 万党众。它之在知识分子、中产阶级、小中产阶级中发展党员，不对广大民众开放，这种营养不足充分解释了其整体的软弱无力。

其秘密性质与其多多少少有些民主性质的计划相违背。然而它在保守势力的眼中看来却是一种威胁，保守势力大力追捕烧炭党党员，对其施加的暴力远远超过了烧炭党自己的预期。夏多布里昂对此作了一些总结，他提到"在这些堂口，九月大屠杀者们供认了各种用匕首执行的暗杀"[2]……

一些历史学家认为烧炭党已于 1823 年解散了。但这一点很

1　Malet et Isaac, *Révolution et Empire,* Paris, Hachette, 1929, p.467–468.

2　Chateaubriand, *Mémoires d'outre-tombe,* Bibl. de la Pléiade, 1951, p.845.

难确定。无论如何，一些个别的堂口，以及"全球民主烧炭党"的一些分支，在此后仍然十分活跃，例如在比利时就是如此，至少持续到 1836 年。比利时的堂口与法国和德国的对等堂口之间保持着非常密切的关系。例如，1829 年比利时的堂口接待了约翰·乔治·维塞尔霍夫特的访问，而黑格尔与维塞尔霍夫特家族有很深的渊源，维塞尔霍夫特本人也是黑格尔"私生子"[1]的朋友。

维克多·居赞，自由主义者，此时是烧炭党或曾经是烧炭党，普鲁士警察怀疑他试图与德国的自由主义者或秘密社团建立或加强联系，特别是与学生共济会，如果真是如此，这本身既不荒谬也不惊人，特别是在普鲁士警察已经接到了维特和法国警察的提醒的情况下。炭烧党，逮起来总是好的。

维克多·居赞此前已经访问过德国一次了，1817 年他 25 岁的时候。他当时只是为了了解德国哲学而没有任何政治任务吗？我们现在无法定论。只有秘密任务失败的时候才会留下痕迹。

当时年轻的居赞既不胆怯也不低调，他毫不犹豫地与很多作家和哲学家进行联系，而他与刚刚被任命到海德堡的黑格尔立即惺惺相惜。是什么东西让这位刚刚出名的德国哲学家与这位年轻的法国学者意气相投？当然可以说是共同的哲学兴趣，但是居赞从来没有能够很好地理解黑格尔的哲学。如果说是共同的政治取向，这种可能性更大，正如居赞后来确认的：本质上的自由主义。

368

1　Julien Kuypers, *Buonarotti et ses sociétés secrètes*, Bruxelles, 1960, p.5, note. 约翰·格奥尔格·维塞尔霍夫特，罗伯特的兄弟，弗罗曼的外甥，在路德维希·黑格尔的《纪念册》的落款为"忠诚的朋友"。黑格尔本人也在 1818 年 10 月 7 日的一封信中提到了威廉·维塞尔霍夫特。（C² 182）和（B⁴ 125）。

在这种状况下，这位法国访客，受到如此热情的接待，他是否会对黑格尔吐露其秘密组织的一些内容？当 1824 年黑格尔来救居赞的时候，从他表现出的巨大谨慎来看，他会不知道自己实际上是在跟谁交往吗？

1824 年，法国警察的最高当局已经通知普鲁士警察，居赞将赴德国旅行，并且向其提示其中的政治嫌疑。法国警察希望借机除掉这块绊脚石。

在被撤职之后，居赞在自由主义者圈内的名声更加响亮了，特别是在学生中间。法国政府不知道该如何把他除掉才好。在得知居赞赴德国之旅后计上心头。圣会（Congrégation）成员、警察局长弗朗谢-德斯普雷（Franchet-Desperey），认为这是不可错失的良机。他给普鲁士的同行写了一份通知 [1]。他们对此给予了很高的期望。忌惮于居赞在法国的政治关系、地位和名声，将他逮捕和流放似乎是很难实现的。法国当局一直不愿意冒这个险。但是在德国，远离拉丁区，那里没人认识这个哲学家，是否可以轻易而秘密地将其逮捕呢？

弗朗谢-德斯普雷的行事十分专业。如果要不是由于一些未预见到的小意外，这个计划不会失败的，而这些小意外有很多：其中就需要算上黑格尔给普鲁士内政部长的信；当然还有芒泰贝洛公爵的激烈的反抗；也包括法国驻德累斯顿公使馆的尴尬，他们太晚才得到通知；还有德累斯顿管理者们的坏脾气，他们与同谋者们因为糟糕的行动而发生争执；还有被控告者及其朋友们的灵巧应对，最终让一切都落空了。

弗朗谢-德斯普雷的通知披着外交的风格，但其中每个词都

1　法国警察的通知：J. D'Hondt, *Hegel en son temps, op.cit.*, p.194.

包含着针对居赞的阴谋，而此时居赞正在跨过莱茵河，对法国内阁的行动一无所知。通知里告知普鲁士当局，居赞正陪同芒泰贝洛公爵抵达德累斯顿，"公爵说他要到那里去结婚"，通过这种表达方式让人怀疑整个婚礼计划的严肃性。通知指出，这位法国教授"以各种非常邪恶的观点而昭著"，在上一次旅行的时候，就已经"与德国很多大学的学者和教授们有过非常密切的关系"，而且"一切都表明此次旅行脱不了政治干系"。

在这些"德国的学者和教授们"之中，黑格尔实际上就是与居赞建立了最紧密关系和最大信任的人。如果需要就此进行调查的话，最简单的调查就能证实这一点……

收到如此警告的普鲁士警察，动用了神圣同盟协议以及为了在欧洲消除各种自由主义"阴谋"的最新普遍条约（美因茨委员会）所赋予它的一切手段，以便能够让萨克森政府逮捕和移交居赞。

萨克森当局的行动无疑都是违心的。即便是在共谋串通中，他们既不愿意听对方的命令也不愿意为对方工作。如果事情出现了什么差错，他们甚至早就准备好做出国际失信的了。这方面是他们绝对不会放弃权利去做的事情。他们急于将居赞交给普鲁士人，无非就是为了从阴谋中脱手。但是萨克森高级公务员对他们的普鲁士同僚心存一定的怨恨，因而导致缺乏真诚的合作。

普鲁士的警察和司法机构完美地履行了他们的职能。他们首先将居赞关押了三个半月，然后又对他的住处进行监视，直到1825年2月。

黑格尔是怎么知道他的朋友被捕了呢？这一点无法确定。他的个人通信中没有留下任何一丝痕迹。在此期间，黑格尔没有任何一封信留存下来！难道他从1824年10月11日到1825年4月

24 日没有写过信，异常地中断了他如此有规律的活动？而且我们还要注意到，在居赞最初被捕之后，也就是 1824 年 9 月，黑格尔在到布拉格与维也纳的旅行中，我们只看到他写给妻子的信，特别是他建议妻子在信中不要讲任何关于政治的内容（时间为 1824 年 9 月 7 日于德累斯顿，事件发生前的一个月）。相互缄默，这本身就是一种暴露。

他中途在德累斯顿停留，他上次来此旅行的时候就遭到了警察的监视，这次他又选择了同一家旅馆下榻。"偶然地"，他将在这里见到参议员舒尔策，因为他也在此下榻。他们是约好了这一天在这个城市见面吗？

1824 年 10 月，瓦恩哈根评论了黑格尔的介入，在其标记日期为 1824 年 11 月 4 日的书信中，他明确指出黑格尔"已经在德累斯顿与居赞会谈"（B³ 376）[1]。

实际上，无论出于什么动机，居赞在计划和实施德国之行的时候，不太可能不通知他在德国的各个朋友，特别是黑格尔，不会不安排与他们见面。

出于各种实用目的，黑格尔希望让人们相信他对这位法国哲学家的被捕惊呆了，但其实黑格尔并不会对此如此震惊。几乎凭他自己的直接经验，他早就了解普鲁士警察的行事方式以及学生共济会的种种蠢行。所以直到 1824 年 11 月 4 日，在居赞被捕三个礼拜之后，他才给内政部长写了那封著名的信。不仅是因为他需要时间反思，而且更有可能的是，他应该是咨询了完全了解内情的保护者，当然会有舒尔策，而且可能还包括阿尔坦施泰因，

1　Varnhagen von Ense, *Blätter aus der preussischen Geschichte (Pages d'histoire prussienne)*, cité en (B³ 376).

他一直都是最终向阿尔坦施泰因汇报的。

当然还有不确定的地方，这就是他是否能够完全看透整个行动的秘密，当时还没有完全被揭露出来。据我们所知，弗朗谢—德斯普雷的信只有1910年布雷维尔（Bréville）发表过[1]。在黑格尔那里，在这桩政治司法案件的丛林里，黑格尔对其中的人和事件究竟了解多少？黑格尔知道维特—德林这个著名的双料间谍，作为双料间谍中的天才冒险家，他用自己对居赞的明确指责来增加法国警察的证据。他还知道维特—德林本身那些被普鲁士警察直接牵连进此案的很多德自由主义者和革命派交往甚密，包括弗伦、斯耐尔（Snell），维塞尔霍夫特以及他们的同伴。居赞来德累斯顿究竟为何，无论普鲁士警察和司法机构掌握了多少秘密证据，最终还是放弃将此公之于众，在这一过程中，通过其足智多谋的操作，他战胜了普鲁士的警察和司法机构了吗？

他写给内政部长冯·舒克曼、用以支持居赞的信件，归根结底仅限于对人品的证明。

在居赞被捕的时候，瓦恩哈根写道："所有人都相信他是无辜的。与他在德累斯顿见过面的黑格尔教授对此仗义执言。[2]"错！黑格尔并没有对居赞的"无辜"做出任何担保，至少在他的心中没有担保。大部分夸耀黑格尔勇气的人都并没有读过这封信。黑格尔怎么能够证明居赞的无辜呢？他才更有理由怀疑居赞的嫌疑！在一封官方的信中，他是否应该在这一点上牵连自己呢？

当局与那些被指控的人，他们在不同时间得知此信的存在，

Charles Bréville, *L'Arrestation de Victor Cousin en Allemagne (1824–1825) in La Nouvelle Revue de Paris,* 1910.

瓦恩哈根·冯·恩瑟（Varnhagen von Ense），引于注解（C[3] 353）。

第十八章　居赞事件　　　　　443

可能未必会立即明白其中的机巧。由于他与居赞的友谊以及他与相关的大学共济会的各种联系，同样也由于其中若干时间和空间上的巧合，黑格尔不可能避免被案件牵连。他最好要先发制人，作为一个忠诚的臣民，不会隐藏任何内容，并且希望为司法机构提供诚实的信息，而不能保持沉默，从而产生包庇的嫌疑和遭到怀疑。

真正大胆的地方在于写了这封信，而不在于信的内容。对这些卑劣的司法事件表现出兴趣是很危险的事情，特别是对被指控者命运的关注，无论是何种关注，而且是作为被指控者公开的朋友。但是黑格尔却是无法避免的。

正是由于这些此种类型的"关系"（Verbindungen），人们通常才会担心嫌疑犯。必须要小心谨慎地进行。黑格尔的信件很长，措辞十分矫揉造作，非常符合他自己的风格。在最终写下这封信之前，他应该反反复复地在墨水瓶里蘸了又蘸他的羽毛笔吧。然而人们似乎还是没有其中那个最根本的特征：黑格尔似乎不由自主地采用了嫌疑犯们的经典策略，他只说那些调查员们已经知道的内容：他与居赞之间的关系、与居赞之间的科研活动、居赞的可敬之处、居赞的名声，这些内容本身都是经过深思熟虑的，从而不会带来任何危害（C³ 486）。

让我们只来看看其中几个方面。

一方面，通过这封信，他是前来救助居赞的，因为他阅读了对这件事的报道和反响：我们不能把这位被关押者像一个无人会关心的普通柏林学生一样看待，因为公众意见对此反响已经十分激烈。另一方面，黑格尔是在为自己。他知道自己无论如何都会卷入此事件，在各种证据下，调查中必然会提到他的名字。他有被看作"同谋"的危险。最好是反戈一击，做出没有任何需要向当局隐瞒的姿态，做出希望为当局提供服务的姿态，从而避免他们误入歧途。

与此同时，他列举了居赞的学术活动和学术成就，当然都是从大学职业方面来阐述，他高度评价自己的学术成就，而且证明自己的学术成就都是因为能够与这位法国教授有往来。巧妙啊！因为，根据居赞很久以后公开提供的各种无可辩驳的证据，我们如今知道，他们之间相互理解和相互信任的基础实质上是政治性质的。[1]

为什么普鲁士当局对居赞如此激烈呢？他对普鲁士当局有什么危害呢？他们根本无需担心这位小小的教授，而且是被撤职了的教授，无需担心他在萨克森的政治阴谋！在他被捕之后就更不用担心了！为什么他们还要如此执著地染指于他呢？为什么他们不满足于将他遣送出境呢？我们不太了解他们的根本意图。我们可以设想，他们应该是认为在居赞身上找到了某些德国革命派活动的人证。他们可能想将这些人卷入国际阴谋，从而向公众揭发他们为叛国者。但这必须要居赞暴露自己并多多少少顺从这种操作。黑格尔的信，虽然不能为被那些被明确瞄准的德国民主派和自由主义者提供切实的保证，但至少有利于消除这种类型的指控。

居赞是无辜的吗？

在普鲁士当局眼里当然不是，因为他是一个自由主义者、烧炭党成员、因为正是这样他才出名，因为这种政治倾向才成就了他在法国的名望。但是对于普鲁士的警察和司法机构，除了这些

---

1 "这种身心的双重连结始终不渝，即便政治成为了我们之间仅有和最后的联系"（V. Cousin，转引：Bernhard Knoop, *V. Cousin, Hegel et le romantisme français* [en allemand], Berlin, 1932, p.22）。

应受惩罚的观点之外，他们还希望找到行动的痕迹，找到客观的事实，特别是找到与之对等的德国人物与之交往的证据。

从历史角度来看，居赞绝对不是清白的：一个自由主义者的积极分子，终究还是很脆弱的。警察的监禁反而可能使他获得比实际更高的名声，但他们至少能够获得恐吓的效果：关押在柏林期间他可能有了一些"悔改"，当其回到法国后，居赞开始变得越来越温和，不久之后变成了完全保守的政治态度。随着政治态度的转变，哲学也发生了转变：他改变了其所谓的黑格尔主义，转而更加倾向于谢林的理论。

在 1824 年，对于所受的指控，完全无法确定居赞是否无罪。大量的证据压倒了被指控者：弗朗谢-德斯普雷的通知、在法国的公开活动、维特-德林的证言；维特-德林本人也参加了 1820 年德法双方在巴黎的各种会议，其中出席的包括居赞、斯耐尔、黎兴（Liesching）、弗伦。

这些秘密会议上都说了什么？达成了什么协议？普鲁士警察至少掌握一个版本，这就是维特-德林交给他们的版本，维特-德林毅然地跨过障碍，加入了另一方的阵营，但也可能对其昔日的自由主义阵营还心存些许同情。居赞不得不承认这次聚会。很自然，普鲁士警察就会追问，如此惊人的会议居然得以举办，究竟是何人撮合、通过何种途径、目的又是什么。我们今天也会想问同样的问题。如果是以国际革命为目的的话，为什么会是弗伦和斯耐尔，这让我们今天百思不得其解，而且，如果他们来巴黎是为了付诸实践的话，他们就是直接与居赞联系吗？难道是因为他也跟他们一样是大学背景？这样的动机够充分吗？

就我们所知，根据这些出席者的性格来看，我们可以断定，他们的行动无非就是些空谈和一些堂吉诃德式的计划。但是谁知道呢？在他们的政治运动中，这些德国人都是最坚决、最彻底、最实干的。刺杀考茨布的卡尔·萨恩特，正是弗伦的密友。

而且维特-德林，这个非凡的冒险家，他曾经长期加入激进的大学共济会（在他的《回忆录》中，他宣称自己曾替人顶罪，因为冒名顶替弗伦作为一些革命诗歌的作者，从而避免弗伦受到惩罚），进行活动并最后背叛意大利烧炭党（被奥地利当局驱逐和监禁后，他甚至还与意大利北部的领袖布伯纳伯爵（Bubna）进行谈判！），在欧洲多个国家的自由主义者之间进行交易。

1824 年已经没有人再信任他了，但是还没有被完全唾弃，他对很多警察和司法机构还是很有用的，因为他在多年的歧路生涯中搜集了大量的信息。

我们甚至可以想象，由于居赞的各种冒险，黑格尔应该必然听说过这个两面派人物，但此时他的行为方式已经臭名昭著；而且在这一时期，出于调查或谈判的需要，黑格尔还有可能见过他。

至于弗伦和斯耐尔，他们并不是普通的大学共济会会员，也不是普通的对等方成员。他们实际上是组织的领袖，而且是最激进组织的领袖。

在大学共济会中，存在着多种不同的派别。其中最极端的倾向，也就是主张共和理念的派别，就是吉森大学的共济会，而它正是由卡尔·弗伦和阿多夫·弗伦两兄弟于 1815 年 6 月创建的。他们自称"吉森黑人"（Les Noirs de Giessen）或"无条件者"（les Inconditionnels, die Unbedingten）。他们梦想建立一个伟大的德意志共和国，其中所有公民都拥有平等的权利，而且他们认为只有暴力才能够铲除专制。

阿多夫·弗伦在 1819 年发表了以一部诗集：《年轻人的自由

新呼声 》(Les voix libres et fraîches de la jeunesse)，在各种大胆的言论中，我们可以读到："穿绸戴金的兄弟们，身着农服的兄弟们，伸出你们的手！德意志的苦难和主的命令呼唤你们所有人。杀掉你们的刽子手，拯救这个国家！"[1]

"杀死你们的刽子手！"这是让那些普鲁士贵族们颤抖的东西！在这一时期，如果普鲁士警察已经对黑格尔有了一丝丝的怀疑或不安，如果他们进行了一些最简单的调查（他们怎么可能会不做呢？），在各种暴露的痕迹中，他们也一定会碰到维塞尔霍夫特家族的名字。

居赞被捕，这警醒了很多大学共济会的领导人，其中除了弗伦、斯耐尔以外，实际上还有罗伯特·维塞尔霍夫特。

霍夫梅斯特尔、弗伦和维塞尔霍夫特已经预先逃到美洲去了，斯耐尔也在居赞被捕后立即逃到了瑞士，居赞的被捕难道不正像是对着麻雀群放一枪吗？这些著名的大学共济会会员似乎早就已经铺了后路。无论如何，居赞被认为是这些人的同谋，普鲁士当局软禁居赞本人就是为了抓住这些人。实际上，普鲁士当局要求瑞士引渡弗伦和斯耐尔。但是，一方面瑞士拒绝满足他们的要求，另一方面，这些被指控的人，特别是维塞尔霍夫特，已经做了其他的安排。

这些德国人在当局的严重都是有害或危险的，在查清了这个法国人与这些德国人之间的各种关系后，他们的行为必然会加重居赞案件的严重性。无论如何，居赞事件，即便不是这些大学共济会会员流亡的决定因素，也至少是重要的诱因，而且从时间上来看，其中确有因果关系存在。

1　Karl Obermann, *Deutschland, 1815–1849*, Berlin, 1961, p.33.

黑格尔在耶拿与弗洛曼及维塞尔霍夫特家族的密切关系，这本身就足以让人想到他必然插手了共济会和大学共济会的各种事情。但应该是首先加入了共济会，然后才有了这些亲密的关系，这样的解释似乎才更合理。

在黑格尔生命的很长一段时间里，严格来说在他成家之前，弗洛曼家族和维塞尔霍夫特家族对于黑格尔来说，都起到家人的角色，他们一直不断地为他提供帮助，特别是他们还照顾了黑格尔的私生子。

弗洛曼和维塞尔霍夫特都是著名的书商，不仅有生意往来，而且还是亲戚。弗洛曼的夫人尤阿娜（Johanna, 1765—1830）出身维塞尔霍夫特家族。吕贝克（Lübeck）有个大胆的书商，弗里德里希·波恩，他的遗孀也是出身维塞尔霍夫特家族，她于 1808 年定居耶拿，并在那里与她的姐妹伊丽莎白（Elisabeth，黑格尔将其昵称为"贝蒂"）一起建立了一家儿童机构，在弗洛曼的批准下，小路易就寄养在那里。对于弗洛曼、以及路易"忠实的保护者"波恩太太和伊丽莎白，黑格尔一直都满怀感激和深情。

376

弗洛曼和维塞尔霍夫特都是非常积极和活跃的共济会会员，他们发表、甚至有时亲自撰写各种共济会书籍；就是在他们这里，歌德曾经的学生、后来成为其庇护者的萨克森—魏玛公爵，成立了阿玛莉亚（Amalia）会所的秘密印刷厂。时机成熟后，他们成为了大学共济会的狂热推动者和支持者。

黑格尔在其通信中提到过弗洛曼的外甥威廉维塞尔霍夫特（Wilhem Wesselhofft）（C² 182）。1817 年，卡罗琳娜（Caroline）、威廉闵娜（Wilhelmine）和罗伯特·维塞尔霍夫特都曾在路德维希的私人《留念册》中签过名（B⁴ 177）。

在大学共济会和德国爱国民主运动的第一次大游行瓦特堡日这一天，正是罗伯特·维塞尔霍夫特将宣传单运送到了那里。而这些传单正是在他父亲和叔伯的印刷厂里秘密印刷的。

我们知道，在这次著名的集会上，对于一些反动理论家和亲法理论家，包括安溪隆、冯·卡姆茨、冯·哈勒、考茨布，人们燃起盛大的火焰、烧毁了他们的书籍，同时也象征性地烧毁了一些军事镇压的标志：普鲁士士官杖、普鲁士士兵腰带。很多耶拿的教授都在集会上发言：首先有鲁登和奥肯，黑格尔与他们一直保持非常良好的关系，但却严厉地批评了他们；还有齐瑟（Kieser）和施瓦泽（Schweitzer）；当然还有引人注目的卡罗维。

佛斯特尔，他后来应该成为了黑格尔亲密的朋友；1817 年，他正是在鲁登的"进步主义"报纸《涅墨西斯》（Nemesis）上发表了那篇文章，给她带来了如此严重的司法和行政后果。

罗伯特·维塞尔霍夫特一直受大学共济会耳濡目染。他比很多其他人更有政治头脑，例如，他要求大学共济会在耶拿的秘密会所"在开会的时候只讨论大学生活和活动之外的事情，而且要符合人民的政治状况和政治生活 [1]"。这种计划，与维特—德林揭露的那些密谋者们与居赞一起在巴黎策划的计划，二者之间是何其雷同啊。

罗伯特·维塞尔霍夫特与所有黑格尔感兴趣的大学共济会会员之间都有亲戚关系。在警察的各种审讯记录和各种司法备案中，我们都可以看到他的名字，与其一起出现的有弗伦、斯耐尔、阿斯维鲁斯、列奥、黑尼希、萨恩特、维特、冯·图舍尔（黑格尔的内弟）、尼特海默（朋友的儿子），等等。罗伯特·维

377

1　Karl Obermann, *Deutschland, 1815–1849,* Berlin, 1961, p.44.

塞尔霍夫特还曾与卡罗维有过短暂的论战，卡罗维无疑比他更加温和，而且更能代表黑格尔的立场。在萨恩特被处决后，正是罗伯特·维塞尔霍夫特发表了他的《私人日记》(*Journal intime*)。而罗伯特·维塞尔霍夫特关于大学共济会的《回忆录》成为这段历史最宝贵的史料之一[1]。

后来，在黑格尔去世之后，他以卡尔多尔夫（Kahldorf）为笔名，发表了《致信莫尔特克伯爵论高贵》(Lettres au comte Moltke sur la noblesse)，海涅为该书作了一篇长序，而这本书也引发了一段历史性的政治争论[2]。

罗伯特·维塞尔霍夫特同弗伦和斯耐尔一样，都是不能忽视的人物。被指控、调查、通缉，因此他也像弗伦和斯耐尔一样逃了，先是到瑞士。后来，他最终避难到美国，在那里他一本正经地从事其医生的职业。他的儿子，龚拉德·维塞尔霍夫特，将顺势疗法引进到美国并加以推广，作为废奴先锋，他在《美国名人录》(*American Biography*)中写下了浓重的一笔，然而维塞尔霍夫特家族的名字却并没有出现在《德国名人总录》(*Biographie générale allemande*)中。真不知道这些辞书是怎么选择对象的？

当居赞被关押在柏林警察局期间，在他与黑格尔的大量谈话中，居赞这个与罗伯特·维塞尔霍夫特及其同谋们举行过很多秘密会议的人，他是否会对黑格尔提起罗伯特·维塞尔霍夫特这个人及其各种活动呢？

熟读各种有关大学共济会和德国共济会历史书籍的读者会注意到，参加这些运动往往具有家族性特征。通常是所有兄弟姐妹

1　Herman Haupt, *Karl Folien und die Ciessener Schwarzen (K. F. et les «Noirs» de dessen),* Giessen, 1907, p.77, note. 该著作提供了与语境下相关人物的大量信息。

2　参见 Gerhard Höhn, *Heine,* Stuttgart, Metzler, 1987, p.218–221。

连同父母和亲戚一起参加：高戈尔家族、弗洛曼家族、维塞尔霍夫特家族……虽然有些人是个人加入，但不可能是以自发和个人方式进行参与。

对于黑格尔，如果我们回想一下他年轻时的各种梦想，他无意具有参加这些运动的倾向，但是会带有迟疑和审慎。但即便他并没有加入，难道他没有多多少少不可避免地因为这些亲密关系者而卷入其中吗？

378我们必须要看到这些"革命者"在实践上的大胆和理论上的局限。他们当中一些人本质上与当局是一样的，至少在一定程度上如此。他们试图进行各种本身就"有危害和非正义"的革命[维尔克（K. Th. Welcker）]。威尔海姆·斯耐尔（Wilhelm Snell）是与居赞一同被指控的人，他在 1814 年 7 月 30 日的一封信中宣称，必须要当心两种危险："如果吉伦特派那些最高贵的人们，他们自身内部能够更加团结的话，更加强硬、更加冷静地为一切做好准备，就绝不会血溅于被那些参与的山岳派了。"[1]

必须要当心"高层的革命、统治者们进行的革命，还有下层的革命、人民自身的革命"。

那么要谁来革命呢？学生、教授还有一些银行家！

但是这种已经刻意消除了一切政治实效的运动，却被神圣同盟的人们看作是极端危险的运动！

那些"无条件者"只是一个封闭的小团体，选择了一条过于"超前"的政治线路，丝毫无法被普鲁士广大人民所理解和接受，甚至也无法为广大爱国学生和立宪主义者们所理解和接受。他们只能局限于个人的恐怖行为，卡尔·萨恩特就属于这个"无条件

---

1 Karl Obermann, *op.cit.*, p.16.

者"的圈子，这一点也不足为奇。

我们现在明白居赞都是与谁有来往了！

我们对他的各种秘密政治活动所知不多。他无疑是加入了各个堂口，根据皮埃尔·勒鲁（Pierre Leroux）的证词，在"研讨会"上，他是与维特和弗伦的对话者之一，而且他与闪塔罗萨伯爵的长期交往不可能没有政治勾结。闪塔罗萨伯爵在当时的意大利也是个一线人物！我们完全有理由认为，居赞这时期的活动，绝对不会像这位哲学家的晚年生活那样平淡。无论如何，无论真假，维特—德林的揭发是很有分量的！

埃克施坦男爵是维特的保护人，而且也可能是他的亲生父亲，介入此事，为他开脱罪责，也减轻了居赞的一些罪责。但事实上，为了减轻维特的罪责，实际上只能将其转嫁到居赞身上。黑格尔，在案件过程中，或是在案件之后，应该听人就此谈起埃克施坦男爵：他不仅知道埃克施坦对东方思想研究的贡献很"肤浅"[1]，因为埃克施坦是圣会成员，这为他提供了很大便利；而且埃克施坦的圣会会员身份也暴露了两位揭发居赞的法国内阁大臣：弗朗谢-德斯普雷和德拉沃（Delavau）。

通过居赞事件，我们看到黑格尔与一个十分奇特、暧昧和奸诈的圈子发生或保持着联系。

一些评论家推测，在审问过程中居赞应该十分巧妙地进行了自我辩护。他们同时甚至认为他是"清白的"：那么他又为什么需要巧妙呢？另一些评论家则认为，在一定程度上，"他们是惹火上身"。但大部分都不愿意去为居赞洗脱罪名："尽管有各种否认，但是居赞对德国人和法国人之间的阴谋了如指掌，这一点已

379

---

[1] *Die Vernunft in der Geschichte, op.cit.*, p.160.

经越来越明确了。"[1]

如果说法官最终释放了他，那也仅仅是因为居赞的敌人内部不和，这一司法行动越来越受公众关注，而且随着时间的推移，这种行动在德国已经失去了一切效用，而居赞的这些敌人们之间则拼命的想要相互推卸责任。从这一点上来讲，黑格尔的信还是有用的。

在整个事件中我们应该如何看待黑格尔的行为呢？首先我们要承认其有效性，虽然很有限，但是无可争辩，但是其效力并不是像公众或是一知半解的人所能明白的那样，真正的效力在于介入这一事实本身。

这种介入本身当然是非常勇敢的，值得居赞感激、也值得后世敬仰。但是其大部分同时代人，包括居赞自己，可能都不会怀疑其中的狡猾。

居赞事件实质上比其看来还要危险，其中隐藏着各种牵连，特别是外交上的牵连，其复杂和阴险远超出黑格尔和居赞的想象。他们只不过是其中两个被摆布的棋子，真正的棋局远远不是他们能控制的。

但是那些设局的人，他们自己也觉得受骗了。

在插手的过程中，黑格尔十分谨慎地进行冒险。但他在这样做的时候了解所有的幕后内容吗？如果可以怀疑居赞的"清白"的话，那么是否可以怀疑黑格尔的"清白"？有些历史学家，例如伯恩哈特·克努珀（Bernhard Knoop）虽然并不总是那么可信，但是他提出了一种假设："人们会想，在居赞的帮助下，黑格尔本人是否也会想要实现某些实践意图，例如在宣传领域（政治

1　Bréville, *op.cit.,* p.42.

教育）。[1]"

只要人们不把居赞事件同所有其他所有各种黑格尔卷入其中的警察和司法案件完全脱离来看，只要看一下他所赞成的东西和他的决定；只要人们不忘记与他交往的这些人，弗伦、斯耐尔，看一下他们所构成的政治环境，并不用去非常严格地从各方面去考证，人们很容易就会产生这样一种印象。

无论他最终究竟亲身参加了那些活动，在这些事件的过程中，黑格尔一定十分熟悉德国那些最坚定的革命派和自由主义者的圈子了。必须要认识到，他们这些人的悲惨处境、他们各种冒险但却毫无结果的行为、他们最终整体的逃亡（这本身是完全可以理解的），面对所有这一切，即便黑格尔本人自发地希望采取一种更加开放、更加严格的政治反抗态度，所有这一切会鼓励他这样做吗？对他们这一方来说，一切终都归于失败，只带来了绝望。

与此同时，黑格尔比别人更加了解其自身生存所必须依赖那些人，他们的力量、他们的无耻、他们的狡诈。他总会直接或间接地与那些高高在上的大臣、法官、警察和煽动者们打交道。这一切都会提示他要保守和谨慎，以他这种弱小和依附的地位，虽有各种良好的意愿，所能采用的手段和策略，虽然未必更有效，但却一定要更加狡猾。在这场变故中，无论居赞当时怎么想、怎么做或怎么说，与他们相比，居赞就像一个被恶魔们逮住的天使。

关于黑格尔的信件，瓦恩哈根·冯·恩瑟在1824年11月11日的一个评注值得黑格尔学者们的注意："黑格尔必须与政府好

1　Bernhard Knoop, *op.cit.*, p.43, note 12.

言相对，从而避免这种调查怀疑到自己身上"（C³ 353）。

他让人们觉得，一方面黑格尔非常受高层重视（但究竟是哪些高层人士呢？），另一方面他有时非常大胆地愚弄他们（怎么愚弄？又是如何愚弄？）事实上，黑格尔的信件并没有瓦恩哈根想的那么有用；一方面，这封信也没有立竿见影的效果。实质上，黑格尔反而因此让自己变得更加可疑了。

什么样的马蜂窝他没捅过！

头脑简单？抑或相反，是诡计多端？如果我们看到，两年后，亦即 1827 年，在受居赞邀请访问巴黎的时候，他一直让居赞相伴，为其做向导，如果抓住这一点的话，就会选择诡计多端作为答案了。然而他非常清楚此后这种"关系"在普鲁士当局的严重意味着什么。而且更严重的是，他在法国的首都只与那些自由主义者们来往。此外，在柏林，这些鲁莽和冒失的行为也给他带来了各种危险的后果。

而且也就在此期间，在《立宪党人报》上出现了一篇十分笨拙的文章，因为其中略带夸张地赞扬他在居赞事件中表现出的自由主义勇气。普鲁士当局对此大为恼火。瓦恩哈根说冯·卡姆茨，警察局长暴跳如雷，断言黑格尔去巴黎无非就是为了给这篇报道做准备（B¹ 377 和 C³ 254）。

*

居赞在柏林呆了很长时间，最终获得了警察监视下的自由，这使得他可以与朋友们会面，这应该使得他可以对黑格尔讲述其事件中的所有细节，对其评论事件中直接或间接涉及的那些大学共济会会员。他们几小时、几天、几周地在一起聊天，但是黑格尔和居赞在他们的写作中从没有透露过任何谈话内容，但这些谈话无疑加深了两个朋友之间的友谊，也大大拓展了对彼此私密和秘密思想及活动的认识和赞赏。

我们可以找到一点痕迹，但不是很确定，1827年黑格尔游玩巴黎期间，在居赞的陪同下，他曾试图拜访拉纳元帅的遗孀芒泰贝洛公爵夫人。他应该对这个家族的观点有所耳闻吧（C^3 164）。

"居赞事件"与芒泰贝洛家族的关系，是否比表面上看起来更紧密？是否比普鲁士警察所怀疑的更紧密？年轻的芒泰贝洛公爵，在居赞的陪同下来到德累斯顿，除了婚姻外是否还有其他目的？382

无论如何，在居赞事件中，特别是与黑格尔相关，还有很多我们不知道的事情。一部好的侦探小说总需要一个超级聪明的侦探。

第十九章

最后遗言

在黑格尔思想最后的一些公开展示中，我们特别注意到一篇文章和一次讲演，文章可以看作是一种不由自主的政治遗言，讲演则可以看作是坚定的信仰宣言。在此后不久黑格尔便辞世了，所以回想起来，这篇文章和这次讲演因此具有了总结性的价值。

这是纪念《奥格斯堡信条》宣告的讲演，黑格尔在其中借机评价了当时的宗教状况，并研究了英国的政治问题，非常接近当时普鲁士人关心的问题。

《奥格斯堡信条》

就算天塌下来，我们也绝不妥协！

——德意志新教众王公

作为柏林大学校长，黑格尔于 1830 年 6 月 25 日《奥斯堡信条》宣告 300 周年纪念庆典上作正式演讲（B. S. 30—55）。

完成这一任务，有让其如坐针毡的方面，庆典过程中如此，准备过程也是如此，他在其中的感受应该有诸多波动，而很多人也应该跟他有同样的感受。

演讲中体现了机智与笨拙的混合。在笨拙方面，我们可以算上发言人对自己缺乏口才的可怜坦白："我很清楚，我需要表示歉意，我的讲话方式缺乏流畅性，我需要恳请我的各位杰出听众的宽恕"（B.S.33）。听众们会有自己判断，不要让人关注演讲的苍白无力，而是要用其他品质将其掩盖。而且，更不应该承认啊！

这次路德教派的盛会以及黑格尔在其中的角色，这都给黑格尔带来的巨大的快乐。对于新教的任何坚决、偏袒甚至粗暴的肯定，对他来说都是好的。在这一天，他甚至自认为，在当下的各种争论中，他可以切实发挥恰当和有效的先锋职能，同时这种职能又可以放到普鲁士的君主制上去发挥。

在神圣同盟延伸的时代，这项事业并非中立或毫无攻击性的。其他的基督教信条也已经复苏。但是黑格尔特别将其与其他信条区分开来，认为它才是真正的新教教义，强调其固有的战斗性。就像那些新教王公们自豪地对查理五世（Charles Quint）所说的那样："就算天塌下来，我们也决不妥协！"

这种介入披着并不情愿的危险外衣。而且，那些保王派也试图将路德教义为自己所用：自由主义运动、立宪主义运动和"鼓动"运动都利用特有的宗教性，瓦特堡大游行，召集的口号正是纪念路德将《圣经》翻译成德文300周年，但实际只涉及大学里的那些新教徒。

这位发言者应该会非常谨慎，不会漫不经心地把一个词念成别的词。

与此同时，他很享受这场正式的纪念。但这场纪念并没有那么单纯。那些保王派难道不希望从中得利吗？并不能确定所有一切。对于普鲁士国王来说，在一个几乎全部是新教徒的国家，自然大张旗鼓地庆祝这一纪念日；而他的邻居萨克森国王，在一个天主教仍留存力量的国家，只能把记忆闷在肚子里了。

在莱比锡，新教学生起初被禁止在此期间进行任何游行或发表任何内容。但是在他们的坚持下，在极端情况下当局批准了一个小范围的庆祝，但是附带了各种小家子气的限制。警察也对他们采取了超常的预防措施。但他们还是超出了范围。大学也参加了庆祝活动，领头的正是黑格尔之前奚落过的克鲁格。广大新教群众也加入了学生。与警察发生了冲突。一个商业学徒被打死，而他的下葬又掀起了另一场民众大规模抗议当局的示威游行[1]。

因此，就在人们在莱比锡的大街上抗争的时候，黑格尔，从其宗教、爱国和政治眼光来看，则可以享受柏林政权的优越：在这个首都他可以自由地对奥格斯堡的解放契约高唱献辞！他可以对普鲁士国王表示感谢，无需觉得羞愧。在这里，国家和宗教也都面临着此时萨克森所发生的同样的障碍，也都在进行着同样的抗争，至少公开名义上如此。

在这一幸福的时刻，黑格尔在他的演讲中插入了对腓特烈·威廉的恭维，这些恭维十分有用，至少不会像在其他语境下一样让人生厌。

然而，他感受到的都是完全的喜悦吗？这一庆祝活动让他完全满意吗？

他此时一定记得他此前不久写过的文章，其中为宗教问题上的自由皈依进行辩护："所发生的一切似乎让人觉得，那些掌权者们，无论是教会还是国家的掌权者，他们都希望我们忘掉这些

1　Paul Reinhardt, *Les Troubles de Saxe, 1830–1831,* in *Historische Studien,* n° 8, Halle, 1916, p.115.

记忆、忘掉我们的祖先曾经热爱这种权利的事实、忘掉我们祖先中曾有千千万万的人为了这种权利而不顾牺牲生命，他们希望这种记忆今天已经不再存在了。"[1]

他此时想的并不是要恢复阅读《奥格斯堡信条》的传统，这通常只会引起"听众们的厌倦"[2]。

他将这种厌倦和冷漠与古希腊庆典上的热烈做对比，在古希腊的庆典上，人们向哈尔摩狄奥斯和阿里斯托革顿致敬，在宴会上唱着称颂他们的各种评论诗[3]。

黑格尔如何评价柏林的庆典？

尽管意图很坚决，在他的讲演中，除了令人生厌的说教——而且缺乏口才和用拉丁文，他自己是否还听到了别的内容？即便他不愿意如此，但是政治环境还是让他的话语显得咄咄逼人。

在 1830 年，他多多少少还是赞美了"掌权者"的措施，他们以此恢复了《奥格斯堡信条》。他甚至用对王公们的颂扬开始他的演讲。这是典型的规则。但他在其中更多加了一些，而并没有什么明显的必要性。值此《奥格斯堡信条》纪念日之际，他也庆祝……普鲁士国王的生日："王公们的虔诚，给了我们默默信任他们的坚实基础，也给了我们与他们之间相互爱戴的纽带"（B. S.55）！

但在 35 年前，在他写给谢林的一封信中，他就嘲讽过政府的专制和虚伪，政府想要"将美德和虔诚作为评判公职人员功绩和分配公职的标准"（C[1] 35）。

1830 年他做了修正："每逢我们仁慈国王腓特烈·威廉的寿

---

1 *Nohl*, p.215.

2 *Ibid*. Voir plus haut, p.47 et note 4.

3 *Ibid. et Frühschriften, op.cit.*, p.310.

辰，我们都举目瞻仰，我们思念他为我们大学在众多方面所带来的好处；今天，正是他巨大的虔诚，是我们所有要庆祝的美德的源泉［……］。愿全能的上帝能为我们亲爱的国王及其王宫永葆和增加最耀眼的福祉，为此他将永远回馈虔诚、正义和宽厚"（B.S.55）！

虚伪！但这是出于职责和必要性的虚伪……

黑格尔没有忘记在这样的场合提起国王对于宪法的承诺。至于国王的生日，黑格尔不会忘记国王的生日与自己生日之间的冲突，险些给自己带来麻烦，他也不会忘记他在 1817 年发表的文章《论符腾堡的新形势》。其中对于施瓦本这个国家的君主也进行了赞扬，施瓦本的君主愿意给其人民一部宪法，而且他因此也给了普鲁士人民同样的许诺。因此，对于看到一位君王公开露面，提出某种严肃且重要的政治主张，黑格尔没有掩饰自己对此的欣慰。相反他痛斥那些过气王公们的行为，痛斥王公们公开露面仅仅是为了庆祝生日和婚礼的行为："如果一位君主在其起初完全掌握的国家权力中加入另一种权力，亦即这种权力的原则本身，并将其人民作为这种权力的基本活跃力量，天底下还有什么比这更伟大的事情呢？而且当人们看到，国家体制的伟大作品，甚至是政府的大部分行为，都不过是通过一系列零散的运作、在偶然的情况下完成的，没有任何上层的监视，完全正大光明，君王殿下们的公开露面慢慢仅限于生日和婚礼庆典，君主殿下在这种场合下的露面才与其行动的内在内涵如此和谐，在这种场面面前，人们会不禁驻足观看，就仿佛在各种慈善、崇高和令人振奋的场面前会驻足一样。"[1]

这与腓特烈·威廉在 1830 年的态度是多么巨大的反差啊！

---

[1]　Hegel, *Écrits politiques* (Jacob et Quillet), *op.cit.*, 1977, p.214–215.

他拒绝兑现允诺的宪法，他对自己的生日极度重视，唯恐有失地维护着自己于此的特权。虽然这并不是一个忒修斯，但他还是很虔诚的。

《选举法修正案》

　　他所作的事情远不止于艰难地来到这个世上。

　　　　　　　　　　　　——司汤达：《瓦尼娜·瓦尼尼》

　　黑格尔生前所发表的内容的最后一个词，或者些许有些偶然吧，竟然是"革命"！

　　人们喜欢引用各个哲学家最后的话语。人们有时为其添加了某种崇高性。黑格尔死时静默无声，但是他写了最后一篇文章：既然没有打断他最后的讲话，那就折断他的笔吧。

　　对于黑格尔各种习惯性模糊的著作，当局一直以来都报以容忍的态度，虽然不乏怀疑和不快，但是黑格尔最后一篇文章的刊印却被国王的一道特别"手谕"打断了。

　　黑格尔就这样画上了句号。在其文字生涯的早期，他保持小心谨慎，严格地进行自我审查；后来，他顺从朋友们的善意审查；再后来，他又屈服于权力的恶意审查；而他最后一篇文章不得不对最强大的审查让步，这就是专制君主的肆意裁决。

　　官方审查有很多好处。官方审查服从各种压迫指示，但都是泛泛的和可识别的，为各种明确的意图服务。在官方审查制度下，人们至少知道那些是不能超越的界限。但是在1831年，黑格尔关于英国《选举法修正案》的文章却受到君主的专断，遭遇了国王难以揣度的"圣意"。

黑格尔此时对英国的政治事件感兴趣，这一点也不奇怪。这已经不是他第一次将审视的目光转向这个国家了，就像他的朋友们自始至终戏称的那样，是对"旧政治"的审视。

相反，令人震惊的，首先是黑格尔批评英国的刻薄语气，甚至是粗暴语气；其次是虽然他的文本被预先审查制度做了一些修改、但最终还是被容忍这一事实；最后是这篇文章即便不能说是受约之作，但却是被相当于官方报纸的《普鲁士国家总汇》（*Gazette royale d'État prussienne*）接受了（B.S.461—506）[1]。

388

1831年，由于陈旧过时、不合情理、荒谬离奇的政治带来了很多可怕和可耻的后果，深入政治改革的问题在英国被公开提出来，被视为必要和紧迫的问题。1831年3月1日，政府向议会提交了一份准备了很久的法案——《选举法修正案》。

黑格尔没有表现出任何一丝惊讶。他非常了解这个问题。他迅速就这一主题撰写了一份冗长的研究（45页），陆续发表在《普鲁士国家总汇报》上。

编年史作者一定会再次震惊，震惊于这位刚刚卸任校长职务的柏林大学教授对于他国内部政治事务的这种干涉。

而且还发表在《国家总汇报》上！我们很难相信，这会是像罗森克兰茨所说的那样，认为这是黑格尔的首创，认为黑格尔仅仅只是想要"直抒胸臆"（R 418）。然后皇家的书报检察官们就会批准这位胡言乱语的作者；《国家总汇报》的主编也会高高兴兴地将其刊印！

事实上，只需阅读以下黑格尔的这份文本，就会对书报检查

1　罗森克兰茨认为，这篇文章的尖刻批评语气，乃是因为黑格尔的疾病导致了他脾气暴躁（R, 419）！这篇文章的法译本：Hegel, *Écrits politiques*（Jacob et Quillet），*op.cit.,* pp.355–395。

制度的弹性感到难以置信——书报检查制度究竟检查什么呀？而且《国家总汇报》居然接受了，难道《国家总汇报》有发表这种煽风点火的小册子的传统吗？

仔细回想，我们会更倾向于认为，这位小小的哲学教授，而且是一介布衣，一定是受某位高层人士授意才会对这一问题表达批评的意见，而这种批评最终惹恼了国王，而且国王的反应激烈程度可能也超出了这位匿名唆使者的预期。

国王（或他的那些顾问）通过阅读《国家总汇报》先前发表的一些部分，肯定已经知道了黑格尔的文本。他非常气愤，通过手稿查看了文章的结尾后，坚决反对并禁止了最后一部分的发表。

罗森克兰茨指出，黑格尔的文章发表在《国家总汇报》的第 115 期至第 118 期上。他忘记说明，虽然已经公布（"后续连载"！），但是最终第 118 期并没有登载文章的最后一部分。《黑格尔全集》第一版按照黑格尔的手稿收录了整篇文章，但是并没有指出其首次出版时曾遭搁置[1]。1901 年费舍尔和 1912 年罗克，他们都没有提到国王对这篇文章的禁止，也没有提到审查制度对手稿的删改。在黑格尔的大部分学生及其死后不久的人们看来，黑格尔可以被看作是王室的同谋和顺从《普鲁士国家总汇报》的人！他在死时还散发着神圣的光芒！

《国家总汇报》的读者们并没有在第 118 期上看到第 117 期预告的最后一部分文章。但是即便是前两部分，也已经显得足够咄咄逼人了：同往常一样，黑格尔的思想，在这篇冗长的文章中，并没有展现出清晰和明确性，但无论如何却表现得非常

1　*Vermischte Schriften*, in *Sämtliche Werke*, tome XVII, 1835, p.425–426.

干脆。

黑格尔极力贬低英国（"腐败的"！）政治生活，装出不用摩尼教徒的方式去评判的样子。他拒绝选边站队，他希望凌驾于各派之上，站在高度客观地观察所有事情发生的过程，从纯粹政治理论家的视野去观察，仅仅专注于描述"真实状况"。他假装不做任何规范性的评判。事实上，在这种"科学的"距离之下，这种透明的方法，最残酷不过了。

文章不仅严厉地狠批了英国政治现实，对《选举法修正案》的真实意图和成功几率也表现出了巨大怀疑。

黑格尔或者想要让当局和大众觉得他是一个深刻和远见的政治思想家，能够看穿复杂和危险的状况，通过对现实危机最明确和最准确的认识，来帮助政治领导者们找到更有效的解决方案？那何必又要去论述英国的事情呢？难道普鲁士就没有为他提供这种复杂、诱人的研究对象吗？难道他真的认为能够警醒那些英国的政治领袖并未他们的行动提供指引吗？他是否是在利用类比效果，间接地针对普鲁士的政治状况[1]？

如果说黑格尔是在试图，或者说是假装试图劝阻德国的自由主义者们不要采取过于极端的行动：如果你们不满意普鲁士所发生的一切，那你们就看看英格兰吧，那里的一切更糟糕！在众多难以弄清的目的中，但这一条也并非不可能。文章中时不时会尽力展现普鲁士政体的一些优点。但这不正是掩盖各种大胆理论的一贯做法吗？确实有一部分德国自由主义者，虽然是少数，对他们并不了解的英国模式欣然向往。

390

---

1 "英国体系的种种罪恶自然也会让他想起本国"（Marcel Jacob, in *Écrits politiques, op.cit.,* p.352）。

黑格尔的文章对英国的政体如此大肆攻击，因此普鲁士的政体也逃不过影射。即便没有这种影射效果，这篇文章也危及了英国的君主制，这与德国的君主制毕竟一脉相连。这篇文章会激怒英国的领导层、会影响英普关系，因而腓特烈·威廉三世，在顾问们的提醒下禁止了文章的发表，这还是相当可以理解的。

国王并没有给出任何明确的理由。《国家总汇报》主编菲利普斯波恩（Philipsborn）请求说明理由，皇家顾问阿尔布雷希特（Albrecht）如是回答：“国王陛下并没有责备这篇关于《选举法修正案》的文章；但是国王陛下认为由《国家总汇报》来刊登这篇文章是不合适的（geeignet）。因此我不得不请求您（ich muss!）收回这篇文章的最后部分，感谢您向我通告了文章的最后部分，在此我将其附上送还”（阿尔布雷希特，1831 年 5 月 3 日）（B. S.786）。

法文译者雅各布照搬了罗森克兰茨的观点，认为“这一介入完全是出于外国政治的缘故，文章激烈地批评了英国，可能会引起外交上的摩擦，国王想要避免这一点。结论更适合私下刊印，仅供朋友和感兴趣的人阅读。”[1]

“外交摩擦”？这实际上是人们最不用担心的事情。而且只涉及保守党，而不涉及辉格党，后者应该反而更喜欢文章的内容吧。私下刊印，没有见到任何痕迹。

国王终于做了一次中肯的姿态：最终没有没有表态（他的书报检查制度已经批准了这篇文章！），他认为这篇攻击外国和朋友的文章需要从报纸上撤下。

但是这里我们不禁要问一个非常明显的问题：如此压迫、如此让人焦虑、如此苛刻的普鲁士书报检查制度，为什么会批准这

---

1 Marcel Jacob, in *Écrits politiques, op.cit.*, p.347.

篇文章的发表呢?《国家总汇报》,即便没有邀请,为什么会接受黑格尔关于《选举法修正案》的研究呢? 无论是哪种书报检查制度,即便是最迟钝的检查制度,但绝不会愚蠢,在提交出版批准的之前,一定会认为文章的作者不会被英国权利当局厌恶至极,不会是对普鲁士权力非常危险的人物。

因为如果黑格尔明确地来批评英国,他就几乎不用暗中顾忌普鲁士。当然,他非常巧妙地通过对比显示出普鲁士的某些优越性。而且他的批评还是相当克制的。但是那些充分了解内容和善于思考的读者,将这种导火索式的比较按照自己的想法进行下去。文章的作者严厉地批评了英国的选举体系和该选举法修正案所涉及的议院的政治构成。因此读者可以准确了解其中的缺陷,并为此感到愤慨。与此同时,他指出普鲁士不会遭受同样的缺陷,因为普鲁士根本就没有选举,也没有代表议院,尽管国王已经对此做出了承诺!

黑格尔详细审查了英国诸多行不通的地方,特别是《选举法修正案》试图修正的一些缺陷。他痛斥贵族和教士通过各种陈旧形式而进行的独裁统治;允许甚至是鼓励最无耻贿赂的选举体系;穷人们的犬儒主义的行径以及英国人多爱尔兰天主教的野蛮行为,特别是新教徒对天主教的暴力敌视。他指明(这是特别大胆和具有攻击性的)目前所提出的《选举法修正案》的不足和整体软弱性,因为在他看来,"英国的自由"归根结底无非是地主阶级和教会阶级的霸权(B. S.782. 霍夫梅斯特尔的评论)——但这一阶级却并没有被敌视。但是这与普鲁士何其相似啊!

书报检查制度几乎没有改动黑格尔的文本。只是对一些粗鲁的措辞换成了更为温和的表达方式,而这只不过是对黑格尔撰写的内容进行文风上的改进。奇怪的是,书报审查制度放行了黑格尔的主要批判内容。

但是书报审查还是有分寸地删掉了一些不容易被容忍的内容。例如删掉了这样一句扎眼的话："在德国，对于掌握政府和管理绝大部分权力的议会，无论是其现有成员的构成还是其将来的计划，对于那些出身高贵的人，对于那些富裕的地主等阶层，他们要参与国家和政府事务，要参与各个普遍的部门，亦即参加理论研究，参加科学教育，参加实践培训和经验，他们所面临的环境条件，同样也没有什么限制。"（B. S.482）[1]

392

法文译者并没有指出这句话曾被书报审查删掉，也没有指出后面这句更严重的话："在英国有一种根深蒂固的偏见，认为那些依据出身和财富而获得职位的人，他们也必然拥有从事这些职位的相应智力，在任何其他地方，再也找不到这种偏见比英国更严重的地方了。"

这里提到出身决定才智，尽管可能不是故意的，但是却直接触动了普鲁士国王。内政部长维特根斯坦王子，他又接受过何种杰出的"理论研究"、何种杰出的"科学教育"呢？

黑格尔对英国"偏见"的大胆批评，恰恰更适合于国王面前最有影响力的顾问威廉·路德维希·格奥尔格·冯·维特根斯坦（Wilhelm Ludwig Georg von Wittgenstein，1770—1851）；他从1814年起开始做警察部长，是哈登伯格不共戴天的死敌，是梅特涅和根茨的好友。伟大的政治家施泰因如是评价他："维特根斯坦王子，具有在社会上取得高等地位所需的一切优秀资质，但是却不学无术、朝三暮四、毫无才能；奸诈、冷酷、工于心计、顽固不化、卑鄙到没有底线，常言道'佞臣无品无性'〔文中直接用法语

1　Marcel Jacob, in *Écrits politiques, op.cit.,* p.373.

书写]，对其再适合不过了。他只渴望华冠丽服、阴谋诡计和金银财宝。"[1]

如果没有书报审查制度的干预，黑格尔这句尖刻的话应该出现在 1835 年《黑格尔全集》的第 445 页。但是书报审查制度将其完全删除，但这也恰恰证明这是能够刺痛普鲁士君主的关键点。一切都表明，书报审查正是要特别防止黑格尔的文本中不要有容易引人联想到普鲁士君主的内容。

黑格尔的影射实际上超出了界限，特别是普鲁士的界限。

普鲁士国王在草稿中可能并没有读到书报审查已经删掉了的内容！在某些方面，国王对于该文最后一部分的出版，实际上构成了对那些起初放行此文的书报审查员们的含蓄责备。国王在毫无通知的情况下收回了人们已经点在 i 上面的点。

因此这篇文章的发表可能是因为外交敏感性而中断，而并非因为书报审查。

国王或其顾问，应该是在阅读了已经被审查过的前面几部分之后才要求阅读最后一部分的手稿。那么他们应该知道，或者很容易了解，书报审查允许前面几部分出版究竟是出于什么原因或者受了什么影响。黑格尔所批评的英国体制，如果他在普鲁士加以质疑的话将会是非常危险的，例如长子继承制，这是他在《法哲学原理》中已经进行过理论辩护的，难道书报审查员和顾问们没有注意到这一点吗？与普鲁士对波兰的压迫相比，英国对爱尔兰的压迫真的有那么过分吗？

通过他的干涉，普鲁士国王延续了普鲁士君主与其哲学家的关系上的传统。腓特烈·威廉一世，在沃尔夫阐述了他的一些观

1　引自 L'article *Wittgenstein de l'ADB, op.cit.*, tome 43, p.629。

点之后，将其驱逐出境，"如有不从即以绞刑论处"！腓特烈·威廉二世，严禁康德论述某些道德和宗教问题。腓特烈·威廉三世坚决维护了这一家族传统！

黑格尔对于自己遭受的措施感到非常震惊——这让我们想到他原本应该认为自己处于完全的保护之下，于是黑格尔向《国家总汇报》的主编询问禁止发表的理由。主编菲利普斯波恩非常秘密地将阿尔布雷希特通知的文本传递给了黑格尔：拒绝提供任何解释，此事就此打住。为了表示对黑格尔的崇敬，他补充了自己的评论："如果不是一个坚决的新教徒，真不知道会成为什么样子！"（B. S.786）[1]

黑格尔的文章并没有招致英国人对其过分指责的愤慨。他也没有为他们提出任何行动前景。但是他的论述方式既积极又阴险，完全是黑格尔的风格。他还是采取多次使用过的老办法，做出非常模糊的预测。

归根结底，就像《让-雅克·卡特书信集》的出版说明中所作的结论一样，就像福斯特的方式一样，并没有表示希望德国发生革命，无论如何从来没有表述过这种意愿，他将这种可怕的选择作为一种恐吓：如果你们不做改革，如果你们的改革不是真的，如果你们不是按照应该的方式去改革，那你们就等着革命吧！但是鉴于糟糕的环境和英国领导者们的国家精神，这些必要的改革将很难以实现。黑格尔用拉丁文重复他的警告：Discite justiciam moniti！还要加上他自己创造的格言："闭塞视听，必遭天谴！"

---

1 菲利普斯波恩（Philipsborn），黑格尔主义者，是《黑格尔全集》（*Œuvres de Hegel*, tome I, 1832, p.XII）第一批订购者之一。

由于现有的选举体系，反对派在议会没有足够的力量，无法有效地行动。反对派预先就注定要失败。但是黑格尔却提出了另外一种力量，这是其他人未曾想过的："另一种权力，将会是人民（würde das Volk sein），这里产生的这种对抗，根本上已经违背了议会的本质，如果反对派厌倦了议会的斗争，他们就会试图去到人民中去寻找力量，因此就不再是寻求改革，而是要发动革命。"[1]

因此必须要立即同意各种必要的改革，即可执行！只有这样才能避免革命。

忠言逆耳。因为英国王室和普鲁士王室都讨厌听到革命这个词，而且1830年还回荡着法国七月革命的声音！这个词同样也会让柏林那些"鼓动家"燃起各种轻率的希望！

如果黑格尔活得再久一些，他这种模棱两可的乐观将会遭遇失望：在英国既没有发生可怕的革命，也没有进行任何人们苦苦期望的改革，只是对政客政治略加小修改，而人民就欣然满足了。

他的文章并没有想人们通常所说的那样，他的文章并没有表现出对于英国将会再次上演法国1789年大革命的巨大恐惧[2]。黑格尔看来，他对1789年之后1793年的各种"出格行为"有些忧虑，但是他本人从来没有否认过对于法国大革命本身的欣赏。无论如何，他喜欢"从上至下"的改革，但是他对于这种改革的迟迟不来感到气愤、感到焦急。如果英国的领导层有一天要面对革命，虽然有些可悲，但他们不也活该吗？

1　*Écrits politiques, op.cit.,* p.395, trad. mod.

2　*Ibid.,* p.352.

他是否也将这样的想法用到了普鲁士的领导层身上？不用
想，他不可能公开对他们说：请将允诺的宪法授予人民！限制容
克党过分的权力！

即便革命的恐吓对英国人无效，但是对于德国人来说却至少
是长期有效的。改革一直没有进行，革命最终在 1848 年爆发了，
可惜没有成功。

第二十章

思想的面孔

传记的好处似乎就在于没有某种普遍的目的，
但由于传记本身有着与个体相互交织的历史世界作为背景，
就连那些起初主观的、幽默的、如此等等的东西，
也会反射出这种内容，烘托出其意义。

——黑格尔[1]

在其生命的后期，黑格尔不乏愉悦和自豪地请一些著名的画家画像：泽贝（Sebbers）、施莱辛格（Schlesinger）……因此为后世留下了一幅他亲自选定的画像，忧伤而又严厉，几乎就像他的遗容面模一样凄凉。他的盛大着装代表着他的哲学：博士袍、博士帽、裘皮袄，似乎要通过这些小手段来论证他在思想上的权威和力量，但也有可能会被看成是摆空架子。

---

1 *Encyclopédie des sciences philosophiques* (Bernard Bourgeois), tome III, Paris, Vrin, 1988, p.330.

幸好还有另外一幅肖像，风格迥异，简朴却充满生气，惹人喜爱。作为一位优秀的素描画家，汉塞尔（Hensel）为他所见过的每一个名人都用铅笔做了人物速写。在这一千多张速写中就有黑格尔，而画中他几乎是微笑的。

在这张速写上有他的签字，其中的词句很晦涩，就像图画本身一样，没有做什么准备，但是却反映出一个建立已久的理论：

我们要清楚我们知道的东西。

认识我的人在此会认出我。[1]

这些词语构成一种幽默反语修辞。肖像真的像吗？像谁呢？是像坐在椅子中的那个人呢还是像他的理性气质呢？

人很难认识自己。黑格尔毋宁是在发出一种挑战：如今有谁看透我了呢？谁能正确评价我的功绩呢？只向你展示外表的人，他是否口是心非呢？

黑格尔喜欢让人惊奇。

我们能比他身边的人更加猜透他吗？我们更有利一些。对于一个哲学家，最重要的自然就是其著作和文字中包含的内容，但是他的哲学却如此多样、如此模糊，当然他是故意的。我们相信我们基本上掌握了他的全部哲学，不大有可能再找到什么新的部分了。

人们小心谨慎地还原出他的思想，这是前人没有的宝藏。此外还有数量众多、认真严谨、学术价值很高的评论。

在此之后我们才开始来研究他的生活，恰当地来定位他的生活，尽管还有一些方面我们无法知道。

1　或者借助其他文本进行解读（*Phénoménologie*, trad. J.-P.Lefebvre, *op.cit.*, p.47）："认为非常了解我的人会在此真正认识我。"

对于有些方面，他的同时代人可以比我们更轻易地理解他，因为他们在那个年代同呼吸共命运，而那个时代已经无法再现了。

但是对于另一些方面，我们却可以更深刻地把握他，从整体上加以审视，把他同他的时代联系起来，把他同他之前的历史联系起来。

从人性的角度来看，一位伟大哲学家的生活也同其他伟人的生活同样有趣。把他作为某种现象来审视，作为某种问题来研究，将他的某些部分感同身受，这样来接受他的理论就会不同于以前：他的理论就会具有现实意义。

人们不断地重现黑格尔，而且将永无休止。人永远不会被某幅画像锁定、不会被某个故事锁定，也不会被死亡锁定。黑格尔比任何人都更清楚地知道这一点。在他的画像中，他已经暗示出这一点。

人名对照表

AGENOR	阿革诺耳
ALBRECHT Daniel Ludwig	阿尔布雷希特
ALCÉE	阿尔凯奥斯
ALEXANDRE LE GRAND	亚历山大大帝
ALTENSTEIN Karl Sigmund Franz	阿尔坦施泰因
AMPHYCTYONS	安菲克提昂
ANAXAGORE	阿那克萨戈拉
ANCILLON Friedrich	安溪隆
ARCHENHOLZ Johann Wilhelm von	阿钦霍尔茨
ARISTOGITON	阿里斯托革顿
ARISTOTE	亚里士多德
ARNDT	阿尔恩特
ARNIM（von）	阿尔尼姆
ASVERUS Gustav	阿斯维鲁斯
BABEUF	巴贝夫
BACCHUS	巴克斯（罗马人信奉的酒神，对应于狄奥尼索斯）
BAGGESEN Jens Immanuel	巴格森
BAHRDT	巴尔特
BANSA	斑萨
BARRUEL（abbé）	巴鲁尔

CARNOT Lazare	卡诺
CAROVÉ Friedrich Wilhelm	卡罗维
CARRÈRE Jean	让·卡莱尔
CART Jean-Jacques	让-雅克·卡特
CATHERINE DE RUSSIE	沙皇叶卡捷琳娜二世
CÉRÈS	刻瑞斯
CHARLES QUINT	查理五世
CHATEAUBRIAND	夏多布里昂
CHERBULIEZ	舍尔布里埃兹
CICÉRON	西塞罗
CONSTANT Benjamin	本雅明·贡斯当
CONZ Carl Philipp	卡尔·菲利普·考恩茨
COTTA（le révolutionnaire）	科塔（革命者）
COTTA（l'éditeur）	科塔（出版商）
COURIER Paul-Louis	古里耶
COUSIN Victor	居赞
CREUZER	柯略策尔
CUSTINE（général）	古斯丁（将军）
DALBERG Karl von	卡尔·冯·达尔伯克
DAUB Karl	卡尔·窦珀
DAVID	大卫
DELAVAU	德拉沃
DESCARTES	笛卡尔
DESCHAMPS（Dom）	德尚
DIDEROT	狄德罗
DILTHEY	狄尔泰
DIOGENE	第欧根尼
DROZ Jacques	雅克·德罗
DUCOS Jean-François	让-弗朗索瓦·杜科
DUMONT Jean-Paul	让-保罗·杜蒙
EBEL Johann Gottfried	约翰·戈特弗里特·艾伯尔
ECKHARDT	埃克哈特
ECKSTEIN（baron d'）	埃克施坦男爵
EHRMANN Johann Christian	约翰·克里斯蒂安·艾尔曼
ENDEL Nanette	娜奈特·恩德尔

GLOCKNER	格洛克讷
GNEISENAU	格奈斯诺
GOETHE	歌德
GOGEL（famille）	高戈尔
GONTARD	贡达尔
GONTARD（Mme）-Diotima	狄奥提玛·贡达尔（贡达尔夫人）
GÖRRES	哥勒斯
GÖSCHEL	歌舍尔
GRACQUES（les）	格拉古兄弟
GRANOW	格拉诺
GRIESHEIM	格里斯海姆
GUIZOT	基佐
GÜNDERODE Caroline de	昆德罗德
GUYOT DE PITAVAL	居约·德·庇塔瓦尔
HAERING	海林希
HALLER（à Nuremberg）	哈勒（纽伦堡）
HALLER Ludwig von	卡尔·路德维希·冯·哈勒
HAMLET	哈姆莱特
HARDENBERG Karl August（prince de）	哈登伯格
HARMODIUS	哈尔摩狄奥斯
HAUFF August Friedrich	奥古斯都·弗里德里希·豪夫
HAUFF Wilhelm	威廉·豪夫
HAYM	海姆
HEGEL Christiane Louise（la sœur）	克里斯蒂娜·露易丝·黑格尔（妹妹）
HEGEL Immanuel（un fils）	依曼努尔·黑格尔（次子）
HEGEL Karl（le fils aîné）	卡尔·黑格尔（长子）
HEGEL Ludwig（le frère）	路德维希·黑格尔（兄长）
HEGEL Ludwig（le fils naturel）	路德维希·黑格尔（私生子）
HEGEL Maria（épouse de Hegel: voir Tucher Maria von）	玛丽亚·黑格尔（黑格尔的妻子，闺名为玛丽亚·冯·图舍尔）
HEINE Christian Johann Heinrich	海涅
HEINSE	海因泽
HENGSTENBERG	亨斯滕伯格
HENLE Jakob	雅各布·亨勒
HENNING Leopold von	黑尼希

HENSEL	汉塞尔
HÉRACLITE	赫拉克利特
HERDER	赫尔德
HERR Lucien	吕西安·埃尔
HÉSIODE	赫西俄德
HESSE Landgraf de	黑森领主
HINRICHS	因里希
HIPPARQUE	喜帕恰斯
HIPPEL	伊贝尔
HITLER	希特勒
HOFFMEISTER	霍夫梅斯特尔
HÖLDERLIN	赫尔德林
HOMÈRE	荷马
HOTHO Heinrich Gustav	海因里希·古斯塔夫·豪托
HUFELAND	胡弗兰德
HUFNAGEL	威廉·弗里德里希·胡夫纳格尔
HUMBOLDT	洪堡
HUME	休谟
HUSSERL	胡塞尔
HUND（von）	昆得
HYPPOLITE Jean	依波利特
IBELL	伊贝尔
IFFLAND	伊夫兰德
JACOB	雅各布
JACOBI	雅可比
JACQUES LE FATALISTE	宿命论者雅克
JAEGER	耶戈尔
JAURES Jean	让·饶勒斯
JÉSUS	耶稣
JOLLI（Mme de）	约利夫人
JOUFFROY	儒弗卢瓦
JUAN（don）	唐璜
JUNG-STILLING	荣格-斯蒂林
KAHLDORF（Robert Wesselhöfft）	卡尔多尔夫（罗伯特·维塞尔霍夫特）
KALB Charlotte von	夏洛特·冯·卡尔普

KAMPTZ（von）	冯·卡姆次
KANT	康德
KEPLER	开普勒
KERNER Georg	乔治·科尔纳
KERNER Justinus	尤斯提努斯·科尔纳
KIERKEGAARD	齐克果（克尔凯郭尔）
KIESER	齐瑟
KLÜPFEL	克吕福尔
KNEBEL	柯内贝尔
KNIGGE	科尼格
KNOBLAUCH	克诺布罗赫
KNOOP Bernard	伯恩哈特·克努珀
KOBBE	考布
KÖRNER	柯内尔
KOTZEBUE	考茨布
KRAUSE	克劳泽
KRONPRINZ	克隆普林茨
KRUG Wilhelm Traugott	威廉·特劳哥特·克鲁格
KÜTH	库特
LAUBE Heinrich	海因里希·劳布
LACHMANN Karl	卡尔·拉赫曼
LA MOTTE-FOUQUE	拉莫特–富凯
LANNES（maréchal-duc de Montebello）	让·拉纳（元帅、芒泰贝洛公爵）
LANNES（fils du maréchal duc de Montebello）	拉纳（拉纳元帅、芒泰贝洛公爵的儿子）
LASSON	拉松
LEBAS	勒巴斯
LECLERC	勒克莱克
LEFEBVRE（général）	勒费弗尔（将军）
LEFEBVRE Jean-Pierre	让–皮埃尔·勒费弗尔
LEIBNIZ	莱布尼茨
LENZ Jakob Michael Reinhold	J·林茨
LENZ Max	M·林茨
LEO	列奥
LEROUX Pierre	皮埃尔·勒鲁
LESSING	莱辛

LICHTENBERG	利希滕贝格
LIESCHING	黎兴
LINK	兰克
LÖFFLER（pasteur）	罗夫勒
LÖHNING	略宁克
LONGIN	朗基努斯
LOUIS XIV	路易十四
LOUIS XVI	路易十六
LOUIS XVIII	路易十八
LUC（saint）	路加
LUCHET（marquis de）	卢切特
LUCRECE	卢克莱修
LUDEN	鲁登
LUTHER	路德
MAGENAU	马格瑙
MARAT	马拉
MARHEINECKE	马海奈克
MARIVAUX	马里沃
MARX	马克思
MATTHIEU（saint）	马太
MATTHISSON	马蒂松
MAUVILLON	莫维庸
MEHRING	梅灵克
MÉLANCHTON	梅朗施通
MENDELSSOHN	门德尔松
MENZEL	门策尔
MERCIER Louis-Sébastien	路易—塞巴斯蒂安·梅西耶
MERKEL	梅柯尔
METTERNICH	梅特涅
MEYER-BEER	梅耶–贝尔
MICHELET	米施莱
MIGNET	米涅
MIEG	米格
MINDER Robert	闵德尔
MINOS	米诺斯

MIRABEAU	米拉波
MÖGLING	莫格林
MOÏSE	摩西
MOLLAT	莫拉特
MOLTKE	莫尔特克
MONTEBELLO（duchesse de）（voir Lannes）	芒泰贝洛公爵夫人（参见拉纳元帅）
MONTESQUIEU	孟德斯鸠
MONTGELAS	蒙特格拉斯
MOOG	穆克
MORITZ	莫里茨
MOSCHE	莫施
MOSHEIM	莫斯海姆
MOUNIER Jean-Joseph	让-约瑟夫·穆尼耶
MOZART	莫扎特
NAPOLEON（auparavant Bonaparte）	拿破仑
NEUFFER	诺伊费尔
NEWTON	牛顿
NICOLAI	尼古拉
NIETHAMMER Friedrich Immanuel	弗里德里希·伊曼努尔·尼特海默
NIETHAMMER Julius（fils du précédent）	尤里尤斯·尼特海默（前者的儿子）
NIETZSCHE	尼采
NOHL	诺尔
OELSNER Konrad Engelbert	奥勒斯纳
OKEN	奥肯
PALLESKE Emil	帕莱斯克
PAGENSTECHER	帕根斯特舍尔
PAUL（saint）	保罗
PAULUS Heinrich Eberhard Gottlob et Mme Paulus	鲍鲁斯及鲍鲁斯夫人
PESTALOZZI	裴斯泰洛齐
PFAFF	普法夫
PHILIPSBORN	菲利普斯波恩
PLATON	柏拉图
POLYEUCTE	波利厄克特
PROCHASKA Éléonore	埃雷奥诺尔·普罗莎斯卡

RAMEAU（Le neveu de）	拉姆
RAYNAL	雷纳尔
REDLICH	莱德里希
REIMANN Paul	保罗·莱曼
REINER	海纳
REINHARDT	莱因哈特
REINHOLD	莱茵霍尔特
ROBESPIERRE	罗伯斯庇尔
RÖDIGER	罗迪格
ROQUES Paul	保罗·罗克
ROSENKRANZ Karl	卡尔·罗森克兰茨
ROUSSEAU Jean-Jacques	卢梭
ROUY	鲁伊
ROYER-COLLARD	鲁瓦埃-高拉尔
RÜCKERT	吕科特
RUGE Arnold	阿尔诺特·卢格
SAINT-SIMON	圣西门
SAND Karl	卡尔·萨恩特
SANTA ROSA（comte de）	闪塔罗萨伯爵
SAÜL	扫罗
SAVIGNY	萨维尼
SGANARELLE	斯加纳雷尔
SCHARNHORST	沙恩霍斯特
SCHELLING	谢林
SCHILLER	席勒
SCHLEGEL August Wilhelm	施雷格尔
SCHLEIERMACHER	施莱尔马赫
SCHLESINGER	施莱辛格
SCHMALZ	施马尔茨
SCHNABEL	施纳伯尔
SCHÖN	肖恩
SCHUBART（le poète）	舒巴特（诗人）
SCHUBARTH（l'anti-hégélien）	舒巴尔特
SCHUCKMANN	舒克曼
SCHULZE Gottlob Ernst	高特劳勃·舒尔策

SCHULZE Johannes Heinrich	尤阿内斯·舒尔策
SCHWEIGHAEUSER	施魏格豪泽
SCHWEIZER	施瓦泽
SEBBERS	泽贝
SÉE Henri	亨利·塞
SEUME	瑟姆
SIEYÈS	埃马纽埃尔-约瑟夫·西哀士
SINCLAIR Isaac von	伊萨克·冯·辛克莱尔
SNELL	斯耐尔
SNELL Wilhelm	威尔海姆·斯耐尔
SOCRATE	苏格拉底
SÖMMERING	索默林
SONNENSCHEIN	索内夏茵
SOPHOCLE	索福克勒斯
SPINOZA	斯宾诺莎
STAËL（Mme de）	杰曼·德·斯戴尔
STEIGER DE TSCHUGG（famille）	施泰格
STEIN	施泰因
STENDHAL	司汤达
STERN Alfred	阿尔弗雷德·施特恩
STEWART James Denham	詹姆斯·斯图尔特
STIEGLITZ	斯蒂格利茨
STOLBERG	斯托尔伯格
STORR	施道尔
STRAUSS David Friedrich	大卫·弗里德里希·施特劳斯
STRÖMER（von）	施特罗摩尔
SULZER Alain Claude	苏尔泽
TACITE	塔西佗
TALLEYRAND	塔雷兰特
TANTALE	坦塔洛斯
THÉSÉE	忒修斯
THIERRY Augustin	奥古斯汀·梯利
THIERS	提埃尔
THIERSCH	蒂尔施
TIBULLE	提布鲁斯

TREUE	特勒
TRUCHSESS	特鲁塞丝
TUCHER（Maria von）— Mme Hegel	玛丽亚·范·图舍尔—黑格尔夫人
TUCHER VON SIMMELSDORF（frère de Mme Hegel）	图舍尔·冯·齐美尔道夫（黑格尔夫人的弟弟）
TYRTEE	提尔泰奥斯
UHLAND	乌兰特
ULRICH David	大为·乌尔里希
ULRICH Karl	卡尔·乌尔里希
UXKULL	乌克斯库尔
VAN GHERT	范·戈尔特
VANINI	瓦尼尼
VEIT	维伊特
VARNHAGEN VON ENSE Karl August	法恩哈根·冯·恩瑟
VARNHAGEN Rahel	拉赫尔·法恩哈根
VERTOT（abbé）	维尔多
VOLTAIRE	伏尔泰
VOLZ	沃尔茨
VOSS Heinrich	海因里希·沃斯
VOSS Johann Heinrich	约翰·海因里希·沃斯
WANGENHEIM（baron von）	万根海姆男爵
WEDEKIND	魏德金德
WEILL Georges	格奥尔格·威尔
WEILLER	魏勒
WEISHAUPT	魏斯豪普特 / 维索兹
WELCKER	维尔克
WENDT	维恩特
WESSELHÖFFT（famille）	维塞尔霍夫特（家族）
WESSELHÖFFT Johann Georg	约翰·乔治·维塞尔霍夫特
WESSELHÖFFT Robert	罗伯特·维塞尔霍夫特
WETTE（de）	德·维特
WIELAND	魏兰特
WINDISCHMANN	温迪施曼
WITT-DOEHRING（ou Wit Witt Dewitt）	维特—德林
WITTGENSTEIN（prince de）	维特根斯坦王子

WOLFF	沃尔夫
WURTEMBERG（ducs de）	符腾堡公爵
YORK（général）	约克将军
ZELLMANN	泽尔曼
ZELTER	策尔特
ZWACK	茨瓦克

图书在版编目(CIP)数据

黑格尔传/(法)雅克·董特著;李成季,邓刚译.
—上海:上海人民出版社,2023
书名原文:Hegel
ISBN 978 - 7 - 208 - 18324 - 7

Ⅰ. ①黑… Ⅱ. ①雅… ②李… ③邓… Ⅲ. ①黑格尔
(Hegel, Georg Wilhelm Friedrich 1770 - 1831)-传记 Ⅳ.
①B516.35

中国国家版本馆 CIP 数据核字(2023)第 092191 号

责任编辑 赵 伟
封面设计 胡斌工作室

黑格尔传
[法]雅克·董特 著
李成季 邓 刚 译

出　　版　上海人 & 太 版 社
　　　　　 (201101　上海市闵行区号景路 159 弄 C 座)
发　　行　上海人民出版社发行中心
印　　刷　上海盛通时代印刷有限公司
开　　本　890×1240　1/32
印　　张　15.75
插　　页　4
字　　数　359,000
版　　次　2023 年 7 月第 1 版
印　　次　2023 年 7 月第 1 次印刷
ISBN 978 - 7 - 208 - 18324 - 7/K · 3293
定　　价　78.00 元